本书得到中国孔子基金会和曲阜师范大学
中国史高水平学科建设经费资助

涂可国　主编

宋立林　执行主编

儒学今古

山东孔子学会论文集

齐鲁书社

·济南·

图书在版编目（CIP）数据

儒学今古：山东孔子学会论文集 / 涂可国主编. 济南：齐鲁书社, 2025. 4. -- ISBN 978-7-5333-5189 -2

Ⅰ. B222.05-53

中国国家版本馆CIP数据核字第2025ZR3375号

责任编辑　许允龙
　　　　　张　涵
装帧设计　刘羽珂

儒学今古：山东孔子学会论文集
RUXUE JINGU SHANDONG KONGZI XUEHUI LUNWENJI

涂可国　主编
宋立林　执行主编

主管单位	山东出版传媒股份有限公司
出版发行	齐鲁书社
社　　址	济南市市中区舜耕路517号
邮　　编	250003
网　　址	www.qlss.cn
电子邮箱	qilupress@126.com
营销中心	（0531）82098521　82098519　82098517
印　　刷	日照日报印务中心
开　　本	720mm×1020mm　1/16
印　　张	25.5
字　　数	416千
版　　次	2025年4月第1版
印　　次	2025年4月第1次印刷
标准书号	ISBN 978-7-5333-5189-2
定　　价	98.00元

《儒学今古：山东孔子学会论文集》
编委会

目　录

1

儒学现代价值研究

加强儒家理想人格思想研究

涂可国

在西方，"人格"的英文词是Personality，它源于希腊语Persona，原指舞台上演员所戴的面具，基本义是人的性格、气质、能力等特征的总和。西方心理学理解的"人格"，常指人的个性。在中国，"人格"不仅指个人显著的特征、态度、性格或习惯，也指一个人的道德品质，与品格同义，还指个人作为权利与义务主体的资格。笔者认为人格是一个人独特而稳定的思想、思维、情感、品格、性情、气质、能力、尊严和行为等各种特质的总和。人格具有多种类型，既有政治人格、法律人格、经济人格，也有道德人格、文化人格、心理人格等。

据朱义禄考证，近代以前的包括儒家文献在内的中国古代典籍没有严格意义上的"人格"概念[1]。不过，中国古代典籍大量使用过与"人格"近义的"人品"范畴，最为重要的是历代儒家阐述了极为丰富的具体人格思想——儒者、仁者、大人、豪杰、士、大丈夫、成人、君子、贤人、圣人等不同层次的理想人格典范思想。出于泛伦理主义的思维定势，儒家提倡的为人之道虽无明确的"人格"意识，但从实质内容上，它所阐发的理想人格理论主要侧重于道德人格——人的品德和操守，而与西方人格理论侧重于人的生理、心理个性相甄别。儒学阐述的人格思想，不仅涉及为什么要做人（做人的目的、价值、意义、幸福、自由、尊严、需要等）、做什么样的人（理想人格），还涉及如何做人（方

---

[1] 参见朱义禄：《从圣贤人格到全面发展——中国理想人格探讨》，陕西人民出版社，1992年。

法、境遇、途径等）。而儒学阐述的理想人格是指历代儒家所构想和倡导的道德上的完美典型，是一种完美的人格形象，是儒家道德理想的最高体现，因此本文将着重探赜儒家的道德化的理想人格思想。

一、儒家理想人格思想研究的进展

迄今为止，国外的杜维明、南乐山、安乐哲、芬格莱特等人在某些论著中对儒家的士、君子、内圣外王等理想人格思想有所涉猎，美籍华裔学者余英时不仅阐述了儒家的君子理想，还系统探讨了包括儒家士人格思想在内的中国古代士文化，自20世纪80年代以来，在国内外产生了较大的反响[①]，然而，从总体上看都缺乏系统化的诠释与建构。即便是美国学者阿瑟·亨德森·史密斯撰写的《中国人的性格》[②]也只是讲述中国人的性格特质，基本未涉及儒家的人格思想。

反观国内儒家理想人格思想研究，主要在两大领域取得了重要进展。

（一）致力于儒家理想人格思想的普遍性理论探究

这又分为两方面。

一方面是重点探赜了儒家关于人格的要素、模式、特点、境界、教育和修养等问题。学者韦政通、葛荣晋、姜国柱、郭齐勇、杨国荣、陈国庆、唐凯麟、傅永吉、曹刚、杨明等立足于从总体上对儒家理想人格思想加以阐释，分别探讨了儒家理想人格的内涵、要素、模式、层次、修养、境界、类型或典范、特点、实践途径等论题以及儒墨两家理想人格构想的同异性[③]。葛荣晋强调，儒

---

①参见余英时：《士与中国文化》，上海人民出版社，2003年。

②参见［美］阿瑟·亨德森·史密斯著，李明良译：《中国人的性格》，人民日报出版社，2010年。

③参见葛荣晋：《儒家人格论述评》，上海三联书店，1992年；杨国荣：《儒家视阈中的人格理想》，《道德与文明》2012年第5期；郭齐勇：《孔孟儒学的人格境界论》，《华中师范大学学报（人文社会科学版）》2000年第6期；傅永吉：《人格与人生》，贵州人民出版社，2015年。

家所提倡的"内圣外王"的理想人格模式论不但长期影响着中国士大夫的心理结构和价值取向，而且对于我们重构新时代的理想人格也有一定的借鉴意义①。郭齐勇指出，孔孟儒学的人格境界论有两个要点，一个是它的终极至上性，即与天道相联系的"圣"的境界，另一个是它的经世致用性，即与人道相联系的"凡"的现实；前者是最高的理想，后者是理想的实现，两者之间密切沟通、不可脱离②。侃牢分析了儒家理想人格的历史影响及其现实意义，胡军剖析了儒家理想人格在传统社会中的示范作用，王颖也就先秦儒道两家的理想人格思想进行了比较，傅永吉则就儒释道的人格理论作了梳理③。

另一方面是着重阐释了儒家理想人格思想的历史渊源、基本原理、逻辑结构、历史演变、重要特点、地位影响、功能作用、现代价值、创新发展等问题。张奇伟、高书文论述了孟子理想人格思想的现实性特点，汪玉峰探讨了孟子与庄子理想人格的差异性。李亦园、杨国枢一定程度上涉及儒家人格思想的历史变更；曾昭旭的《论语的人格世界》④致力于挖掘《论语》中的人格修养思想，阐释了其中的君子小人之辨。朱义禄是国内对儒家人格思想阐述用功最多的人，他的两本专著《从圣贤人格到全面发展——中国理想人格探讨》⑤《儒家理想人格与中国文化》⑥，不仅按照历史演变与人格替代关系的大思路对以儒家人格为代表的传统儒道互补的人格思想作了挖掘与剖析，更是立足于儒学与社会互动视域，较为系统地阐发了多层面的儒家理想人格范型及其社会文化效应。

---

①参见葛荣晋：《儒家理想人格模式论》，《社会科学辑刊》1991年第3期。

②参见郭齐勇：《孔孟儒学的人格境界论》，《华中师范大学学报（人文社会科学版）》2000年第6期。

③参见傅永吉：《人格与人生》，贵州人民出版社，2015年。

④参见曾昭旭：《论语的人格世界》，台湾汉光文化事业公司，1987年。

⑤参见朱义禄：《从圣贤人格到全面发展——中国理想人格探讨》，陕西人民出版社，1992年。

⑥参见朱义禄：《儒家理想人格与中国文化》，复旦大学出版社，2006年。

（二）儒家理想人格思想的特殊性理论研究

围绕儒家人格典范的研究除了涉及儒者、仁者、大人、豪杰等，主要就儒家关于士、大丈夫、成人、君子、贤人、圣人等不同层次的理想人格典范展开了深入讨论。

就"士"而言，毛世英探讨了孟子"士"人格的思想特质及其现实意义，田耕滋认为孟子高扬士人人格的独立性与自由性，杨明帆探究了儒家士精神的主要体现、基本特征及其对现代人格修养所具有的启发意义，鹿林从文化学角度分析了儒家士文化及其对知识分子价值诉求产生的影响。

就"大丈夫"而言，姜碧纯、万光军、邹振卿、李娜等重点分析了孟子的"大丈夫"思想中的操作规范、内涵、精神特征，遗憾的是学界对其他儒家的"大丈夫"思想缺乏专门探讨。

就"成人"而言，杨国荣从意义世界的生成维度阐发了儒家的"成己成物"说[①]，唐凯麟、朱义禄、马德邻等探索了儒家的"成人之道"，认为它是儒家理想人格学说中最有价值的理论[②]；王瑜分析了儒家的"成人"教育思想，而帅建华就儒家成人观及其对现代人本管理的启示进行了思考。

就"君子"而言，国内儒家君子思想的研究日渐成为"显学"，对儒家君子之学的基本内容作了较为全面的阐发，这方面成果显著、反响巨大，发表了200多篇文章，恕不一一列举。

就"贤人"而言，主要集中在儒家贤人政治研究方面，值得一提的是管国兴主编出版了"圣贤文化传承与华夏文明创新研究"丛书。

就"圣人"而言，王文亮从圣人与人的本质、圣人与学问修德、圣人与帝王政体等七个方面研究了中国历史中的圣人观念以及圣人观念对中国传统文化

---

①参见杨国荣：《儒家视阈中的人格理想》，《道德与文明》2012年第5期；杨国荣：《人格之境与成人之道——从孟子看儒家人格学说》，《南京社会科学》1994年第6期。

②参见唐凯麟、陈仁仁：《成人之道：儒家伦理文化》，山东教育出版社，2011年。

的影响①。沈顺福探赜了儒家圣人观的历史演变过程②，楼燕芳探讨了荀子圣人理想人格的现实意义，台湾谢绣治探究了汉代儒家的圣人观，刘述先、沈锦发、程潮等尤为关注儒家的"圣王""王圣"和"内圣外王之道"观念③。

毋庸置疑，学界对儒家理想人格思想已经作出了开创性研究，为进一步深化打下了良好的基础，但大体存在两点不足而有待于拓展。一是主要侧重于儒家理想人格典范思想，而对儒家人格思想的历史渊源、基本原理、逻辑结构、重要特点、地位影响等一般性问题缺乏深入挖掘和阐发；二是较为零散、不够系统，缺乏总体建构。即使是朱义禄出版的两本专著《从圣贤人格到全面发展——中国理想人格探讨》《儒家理想人格与中国文化》篇幅也不是很大，而且儒家理想人格思想的许多方面都没有涉及，学界对儒家理想人格思想加以全面诠释和系统建构的专门性著作屈指可数。从20世纪90年代，宏观上围绕儒家理想人格思想的研究，学界只是发表了十几篇论文，近十年更是有所沉寂。

二、儒家理想人格思想研究的主要内容

儒家理想人格思想研究可以分为两大方面：一是阐述儒家理想人格思想普遍性理论，包括儒家理想人格思想的历史渊源、基本义理、逻辑结构、重要特点、地位影响、历史演变、现代价值、创新发展等，以及其与其他诸子百家、西方人格思想的比较；二是探究儒家理想人格思想的特殊性理论，围绕儒家关于儒者、学者、士、仁者、大丈夫、成人、君子、贤人、圣人等不同层次、不同类型的理想人格，阐述儒家不同理想人格的德性品格和行为特征。

---

① 参见王文亮：《中国圣人论》，中国社会科学出版社，1993年。

② 参见沈顺福：《从半神到人到神：儒家圣人观的演变》，《江西社会科学》2013年第12期。

③ 参见程潮：《儒家内圣外王之道通论》，湖南人民出版社，2005年。

（一）儒家理想人格思想普遍性理论研究

第一，重点探讨儒家理想人格思想的基本义理。一是对儒家人格思想涉及的一系列相关概念范畴（人品、性格、气质、形象、角色等）进行理论界定和阐释，并对儒家言传的"人格"进行训诂学意义上的阐释；二是对儒家关于理想人格的内涵、要素（知情意）、特质（智仁勇）、层次、典范（如君子、圣贤等）、形态（如强者人格、进取人格、独立人格、平等人格等）、养成等方面的基本观点进行系统阐发；三是围绕儒家关于理想人格的学理基础——天道背景、心性根基、价值取向、德性伦理、道德规范、行为实践、社会人伦等进行深度探索。

第二，探讨儒家理想人格思想的思想源流和发展脉络。从纵向角度探究儒家理想人格思想的早期来源（五经）、梳理历代儒学（先秦儒学、汉代经学、魏晋玄学、隋唐儒学、宋明理学、清代儒学和近现代新儒学）所呈现出来的理想人格思想，重点探究较为丰富的先秦孔孟荀和近现代中国思想家的理想人格思想，阐明不同阶段儒家理想人格思想的互补性、同异性。

第三，揭示儒家理想人格思想的重要特点。分为五个方面：其一是揭明儒家理想人格思想的理想性特征；其二是研究儒家理想人格思想的多样性特点，其三是揭明儒家理想人格思想的层次性特征，其四是探讨儒家理想人格思想的道德性特征，其五是诠释儒家理想人格思想的血缘性特征。

第四，分析儒家理想人格思想的地位影响。一则是分别阐述儒家理想人格思想在人学（包括儒家人学、中国古代人学和人学理论）、儒学、国学、中国哲学和中国文化等之中的地位；二则是探索儒家理想人格思想所蕴藏的功能作用；三则是分析儒家理想人格思想对中国人的发展、社会进步和文化文明演进造成的各种影响。

第五，儒家理想人格思想的比较性研究。第一是阐释儒家与墨家、法家、道家、佛家等不同学派之间各种理想人格之思想认识的同异性，第二是分析儒家学派内部对于理想人格思想认识的异同之处，第三是梳理《诗经》《易经》《尚书》《礼记》等各种经典所蕴含的理想人格思想的同一性和差异性，第四是对儒家人格学说与西方的精神分析人格理论、行为主义人格理论、社会学习人格理论、西方马克思主义人格理论和人格认知理论以及狄百瑞的"儒家人格主义"等进行比较性研究。

第六，主要阐释儒家理想人格思想的当代价值。分为两个方面：一方面诠释儒家理想人格思想能够为个人全面发展和人的现代化所提供的有益精神养分和文化资源；另一方面论证儒家理想人格思想对构建当代理想人格、塑造健全人格和立德树人的现实价值。

(二)儒家理想人格思想特殊性理论研究

重点阐述儒家关于儒者、学者、士、仁者、大丈夫、成人、君子、贤人、圣人九个方面的人格范型思想。

第一，阐释儒家的儒者理想人格思想。梳理儒家对儒者的自我反思，探讨儒、儒者、儒家、儒人、儒师、儒生、儒士等之间的关系，阐述君子儒、小人儒、俗儒、雅儒、大儒等不同人格层次类别。

第二，研究儒家的学者理想人格思想。不仅要揭示先秦孔孟荀对学者的定位观念，还要探索儒家追求的学者的为学之道以及精神境界胸怀，同时注意把握先秦儒家与宋明理学家关于学者人格品质思想观念的差异性与同一性。

第三，论述儒家的士理想人格思想。不仅注重疏证儒家有关"士"概念的历史演变，探究士与知识分子或读书人的关系，对中国古代"四民"(士、农、工、商)的结构进行剖析，也要探求儒家关于"士"的类型(通士、公士、直士、志士、侠士、义士、善士、信士、廉士、处士、居士、隐士、贤士、博士、智士、策士、知士、勇士、豪士、壮士、武士等)学说，阐释儒家文献中的"士大夫"观念。

第四，阐述儒家的仁者理想人格思想。诠释儒家仁者的内涵、特点、内容、要素、特质等，重点关注孔孟荀和程朱对仁者内涵、特质的规定。

第五，探讨儒家的大丈夫理想人格思想。疏解儒家心目中的"丈夫"与"大丈夫"的关联性，展示程朱理学，尤其是朱熹是如何把孟子的"浩然之气"与"大丈夫"人格打通，对"大丈夫"的伦理特质作出新的独到诠释。

第六，诠释儒家的成人理想人格思想。从成人、成己和成物的维度诠释儒家提倡的"成人"，阐释它意味着一个人德才兼备，类似于全面发展的完人，着重探究儒家倡导的"成人之道"。

第七，阐释儒家的君子理想人格思想。主要内容包括儒家关于君子的丰富内涵与主体形态、君子人格形象的本体依据、君子结构的构成要素、君子的外在表征、君子的社会地位、君子的社会功能、君子的规范准则、君子的胸怀境界、君子的价值观念、君子的精神情感、君子的修养功夫、君子的成长之道等思想。

第八，论述儒家的贤人理想人格思想。揭示儒家关于贤人、贤哲、贤君、贤主、贤者等人格类型的思想，探索儒家的尊贤使能和尚贤之道思想，分析儒家的贤人人格思想对中国贤人政治产生的影响。

第九，探赜儒家的圣人理想人格思想。一是探索儒家的"圣人之学"和"圣贤之学"，二是阐述儒家倡导的内圣外王之道和圣贤崇拜文化模式，三是探赜儒家圣人观的沿传与转变。

三、儒家理想人格思想研究的意义、思路与方法

犹如杨国荣所言："理想人格可以视为价值理想的具体体现，它以综合的形态，展示了人的价值取向、内在德性以及精神品格。"[1]加强儒家理想人格思想研究，具有重要的学术价值和应用价值。就学术价值而言，一是有助于凸显儒家人格思想的特色与价值，建立中国典范的传统理想人格思想范式。二是丰富和扩宽中国人学的学术空间。加强儒家理想人格思想研究，将会为中国人学的繁荣发展提供宝贵的精神资源，激活中国人学事业的生命力。三是创新发展儒学学科体系、学术体系和话语体系，对儒家创建、提倡和锻造的理想人格思想进行现代诠释与系统建构，可以弥补当前儒家人格思想研究碎片化、浅层化的弊端，通过它对儒家人学的完善而推动儒学的整体化、系统化发展。由人格要素、

---

[1]杨国荣：《再思儒学》，济南出版社，2019年，第79页。

人格模式和人格修养三大方面构成的儒家理想人格思想是儒学的核心之一，也是儒家人学的有机构成，儒家众多德性伦理、道德品性、社会理想、价值观念、情感境界、思维模式等均是通过理想人格范型呈现出来的（如"君子喻于义，小人喻于利"）。儒家理想人格以知、情、意为基本要素，以真、善、美、利相统一为主要内涵，彰显了"内圣外王"的基本规定。儒家理想人格思想具有至上性、超越性、众趋性、致用性、范导性、层次性等特点，它与道家、墨家、佛家等诸子百家的理想人格思想相互补充、相互融通。儒家理想人格思想既有本体论的内涵，也有工夫论的内涵，它所创立的贤人之学、君子之学、圣贤之学和成人之道等是中华优秀传统文化的精华。

就应用价值而言，以理想人格思想为理论视域对儒家人学进行系统的阐释，具有多种应用价值：一是由于儒家理想人格思想包含着大量优秀人格的生成智慧，它可以为当代中国人的全面发展、个性的展现、自我的超越和人的现代化提供借鉴和参考；二是儒家理想人格思想蕴含着丰富的关于做什么样的人以及如何做人等方面的思想观念，它可以为当今社会每个人提供合理的待人处世之道与生存智慧；三是儒家理想人格思想阐明了人格的内涵、形态、特质、修养等，这对于当代构建健康人格、塑造一代新人[①]也具有诸多现实借鉴意义。

儒家理想人格思想研究应当把儒家的理想人格思想置于儒家人学的大视野中进行现代诠释，依序对其中的普遍性理论和特殊性人格典范思想两大部分考镜源流、明晰学理逻辑，最终建立一套系统化的儒家理想人格思想体系。要注重厘定儒家理想人格思想的概念范畴，探究儒家理想人格思想体系的主要内容，从而理清其核心主线，尤其是注重阐发其基本原理和基本观点；阐释儒家理想人格思想的主要学理逻辑、思想内核、突出特点，辨明儒家学派与其他学派以及儒家学派内部关于理想人格的思想异同之处，从而阐释清楚儒家理想人格思

[①] 1980年5月26日，邓小平给《中国少年报》和《辅导员》杂志题词："希望全国的小朋友，立志做有理想、有道德、有知识、有体力的人，立志为人民作贡献，为祖国作贡献，为人类作贡献。"2021年4月19日，习近平在清华大学考察时，勉励广大青年要肩负历史使命，坚定前进信心，立大志、明大德、成大才、担大任，努力成为堪当民族复兴重任的时代新人。

想的发展源流、思想脉络与主要内容；探赜儒家理想人格思想与当代中国理想人格建构、时代新人建设以及人的现代化、国民性的重塑等之间的契合点和结合点，以论证儒家理想人格思想的当代价值和生命力。

从方法论来说，推进儒家理想人格思想研究，一是要借助于比较学的视野，不仅对儒家与诸子百家理想、儒家内部以及西方理想人格思想进行比较，同时还从君子与小人、贪官与廉吏、贱儒与雅儒等相对照的角度进行同异性比较，以揭示儒家理想人格的基本特质。二是要采用"反向格义"与"返本开新"相结合的方法，在致力于对儒家经典中蕴藏的理想人格思想原本的义理进行现代诠释的基础上，借用西方人格理论的概念、范式、方法加以阐发。三是运用历史与逻辑相统一的方法，不仅从各种儒家经典文献中挖掘儒家理想人格特质，还按照历史的逻辑顺序给予阐释，并立足于儒学发展史探讨儒家理想人格思想的逻辑结构和历史作用。

（涂可国，曲阜师范大学孔子文化研究院特聘教授，山东孔子学会会长，山东社会科学院国际儒学研究院原院长、研究员，主要从事儒学、哲学和文化研究）

论中国古代的"节"思想观念

李绍强

一、"节"思想观念的来源

所谓"节"包括气节、名节等。许慎《说文解字》曰:"节,竹约也,从竹,即声。"据《辞海》解释,节是植物茎上生叶与分枝的部分。有些植物的节略为膨大,较为明显,如竹、甘蔗等;节起了一个连接和加固的作用,关节明显的植物较为坚韧,不易折断。《易·说卦》曰:"其于木也,为坚多节。"指的就是这个意思。动物的骨骼衔接处也叫"节",功能和植物相同。由于"节"的特殊作用,在社会生活中逐渐用来形容人的坚韧不拔、英勇不屈的优秀品格,如气节、名节、高风亮节等。如左思《咏史》诗云:"功成耻受赏,高节卓不群。"高尚的"节"思想观念就直接反映了某人所具有的精神力量和道德品质,从而被社会所肯定,被史籍所褒扬。"节"的观念作为一种思想意识应该是在秦统一以后才正式出现,先秦时期一些为国君、宗主效命的狭隘思想如殉君、死节、侠义等逐渐被大一统后的民族主义、爱国主义以及遵纪守法等思想所代替,气节、名节也就变成一种坚持正义、英勇不屈、洁身自好、品行端正的代名词。在儒学被定为一尊并成为中国主流文化后,在儒学的影响下,"节"的思想观念日益发展和完善,终于成为中华传统伦理范畴之一。(本文不论述妇女贞节问题)

"节"的思想观念虽然是伦理范畴之一,但考诸史籍,孔子、孟子、荀子等儒学创立者均未直接提到"节",两汉至隋唐各儒学大师也很少涉及,只有历朝的《列女传》等从妇女贞节的角度谈论"节",到北宋理学家程颐则提出所谓"饿死事小,失节事大"。经过宋元理学家的提倡,明清时期贞节观日益浓烈,贞节(贞操)成为束缚妇女的精神枷锁,而直接论述气节、名节的却很少。因此,"节"的思想观念作为伦理范畴之一,虽然形成一种社会共识和志士仁人遵守的道德,但并没有形成一个独立的理论体系,只散见于史籍中的一些名人记载,如苏武:"屈节辱命,虽生,何面目以归汉!"颜真卿:"吾守吾节,死而后已。"韩愈:"士穷乃见节义。"刘禹锡:"烈士之所以异于恒人,以其仗节以死谊也。"欧阳修:"廉耻,士君子之大节。"苏轼:"豪杰之士,必有过人之节。"文天祥:"时穷节乃见,一一垂丹青。"由此可见,"节"的观念包含了仁、义、忠、信、廉、耻等诸多内容,是一个综合性的伦理范畴。

二、"节"思想观念的内涵

"节"作为一种思想观念,涉及仁、义、忠、信、廉、耻等诸多道德内容。首先是"节"与仁义的关系。儒家仁义要求严格律己、一身正气并怀有一颗爱人助人的慈悲之心;"仁"要求身正、利他,率先施惠,还要自律修己,存心养性。同时还要"约之以礼",即遵守社会规范,使人的食色本性在社会允许的范围之内,适应他律的约束后由被动者变成主动者。仁义还要求人们具有"君子"的理想人格,所谓"君子喻于义,小人喻于利",达则兼济天下,穷则独善其身,始终保持自强不息、刚毅进取、百折不挠、积极向上的人生观。具备这一优秀品格要通过格物、致知、诚意、正心的修身来实现,从道德认识转化为道德行为,从内圣延伸到外王,由内在的道德修养转而实现个人在社会中的事功及作用,即修身、齐家、治国、平天下。而具有"节"观念的人能为民谋利、为国献身,有崇高的道德品质和舍生忘死的精神力量,这种人不具有"仁"的思想是不可能的,因此"仁"是"节"观念的核心与前提。

其次是"节"与信义的关系。信本是遵守诺言、誓言之意,常与忠信、诚信相连,其核心内容是真实无妄、人己不欺。诚信是对某种信念、原则和语言出自内心的忠诚,"诚者,天之道也;诚之者,人之道也";诚信是对宇宙存在的价值肯定，是对人的本性、人类道德的价值肯定。诚信要求人们忠实于自己的本性和存在，使言行与自己所处的社会地位、所承担的社会职责和道德义务相符合。因此人要诚实无妄、讲究信誉、信守诺言、人己不欺，从而忠于职守、忠于信念，做事符合原则和客观实际，不违背自己对社会、家庭、朋友的承诺。如果担任社会公职，就要恪尽职守、廉洁奉公、勤政爱民、保持名节，即便不出仕做官，也要遵纪守法、言行一致、上敬父母、下作表率，以促进社会的和谐与发展。而具有"节"观念的仁人志士正是真诚坦荡、诚信做人的典范。

第三是"节"与忠义的关系。孔子对仁的追求是"杀身以成仁"，孟子是"舍生取义"，为实现"仁"而不惜牺牲个人生命，强调当个体的自然生存与道德原则发生冲突而不能两全时，应舍弃生命以维护理想中的道德原则，这就是所谓"忠"的概念。"忠"从最初的恭敬、诚信、质朴、无私逐渐演变成事君以忠，即为了国家的统一而忠君，为了社会的整体利益而谏君，先国后家，为国牺牲。而"节"观念讲究的是气节和名节，前者是指在个人利益与民族、国家利益之间做选择时，应舍己尽忠，临危不惧，表现出崇高的民族气节。后者则是要坚持原则，敢于负责，忠于职守，清正廉明，具有强烈的责任心和荣誉感。这就是"节"与忠义之间的关系。"成仁"与"取义"要有视死如归的勇气，孟子认为要长时间地培养，即"养浩然之气"，要靠内心的自觉，经过长时间的积累，从而转化为外在行动。它可以使人无愧于心、无所畏惧，"富贵不能淫，贫贱不能移，威武不能屈"。太平时勤政爱民，奉公廉洁，先天下之忧而忧，后天下之乐而乐；动乱时奋勇抗敌，保家卫国，为国捐躯，浩气长存。

第四是"节"与廉耻的关系。所谓廉耻包括廉洁和知耻两方面的内容。廉洁一般指不贪财货、洁身自好。《楚辞·招魂》曰："不受曰廉，不污曰洁。"晏子曰："廉者，政之本也。"孟子曰："可以取，可以无取，取伤廉。"墨子曰："君子之道也，贫则见廉。"韩非曰："所谓廉者，必生死之命也，轻恬资财也。"武则天在《臣轨·廉洁》中认为"理官莫如平，临财莫如廉，廉平之德，吏之宝也"。《周礼·天官冢宰·小宰》将官吏廉洁的基本内容和标准作了具体的概括："一曰廉善，二曰廉能，三曰廉敬，四曰廉正，五曰廉法，六曰廉辨。"黄宗羲曰："官之廉，即其不取民者是也，而不取于民，方见自廉。"廉洁成为衡量官吏的道德标准。廉洁的关键是知耻，即有羞耻之心，能闻过自愧。有关耻感的文化起源于殷周，经儒家学派发扬光大后逐渐深入社会各层级，成为一种普遍的文化现象和人们行为选择及价值取向的重要因素。如孔子主张"行己有耻"，"君子耻其言而过其行"；管子将礼、义、廉、耻"四维"总结为关系国家兴亡的四个关键因素，所谓"守国之度，在饰四维；……四维不张，国乃灭亡"。周敦颐则认为"必有耻，则可教；闻过，则可贤"。顾炎武在《日知录·廉耻》中引罗仲素语曰："廉耻者，士人之美节；风俗者，天下之大事。"龚自珍在《明良论》中指出："士皆知有耻，则国家永无耻矣；士不知耻，为国之大耻。"而具有"节"观念的人必然廉洁自守、知耻而改过，因此两者有着密不可分的关系。

三、"节"思想观念的表现形式

"节"的思想观念包含仁义、信义、忠义、廉耻等诸多内容，气节和名节则是其表现的两个方面。气节是指当个人利益与国家、民族利益发生冲突需要选择时，临危不惧、放弃自我，忠于国家和民族，从而表现出崇高的气节。而名节则是要坚持原则，为国为民，清廉自持，不为利诱所动，保持自己的清誉。两者互为补充，相辅相成。前者一般发生在战争动乱之时，两国交兵或异族入侵，这时需要站稳立场，保持气节。后者一般发生在和平时期，在朝为官，手握权力，或掌部下升迁之权，或过手财货千万，这时要有做官为民、造福一方的思想，不能为发财而贪赃枉法，最后身败名裂。保持名节比坚持气节更难，战乱时壁垒分明，一目了然，且大是大非，容易分辨。一般不敢冒天下之大不韪，甘当汉奸或叛徒。而和平建设时期，面对社会风气、官场规则，一般人难以入乡不随俗，做到卓然不群，出淤泥而不染。这种浸润是逐渐的、无形的，没有轰轰烈烈的阵势，没有对比强烈的是非。入仕时胸怀治国平天下之抱负，欲救苍生于水火，功成名就，青史留名。但时间消磨了斗志，欲望战胜了理想，终于随波逐流，贪赃枉法，甚至心安理得，认为官场如此，不必大惊小怪。因此保持名节更难。当然有一些士大夫受儒家思想影响较深，能以天下为己任，"先天下之忧而忧，后天下之乐而乐"，尤其是他们注重身后的名誉，把它看得比生命还重要，因为他们知道历史的记载是真实而无情的，无论是英雄豪杰还是奸佞坏蛋，无论是贵族官僚还是平民百姓，都会留下自己的历史记录，其中可能是书写的，也可能是口传的。所以受过儒家思想教育，稍有历史常识的人都很顾及自己的名节，如果臭名远扬，不仅累及当世，还殃及子孙。如秦桧奸贼，残害忠良，后人赋诗云"忠良事迹感天地，岳飞坟前愧姓秦""青山有幸埋忠骨，白铁无辜铸佞臣"。

为了培养后人的名节思想，先辈们尽心竭力，用儒家道德思想进行教化，上至君主下至平民，力图使之成为圣贤英杰、栋梁之材，即使做不到这么完美，也要成为具有忠孝节义思想的老实人。如皇宫中，设名儒大臣对太子或皇帝亲自教诲、训导辅佐，选取一些儒家经典进行有针对性的教育，以历史上的明君如尧、舜、禹、汤、文武、周公等作为榜样，希望他们从思想品德和为政上都和圣贤一样，做一个有为明君。如诸葛亮辅佐刘禅，尽心竭力，经常劝导，忠贞不二，刘禅虽然少不更事，才能有限，但对诸葛亮信任有加，视之如父，使蜀汉政权在刘备死后保持稳定并有所发展。唐太宗李世民立晋王李治为太子，遇见事务就进行教诲，如见到食物就说："汝知稼穑之艰难，则常有斯饭矣。"见其乘舟则曰："水所以载舟，亦所以覆舟，民犹水也，君犹舟也。"见其息于木下，则曰："木从绳则正，后从谏则圣。"唐高宗李治即位后，基本遵循唐太宗教诲，使唐王朝继续繁荣昌盛。明神宗朱翊钧即位年方十岁，张居正作为内阁首辅亲自辅佐训导，他编写有关典籍作为教材，处政之余亲自讲授。当万历帝因年幼不懂事而闯祸时，他就告诉李太后，让她责罚幼君，跪地思过，或下罪己诏检讨；当万历帝宫中用度过多时，张居正以明君生活俭朴、天下百姓尚不富裕为理由，上书进谏，使大明王朝在万历初年吏治整肃，国库充裕，颇有中兴之景象。对于普通百姓来说，开蒙读小学类，继而四书五经，然后投考科举，入仕为官，父母老师均希望他有所成就，或成为国家栋梁，或为百姓谋福，上对得起朝廷祖宗，下对得起黎民百姓，从而光耀门楣。如西汉人贾谊十八岁以诵诗属文称于郡中，被汉文帝召为博士，他年龄最小却才思敏捷，每诏令议下，诸老先生未能言，贾谊尽为之对，诸生于是以为自己才能不及贾谊。汉文帝爱其辞博，一岁中超迁至太中大夫。汉武帝宠臣东方朔十三岁学书，十五岁学击剑,十六岁学诗书,诵二十二万言;十九岁学孙吴兵法,战阵之具,钲鼓之教,也诵二十二万言。东方朔苦读十年,诗书兵法无所不能,又善诙谐劝导之术,因而受到汉武帝宠信。东汉末诸葛亮更是读书仕进的典型。他志存高远,隐居苦读,除经史等书,于诸子百家、兵农医卜无所不读,因而上知天文、下知地理,具备了安邦治国的渊博学识和文韬武略,从而成就了一番事业。隋朝开科取士,科举制成为中国古代选取人才的主要途径,因而读书应举成为士大夫毕生追求的事业,唐宋两朝的一些著名人物大多都是通过科举而入仕的,如唐代狄仁杰、宋璟、张巡、颜真卿、郭子仪(武举)、白居易、韩愈等;宋代李沆、吕蒙正、包拯、范仲淹、欧阳修、王安石、宗泽、文天祥等。明清时期,朱熹注释的四书五经成为科举的官方定本,唐宋时期的唯才是举变为机械的八股取士,除明初和清初因百废待兴等特殊原因,任用了一些科举外的人做官,其余则是非科举不用,中央级的官吏则是非进士不用。于是读书做官更成为全社会认可的人生正途,社会各阶层都沉浸在通经入仕的氛围中。

四、坚持"气节"和"名节"的中国古代人士

在中国古代社会,具有气节和名节思想的人比比皆是,连绵不绝。英烈如苏武、颜真卿、岳飞、文天祥、秋瑾等,清官如晏婴、杨震、吴隐之、海瑞、于成龙等。他们面临生死存亡考验,高官厚禄引诱,却能保持节操,不为威胁利诱而背叛,不为物质引诱而丧失人格。英烈坚持气节,也就保全了名节。像苏武在漠北十九年,过着茹毛饮血的原始人生活,前途渺茫,归期无望,且他的兄弟自杀、高堂病逝、妻子改嫁,已了无牵挂,只要回头归降,高官厚禄、锦衣玉食立刻就会有,但他意志如钢,坚贞不屈,匈奴人承诺的荣华富贵在他看来如同粪土,一文不值,正因为他信守承诺,爱惜名节,忠贞报国,所以他能坚持下来,赢得这场意志较量的胜利,终于荣归故里。为表彰苏武,汉昭帝下诏拜苏武为典属国,官秩中二千石,赐钱二百万,公田二顷,宅一区。唐代颜真卿在安史叛军攻陷河朔后,独立支撑平原郡,为唐军日后收复打下了基础。安史之乱后,藩镇割据,颜真卿在朝内忠贞耿介,努力维持,却被权奸排斥,

派去宣慰叛藩李希烈，狂徒以挖坑活埋、烈火焚烧对之，面对威胁，他大义凛然道，"吾守吾节，死而后已，岂受若等胁邪"，终被杀害。闻此噩耗，唐德宗为此废朝五日，赠颜真卿司徒，谥号"文忠"，赠布帛米粟等，授其一子五品正员官。岳飞在北宋灭亡、山河破碎的情况下，誓要"从戎报国，光复河山"，抗金三十年，大小数百战，身遭数十创，光复中原在望，却被奸臣所害，抱恨终天。宋孝宗即位后，昭雪岳飞冤案，追复其官，以礼改葬。后建岳飞祠，谥号"武穆"，追封鄂王。历代文人墨客赋诗歌颂，广大民众感怀至深，岳飞成为"尽忠报国"的代表人物。而残害岳飞的宋高宗、秦桧等则被唾骂，钉在了历史的耻辱柱上。文天祥在元军南下、宋廷崩溃时，奋然而起，召集义兵抗元。在寡不敌众被俘后，蒙古人为使其投降，用各种方法威胁利诱，甚至允其归降后官至宰相，但文天祥始终不屈。蒙古人无奈，将他囚禁三年，以削弱其斗志。囚室中的折磨自不待言，关键是此时南宋已亡，蒙元作为新的统治王朝已是大势所趋。文天祥如果在故国恢复无望时归降新朝，也情有可原，但他坚守气节，忠贞不渝，这时文天祥已经不是忠于一个王朝，而是忠于国家，忠于民族，忠于自己的信念，决不背叛。因为他知道人虽然只有一次生命，但最多百年，不能苟且偷生，而是宁为玉碎，不为瓦全。儒家所强调的"杀身成仁""舍生取义""富贵不能淫，贫贱不能移，威武不能屈"的大丈夫气概在文天祥身上有最集中的体现。诚如他所言："人生自古谁无死，留取丹心照汗青。"历史给予了其崇高的评价和褒扬，后人以文天祥为坚贞不屈的榜样，他的子孙自然以有这样的先祖而骄傲。清末女侠秋瑾立志推翻腐朽的满清政权，她习文练武，壮怀激烈，组织光复军，准备武装起义。由于会党泄密，秋瑾不幸被捕，面对屠刀，她誓死不屈，英勇就义，实现了她"为国牺牲敢惜身"的誓言，被孙中山誉为"巾帼英雄"，其在杭州西湖畔西泠桥下的墓葬，也成为凭吊英雄女侠的景点。

坚持名节操守的清官虽然没有死亡威胁、皮肉之苦，但抵御金钱美色诱惑的艰难丝毫不亚于生死存亡给人的考验。如春秋时期齐国宰相晏婴，相齐十年，粗衣淡饭，弊车驽马，辞谢齐王赏赐的豪宅和美女，一心为民，名显诸侯。东汉大臣杨震奉公廉明，道德高尚，经他举荐为官的王密为报恩夜送黄金，声称夜晚无人知晓，杨震说："天知，地知，我知，子知，何谓无知者？"王密愧疾而去。杨震不置家产，让子孙蔬菜粗粮，不乘车辆，为的是以清白传之后世，故杨震儿子杨秉后为高官，也能奉公廉洁，道德高尚。东晋吴隐之孝义廉洁，出任广州刺史，为革除岭南贪污受贿之弊，亲饮所谓"贪泉"之水，到任后操守清廉，家无余资，嫁女甚至要卖狗换钱，三年后使当地风化大治。他为官四十年，历任显要，而清操不改，故被朝廷多次褒奖。吴隐之年老退休后，授光禄大夫，加金章紫绶，赐钱十万，米三百斛。明代著名清官海瑞任淳安知县时，生活简朴，粗食布袍，令老仆种菜自给，薪俸外丝毫不侵。为母祝寿，仅购了二斤肉。海瑞廉洁奉公、刚正不阿，所到之处，贪官辞职，权豪敛迹。后死于任上，竟然仅存俸银十余两，旧袍数件，观者为之泪下，众人捐金殓葬。南京百姓悲恸号哭，若丧慈母，至罢市者数日。明神宗闻之，辍朝悼伤，遣大臣谕祭，赠太子少保，谥号"忠介"。归葬时官民哭而奠者百里不绝，家家绘像祭之。清初于成龙任广西罗城知县，自奉甚俭，日唯以粗食蔬菜自给，百姓馈送钱物一概不受。升任两江总督后，操行不改，每日布衣青菜，荒年屑糠杂米为粥；去世唯绨袍一袭，粗米数斛，豉、盐数器而已。百姓罢市聚哭，每家绘制于成龙像祀之。康熙帝为此称于成龙为天下廉吏第一人，谥号"清端"，加赠太子太保。雍正时，祀贤良祠。

总之，"节"的思想观念包含仁义、信义、忠义、廉耻诸多内容，其表现为气节和名节两个方面，反映了坚持正义、英勇不屈、清廉自守、品行端正的精神力量和道德品质。两者互为补充，相辅相成，构成了中华传统伦理范畴之一。这种思想观念虽然形成于封建社会，但其合理的精神内核如爱国主义、廉洁奉公、勤政爱民等思想在当今社会仍具有重大现实意义。这种观念贯穿古今，跨越时空，不受历史变迁和社会转型的影响，因此经过舆论宣传和制度化、规范化之后，必能促使爱国为民、遵纪守法、廉洁奉公、爱岗敬业成为社会普遍风尚，从而在现代社会中发挥巨大作用。

（李绍强，山东济南人，曲阜师范大学历史文化学院三级教授，历史学博士，主要从事明清史、中国古代经济史、中国儒学史研究）

基于道德自觉的荀子礼法统一思想

吴树勤

著名社会学家费孝通先生于1997年在北京大学社会学人类学研究所开办的第二届社会文化人类学高级研讨班上首次提出"文化自觉"的概念。"文化自觉"是指生活在一定文化历史圈子的人对其文化有自知之明,并对其发展历程和未来有充分的认识,这是解决人与人关系的重要方法。费老先生的这一思路,对于我们思考荀子的礼法思想具有重要借鉴意义。儒家一贯强调,行为是否能够自觉遵循道德这一价值原则是评判一个人的重要标志,荀子正是在"道德自觉"的层面,结合当时社会形势对礼法思想作了系统反思,其表面看起来矛盾的"隆礼"与"重法"思想,其实是内在统一的,个人的"道德自觉"是其统一的基础。与孔孟不同,荀子所说的道德强调的并不是先天的道德良知,而是人们为了实现理想的社会目标而共同追求并遵循的普遍人生原则,它是有具体内容和目标的,那就是通过顺应人情的礼治以达到社会物质需求的满足,个人道德状况是社会秩序建设的根本。

一、荀子"隆礼重法"思想根源及道德自觉的必要性

荀子生活在礼坏乐崩、诸侯争雄、国家逐渐走向统一的战国末年。对于不断涌现的社会新问题,思想家们依据各自的价值观念作出判断,并提出解决问题的方案。荀子立场鲜明,他以继承孔子、子弓之儒家思想为己任,同时广泛吸收了先秦道、法、名、墨等其他诸家的学术思想,自成一个新的儒学体系。

荀子以隆礼重法等思想著称，其思想根源在于其天人观和人性论思想。

荀子认为，一旦人对自然欲望的追求没有节制，有限的社会财富势必不能满足其要求，人们就会产生纷争，导致社会秩序混乱，这种纷争是产生恶的社会后果的根本原因。荀子从社会治与乱的角度判断善与恶。荀子《性恶》篇云："凡古今天下之所谓善者，正理平治也；所谓恶者，偏险悖乱也；是善恶之分也已。"又云："今人之性，生而有好利焉，顺是，故争夺生而辞让亡焉；生而有疾恶焉，顺是，故残贼生而忠信亡焉；生而有耳目之欲有好声色焉，顺是，故淫乱生而礼义文理亡焉。然则从人之性，顺人之情，必出于争夺，合于犯分乱理而归于暴。故必将有师法之化，礼义之道，然后出于辞让，合于文理，而归于治。用此观之，然则人之性恶明矣，其善者伪也。"

荀子充分肯定自然情欲的合理性，他认为，"好利""疾恶""好声色"等都是人生而有之的天然本性，如果顺着人的这种本性，而不加以人为的调节，就会发生残贼、淫乱和争夺等恶行，进一步导致的结果就是"偏险悖乱""犯分乱理"，破坏社会秩序，这些都是不道德的行为。按照荀子对于善恶的社会评价标准来衡量，"人性恶"是其思想的必然逻辑，善的行为、道德的行为则是后天礼义教化等人为的结果，其行为所带来的是社会"正理平治"的良好氛围。

荀子反对孟子的性善论，认为如果主张性善论就会否定礼义、否定圣人存在的必要性。正如《四库全书总目提要》所云："卿恐人恃性善之说，任自然而废学，因言性不可恃，当勉力于先王之教。"荀子批评孟子"性善论"的另外一个重要原因就是认为孟子讲"人之性善"，"无辨合符验，坐而言之，起而不可设，张而不可施行"。注重现实经验，重视"辨合""符验"，重视事行功效确实是荀子的一个很重要的特点，有其可贵之处。尽管荀子对孟子人性论的批评有不恰当之处，但是荀子的目的是很清楚的，是为了论证"性恶"的必然性。

但是，人性恶，并不意味着人就是恶的，并不意味着人没有存在的价值，并不抹杀人类存在的意义和尊严。荀子认为，人性是可以迁化的。礼义道德作为人性中缺失的东西，正是我们作为人所迫切需求的，其原因就在于，社会伦理的和谐，与生活在世界上的每一个人息息相关，这种对善的追求，既是每一个人努力实现的目标，也是每一个人的责任，是人之区别于动物的根本所在，是人之所以为人的本质，是人之存在合理性的必然要求。所以，荀子说："今人之性，固无礼义，故强学而求有之也。"只有肯定人性有不完善之处，我们才能更加积极地有所作为，重教以化之，隆礼以节之，立法以禁之，以弥补自己的缺憾，而寻求人和社会的完美。

荀子提出的性恶说，反而积极地勉人积善成德、化性起伪，这相对于孟子的性善说，更切合人生实相，更有实际的效益。孟子主张天人合一和人性善，强调人性中天然具有道德规定性。荀子认为，按照孟子的思维逻辑，无法说明后天学习礼义道德的必要性，也无法说明圣人先王之教的必要性。张惠言《读荀子》云，性善、性恶说"其言殊，其所以救世之意一也"，孟子、荀子的人性论都没有离开孔子"仁"的根本，"孔子言仁而孟子益之以义，荀子则约仁义而归之礼。夫义者，人之裁制也；礼者，仁义之检绳也。孟子之教，反身也切，荀子之教，检身也详。韩子曰：'求观孔子之道，必自孟子始。'后之学者，欲求其途于孟子，自荀子始焉，可也"①。徐复观先生进一步说："先秦诸大家所讲的人性论，则是由自己的功夫所把握到的，在自身生命之内的某种最根源的作用。"②台湾学者鲍国顺对此也有比较恰当的评价："荀子主张性恶，是有其惕厉与积极的用心。"③孟子主张性善，荀子主张性恶，可谓殊途而同归。

荀子认为，社会是安定还是混乱，主要原因不是人们天然具有情欲，而在于人们对于情欲的节制是否合理。情欲的流露由人心支配决定，《性恶》篇云："性不知礼义，故思虑而求知之也。""思虑"是心的功能，它对身体其他行为起到一种主导作用。所以《解蔽》篇云："心者，形之君也，而神明之主也，出令而无所受令。自禁也，自使也，自夺也，自取也，自行也，自止也。"《正名》篇亦云："心也者，道之工宰也。""心"的选择作用是完全自主自觉的行为，无论正确的或者错误的选择，都是人们自主自觉选择的结果。合理的心的思虑应该有明确的向善目标，即追求社会"正理平治"的道德目标，否则，正如《正

---

① 钱仲联主编：《张惠言文选》，苏州大学出版社，2001年，第33页。
② 徐复观：《中国人性论史》（先秦篇），生活·读书·新知三联书店，2001年，第408页。
③ 鲍国顺：《荀子学说析论》，台湾华正书局，1984年，第16页。

名》篇所云："离道而内自择，则不知祸福之所托。"心可以选择道德的行为，也可以选择不道德的行为，关键在于人心能够对自己身体行为有一种合理的主宰，所以，对于人和社会来说，有没有道德自觉至关重要。

荀子进一步认为，正是由于道德自觉的不同，才出现智愚之分、圣凡之别，《富国》篇云："人伦并处，同求而异道，同欲而异知，生也。皆有可也，知愚同；所可异也，知愚分。"梁启雄对此有较好的理解："人无论智或愚，都有他自认为可的，（就是意以为善的。）可是，各人的认可力的程度有差等，智愚之别便显然呈现了。"①按照荀子的思路，为了培养道德的人格及和谐的伦理社会，心必须作出合理合法的选择，人必须有一种道德自觉以指导自己的行为。所以荀子说："故心不可以不知道；心不知道，则不可道，而可非道。""治之要在于知道。"

心的行为是能够自觉发出的，然而由于人性中没有道德的内容，所以"心"不能先天地呈现道德，道德行为的选择是人后天培养的结果，道德自觉培养的过程也就是道德人格成就的过程。道德自觉的培养需要在社会中实现，礼仪法度作为人们行为的原则，目的就在于协调人们对欲望的追求和社会财富的分配两者之间的关系，使"欲必不穷于物，物必不屈于欲，两者相持而长"。之所以能够做到"物"与"欲"两者"相持而长"，互不冲突，关键在于心能够合理自主地选择，具有高度的道德自觉。正如荀子《正名》篇所说："心之所可中理，则欲虽多，奚伤于治？欲不及而动过之，心使之也。心之所可失理，则欲虽寡，奚止于乱？"基于对传统人性论的深刻反思，荀子强调道德自觉培养的重要性，并进一步把理论的重点落在礼法思想在人伦社会的具体实施上。

二、道德自觉是礼与法统一的基础

荀子强调"隆礼重法"，但是，"法"并不是一个必然的、独立的环节，"法"以"礼"为前提。"礼"的本质就是道德，它是制定具体仪式法度的一般原则。《荀子》中所论及的"法"，含义众多，既有指规范的，也有指法术或法

---

①梁启雄：《荀子简释》，中华书局，1983年，第118页。

制，与法家所说的"法"不完全相同。①而且，在《荀子》一书中，对"法"的理解，有一个重要现象需加以足够重视，"法"与"类"、"法"与"礼"屡次对举：

> 《礼》者，法之大分，类之纲纪也。（《劝学》）
>
> 法不能独立，类不能自行。（《君道》）
>
> 有法者以法行，无法者以类举，听之尽也。（《王制》）
>
> 以圣王之制为法，法其法，以求其统类，以务象效其人。（《解蔽》）
>
> 人无法，则伥伥然；有法而无志其义，则渠渠然；依乎法而又深其类，然后温温然。（《修身》）

荀子很强调事物的"类"的区分，《正名》篇说："何缘而以同异？曰：缘天官。凡同类、同情者，其天官之意物也同，故比方之疑似而通，是所以共其约名以相期也。"凡同类的事物，人们会获得相似的感觉经验，通过比较，对其进行归类。无论自然现象，还是社会现象，都需要按照合理的原则对其进行不同的分类，其合理的原则就是"义"，就是"礼"。荀子在《王制》篇中说道："水火有气而无生，草木有生而无知，禽兽有知而无义，人有气、有生、有知，亦且有义，故最为天下贵也……人何以能群？曰：分。分何以能行？曰：义。"《非相》篇说，"人之所以为人者，何已也？曰：以其有辨也……故人道莫不有辨。辨莫大于分，分莫大于礼"。人作为一个普遍性的"类"，和自然物的最大区别，就在于人能够过社会群体生活，并且按照合理的"类"的秩序，进行人为的创造。礼的作用就在于根据事物的"类"的特性对不同事物进行分别。"类"强调的是礼仪规定所依据的原则或内在精神。相对而言，"法"则指的是具体的礼仪法度及具体的礼仪形式。《性恶》篇云："故圣人化性而起伪，伪起而生礼义，礼义生而制法度。"作为礼仪具体形式的"法"是从属于"礼"的，它是礼仪的具体表现形式。

作为"法之大分，类之纲纪"的"礼"，与一般所谓的礼仪法度不同，它是

---

①杨志刚：《中国礼仪制度研究》，华东师范大学出版社，2001年，第130页。

人们制定的社会的礼仪法度的一般原则，也是人所奉行的道德规范的本质。荀子《礼论》篇云："礼者，人道之极也。"《儒效》篇亦云："道者，非天之道，非地之道，人之所以道也，君子之所道也。"礼是人之所以为人，君子之所以为君子的本质所在。礼不仅是人们处理社会事务的基本原则，也是处理自然界事务的普遍法则。《礼论》篇云："天地以合，日月以明，四时以序，星辰以行，江河以流，万物以昌，好恶以节，喜怒以当，以为下则顺，以为上则明，万物变而不乱，贰之则丧也。礼岂不至矣哉！立隆以为极，而天下莫之能损益也。"按照荀子的话说，作为客观的"人道"的礼，其实就是把握礼仪法度的"统类"。《非十二子》篇云："若夫总方略，齐言行，壹统类……仲尼、子弓是也。一天下，财万物，长养人民，兼利天下，通达之属，莫不从服，六说者立息，十二子者迁化，则圣人之得势者，舜禹是也。"荀子理想的君子圣人如仲尼、子弓、舜、禹这类人，能够把握统类，掌握礼仪的核心精神，也就能够做到《王制》篇所说的"群道当则万物皆得其宜，六畜皆得其长，群生皆得其命。故养长时则六畜育；杀生时则草木殖；政令时则百姓一，贤良服"。真正做到了道德自觉并落实于具体人生社会事务。

荀子认为，春秋战国时期，人们不能把握"统类"，人们对礼仪法度所蕴含的道德内涵普遍没有达到一种自觉。荀子在《荣辱》篇和《君道》篇中对"义"和"数"、"法之义"和"法之数"作了区分。荀子评价有的人"循法则、度量、刑辟、图籍，不知其义，谨守其数"；"不知法之义而正法之数者，虽博，临事必乱"。这里的"法"指的是礼仪法度等具体的礼仪形式，礼义的精神正是通过礼仪形式来体现，但是，假如局限于礼仪形式而不能掌握礼义的精神原则，那就可能会导致"乱"的后果。因此，这里的"法之数"强调的是礼仪形式等技术类知识，而"法之义"则不仅仅流于知识层面，它是统贯礼仪法度的一般原则。荀子在《大略》篇中还把"类"和"法"、"义"和"数"的关系视为"本"和"末"之间的关系，他说："有法者以法行，无法者以类举。以其本，知其末，以其左，知其右。"荀子认为，一般人往往只局限于礼仪法度的外在条文规定，这其实仅仅把握了"法之数"，而没有把握礼仪法度的道德本质内涵，没有把握"法之义"，这是没有道德自觉的典型表现，没有道德自觉，也就不能把握礼义的根本精神，也就不能融会贯通、合理地处理自然社会等方方面面的人生事务。

荀子既强调礼与法的必然联系，同时也强调礼与法的重要区别。礼与法的区别不仅是知识上的差异，也是在道德层面上的人格修养的区别。礼与法的区别与统一需从道德自觉的层面加以分析。《富国》篇云："由士以上，则必以礼乐节之；众庶百姓，则必以法数制之。"杨倞注曰："君子用德，小人用刑。"梁启雄先生认为，"这是分配和消费的经济思想。……用礼乐来调节士以上的'位''禄''用'，使它们都调整得适当。同时，又用法律条文来制定众庶、百姓们的'事'和'利'的差等，并使他们的衣食用和收入出入相抵当。"①杨氏和梁氏所论均着眼于外，仅仅是对外在现象的一种描述，而没有深入分析其内在原因，当代学者也多沿袭前人的误解，如有学者认为，这句话指出礼的运用范围、作用对象是居于社会上层的统治者，法的使用领域、治理对象是存身于社会底层的被统治者。荀子之所以如此区分礼乐与法数，不是在描述一种现象，而是在讨论现象背后的原因。

荀子认为，礼法制定的根据在于情与文的统一，因此，也只有通过人情的升华和人心之知才能获得礼与法的内在沟通。礼之义与礼之数、礼之类与礼之法之所以能够统一或者不能够统一，是针对人的道德智慧而言，而不是立足于知识论的。假如从知识逻辑的角度而论，礼之类强调的是普遍性原则，礼之法强调的是具体性仪式，两者不可能言沟通。按照荀子的说法，士与众庶百姓的道德自觉程度是不同的，荀子在《正论》篇中说："圣王以为法，士大夫以为道，官人以为守，百姓以为成俗。"《礼论》篇中荀子以不同人对祭祀的不同态度为例，进一步强调道德自觉："祭者，志意思慕之情也。忠信爱敬之至矣，礼节文貌之盛矣，苟非圣人，莫之能知也。圣人明知之，士君子安行之，官人以为守，百姓以成俗。其在君子，以为人道也；其在百姓，以为鬼事也。"圣人能够自觉意识到制度法令、礼仪规范其实就是人本身的一种合理规定（情文统一），把它们看作是人之所以为人的前提，把它们看作是人行为之所应该，看作是自己行为的一种责任，并努力把这种道德规范自觉落实于其日常行为中；而普通

---

① 梁启雄：《荀子简释》，第121页。

百姓道德水平相对低下，他们对礼仪规范的道德自觉程度较低，因此往往把礼仪法度看成是对自己行为的外在约束，因此，礼仪法度所蕴含的道德本质不能得到彰显，因为他们内心中没有人之所以为人的自觉，也就是人心不知道，即没有一种道德的自觉。

因此，个人与社会的目标就是培养人的道德自觉，进而有效地发挥礼仪法度作为社会规范的功能。荀子《劝学》篇说："故学数有终，若其义则不可须臾舍也。为之，人也；舍之，禽兽也。"《君道》篇也说："不知法之义而正法之数者，虽博，临事必乱。"礼仪法度之所以能够产生积极的社会效果，不仅仅在于其制定是符合人情的，也不仅仅在于其条文规范能够为人所外在的遵照执行，更在于其道德内涵是能够为人所真正领会。正如《王制》篇所云："听政之大分：以善至者待之以礼，以不善至者待之以刑。两者分别则贤不肖不杂，是非不乱。"人之所以为人，就在于人有不同程度的道德自觉，能够自觉选择礼义作为人之行为的根本原则。

三、道德自觉缺失导致礼法对峙：荀子对法家的批判

荀子所谓的"重法"是以"隆礼"为前提的，强调道德自觉意义上的礼与法的统一，没有这一前提，就会混淆作为儒家的荀子与法家的本质区别。

荀子对法家思想有尖锐的批评，认为法家片面强调法令制度条文的重要性，而无视法令制度之所以成立的人情的因素，没有根本原则作为其修订的根据，是"尚法而无法"。荀子《非十二子》篇说："尚法而无法，下修而好作，上则取听于上，下则取从于俗，终日言成文典，反纠察之，则倜然无所归宿，不可以经国定分。"法家以崇法著称于世，但是，他们没有把握其根本精神，因此，它不可能真正起到经国定分的作用。荀子强调"称情而立文"，认为礼法制定应当以情文统一为根本原则，以成就道德人格为终极目标，而反对独立于礼的"法"，没有人的因素作为奠基，这样的"法"必然是教条化的形式主义，尽管系统具体，却"无所归宿"，往往给人造成虚幻的假象，所以，《非十二子》接着说："然而其持之有故，其言之成理，足以欺惑愚众，是慎到、田骈也。"《天

论》篇中，荀子进一步批评法家："慎子有见于后，无见于先。……有后而无先，则群众无门。"法家只注重事物的表面现象，只考虑到法制条文的制定，而不探究其制定的根据，荀子认为，这种舍本逐末的做法对百姓是一种误导。《解蔽》篇中，荀子进一步批评法家："慎子蔽于法而不知贤。……由法谓之，道尽数矣。"仅仅注重形式化的制度条文而忽视人的因素，并不能解决社会根本问题，因此，荀子断定，法家思想是偏颇乃至本末倒置的。

荀子强调社会治理必须通过礼法合治才能最终实现，因为礼与法本身就是内在统一的，通过后天的不断修为创造，最终实现礼与法在人们道德自觉层面上的统一，这是社会治理的根本途径。荀子对王道和霸道的分析很明显地体现了他的这一思想。荀子认为，王道是治理社会的理想途径，现实社会中，霸道也是一种可行性选择。但是，荀子所说的霸道是以重法爱民为前提的，与法家所称道的权谋诡诈之术不同。《强国》篇云："人君者隆礼尊贤而王，重法爱民而霸，好利多诈而危，权谋、倾覆、幽险而亡。"荀子屡次以齐桓公为例，认为齐桓公的霸道与法家的"法"不同，《仲尼》篇云："夫齐桓公有天下之大节焉，夫孰能亡之？倓然见管仲之能足以托国也，是天下之大知也。安忘其怒，出忘其仇，遂立以为仲父，是天下之大决也。……其霸也宜哉！"《王霸》篇亦云："卑者五伯，齐桓公闺门之内，县乐奢泰游抏之修，于天下不见谓修，然九合诸侯，一匡天下，为五伯长，是亦无它故焉，知一政于管仲也，是君人者之要守也。"称齐桓公之所以能够成就霸业，有"九合诸侯，一匡天下"之功，关键在于其天下之大节大知（智）大决，其行为是以"礼"为原则的，只不过采取了较为灵活的手段。

与齐桓公相对的，《荀子》书中特别提到重权谋诈术的齐闵王。据《王霸》篇载，齐闵王逞强好战，唯利是图，对内欺诈人民，对外欺骗盟国，结果百姓离心离德，盟国怀疑轻视他，最终国破人亡。齐闵王的悲剧，"是无它故焉，唯其不由礼义而由权谋也"，因为他不是用手中的权力去修明礼义，不把政治教化作为立国之本，而是专搞权术阴谋，导致齐国霸业不存。

荀子认为，尽管霸道有一定的合理性，但是，霸道和王道相比，两者仍有很大差异，就像"以焦熬投石"，不堪一击。荀子《议兵》篇论其根本原因在于霸道"未有本统"，故"可以霸而不可以王"。这正是荀子认为，尽管秦国法制严明，但是仍需反本节文的原因。所以《王制》篇云："修礼者王，为政者强。"而"管仲，为政者也，未及修礼也。"为政而不修礼，这是五霸可以霸而不可以王的原因，所以"桓、文之节制不可以敌汤、武之仁义"。荀子认为，作为理想之君，所行的应该是圣王之道，圣王在位，其德其威能播扬并感化天下百姓，并且保证国富民裕，这样才能够无敌于天下。荀子所说的"本统"就是以道德作为行为的普遍原则，它是礼仪法度的本质内涵，要实现社会治理，必须能够自觉以道德为原则。

四、积善不息与知通统类：道德自觉培养的方法与途径

道德自觉是不断修为创造，进而实现道德人格完善的过程。在《君道》篇中，荀子提出"有治人始有治法"的思想："有乱君，无乱国；有治人，无治法。羿之法非亡也，而羿不世中；禹之法犹存，而夏不世王。故法不能独立，类不能自行；得其人则存，失其人则亡。法者，治之端也；君子者，法之原也。故有君子则法虽省，足以遍矣；无君子，则法虽具，失先后之施，不能应事之变，足以乱矣。"礼义原则的制定关键在于圣人。《性恶》篇云："凡礼义者，是生于圣人之伪，非故生于人之性也。……圣人化性而起伪，伪起而生礼义，礼义生而制法度；然则礼义法度者，是圣人之所生也。"而且，礼义原则的执行也需要圣人君子作表率。

荀子以成德成圣为人生最高之理想，《儒效》篇云："圣人也者，道之管也。"《礼论》篇亦云："圣人者，道之极也。"但圣人不是天生的。所有人的天性都是一样的，圣人之所以为圣人，关键在于他们能够充分地认识到性伪之别，从而自觉地化性起伪。圣人乃人类后天积习而成者，《性恶》篇云："今使涂之人伏术为学，专心一志，思索孰察，加日县久，积善而不息，则通于神明，参于天地矣。故圣人者，人之所积而致矣。"《儒效》篇亦云："涂之人百姓积善而全尽谓之圣人。"荀子认为，尧舜之所以能够成为圣人，完全在于后天之坚持不断的修为。

当然，在知识学习和礼仪修为上只注重数量的积累，还不足以成圣，还需要方法合理和目标正确，能够做到触类旁通。在《儒效》篇中，荀子以是否能

够把握"统类"为标准，对"雅儒"和"大儒"作了区别。"雅儒"是"其言行已有大法矣，然而明不能齐法教之所不及、闻见之所未至，则知不能类也"；"大儒"则能够"……以古持今，以一持万，苟仁义之类也，虽在鸟兽之中，若别白黑；倚物怪变，所未尝闻也，所未尝见也，卒然起一方，则举统类而应之"。雅儒尽管能够按照法令条文处事，但是，并没有明确其中的道理，而仅仅是形式上的遵从，而大儒则能够把握统类原则，能够把握礼仪的核心精神，也就能够做到自然地处理社会人生事务。荀子屡次推崇孔子和子张为其理想中的圣人大儒，并且认为他们最重要的特征是"知通统类"。《儒效》篇云："……非大儒莫之能立，仲尼、子弓是也。"《非十二子》篇亦云："……是以圣人之不得势者也，仲尼、子弓是也。"《儒效》篇又云："志忍私，然后能公；行忍情性，然后能修；知而好问，然后能才；公修而才，可谓小儒矣。志安公，行安修，知通统类，如是则可谓大儒矣。"礼作为人生行为原则，同时也是事物运行的条理和规律。把握"统类之道"，把握礼仪法度的根本原则，也就能够触类旁通，能够"以类行杂，以一行万""推类而不悖"。圣人大儒洒扫、应对、进退能够自然合乎礼义，完全把自然情欲调节到了自由通达的状态，因而，外在行为表现和内心情感获得了自觉的统一。这只有道德修养至圣人境界才能够做到。

荀子认为，只要人们伏术为学、方法合理、目标正确，并且坚持去做，如此积善不息，道德自觉就是任何人都能达到的一种智慧。"法"以"礼"为前提，"礼"的本质就是道德，它是制定具体仪式法度的一般原则。道德是礼与法的共同核心内涵，道德自觉是实现礼法统一的内在基础。荀子强调后天人为和道德自觉的重要性，强调人们具备"群道当"的社会责任以及把这种社会责任落实于个人的具体行动的重要性。只有经过自身努力的修为和历史文化的积淀，才能实现化性起伪，才能有道德人格的成就，也才能共同营造和谐有序的人伦社会。和谐有序的礼乐文明社会的营造和道德人格的成就实际上是互动的关系，两者密不可分。

（吴树勤，男，浙江海宁人，山东工商学院人文与传播学院教授，博士，主要从事中国传统礼文化研究）

此心安处：孔子"安"思想探析

王曰美

"定、静、安、虑、得"是儒家心性修养的重要途径，也是心理认识不断完善的过程。《礼记·大学》云："知止而后有定，定而后能静，静而后能安，安而后能虑，虑而后能得。""安"字在此句话中处于中心位置，其重要性不言而喻。党的二十大报告指出，中国式现代化的快速发展需要一个安定和谐的心理环境、文化环境、社会环境和国际环境。因此，如何从孔子"安"思想中汲取"何以优化人安身立命之环境"的智慧成为焦点问题。

一、孔子"安"思想的形成

苏轼的"此心安处"歌颂的是柔奴身处逆境却仍安之若素的可贵品格，以此抒发他在政治逆境中随遇而安、无往不快的旷达襟怀。孔子一生同样命途多舛，他生逢乱世，"君不君，臣不臣，父不父，子不子"，礼乐失序，乱象丛生。而孔子毕生的奋斗目标就是要恢复周礼，重建价值和秩序。作为儒家学派的创始人，孔子的思想集夏商周三代文化之大成，而在三代以前就已有了孕育儒家"安"思想的土壤。夏以前的五帝时代，部落之间为争夺生活资源不断发生战争，虽出现早期国家，但并没有形成一个可以统御天下的国家政权实体。春秋战国时期，生产关系发生剧烈变革，井田制瓦解、礼坏乐崩，各诸侯根本不把"天下共主"的周天子放在眼中，种种现实危机促使有识之士产生忧患意识，孔子的"安"思想就形成于这一动荡的历史时期。

"吾少也贱，故多能鄙事"（《论语·子罕》）是孔子生活的真实写照。幼年丧父的孔子与其母生活拮据，为了改变穷困的现状，孔子好学、乐学，六七岁嬉戏时，就"陈俎豆，设礼容"。成年后，孔子在主持祭祀礼仪时总结出祭祀文化中应体现"以人为本"的精神。"吾不与祭，如不祭"（《论语·八佾》），从中不仅可以领会到孔子对鬼神的敬畏之情，而且也表达了对逝者的尊重。只有遵从这套礼仪，才能求得本心的安宁，儒家思想的精髓在此处便已得到体现。雅斯贝尔斯认为，轴心文明时代的人们开始意识到整体的存在和自身的限度，开始体验到世界的恐怖和自身的软弱，人类精神开始觉醒。

孔子"安"思想的形成离不开诸多先秦圣贤及典籍的精神滋养。要研究孔子的"安"思想，对其进行思想溯源就显得十分必要。《尚书》自古以来被誉为"政事之纪"，其中记载了我国上古时期治国安邦的历史，实质上它反映的是朴素的国家安全经济思想，《书》曰："居安思危。"此处的"安"是从社会和政治层面上而言的；禹曾对舜叮嘱道，"安汝止"，即做人要安于职守，这里的"安"开始向内转变，从而使自己保持"安"的状态。《诗经·常棣》中将"安"与"宁"连用，"丧乱既平，既安且宁"形容的是一种安闲舒适的生活状态；"将安将乐，女转弃予"（《诗经·谷风》）中的"安"还包含生活安闲舒适的整体感觉，此处的"安"与"乐"开始连在一起使用。"如切如磋，如琢如磨"（《诗经·淇奥》）体现了君子安于治学，严谨学习的态度。因此，君子在入仕之前需不断地进行学习和自我修为，才能帮助君王安定天下。总之，从先王之道到文武周公形成的文化土壤是孔子"安"思想形成之基础和源泉。

春秋时期"安"的含义比起夏商周时期更加丰富。孔子的"安"思想是对夏商周三代"安"思想的继承，并对其作了更全面系统的论述。在孔子的思想体系中，"安"不像"仁""义"等那么备受后世关注，相反，它的延续并不明显，安的作用主要表现为动力准则，从"不安"到"安"属于人的自然倾向。这种包含人行为的动力，既关涉理性认知层面，也涉及道德行为方面。若发挥"安"的动力作用，则可将其作为个人行为的一种准则，也可作为一般性道德规范的合理补充。若与其他准则发生冲突，此种情况或可导致"不安"。

二、孔子"安"思想的内容与特质

子曰:"君子有三畏:畏天命,畏大人,畏圣人之言。"(《论语·季氏》)君子尚且要心存敬畏与不安,平常人更要像孔子一样保持"恂恂如也"的态度,做到谦虚谨慎,恭敬安静。同时,孔子认为礼能涵养人的敬畏之心,"不学礼,无以立",知礼能求得心安。在孔子的影响下,子思、孟子、荀子皆具有忧患意识,他们游说宣传自己的思想主张,以求天下"安"。但孔子的思想并未尽数被国家当权者所采用,其思想大多保留在他与弟子的对话集——《论语》中。

(一)"安"的原初形态与字义考察

《说文解字》载:"安,静也。从女在宀下……乌寒切。"《尔雅·释诂下》释"安","定,止也。"从字形来看,家中静坐一位女人,姿态端庄,安静美好。现代意义上的"安"多指"安稳"之意,其延伸义有:安宁、安静、安定、安心、安顿等,不仅指安逸的生活状态,还包括内心的思维方式。内心不安稳即心存忧患,轻者心存恻隐之心,重者则会陷入精神内耗。郭沂认为价值范畴可分为四类:真善美安。其中,安是凌驾于真善美之上的终极价值。他用"安"字来表达处在这一精神家园中人们精神的最高自由和最高安顿的状态。人心所能达到的最高体验与形上世界最大限度的契合,这种状态称之为生命巅峰体验,而此种生命巅峰状态本身所体现的价值则可用"安"字表达。

《论语》中所见"安"字总共有17次,按照"安"的词性及语义考察,除"安见方六七十,如五六十而非邦也者?"1处是疑问代词的用法,其余16处可以分为形容词义与动词义两类。其中,动词义的"安"主要有表现为"使之安",主要词义和章节分布如下:

序号	词性	原文	语义	篇名
1		仁者安仁	自然地实行	《里仁》
2		老者安之	使老一代安心	《公冶长》
3	动词	修己以安人	使别人安乐	《宪问》
4		修己以安百姓	使百姓安乐	《宪问》
5		修己以安百姓，尧舜其犹病诸？	使百姓安乐	《宪问》
6		既来之，则安之	安顿	《季氏》

　　《论语》中有6处为动词的"安"。动词义的"安"主要表现为"使之安"，笔者在内容章节中主要列举了"修己以安人""修己以安百姓"等内容，详见第二章。另外，还有3处动词义，分别是："老者安之""既来之，则安之""仁者安仁"。需要注意的是，在"仁者安仁"章中，李泽厚和杨伯峻将"安"译为"自然地实行"，也有学者将"安"归为形容词义，认为此处的"安"是一种自然体仁的境界，笔者十分赞同此说法，但仍认为此处应当遵从"安"的本义而不是引申义，故本文将"仁者安仁"的"安"归为动词义。

　　而形容词义的"安"主要有10处，主要涉及"谁之安"，即"安"的主体问题。主要词义和章节分布如下：

序号	词性	原文	语义	篇名
1		居无求安	安逸	《学而》
2		察其所安	安宁、安心	《为政》
3		恭而安	安详	《述而》
4		不患贫而患不安	安全	《季氏》
5	形容词	和无寡，安无倾	安全	《季氏》
6		食夫稻，衣夫锦，于汝安乎？	安定、安心	《阳货》
7		曰："安。"	安定、安心	《阳货》
8		汝安则为之	安定、安心	《阳货》
9		居处不安，故不为也	安定、安心	《阳货》
10		今汝安，则为之	安定、安心	《阳货》

形容词义的"安"第1处见于"君子食无求饱，居无求安"，这里的"安"可译为"安逸"，孔子认为只有学成君子才能够达到此种境界，此为"君子之安"。人们应该不断学习，认识自己，并安宁于一己存在的有限性，虽然偶尔身处逆境，但依然能够自立自强，只有这样才能真正达到君子求安的目标；第2处"察其所安"为"安宁、安心"之意，以究查其安心的程度和原因；"恭而安"据其句意将其译为"安详"更为合适，它指的是孔子"安"的生活状态，庄严而安详，温和又不失严厉，此为"圣人之安"，也被称作"中庸"的状态；"不患贫而患不安"和"和无寡，安无倾"描述的是国家如何治理才能达到"安"的状态，主体为国家，此为"国家之安"，意为"安宁、安全"。第6至第10处皆分布于《论语·阳货》篇，为"安定、安心"之意。其中，"汝安乎"一句，孔子的诘问直指人心，他将"甘""安""乐"并提，从中可以总结出一点：孔子看重情感体验。"安则为之"是孔子内心一直坚守的"道"，一旦内心感到安适和乐，行为自然会显得合情合理，其实质上是把安适和乐的情感心态当作人们从事各种行为的终极准则[①]。总之，"安"不仅可以表现人们的内心体验和生活状态，人们也可以通过不断地修身学习达到"心安""内圣"的境界，积极入世以发挥"安人"之功用，使民众处于美好的生活状态之中，进而达到"外王"的政治效用。

（二）孔子"安"思想的内容

"安"既表现为古今人们对生活的一种向往，同时也体现为对君子理想人格的追求。孔子的"安"思想是孔子思想体系中的重要组成部分，对内表现为修己以心安，对外凸显为修己以安百姓。从先验层面分析，先言"安"，才有"不安"；而从经验层面看，先是排除"不安"的因素，才能达到"安"，但也不排除竭尽全力仍未达成目标的情况，但求无愧于心，也可达到"心安"。

---

①刘清平：《论孔子哲学的血亲情理精神——解读关于"三年之丧"的对话》，《江苏行政学院学报》2011年第2期。

1. 个体的安身立命：不断修身以至内圣

（1）心存忧患："不安"的原因阐释

中华民族自古就有居安思危的忧患意识，儒家知识分子常以此来抒发对国家富强的无限思考和期望。《尚书·五子之歌》中的"民惟邦本，本固邦宁"就充分地彰显了民本的色彩，孔子"仁者安仁"思想的形成也受其启发。"不安"通常表现为人们对某件事情恐惧，究其原因，它包括对外部事态的关心以及对自己行为的评估，不仅是"不忍"，还包括"有愧""知耻"。导致"不安"的原因有很多，如《论语·为政》中，"父母唯其疾之忧"指的是父母担心孩子而产生的不安情绪。父母一生中最忧心的事莫过于为子女的疾病而发愁，这是人性深处最直觉的亲情，顺此情才心安①。儒家的安与不安，不是由理论推导得到的，而是情感的恰当安顿，心安则是人们在面对内在困惑以及道德两难处境时选择的依据之一。孔子认为"学而不思则罔，思而不学则殆"，在学习方面，只学习而不思考会陷入迷惘；只思考而不学习，则会陷入危险之中。"殆"在此解释为"危险""不安"之意。朱熹在《论语集注》中也认为"不求诸心，故昏而无得。不习其事，故危而不安"。求学之路漫漫而长远，应处理好被动接受的学习和主动思考之间的关系，以免陷入危险和不安之中。

> 不患寡而患不均，不患贫而患不安。盖均无贫，和无寡，安无倾。夫如是，故远人不服，则修文德以来之。既来之，则安之。（《论语·季氏》）

这里的"安之"意指能让民众过上安闲舒适的生活，同时也指可使社会处于良好的秩序状态之中。"不患贫而患不安"中的"不安"只对"安"进行了简单的否定，而本章的主语为诸侯或卿大夫，他们所忧患的"不安"是社会无序，同时也指出了"安"相对于"贫"的优先性。除此之外，"安无倾"的"安"与

---

① 辛晓霞：《顺情而心安——道德困境中儒家的选择》，《道德与文明》2015年第3期。

"既来之,则安之"的"安",其意义也是相差无几。① "使民敬、忠以劝,如之何?"子曰:"临之以庄,则敬;孝慈,则忠;举善而教不能,则劝。"(《论语·为政》)季康子曾向孔子发问怎样使民众尊敬、忠诚而相互勉励的问题。孔子认为严肃地对待每一件事情,民众就会尊敬;孝顺父母,慈爱幼小,民众就会忠诚;提拔贤能之人而教育能力差的人,民众就会相互勉励。《礼记·表记》中也有类似论述:"威庄而安,孝慈而敬,使民有父之尊,有母之亲。"此处阐述的是儒家的政治伦理,它是以契约性和理性主义为特征的社会性公德所必需的。

总之,由直觉导致的不安,它发乎本能;而态度导致的不安,包含众多因素,其中最主要的是观念因素,另外是行为因素,例如一些会触及到道德底线的行为很可能引发"不安"的情绪反应,以及在无规则约束情况下发生的利益和观念冲突,也可能会导致忧患和不安的产生,这是基于大多数情境下的状况,也不排除存在一些特殊情况。孔子的贡献在于将外在的礼制规范变为内在的心理情感,他认为人们需要承担起以亲子关系为核心的"孝""慈"等社会责任,以此来达到"心安"。而"不孝""不慈"引发的"不安"是人性本善的情感体现,它是自省的结果,人们需要具备这样一种道德能力。

(2)此心安处:孔子的心安论

"心安才能理得",这是一项使内心安适和乐的基本准则,似乎只有这样才能够使人们的行为获得一个充分而合理的根据。《礼记·中庸》云:"仁者,人也,亲亲为大。"父母是人安身立命的源头根本。孔子的仁学以此为逻辑起点,故而获得了更为宽广的人心之基。

"视其所以,观其所由,察其所安。人焉廋哉?"(《论语·为政》)孔子认为观察人的所作所为,可以通过观察其行事的由来始末来了解他的心理寄托。李泽厚认为,人们总有意无意地戴着各种面具立于人世,于是便产生了"视""察",以至于人与人的交往有时变得虚伪不堪,但总的来说,儒家是实用的生活智慧,既有此顾虑,待人更应真诚,"视""察"固然重要,但也要把握

---

① 杜伟:《释〈论语〉之"安"》,陕西师范大学2020年硕士学位论文,第10页。

"度"，才不至于被人厌恶。而最能体现孔子"安"思想精神的典型例子是孔子和宰我关于三年之丧的对话，孔子在这段话中提出了"心安理得"的行为准则，他将人类生活的终极本根定义为血缘亲情[①]。

> 宰我问："三年之丧，期已久矣。君子三年不为礼，礼必坏；三年不为乐，乐必崩。旧谷既没，新谷既升，钻燧改火，期可已矣。"子曰："食夫稻，衣夫锦，于女安乎？"曰："安。""女安则为之！夫君子之居丧，食旨不甘，闻乐不乐，居处不安，故不为也。今女安，则为之。"宰我出。子曰："予之不仁也！子生三年，然后免于父母之怀。夫三年之丧，天下之通丧也。予也有三年之爱于其父母乎？"
>（《论语·阳货》）

宰我认为三年的丁忧守孝太久，一年足矣。孔子不止一次地强调，守孝三年是人人都必须遵行的规则，宰我的这一行为是没有仁爱的表现。此处孔子把礼之本从天道转向内在人心，以"心安"作为衡量是否符合礼的标准，他似乎以情感为行为的道德根据，这也成为后世中国人安身立命的支点。此章是最早明确点出"心"与"安"之间是相互关联的，李泽厚认为，本章为全书最关键的一章，孔子将三年丧礼建立在"心安"的心理情感原则之上。"女安则为之"表明儒学的第一原则为人性情感，也印证了孔子对伦理行为和传统礼制的皈依。黄玉顺认为，"安"是一种极其重要的生活情绪，是孔子特别重视的一种情绪。[②]因此，孔子回答宰予之问，实际上就是回答如何"心安"的问题。

孔子从最基本的人生经验出发，认为子女为父母"守丧三年"是回报父母养育之恩的一种真挚的怀念之情的体现。孔子对宰我的质疑也借此表达了这样一层意思：如果心中是安乐与和谐的，行为自然是合理的。由此，心安成为儒家面对内在困惑或道德两难处境时选择的依据之一。安与不安不是从理论推导、

---

①刘清平：《论孔子哲学的血亲情理精神——解读关于"三年之丧"的对话》，《江苏行政学院学报》2011年第2期。

②黄玉顺：《爱与思：生活儒学的观念》，四川大学出版社，2006年，第136～137页。

逻辑论证中得到的，而是情感的恰当安顿①。当下很多人坚持不了为逝去的父母守孝三年，虽然有些情况是基于理性的不得已的决断，但"守孝三年"本是出自子女对父母的自觉感恩之情，它是人性最深处的情感，只有如此才能心安。

2. 内圣外王：孔子"安"思想的目标与路径

（1）孔子"安"的境界目标：安贫乐道

孔子认为不仁的人不能长久地居于穷困中，也不可以长久地居于安乐中。"仁者安仁"是君子人格安身的内在价值取向，通过"安仁"达到"乐天知命"，"为仁"与"知命"相结合，开出儒家君子得以安身立命的"长处安乐"之境界。孔子的一生是不得志的，但快乐是其一贯的人生态度，他于"安贫"中追求"得道"的快乐。安贫不是以贫为乐，也并非绝对排斥富贵之人，他所关心的根本问题是人们在追求富贵之时是否合乎道义原则。儒家对于自我生存状态强调心安为上，"心安"不是一种假设的情形，它其实是人内心的一种平和的状态，是在生活中表现出来的人的内心与外部世界达到的平衡状态。如何找到这种平和的心态是儒家关心的重要问题，孔子思想侧重向内的自我反省，而现实中则更多地强调人们内心深处是否能达到一种"心安即是道"的状态②。

颜渊是孔子最贤德的弟子，即使居住在陋巷，承受着一般人难以忍受的贫苦，也改变不了他的快乐。"贤哉，回也！一箪食，一瓢饮，在陋巷，人不堪其忧，回也不改其乐。贤哉，回也。"（《论语·雍也》）"孔颜乐处"描述的是吃着粗粮、饮着白水、弯着胳膊当枕头，生活亦可以充满乐趣的"安贫乐道"的状态，可以说是个体安乐之最高境界。"君子无中心之忧则无中心之智，无中心之智则无中心之悦。无中心之悦则不安，不安则不乐，不乐则不德。"（郭店楚简）"乐"在这里已经是一种经由道德达到超道德的境界，此处的"忧"也并非一般的忧愁，可以解释为"畏死"。"忧""畏"对儒学来说，当有更多的具体内容，这里不多加解释。忧、烦、畏均执着于此际人生，"忧"而思才有"悦"，而后才能达到"安乐"的境界。

---

① 辛晓霞：《顺情而心安——道德困境中儒家的选择》，《道德与文明》2015年第3期。

② 何善蒙：《以德配天心安为上》，《当代贵州》2017年第11期。

（2）何以实现内圣：修己安人

"安己""安人""安百姓"皆由"修己"不断扩充开来，以此实现自我生命的最大价值和最高境界。梁启超曾指出"儒家哲学范围广博，概括说起来，其用功所在，可以《论语》'修己安人'一语括之"[①]。在孔子看来，君子在儒家语境下是仁道的主要践行者，《论语·宪问》中的这则对话可从三个层次进行理解，第一层次为"修己以敬"；第二层次为"修己安人"；第三层次为"修己安百姓"。修身达到不同层次的士能以仁道安顿自己，安顿他人、民众。使民众安乐的目标，即使是尧、舜也不易做到，可见这不是一件容易的事。孔子以仁为己任，从"修己以安百姓"可以看出他的理想追求，具体来说可以归为两大方面，即人的物质生活和精神生活的关系问题以及个体和群体的关系问题，而孔子仁道的功用主要体现于"安"。

能"安己"才能安人，"安人"首先指父母、兄弟，其次为亲朋好友，再次为与之打交道的其他人。"孝弟也者，其为仁之本与"（《论语·学而》），儒家将孝悌视为行仁的根本，乃是说仁之发用由孝悌而始，推己及人。在尽孝行悌的过程中，父母兄弟得以"安"，自己的心灵也得以"安"，进而在家庭中完成自我生命的安定以及自我价值的实现。同时，在与朋友和他人打交道时要讲究忠、信、恭、敬。如果只限于对亲人之爱，很难成为"全人"。所谓"全人"应具有博爱的胸襟、崇高的道德，其仁爱能够指向没有血缘关系的其他人，能达到"四海之内皆兄弟"的道德境界[②]，从而在与陌生人的交往中实现自我生命的安定。

（3）何以实现外王：修己安百姓

儒家修身的最终目标是达到内圣外王，《大学》云："心正而后身修，身修而后家齐，家齐而后国治，国治而后天下平。"要实现外王即"齐家、治国、平天下"需要从修身开始，将自己的心、家安顿好，在此基础上才能具备安抚

---

①梁启超：《儒家哲学》，中华书局，2015年，第3页。

②林国敬：《论孔子仁之"安"及其内生性现代转化》，《科学·经济·社会》2018年第1期。

民众的能力。身居上位的人行之以忠信，合乎于礼义，则民众不敢不敬服。在"安百姓"上，孔子倡导从内心培养人之羞耻心；在道德层面上，从礼仪教化入手使其立志于仁。

孔子将仁与安联系在一起，孔子认为"仁者"才能安于仁，他还以"仁"为中心建立了自己的一套内在逻辑体系。首先通过修己成为"君子"，进而"安人""安百姓"。治国必先"齐家"，故"安人"的顺序便是从"亲亲"遍及"四海"。从有亲缘关系到无亲缘关系的延伸，也体现出了孔子内在逻辑体系的逐渐成熟。孔子认为只有端正自己，才能够去端正别人。孔子提倡士人君子积极入仕，运用所学服务国家，帮助君主安定天下正是士的责任所在。

> 子曰："苟正其身矣，于从政乎何有？不能正其身，如正人何？"
> (《论语·子路》)

孔子的"安百姓"思想可围绕政治安全、经济安全、社会安全三个方面来分别论述。首先，政治安全是国家安全的根本[1]，而孔子的政治安全思想主要是围绕"克己复礼"来展开的。在担任中都宰时，孔子制定了使民众生有保障、死得安葬的制度，引得各诸侯国纷纷效法，他意图恢复西周的制度，因而其政治安全思想受周公的影响较大。孔子从武王安顿殷商遗民的政策中得到启发，提醒人们要学会包容，儒家文化博大精深，以仁爱博施于天下。"万邦咸休，惟王有成绩"(《尚书·洛诰》)，新王要想取得好的政绩，使天下安宁，就必须在生活安宁时就要考虑到危险的到来，并为其提前做好准备，等到事发时就不易造成悲剧。《孔子家语》中也记载了孔子与其弟子及当时公卿大夫之间的问对诘答和言谈行事。身居大司寇之位的孔子在夹谷之会时用"礼"誓死捍卫国家权益、诛杀少正卯、答哀公问等，均证明孔子已形成了他的政治安全思想。

> 丘也闻有国有家者，不患寡而患不均，不患贫而患不安。盖均无

---

① 王曰美：《孔子外交思想探析》，《东北师大学报(哲学社会科学版)》2019年第1期。

贫，和无寡，安无倾。夫如是，故远人不服，则修文德以来之。(《论语·季氏》)

国家不怕财产少，就怕财富分配不平均；不怕贫穷，就怕不安定。孔子认为，平均就不会有贫穷，和谐就不会怕贫穷，安定才不会倾倒。经济方面，孔子主要围绕"仁"来展开，同样以"安"为重，如孔子倡导"以民为本""节用爱人"的民本经济、"藏富于民"的公平正义思想和"均而安"的分配观等。孔子的社会安全思想对内体现为"节用而爱人，使民以时"(《论语·学而》)，对外则体现为处理国与国之间关系的外交智慧。孔子的和平外交思想是我国建立新型国际关系的智慧之源，对于解决世界性的求同存异、国际争端等问题亦具有重要的现实意义。①我们当下提倡"总体国家安全观"，强调国内国际安全，这与孔子时代诸侯国之间力争"安"的交往有相同之处，而诸侯争霸的春秋时期，军事安全又是最首要的，孔子的军事安全思想表现为"文武结合""用兵有道"等。

(三)孔子"安"思想的特质

前面从"何为安""何所安"层面总结归纳了孔子"安"思想的内容，反思了儒家情感与理性二分法解读的困境，有助于丰富儒家"安"思想的诠释，更好地彰显孔子"安"思想的特质。

1."勇者不惧"的担当意识

孔子强调，通过塑造人的德性与品质来实现个人价值，进而实现集体的安全和社会的价值。与西方神的他律相比，孔子更强调人的道德修养，注重人心的自我反省。心是道德意识之源，而安为道德行为之基。孔子的"安"是"情感与理性""良知与规范"的统一，它不仅是良心之安，而且关涉仁义与礼法。《史记·孔子世家》载：

定公十年春，及齐平。夏，齐大夫黎鉏言于景公曰："鲁用孔

丘，其势危齐。"乃使使告鲁为好会，会于夹谷。鲁定公且以乘车好

往。孔子摄相事，曰："臣闻有文事者必有武备，有武事者必有文备。

古者诸侯出疆，必具官以从，请具左右司马。"……孔子趋而进，历

阶而登，不尽一等，举袂而言曰："吾两君为好会，夷狄之乐何为于

此！请命有司！"有司却之，不去，则左右视晏子与景公。景公心怍，

麾而去之。

孔子不仅是春秋时期伟大的思想家、教育家，也是一位杰出的外交家。夹谷之会上面对齐国的数次挑衅与失礼行为，孔子展现了他作为士的担当，"知其不可而为之"，孔子认为真正的仁者必须怀着忧国忧民的责任感，承担起救国救民的历史使命，因此，他提倡积极入仕以求"心安"。尽管他本人仕途艰难，但他依然乐观执着地追寻着心中的"道"。因此，士应永怀忧患意识，以"安贫乐道"作为自己的境界目标。不断修身，只有如此，才能实现"内圣外王"的终极目标。

2. "使民以时"的政治自觉

由孔子首创的仁学本体论以"仁"统摄众德目，可以说"仁"维系了世界的连续稳定性，使天道性理、伦理之善等价值得以安顿。孔子的弟子宪问曾向孔子请教什么是耻辱，"宪问耻。子曰：'邦有道，谷；邦无道，谷，耻也。''克、伐、怨、欲不行焉，可以为仁矣？'子曰：'可以为难矣，仁则吾不知也。'"（《论语·宪问》）孔子认为，政治清明可领俸禄；政治不清明仍领到俸禄就是耻辱。如果此人还有一点恻隐之心，则会时常抱有良心不安之状，难以安枕，孔子将"居高官、食厚禄而不作为的政治败类"与"积极主动行仁的仁者"相对比，以此来警醒后人：要想心安，身居高位者需做到廉洁奉公，唯仁者才能使人"安"。

孔子一生志于道，而实现"道"的人文关怀和现实工具是"仁"与"礼"，于是孔子提出"如有用我者，吾其为东周乎"（《论语·阳货》）、"克己复礼"（《论语·颜渊》）、"兴灭国，继绝世，举逸民"（《论语·尧曰》）等思想主张。他认为只有使统治秩序得以巩固，国家才可安定。若统治者只关心自身利益

而根本不顾及人民群众的利益，就会危及统治阶级本身。故孔子还坚持"以民为本""使民以时""足食足兵"等思想，这些都是孔子日趋成熟的安全观之内容。

3."内圣外王"的治道逻辑

除了以仁为本、关爱民众，从孔子的"仁者爱人"思想中我们还可以体悟出爱人要以爱己为前提，而如何认识自己、如何安顿自己则是孔子思想的核心。古希腊的苏格拉底也将"认识你自己"作为他哲学思考的起点。颜渊认为"知者自知，仁者自爱"（《荀子·子道》）。孔子由此赞扬他是"明君子"，说明仁爱应以自爱为起点，从自爱开始。[①]庄子也认为"古之至人，先存诸己而后存诸人"（《庄子·人间世》）。在他看来，只有安立己道，才有能力去安立他人，修身到极致便是"内圣"。同时，孔子提倡有识之士积极入仕，治国平天下，使天下得以安定，人民得以安居乐业，他将"亲亲"与"仁民""爱物"统一起来，确立了由孝及仁，由身家及天下[②]的治道逻辑，修己成圣，然后扩充至家庭和美，再到社会和谐，进而天下安美，实现自己的"外王"。

三、孔子"安"思想的影响与当代启示

孔子是中国古代较早对人的价值进行自觉而系统思考的知识分子。后世儒学多受孔子影响，例如孟子延续了孔子以及子思学派对"安"的重视，他认为每个人都有"不忍人之心"，当人们见孺子将要掉入井中，如果没有采取救助措施，则会使自己感到非常的"不安"，这进一步体现了"安"的动力作用。孟子还从人禽之辨中确立"心安"为人伦道德的基础，以"不忍"与"心安"作为道德行为判断的依据。荀子认为，君子可以通过"志意修""道义重"和"内省"消除"不安"。"志意修则骄富贵，道义重则轻王公，内省而外物轻矣。……身劳而心安，为之；利少而义多，为之……士君子不为贫穷怠乎道。"（《荀子·修身》）荀子于此处明确提出"心安"的概念，同时也体现了"心"

---

① 韩星：《儒家核心价值体系——"仁"的构建》，《哲学研究》2016年第10期。
② 辛晓霞：《顺情而心安——道德困境中儒家的选择》，《道德与文明》2015年第3期。

对"身"的主导作用。"三年之丧,二十五月而毕,若驷之过隙,然而遂之,则是无穷也。故先王圣人安为之立中制节,一使足以成文理,则舍之矣。"(《荀子·礼论》)关于"三年之丧",荀子继承并发展了孔子的思想,他强调应该用统一的"礼"节制和引导人们内心的安顿与平和。

21世纪的中国从社会管理到社会治理,建设更高水平的"平安中国"成效显著。构建平安中国,从公民层面,需要坚持总体国家安全观;从个人角度,需要自身不断加强修养,从而求得心安。心安而人定,人定而国兴,国兴而天下和。两千多年前,孔子虽然对"安"这一概念没有做系统的阐释,但从其思想中仍能够感受到他对安的重视。国家安全从古至今一直是国家发展的重要基石,是人民福祉的根本保障。当前,外部势力在外交、军事上不断挑衅,造成世界动荡不安,影响人民生命财产安全和文化安全,对此,习近平总书记提出我们必须坚持总体国家安全观。孔子的"安"思想是孔子思想体系的重要组成部分,也是我国走和平发展道路、促进中国式现代化发展的智慧源泉。

孔子的"安"思想还是中国文化自信的重要源泉。21世纪的今天,既需要从孔子身上汲取安邦定国之智慧,更需要我们合理地将其思想加以利用。首先,在文明交流互鉴层面上,要保持包容的心态、开放的格局。在面对外部势力的军事挑衅时,要明确与西方信仰体系的不同之处,坚决制止,并加以劝告,使之"各得其所,各安其分"。其次,立"威",孔子讲"和而不同",我们只学习儒家的"仁者爱人""以和为贵"的思想是不够的,同样也需要借鉴法家的"法术势"思想。

今天,我们应当重视学习儒家经典,彰显其在慰藉心灵、和谐群体与稳定社会等方面所具有的价值。孔子的"安"思想让我们从小家做起,先修己,再齐家,达到家庭幸福、生活稳定后,再积极参与国家建设,为国家的全面安全和长远发展贡献自己的智慧和力量。

(王曰美,女,山东东营人,文学博士,曲阜师范大学孔子文化研究院教授、博士生导师,孔子与山东文化强省战略协同创新中心兼职教授,中国孔子基金会学术委员会委员)

全人类共同价值研究

"和而不同"：中国智慧的当代价值与应用

宋冬梅

中华民族历来是爱好和平的民族，中华文化崇尚和谐。习近平总书记多次在外交场合中提到，以"和"文化的"和合"价值观为核心，倡导和平发展、和谐相处、合作共赢的国际观、外交观。走和平发展的道路，是我们党根据时代发展潮流和我国外交根本利益作出的战略抉择。儒家传统的"和而不同"思想，是构建"人类命运共同体"理念的文化支撑，应该深入挖掘、阐释，发挥其对这一理念的积极支持作用。

为了给中华民族伟大复兴创造良好的国际、国内和平环境，构建新的人类社会治理体系，习近平总书记提出了"人类命运共同体"的重要理念。这一理念，是指在追求本国利益时兼顾他国合理关切，在谋求本国发展中促进各国共同发展。它超越种族、文化、国家与意识形态的界限，为思考人类未来提供了全新视角，为推动世界和平发展给出了一个理性的可行的行动方案。"人类命运共同体"的提出以平等互信的新型权力观、合作共赢的国家利益观、全面协调的可持续发展观以及权责共担的全球治理观为价值观基础，其与中华优秀传统文化紧密相连，并通过儒家文化加以释义，赋予"人类命运共同体"以中国精神和中国力量，凸显"中国特征"。这一理念的提出，我们一方面可以将其与当代西方国际关系理论进行比较，以彰显中国与西方对于自我与他者关系的不同价值观念；另一方面则对"人类命运共同体"中相关价值理念运用儒家文化加以阐释，探究儒家文化对其内涵的时代意义和实践阐释，所以"人类命运共同体思想为全球生态和谐、国际和平事业、变革全球治理体系、构建全球公平正义的新秩序贡献了中国智慧和中国方案。"[①]"万物并育而不相害，道并行而不相悖"，"人类命运共同体"的创造性构建，是我国进行积极外交的重要策略，彰显着中国智慧，焕发着中国精神，是传统儒家天下大同、和而不同等思想在新时代的创造性转化和创新性发展。

一、顺势而为的"中国智慧"

人类只有一个地球，各国共处一个世界。"人类命运共同体"，是我们党在新形势下提出的一种价值观，一种关乎人类社会时代发展的新理念。这一理念，包含相互依存的国际权力观、共同利益观、可持续发展观以及全球治理观。2011年，在《中国的和平发展》白皮书中提出，要以"命运共同体"的新视角，寻求人类共同利益和共同价值的新内涵，这是一种入时入世的科学价值观。

为了积极而全面地落实好"人类命运共同体"这一价值观，习近平总书记又提出了"一带一路"合作倡议。"一带一路"是"丝绸之路经济带"和"21世纪海上丝绸之路"的简称，也是新时代国家发展的顶层战略设计。它依靠中国与有关国家既有的多边机制，借助既有的、行之有效的区域合作平台，旨在借用古代"丝绸之路"的历史符号，高举和平发展的旗帜，积极发展与沿线国家的经济合作伙伴关系，共同打造政治互信、经济融合、文化包容的利益共同体、命运共同体和责任共同体。"一带一路"致力于亚欧非大陆及附近海洋的互联互通，建立和加强沿线各国互联互通伙伴关系，构建全方位、多层次、复合型的互联互通网络，实现沿线各国多元、自主、平衡、可持续的发展。"一带一路"的"互联互通"项目，将推动沿线各国发展战略的对接与耦合，发掘区域内市场的潜力，促进投资和消费，创造需求和就业，增进沿线各国人民的人文交流与文明互鉴，使之相逢相知、互信互敬，共享和谐、安宁、幸福的美好生活。

---

①冯颜利、唐庆：《习近平人类命运共同体思想的深刻内涵与时代价值》，《当代世界》2017年第11期，第1页。

古人云："君子谋时而动，顺势而为。""圣人不能为时，而能以事适时，事适于时者，其功大。"当今世界，潮流滚滚，浩浩荡荡。全球化使得越来越多的国家和企业都在进行国际投资，跨国家、跨文化的商业贸易、文化交流以及人际交往等不断增加；同时，科技的飞速进步、互联网的出现在过去的短短十多年中已经给人类交流互动的方式带来了翻天覆地的变化，人与人之间进行全球化的沟通易如反掌，这是一个"地球村"的时代，所以从个人角度讲，我们以前既有的传统的单向线性思维和理性思维越来越不能够预见世界的走向，只有创造性思维才能够让我们不断地面对变化和顺应变化，只有借助于创造性思维才能够让我们与这个世界快速变化的大环境相适应；从国家角度讲，面对经济复苏、气候变化、网络安全等全球性问题，任何一个国家都难以独善其身。以单独一个民族或者国家为单位解决国际问题的思路越来越难以适应全球化趋势，时代呼唤以合作共赢为核心的新型国际关系。

"一带一路"倡议，是顺应全球化趋势提出的"中国方案"，两千多年历史积淀所形成的中国智慧重新焕发生命力。中华民族自古以来就崇尚"天地人万物一体"的生存智慧，《周易·系辞上》曰："富有之谓大业，日新之谓盛德，生生之谓易。"宇宙间的事物都具有不断向上发展的趋向，这是超越丛林法则的人类文明特性。"'一带一路'建设和'构建人类命运共同体'的理念，正是我国现阶段进行文化传播、彰显文化感召力的有效载体。"[①]顺应时代潮流，构建人类命运共同体，既与中华民族的包容性一脉相承，又与儒家文化推崇的"和而不同"与"世界大同"等理念密切相连。

二、"和而不同"思想的会通精神

儒家主张的"和而不同"，在"一带一路"倡议中得到适时而灵活的应用。"中华文化具有博采众长的品格。中华文化善于研究吸收改造借鉴外来文化。儒学不是封闭的文化学说，儒学和中国历史上其他思想学说都是与时俱进的。它

---

① 张文东：《文化传播：基于文化自信的国家战略》，《光明日报》2017年8月23日。

主张'和而不同'，倡导'博采众长'的文化会通精神。"①几千年来，中正平和、开放包容，早已内化为中国人的行为准则。中国不主张关起门来搞小圈子或者"中国俱乐部"，不以意识形态划界，不搞零和游戏，不搞以邻为壑、恃强凌弱的强权霸道。这既是习近平总书记对"一带一路"国际合作理念的基本概括，也是对"和而不同"当下应用的生动诠释。

事实上，中国一直在探索与不同意识形态、政治制度、文化背景的国家合作的有效机制，不断寻求与他国战略、政策和规则的对接。比如，俄罗斯提出的大欧亚伙伴关系计划、秘鲁提出的五年发展规划、阿根廷提出的基建规划等，都可以在法律制度衔接、价值理念沟通上不断协调。2018年8月，中国社会科学院"一带一路"研究中心秘书长王晓泉在总结近五年"一带一路"取得的成就时说："'一带一路'倡议是一种新型国际倡议，经过五年风雨历程，其理论构架、实施方式与合作机制等逐步成熟，为世界经济合作带来四种新气象。"至于某些言论所讲的资源掠夺论、人口扩张论、经济附庸论、环境污染论甚嚣尘上，很大程度上是对中国崛起的误判。然而，只需稍微了解一下中国历史就会发现，即使在空前强大的汉唐时代，中国也未曾搞过殖民主义，而是想方设法帮助落后地区发展生产。"一带一路"，旨在新的历史时期、全球化的时代大潮中为世界其他国家分享中国机会，使得沿线国家和地区与中国一起发展，共享繁荣。

我国社会主义核心价值观"富强、民主、文明、和谐，自由、平等、公正、法治，爱国、敬业、诚信、友善"的内容表达，可以用一个"和"字来概括，"和"可以概括中国人世界观、家庭观、社会观、国家观以及天下观中最美好的一面，和美、和睦、和谐、和气、和煦、和约、和亲，温和、祥和、和平、讲和等，都是"和"字含义的丰富表达。将"和"与"仁"相连，更能表达传统儒家崇尚的人与人之间、邻里间、民族间、宗教间、国家间的最为高尚的价值观，仁义、仁爱、仁政、仁至义尽等，同样是"仁"字含义的多元表达。"和"和"仁"相连，能更好地体现"一带一路"新型国际关系合作共赢的义利观。

---

①田学斌：《中国奇迹与中华人文精神》，《学习时报》2018年8月15日。

"和而不同"，能够表达中国共产党从周恩来提倡的"和平共处原则"到习近平总书记提出的"人类命运共同体"的创造性构想。在此原则下，各国之间必须坚持合作共存、相互关爱、合作共赢、共同发展、共享发展成果，让"一带一路"成为沿途国家共谋发展、共同富裕、共同繁荣的康庄大道；"和而不同"，还意味着大国要尊重各国自主选择的民族政策、社会制度和发展道路，反对大国为一己之私到别的国家和地区以各种借口制造对抗、制造冲突、制造流血、制造战争。"一带一路"上需要的是文化、宗教和政治上的相互包容，不同文明之间的对话与交流。未来"一带一路"上的国际事务处理是民主的，不是专制的，任何大国不可用武力或武力威胁作为国家政策或手段，去干涉或解决"一带一路"国家的问题。我们反对少数霸权国家在这个地区恃强凌弱，欺辱小国、弱国。

在"一带一路"倡议中，古老的丝路文明，在对话协商、共建共享、合作共赢的基础上焕发出崭新的活力。中国智慧，传承千年君子国风，穿越历史的风尘，为苦苦探索新型国际关系与合作模式的国家带来了信心和发展的契机。在合作共赢中，不同文明之间相互借鉴、求同存异，共同奏响人类命运共同体的和谐旋律。

三、儒家文化辐射与交融的领域

"一带一路"是新的历史时期国家的顶层决策，在这一决策中，大力弘扬儒家文化，对于以文化发展带动文化产业以及国家产业结构转型升级无疑是一次重大的战略机遇。将儒家文化的传播融入"一带一路"建设，以文化交流带动国家与民族之间的相联相通，促进中西方文明在世界领域的经济、政治、文化、社会等各个方面进行深度交流和密切合作，又将为促进当代文化大繁荣大发展，特别是弘扬中华优秀传统文化带来空前机遇。在这一空前机遇中，我们应结合新的形势，切实研究好文化传播与创新发展的新战略。

首先，"一带一路"，推进文化产业"走出去"。发展文化产业是实施"一带一路"倡议的重要切入点，通过盘活文化资源，厚植发展优势，整合产业资源，推进文化产业区域协作，丰富文化产品内容等措施，已率先在"一带一路"文化产业建设中取得突破。在此基础上，我们可以进一步尝试，坚持文化引入，突出交流先行；打造文化载体，发展文化旅游；创新文化品牌，开拓发展空间；加强文化交融，扩展文化内涵等途径。使文化产业在政治、经济、文化等多个层面上引领新一轮文化创新发展的开放与合作。

其次，"互联互通"，建设互惠互利的国际文化产业共同体。"一带一路"上的国家和人民共享文化财富，这一策略通过"互联互通"，优化整合国家之间的战略资源，通过培育外向型文化企业，壮大国际产业主体；通过扩大文化服务出口，优化文化贸易结构；通过连接"丝路城市"，形成合作共赢的国际网络。这样，既有利于文化产业的国际布局和资源配置，也有利于"一带一路"国家利益共同体的构建与实现。

第三，"辐射交融"，儒家文化是参与世界多元文化互通互惠的和平使者。从文化的本质上说，"文化传播其实始终都是不同文化的冲突、碰撞和博弈，也始终都是不同文化之间的辐射与交融。"[1]世界文化是多元文明的组合，"一带一路"倡议正在改变世界的经济、地理与文化的重新组合，它将迎来一种国际发展合作的新模式和一个合作共赢主义的时代。从地域文化交流角度讲，"一带一路"贯穿四大文明古国，横跨佛教、道教、基督教、犹太教、伊斯兰教和印度教六大宗教发源地，把中华文化、东亚文化、印度文化、南亚文化、波斯文化、阿拉伯文化、俄罗斯文化、希腊—罗马文化和欧美文化连接起来，形成多元文化互相交融的文化共同体。

四、儒家文化焕发"丝路之歌"的生命力

中国智慧，大道之行。中华各民族文化长期融合形成了相对可以兼容的心理、思想与行为方式、价值取向、民族性格，形成了中华民族的向心力、凝聚力、共同的信仰信念，这是维系协调各民族的润滑剂，自强不息的原动力。

---

①张文东：《文化传播：基于文化自信的国家战略》，《光明日报》2017年8月23日。

五千多年的中华文明孕育了中国文化精神，使中国精神具有深厚的历史基础和文化分量。中国作为"四大文明古国"延续至今，文化在其中起了很大的作用。比如儒家提倡的革故鼎新、与时俱进，脚踏实地、实事求是，惠民利民、安民富民，天人合一、协和万邦，天下兴亡、匹夫有责等精神；儒家崇尚的精忠报国、振兴中华的爱国情怀，崇德向善、见贤思齐的社会风尚，孝悌忠信、礼义廉耻的荣辱观念，求同存异、和而不同的处世方法，文以载道、以文化人的教化思想，形神兼备、情景交融的高尚追求，俭约自守、中和泰和等理念，以及以此为基础而形成的思想观念、风俗习惯、生活方式、情感样式、文学艺术、科学技术、人文学术等成为了中国文化的深厚底蕴，这些智慧以及文化理念伴随着"一带一路"倡议的实施和推行，已经传播于全世界。在"一带一路"发展中，文化已经成为先行者，传播着中国智慧，传递着中国理念，凝聚着精神合力，与"一带一路"沿线的各国人民共绘美好蓝图。

"人类命运共同体"创造性的构建与实施，是由我们的文化基因决定的，也关系我们能否走通"一带一路"，我们的文化基因就是儒家文化提倡的以和为贵，求同存异，美美与共，世界大同，"己欲立而立人，己欲达而达人"（《论语·雍也》）等内容。有了牢固的文化基因，可以汇集勤劳智慧的中国人民，让其综合的思想、知识、技术、管理、资本等活力竞相迸发，在协调、均衡、有序的秩序中发挥积极有效的作用。中华民族的复兴决定着我们要开拓创新，要有持续的动力，要不断激发活力，要有强大的毅力、长远的战略意识，要有硬实力与软实力的协调统一；党的十九大报告蕴藏着巨大的动员力、号召力，有强大的社会凝聚力，我们能够形成众志成城的合力，学儒家文化，立君子人格，扬君子国风，传承中华民族优秀传统文化，实现践行君子国风与社会主义核心价值观的完美融合。

唯实是举，务实有用。据国家发展和改革委员会统计，从2013年秋到2018年夏，"一带一路"倡议已经走过了扎实的五年多的历程，随着"一带一路"政策沟通的不断强化，中国与100多个国家和国际组织签署了共建"一带一路"合作文件。作为世界级关键词，"一带一路"已经进入国际话语体系。五年多来，在共商共建共享的原则基础上，中国与相关国家以基础设施共建促进互联互通；

以贸易投资畅通推动互惠互利；以战略政策对接实现互信互助。五年来，中国与"一带一路"相关国家的货物贸易额累计超过5万亿美元，中国对外直接投资超过700亿美元，为当地创造20多万个就业岗位，我国对外投资成为拉动全球对外直接投资增长的重要引擎。2018年8月27日，习近平总书记在推进"一带一路"建设工作五周年座谈会上指出，要推动各国加强政治互信、经济互融、人文互通，一步一个脚印推进实施，一点一滴抓出成果，推动共建"一带一路"走深走实，推动构建人类命运共同体。

纵观历史长河，在中国几千年的文明外交实践中，儒家文化中的"崇和尚义""共治共享"等理念得到充分体现，成为评价中国友好外交的关键词汇。作为一种官方意识形态，儒家文化主导了中国政治文化的建构与发展，并借助国家政权体系而渗透到日常生活中，构成中华民族民族性格与精神的重要内容。儒家文化发端于大陆农耕文明，长期与一种相对保守、自足的经济生产方式交互作用，拥有对自我、他者以及相互之间关系的独特认知与理解。因此，我们应当继续提炼我国外交价值观中儒家文化的有效资源，并通过加强宣传而为"人类命运共同体"理念获取历史依据。

在世界多极化、经济全球化、文化多样化、社会信息化的浪潮中，世界旋转的轴心正在转移，今天世界看好"一带一路"，不仅因为这一开放途径和模式具有互利共赢的经济愿景，还因为它具有互利共赢的制度保障和文化自信。"一带一路"，符合国际社会的根本利益，彰显人类社会的共同理想和美好追求，是对国际合作以及全球治理新模式的积极探索，是促进世界和平发展的新战略。

儒家文化是联结人类命运共同体的精神纽带。当今世界文化的交流与融通，开辟出一条全新的联结世界的"精神纽带"，不仅使人类超越了以往抱团取暖式的生命共同体与合伙开店式的利益共同体，还最终形成了具有文化多样性的精神共同体。在经济全球化的大背景下，人类命运共同体的文化意蕴日渐显现。中华优秀传统文化以其深刻的辩证性、丰富的多样性、显著的自觉性以及刚健的创新性，成为构建人类精神共同体的坚实内核。其中，和而不同的文化开放态度与义利统一的文化价值取向，滋养着人类命运共同体思想的形成和发展，使其在当代社会思潮的激荡中不断完善与成熟，在与世界各民族文化的交流、互鉴、传承中展现中国魅力，贡献中国力量。

（宋冬梅，尼山世界儒学中心、孔子研究院研究员）

和平与发展：先秦儒家思想中的人类共同价值

孔祥安

当今世界正经历百年未有之大变局，但是和平与发展仍是当今世界的两大主题。2015年9月，习近平在出席第70届联合国大会一般性辩论发言中指出，和平、发展、公平、正义、民主、自由是全人类的共同价值，也是联合国的崇高目标。这既是习近平对中国人民抗日战争暨世界反法西斯战争胜利70周年的历史经验总结，也是习近平代表中国人民以及世界其他各国爱好和平与发展的人民在当今人类社会发出的时代声音，代表了当今世界的主旋律。和平与发展是中国人民的共同价值追求，也是世界上其他各国爱好和平与发展的人民的共同价值追求。

尽管当今世界呈现出政治多极化、经济全球化、文化多元化、社会网络化的鲜明特点，国际秩序继续朝着有利于和平与发展的方向演进，但是西方强权政治和霸凌主义威胁世界和平与发展，"逆全球化"思潮与贸易单边主义、保护主义甚嚣尘上，尤其个别国家仍在奉行冷战思维、零和博弈，以不惜损害他国安全来谋求自身的绝对安全，严重破坏了世界的秩序稳定与和平发展。新冠疫情全球肆虐、俄乌战争持续、中东地缘政治对抗、恐怖主义威胁等诸多国际问题，给世界和平与发展带来很大的负面影响，人类和平与发展面临着不容忽视的困难与挑战。如何解决人类和平与发展所面临的种种困难与挑战，是我们需要认真思考、审慎对待的重要问题。早在先秦时期，儒家就提出了"仁者爱人""和而不同""以和为贵""忠恕之道"等思想理念，为解决当今人类的和平发展问题提供了丰富的思想资源。那么，我们不妨从先秦那里寻找智慧，进一步铸牢人类和平、发展的共同价值理念，有力推进人类社会的和平与发展。

一、提倡"仁者爱人"，追求社会和谐

先秦儒家产生于春秋战国时期，主要以孔子、孟子、荀子三位儒学家为代表。春秋战国时期是中国社会大动荡、大变革的历史时期，诸侯之间弱肉强食的"兼并战争"是这一历史时期的显著特色。先秦儒家生逢乱世，看到战争给人们带来的流离失所、饥饿、恐惧、死亡等苦难，他们忧心忡忡、痛心疾首，面对当时动乱不堪的社会提出一系列平治天下的思想主张，以期实现天下太平，人们和谐相处、安居乐业，最终实现"天下大同"。

孔子作为儒家学派的开创人，面对春秋晚期"天下无道""礼坏乐崩"的社会状况，他高呼："人而不仁，如礼何？人而不仁，如乐何？"（《论语·八佾》）在孔子看来，当时社会动乱的主要原因就是人们尤其是为政者的"仁德"缺失，导致了对既有的礼乐即习俗、规则、制度的践踏与破坏。为此，孔子主张以伦理道德的方式解决当时社会乃至天下无道的社会现实。这不仅是孔子对当时社会伦理道德重构的深度思考，也是他对当时社会现状做出的一种价值判断，乃至对未来社会的一种价值期许。

孔子为未来社会构想了两种社会形态，即小康社会和大同社会。他最理想的社会是"天下大同"，其特点就是天下为公，天下是天下人的天下；贤能之人管理国家，人与人、国与国之间讲究诚信、和睦相处；人与人相互亲爱，整个社会充满友爱；社会分工明确，人人各尽所能；没有私有观念，不私藏财物；没有战争，人们和平共处；社会安定，没有各种犯罪。孔子从人们社会生活的不同侧面描绘了大同社会的蓝图，展现了人们各尽所能、互助互爱、和谐相处的美好图景，反映了整个社会和平安宁、和谐有序，没有利益纷争、没有战争，人们在共同伦理道德的价值指导下，和谐有序地生活。其次是"小康"社会，特点是天下为家，天下为一家一姓的天下；只爱自己的亲人，财产私有；权力世袭，拥有城郭；制定礼仪，调节人伦等关系；以各种制度确立田地和住宅；任用有勇有谋之人，为自己建立功业；阴谋诡计滋生，战争不断爆发。其中，禹、汤、文、武、成王和周公是三代小康社会最杰出的人物，他们奉行礼制、讲究诚信，让人们依礼生活。"大同"之世是孔子对尧舜时代"大道之行也，天下为公"的向往、憧憬和概括，"小康"社会是孔子对禹、汤、文、武、成王、周公时期"今大道既隐，天下为家"的认可、赞许和总结。这是孔子为改造当时动乱的社会、建构而提出"分两步走"的策略：近者实现"小康"，远者奔向"大同"。郑玄注，"大同"之"同"，犹"和"也。那么，世界大同即世界大和。在孔子的思想中，大同社会的核心是"公"，以共同价值指导；小康社会的核心是"私"，以礼乐制度规范。"大同"与"小康"虽是儒家治平天下的不同阶段与价值目标，但是两者有着共同的情感基础与思想支撑，这就是先秦儒家"仁者爱人"的思想。也就是说，只有人人都讲仁爱，社会才会处处充满爱，进而天下太平，世界和平。

先秦儒家把春秋战国因"兼并战争"给当时社会带来的动乱、无序，归咎为人们尤其是为政者仁爱之心的缺失，践踏了周公为维系社会和谐而建构起来的礼乐制度，丧失了共同价值认同，导致"天下无道"、神州板荡。为改变这一社会现实，孔子把全部精力与热情都倾注在对人道的探讨上。在孔子看来，人应该具有最基本的爱人之心，也就是孟子所说的"人皆有不忍人之心"，这也是人与禽兽的差别。对此，孔子提出了"仁"这一具有"全德之名"的伦理范畴，以及"仁者人也，亲亲为大"（《中庸》）的伦理命题，要求弟子们"入则孝，出则悌，谨而信，泛爱众，而亲仁"（《论语·学而》）。然而，孔子始终未对"仁"作出一个明确的定义，我们只能从他与弟子的问答中，简要了解仁的根本精神——"爱人"。如樊迟向孔子问仁，他十分简明地回答说："爱人。"（《论语·颜渊》）即仁爱他人之意。当然，这并不是对仁的全面概括和准确定义。那么，如何培养和建立人与人之间的"仁爱"呢？孔子认为，一是"立爱自亲始"（《礼记》），从孝开始抓起，从爱自己的亲人即父母、兄弟、姊妹，向外推至社会上的其他人，实现"泛爱众"。二是"克己复礼为仁"（《论语·颜渊》），即克制自己的私欲，在对礼义道德的践履中提升自我人格，从而成为一个仁者。孟子继承了孔子"仁"的思想，提出"仁者爱人"（《孟子·离娄下》），主张爱人不光要爱自己的亲人，还要像爱自己的亲人一样爱他人，做到"老吾老以及人之老，幼吾幼以及人之幼"（《孟子·梁惠王上》），进而得到"爱人者人恒爱之"（《孟子·离娄下》）的回报。由此进一步发展，就会做到"亲亲而仁民，仁民而爱物"（《孟子·尽心上》）。孟子还把仁爱之心用在政治上，提出了"仁政"的思想主张，指出："人皆有不忍人之心。先王有不忍人之心，斯有不忍人之政矣。以不忍人之心，行不忍人之政，治天下可运之掌上。"（《孟子·公孙丑上》）在孟子看来，通过爱亲人而爱百姓，进而爱万物，并将之用于社会管理之中，则天下的和谐与安定就容易实现。荀子继承了孔子"礼"的思想，对礼制的起源以及调节人们物质欲望的作用进行了系统论述。他说："人生而有欲，欲而不得，则不能无求；求而无度量分界，则不能不争；争则乱，乱则穷。先王恶其乱也，故制礼义以分之，以养人之欲，给人之求。使欲必不穷乎物，物必不屈于欲。两者相持而长，是礼之所起也。"（《荀子·礼论》）对于礼乐制度的乐，荀子亦有论述，认为乐具有和谐人际关系的作用。他说："乐在宗庙之中，君臣上下同听之，则莫不和敬；在族长乡里之中，长幼同听之，则莫不和顺；在闺门之内，父子兄弟同听之，则莫不和亲。"（《荀子·乐论》）并且，指出了礼与乐的不同，"乐合同，礼别异，礼乐之统，管乎人心矣"（《荀子·乐论》）。礼乐相互作用，才可达到最佳的社会治理效果。《礼记·乐记》说："乐者为同，礼者为异。同则相亲，异则相敬。乐胜则流，礼胜则离。合情饰貌者，礼乐之事也。"荀子对孔子礼乐思想的发挥虽然重在外在的伦理规范，但其内在精神仍然是以"仁"为本，认为"仁者爱人"为治道之本，仁主施政应"先仁而后礼"（《荀子·大略》）。荀子认为，仁是礼的内在精神，具有爱人的思想意蕴，这就使礼保持了容忍、关怀、和谐的人文情怀与思想内涵。总之，荀子是通过礼乐调和人心、人欲，让人们在礼乐制度的调节下和谐、和睦相处，实现社会和谐有序，天下平和。

二、倡导修齐治平，主张天下一家

先秦儒家将修身、齐家、治国、平天下看作是人生的进阶，把平治天下视为最高的人生价值追求。其中，修身是关键。所以，《大学》说："身修而后家齐，家齐而后国治，国治而后天下平。自天子以至于庶人，壹是皆以修身为本。"《中庸》说："知所以修身，则知所以治人，知所以治人，则知所以治天下国家矣。"孟子说："天下之本在国，国之本在家，家之本在身。"（《孟子·离娄上》）荀子说："闻修身，未尝闻为国也。"（《荀子·君道》）儒家这种从修身到平天下的思想主张，给人们潜移默化的思想熏陶与价值导向，对塑造人们的价值观念、树立人生目标，对培养人们家国一体、天下一家的思想意识，起到了举足轻重的作用；同时也可以为人们在天下、国与家的三者的不同利益与价值选择之中，提供一种有效调和的方式与途径，以平衡三者之间的关系，作出积极性的价值选择。蔡德贵先生说："修身使人人都能树立起家国一体的观念，为国家的稳定和长治久安做出贡献，从而也为天下的长治久安做出贡献。政治家如果能化除私欲，达到身心的和谐，获得精神与物质的平衡，就会逐渐去平衡社会与众生。修身是通过克己而实现最高的精神境界和觉悟，而不是伪装和压制自己的人性。"[1]孔子提倡"克己复礼为仁"（《论语·颜渊》）的修身方法，倡导为政者首先做到"政者正也"（《论语·颜渊》），并通过"其身正，不令而行；其身不正，虽令不从"（《论语·子路》）的表率作用，引导与感化百姓自觉遵循社会道德规范，进而平治天下，达成天下一家，取得"妻子好合，如鼓瑟琴；兄弟既翕，和乐且耽；宜尔室家，乐尔妻帑"（《中庸》）的和谐效果。

先秦儒家崇尚平治天下，目的是通过"协和万邦"，实现"万国咸宁"，让人们在友好、和谐、和平的天下一家般的环境下，安宁生活，发展生产，生活富裕。如《尚书·尧典》说："克明俊德，以亲九族。九族既睦，平章百姓。百姓昭明，协和万邦，黎民于变时雍。"先秦儒家倡导和睦、和谐、和平，反对恃强凌弱，反对不正义战争。孔子"所慎：斋、战、疾"（《论语·述而》），提倡"善人为邦百年，亦可以胜残去杀矣"（《论语·子路》）的做法，反对暴虐，认为"不教而杀谓之虐，不戒视成谓之暴"（《论语·尧曰》）。孔子主张用"近者说，远者来"（《论语·子路》）的"怀柔"方式治平天下，以恩惠善待远方的宾客。孟子认为"春秋无义战"（《孟子·尽心下》），主张对"善战者服上刑"

---

① 蔡德贵：《儒家的秩序的和平论》，《孔子研究》2003年第4期。

（《孟子·离娄上》），将春秋"五霸"视为"三王"的"罪人"。而对于不行仁义、争夺民利、残害百姓的暴君，儒家主张兴"仁义之师"，发起"诛一夫"的正义战争，铲除暴君，救民众于苦难，让民众安宁、天下太平，"彼兵者，所以禁暴除害也，非争夺也。故仁人之兵，所存者神，所过者化。"（《荀子·议兵》）其中，最好是"不战而胜，不攻而得，甲兵不劳而天下服，是知王道者也。"（《荀子·王制》）孔子主张"礼乐征伐自天子出"（《论语·季氏》），孟子主张"以至仁伐至不仁"（《孟子·尽心下》），目的是实行仁政，取得"一家仁，一国兴仁"的平治效果，进而达到"以天下为一家，以中国为一人"的融洽、和睦、和谐，让天下人永享太平。

儒家承认人与人、国与国之间存在思想分歧、利益纷争，认为弱肉强食的兼并无义之战以及除暴安良的正义之战是矛盾达到不可调和的情况下的极端行为，但并不是解决人类纷争的优先选择。先秦儒家主张，人类应当通过"和而不同""以和为贵""忠恕之道"的思想理念化解分歧、消弭战争，实现人们、国家之间和睦相处，达到天下太平。

"和"是中国化解社会矛盾和平衡社会关系的重要理念，它最初是指音乐上的协调或是饮食上的调和，儒家将其发展成协调人际、国际关系的一种伦理准则。如《尚书》中"八音克谐，无相夺伦，神人以和"（《舜典》）、"百姓昭明，协和万邦"（《尧典》）。孔子认为"和"与"同"不一样，并将其作为区分君子与小人的重要标准。他说："君子和而不同，小人同而不和。"（《论语·子路》）君子"和而不同"，能够和周边的人和睦相处，但不盲目附和；小人则是"同而不和"，只盲目附和、求同，而不能和身边的人保持和谐。"和"与"同"也有着明显的差异。"和"是以确认差别为前提的"异中之和"，是在一定条件和原则下的谐和、融合，而不是无原则地和稀泥。"和"承认差异和矛盾，同时也包容、接纳对方的不同。"同"是取消差异，或是在处理问题时放弃应有的原则，盲目附和他人，失去自我。现实中的"老好人""墙头草"，看似忠厚老实，各处讨好，八面玲珑，其背后却毫无道德原则。孔子对这种人是十分厌恶的，称之为"乡原"，指责他们为"德之贼也"（《论语·阳货》）。孟子对此进一步解释说："非之无举也，刺之无刺也，同乎流俗，合乎污世。居之似忠信，行之似廉洁，众皆悦之，自以为是，而不可与人尧、舜之道，故曰德之贼也。"(《孟子·尽心下》)这种不分是非，"乡人皆好之"的行为，就是"同"。表面看似一团和气，实则走向了"和"的另一端，完全违背了"和"的初衷。一言以蔽之，"和"承认差别，认可事物的多样性。"同"否定差异，只讲事物绝对统一。

"以和为贵"是先秦儒家的重要价值理念及处世准则。《论语·学而》记载孔子弟子有子的话说："礼之用，和为贵，先王之道斯为美，小大由之。"这不仅是从小处教导人们如何立身处世，也是从大处指导人们如何治国理政、处理国际事务。"和"承认事物的矛盾与分歧，但不是无原则地调和，而是在一定原则和条件下的谐和、融合，只有在"有所不行，知和而和，不以礼节之，亦不可行也"(《论语·学而》)的情况下，才用礼加以调节与约束。礼作为维系社会秩序的重要手段和原则，不仅规定着人与人之间、人与社会之间的秩序，而且调节着人与人、人与社会之间的关系，乃至国家之间的关系。礼所遵循的原则及目标是"以和为贵"的价值理念，追求的是"和而不同"的精神境界，最终达到"万物并育而不相害，道并行而不相悖"(《中庸》)的和谐、和乐、和平状态。

"忠恕之道"作为孔子的一贯之道，既是"为仁之方"，又是处世原则。朱熹认为，"尽己之谓忠，推己之谓恕"。杨伯峻先生认为，恕是"己所不欲，勿施于人"；忠是"己欲立而立人，己欲达而达人"。忠是积极的一面，恕是消极的一面。[1]忠恕包含着两个相互联系而又层次递进的要求：从消极方面讲，就是"己所不欲，勿施于人"；从积极方面讲，就是"己欲立而立人，己欲达而达人"。前者是要人们将心比心，对于不愿别人损害自己的思想和行为，自己也不应当以这种思想和行为去损害别人；后者是要人们视人犹己，由自己之心去理解、推知他人之心，去积极地利人、助人，做到立人达人。换句话说，忠恕之道就是做人、待人、交往、处世的一种方式，被世人视为处世的"黄金法则"。联合国办公大楼的大厅内就悬挂着孔子的至理名言"己所不欲，勿施于人"，以此作为处理国际关系的重要原则。

---

①杨伯峻：《论语译注》，中华书局，1980年，第39页。

三、汲取思想滋养，促进和平发展

习近平指出，"当前，世界多极化、经济全球化、文化多样化、社会信息化深入发展，人类社会充满希望。同时，国际形势的不稳定性不确定性更加突出，人类面临的全球性挑战更加严峻，需要世界各国齐心协力、共同应对"①。并且，针对当今世界大势和时代潮流，强调"尽管当今世界霸权主义和强权政治依然存在，但推动国际秩序朝着更加公正合理方向发展的呼声不容忽视，国际关系民主化已成为不可阻挡的时代潮流……尽管单边主义、贸易保护主义、逆全球化思潮不断有新的表现，但'地球村'的世界决定了各国日益利益交融、命运与共，合作共赢大势所趋。尽管文明冲突、文明优越等论调不时沉渣泛起，但文明多样性是人类进步的不竭动力，不同文明交流互鉴是各国人民共同愿望"②。尽管未来世界无比光明，但前方的道路并不平坦，阻碍与问题很多。特别是目前的俄乌战争仍在进行且不断升级、中东地区冲突不断、国际经济持续下滑等诸多因素严重影响着世界和平与发展，这不但考验世界人民追求和平发展的意志，也考验世界人民维持和平发展的智慧。为此，我们非常有必要汲取先秦儒家思想中所蕴含的人类共同价值的思想滋养，有力推进世界和平与发展，造福世界人民。

孔子说："为仁由己。"（《论语·颜渊》）"我欲仁，斯仁至矣。"（《论语·述而》）法国也有句谚语："人的命运掌握在自己的手里。"也就是说，人类的问题要靠人类自己解决，并且也会得到很好的解决。但是，任何人都是生活在一定的社会关系中，只有依存这种关系且在一定的价值秩序中，才能健康成长、快乐生活、发展事业，才能实现自我价值、帮助他人、服务社会。马克思指出，人的本质是"一切社会关系的总和"③，每个人"只有在共同体中，个人

①习近平：《深化文明交流互鉴　共建亚洲命运共同体》，《人民日报》2019年5月16日。
②习近平：《弘扬"上海精神"　构建命运共同体》，《人民日报》2018年6月11日。
③［德］马克思、恩格斯：《马克思恩格斯选集》第一卷，人民出版社，2012年，第135页。

才能获得全面发展其才能的手段，也就是说，只有在共同体中才可能有个人自由"①。一个人只有融入"群"或"类"的人的集体之中，才可实现"个人自由"。然而，这个由人组成的集体在长期的社会交往中必然会形成一定的习俗或规则，而这个被众人认可或遵循的习俗或规则就是共同的价值标准。如国际社会上的"国际惯例"，就是一个国际上的共同价值标准。

一个民族、国家、地区的人们在长期的社会生活实践中，会不断积淀形成一个符合本民族、国家、地区的共同价值，以指导和维系人们正常的社会生活。否则，就会出现混乱，影响人们的正常生活生产秩序。在人类历史上，由于不同民族、国家、地区的自然条件不同，发展历程不同，文化传统不同，特别是现实利益不同，形成的文化价值观往往不尽相同，各具特色。尽管不同民族、国家、地区的共同价值不尽相同，具有其相应的民族性、区域性，但是并不是说，不同民族、国家、地区的共同价值就一定相互对立、水火不容。其实，世界各民族、国家、地区的共同价值具有一定共融性、共同性与普遍性。人们共同生活在一个"地球村"，尽管存在生活区域、经济基础、政治制度、思想观念、文化传统、宗教信仰、思维方式、生活习惯等诸多差异，但是人们面临的自然环境以及生存方式、发展愿景等都有着许多相同、相通之处。尤其在经济全球化、信息网络化的大背景下，人们的交往、交流更加频繁，每一个民族、国家都不是孤立的存在，只有融入全球发展之中，才能充满活力，不被世界所抛弃。

世界是世界人民的世界，人类是人类所有人的人类。世界的发展需要每一个民族、国家、地区的共同参与，国际关系民主化势不可挡，休戚与共、合作共赢是世界发展大势所趋，这是世界人民的命运所系、发展所系。所以，世界不同民族、国家都应求同存异，达成思想共识，建构人类社会的共同价值。和平与发展不仅是当今世界的主旋律，也是当今世界人民普遍认可的共同价值。这不仅是世界人民长期交流、交往的经验总结，也是世界人民经过一战、二战血的教训以后而形成的思想共识，更是指引未来世界走向的必不可少的共同价

---

① ［德］马克思、恩格斯：《马克思恩格斯文集》第一卷，人民出版社，2009年，第571页。

值。然而当今世界，文明冲突、零和博弈等论调甚嚣尘上，单边主义、贸易保护主义、逆全球化思潮不断出现，霸权主义、强权政治依然存在，国际经济持续下滑，等等。尤其是当今个别国家、组织为了自我利益，对俄乌冲突不断拱火，在中东地区不断挑起事端，导致区域动乱。这些都偏离与违背了人类和平与发展的共同价值，对世界和平与发展带来严重挑战。

发展就是硬道理，和平是发展的前提和基础，人类没有和平，就谈不上发展。当下，面对世界不稳定不确定因素给人类和平与发展带来的严峻挑战，我们应汲取先秦儒家"仁者爱人""和而不同""以和为贵""忠恕之道"等思想理念，铸牢人类和平、发展的共同价值，自觉维护世界和平，助推人类发展进步。先秦儒家面对当时诸侯之间弱肉强食、尔虞我诈、兼并战争此起彼伏的社会动乱局面，提出"仁者爱人"的哲学命题，旨在让人们尤其是为政者要有人之为人的仁爱之心，不要参与或发动不义战争，以避免让人们流离失所、做无谓的牺牲，给人们的生命财产造成损失，影响人们正常的生产生活。当今世界格局尽管不如春秋战国时代动荡，世界纷争主要以政治、经济、科技等方面的霸凌主义为表现形式，但是局部战争还存在，尤其是以美国为首的西方国家、北约组织在国际上不断挑起事端。美国作为世界第一强国，其掌握世界霸权的地位不容染指，国际排名第二的国家往往是美国最先打击的对象；世界经济持续下滑，世界和平与发展面临严峻考验。面对这些不协调、不平衡的国际问题，世界人民尤其是各国政要都应学习借鉴先秦儒家"仁者爱人"的思想理念，做到"老吾老以及人之老，幼吾幼以及人之幼"（《孟子·梁惠王上》），做到爱他国人民如爱本国人民、爱他国如爱本国，进而达到"亲亲而仁民，仁民而爱物"（《孟子·尽心上》）的思想境界，让自然界充满仁爱之心，让人类社会变得更加和谐有序。但是，完全依靠仁爱之心，还是远远不够的。由于人有人的不同、民族有民族的差异、国家有国家的区别，这就决定了我们必须正视不同与差异，千方百计地避免思想分歧、利益纷争。我们应该用先秦儒家"忠恕之道"的处世原则协调各方，做到"和而不同"，达到"以和为贵"的和谐状态，促进世界的和平与发展。

儒家的"忠恕之道"注重将自己放到对方的角度看待问题、处理问题，自己不想做的事情、不想要的东西，也不要让人别做、让别人要，凡事都要为对方着想，自己想要进步发达，也要帮助别人进步发达，不可只顾自己而不顾他人。对于一个民族、国家来说，本民族、国家不想要战争、不想要经济低迷，也不要让其他民族、国家有战争、经济低迷；本民族、国家想要和平、想要发展，也要考虑其他民族、国家想要和平、想要发展。倘若各国人民尤其政要能够奉行儒家"忠恕之道"的处世原则，世界就会形成你想着我我想着你、你帮助我我帮助你的和谐、和睦局面，世界就会远离战争，人类就会在一个和平的环境下健康发展。面对当今世界的分歧与纷争，世界人民尤其各国政要应依据"和而不同"的思想理念，各国之间本着平等对待、合作包容、互利共赢的"和合"态度，化解分歧以及风险挑战，通过相互协商沟通与利用通行的国际规则处理破解时代难题，取得"以和为贵"的最佳效果，实现"万物并育而不相害，道并行而不相悖"（《中庸》）的和谐状态，促进世界和平发展，造福世界人民。但是现实是残酷的，面对风险挑战，某些政要不是调和矛盾、化解分歧、管控争端，而是挑拨离间、推波助澜、热衷拱火，只考虑自身利益，不顾及他人以及世界人民的意愿与利益，任意践踏世界各国人民维持世界长期和平发展的愿景。事实证明，铸牢人类和平、发展的共同价值意义重大且深远，尤其需要从先秦儒家思想中汲取智慧与滋养。

（孔祥安，山东曲阜人，孔子研究院传承发展部部长、研究员，主要从事儒家伦理、政治思想研究）

孔子恕道思想及其意义

孔 丽

　　"恕"虽然在《论语》中仅出现两次，但作为孔子"终身行之"之言，却具有丰富内涵和重要意义，是孔子思想的重要内容，也是君子修养的必备要求。在《孔子家语》中，《三恕》篇以"恕"命名全篇，首段就讲述了"恕"的具体做法以及重要性。以"己所不欲，勿施于人"为核心的恕道观念，长期以来被人们作为修身处世的精要，成为中华思想文化的组成部分，历久弥新，乃至被世界公认为道德金律。那么，孔子恕道思想对当代人类共同价值又有什么启示意义呢？

一、明恕道之本可端身

　　"恕"不是孔子的独创和发明，但孔子使其体系化、具象化，并提高了其地位。孔子"恕道"思想内涵丰富，但并不深奥，而是渗透在日常生活中。他认为在三种情况下，君子尤其要做到"恕"，即"有君不能事，有臣而求其使，非恕也；有亲不能孝，有子而求其报，非恕也；有兄不能敬，有弟而求其顺，非恕也"①。也就是说，作为臣下，不能侍奉国君，却要役使自己的臣下，不是恕；对父母不能孝敬，却要自己的子女报恩，不是恕；对兄长不能尊敬，却要求弟弟来顺从自己，也不是恕。在这里，孔子没有直接说明君子的"三恕"是什么，

---

①杨朝明、宋立林主编：《孔子家语通解》，齐鲁书社，2013年，第96页。

而是从反面点明，在这三种人际关系没有做到恕。三者归结为一点就是：自己没有做到该做的事情，却要求他人尽到责任，"非恕"。

"非恕"如此，那么"恕"是什么？"恕"就是自己做不到的事、不想做的事，就不要强加于他人，要求他人去做。可以说，恕道的根本是把自己作为出发点和要求的对象，先从自身做起，而不是强求他人去做，是反求诸己。

恕表现在生活的诸多方面，为什么要提及君臣、父子、兄弟这三种关系呢？这是因为，在古代这三种关系是最基本的人际关系，是人们工作、生活要面对的主要关系，是应重点处理好的关系。要做到恕，就要从日常生活中的这些重要关系做起，从一件件小事做起，从时时刻刻做起。恕的根本就是在工作生活中自己做不到的事情，不要强求他人做到。"恕"是以自身为出发点，修正自身，先要求自己做到、做好。所以，孔子强调"士能明于三恕之本，则可谓端身矣"，有德行的士人能够明了恕的根本，就可以说做到了端正自身。

由"士"推延开去，只要能知晓恕道的根本，任何人都可以做到端身。也就是说，要做到恕，就要从日常生活中的重要关系做起，反求诸己，凡事先要求自己去做到，自己做不到的事情，就不要强求他人做到。简言之，"恕"先要对自己有所体认和要求，再去体谅和要求他人。明了这一恕道根本，人人都可以端正自身。

二、推己及人为恕道路径

对"恕"，《论语·卫灵公》中写道："子贡问曰：'有一言而可以终身行之者乎？'子曰：'其恕乎！己所不欲，勿施于人。'"孔子提出"恕"是人终身要奉行的规则，具体要求是"己所不欲，勿施于人"。也就是说，自己不愿意做的事情，不要强加于别人。"己所不欲，勿施于人"作为恕的基本内涵，是对"三恕"之本更为简明准确的表达，"三恕"则是"己所不欲，勿施于人"的具体展现。

"己所不欲，勿施于人"的根本之处是"己"，先是知己之不欲，然后不施加于他人。恕道要以己之心来推断、忖度他人之心，以己之所欲，揣度他人之欲；以己之所恶，推断他人之恶。以己的意识、体验和诉求，来揣度他人也拥有着同自己相似的意识、体验和诉求。这种由"己所不欲"推到"勿施于人"的行为，即是推己及人。也就是说，推己及人是实现恕道的重要途径。

恕道作为君子"终身行之"的要点，作为端正自身的根本，作为处世为人的基本规范，尤为重要。要做到恕，就要做到推己及人，就要做到以下两点：一是知己、知人；二是善待他人。要做到这两点并不容易，需要具有"智"与"仁"，智以知人，仁以爱人。成为"智者"和"仁者"，才能真正掌握恕道。关于"智者"和"仁者"在《三恕》篇中也有讲述：

> 子路见于孔子。孔子曰："智者若何？仁者若何？"子路对曰："智者使人知己，仁者使人爱己。"子曰："可谓士矣。"
>
> 子路出，子贡入。问亦如之。子贡对曰："智者知人，仁者爱人。"子曰："可谓士矣。"
>
> 子贡出，颜回入。问亦如之。对曰："智者自知，仁者自爱。"子曰："可谓士君子矣。"[1]

对孔子"智者若何，仁者若何"的问题，子路、子贡、颜回分别代表了三种观点，都受到了孔子的肯定。然而，孔子对这三种观点并非等量齐观，他对子路、子贡给予了"士"的评价，而对颜回则给予了"士君子"这一更高的评价。

《论语·颜渊》中记樊迟问知与仁，孔子的回答是"知人"与"爱人"。子贡在此也如此回答，为何孔子却对颜回的回答更满意呢？颜回所答"智者自知，仁者自爱"与子贡所答"智者知人，仁者爱人"，人们往往重视其异，而忽略其同。知人、爱人中的人，是类的概念，知人、爱人的对象包括你、他，也包括我。这样看来，颜回倡导"智者自知，仁者自爱"，并不违背"智者知人，仁者爱人"的主旨。

在颜回看来，"知人"涵盖"自知"，"爱人"涵盖"自爱"，"自知"不违

---

[1] 杨朝明、宋立林主编：《孔子家语通解》，齐鲁书社，2013年，第103页。

"知人"，"自爱"不违"爱人"，而且"自知"先于"知人"，"自爱"先于"爱人"。为什么这样说？这是因为颜回深刻领悟到孔门倡导的推己及人的原则，深知个体在人己关系中的重要性。要推己，先要自知、自爱，然后才有可能"及人""爱人"。不自知、不自爱，不知"己所欲"，不可能"及人"，更不可能"勿施于人"。所以说，智者一定要先自知，仁者一定要先自爱。然后才能知他人、爱他人。以己之心，忖他人之心，推己及人，勿施于人。

"智者自知，仁者自爱"并不是颜回独创的观点。1973 年甘肃省金塔县肩水金关遗址出土的汉简《论语》为人们找到了根源。此《论语》记有这样的语句："子曰：自爱，仁之至也；自敬，知之至也。"（73EJT31：139/T31）由此可知，孔子已将"自爱"视为仁的最高内涵，将"自敬"视为知的最高内涵，即最高的仁是自爱，最高的知是自敬。知与智在古代通用，知就是智。颜回追随孔子亦步亦趋，具有"闻一知十"的领悟力，具有先闻而后发的能力，也就说颜回这个观点源自孔子，是对孔子思想的延伸。

孔子特别重视"修己""端身"，要求弟子从"德"和"学"两方面加强"修己"。一个人如果"德之不修，学之不讲"，品行有亏，见识短浅，不能自知自立，不可能知人立人。不能知"己所不欲"，就不可能"勿施于人"。所以，当孔子说"己所不欲，勿施于人"的时候，隐含着一个不言自明的推己及人的逻辑思路："修己"成了预设在先的前提，"修己"缺位则不能"勿施于人"。这就把"己所不欲"的"己"推向了正确处理人己关系的起点。没有这个起点，一切都无从谈起。

颜回深明此理，他在回答孔子的提问"智者若何，仁者若何"时，何尝不知子贡已经回答了"智者知人，仁者爱人"？他之所以另辟蹊径，独树"智者自知，仁者自爱"的旗帜，是因为智与仁呈现于人己关系，必以"自知""自爱"为起点。一个人如果无法自知、自爱，必定也无暇知他人、爱他人；如果自知、自爱的欲望不足、能力有限，必定知他人、爱他人的欲望也不足、能力也有限。这就不可能做到"己所不欲，勿施于人"，不可能做到"恕"。颜回亮出"智者自知，仁者自爱"的观点，目的就在于提醒人们要从自身出发，从本源处做起。

颜回倡导的"智者自知，仁者自爱"，不仅在孔门推己及人的逻辑思路上具有优先地位，更重要的是，"自知""自爱"是孔门知与仁的枢纽，得到了孔子的充分肯定。自爱是仁爱主体"有诸己"的自我充实与提升。通过自知，知"己所不欲"，进而"勿施于人"。可以说，自知、自爱是知人、爱人的重要枢纽，是智慧与爱的来源之处，是恕道的根本所在。知人者，他人才乐于知己，"爱人者，人恒爱之"，做到恕，才能得到他人的爱与敬。

简而言之，恕道的内涵是"己所不欲，勿施于人"，重要途径是"推己及人"，首要一点是要自知、自爱，进而才能推及他人，做到知人、爱人，"勿施于人"。"为仁由己"，不"由人"，己才是具有支配性或决定性意义的智慧和仁爱主体。所以说，自知、自爱是推己及人的第一步，是知人、爱人的枢纽，也是"恕道"的起点。知人、爱人是恕道的目的和实现。"谦谦君子，卑以自牧"。一个"可欲之谓善，有诸己之谓信，充实之谓美"（《孟子·尽心下》）的主体一定是拥有智慧，并能够做到"恕"的人。

三、忠恕为一贯之道

《论语·里仁》篇写道："子曰：'参乎！吾道一以贯之。'曾子曰：'唯。'子出。门人问曰：'何谓也？'曾子曰：'夫子之道，忠恕而已矣。'"曾子将忠与恕相提并论，指明孔子的"一以贯之"之道是忠恕之道。因为曾子的话并未得到孔子的确认，学界对此存在一些分歧，争论的焦点集中在曾子所言的"忠恕"是否符合孔子"一以贯之"之义。然而，对恕与忠紧密相连、相互补充这一点，学者的认识却大体一致。例如：

孔颖达曾对"忠恕违道不远"疏曰："忠者，内尽于心。恕者，外不欺物。"认为忠指向内心，恕指向外物，由内而外，两者可谓一体两面。

朱熹在《论语集注》中注曰："尽己之谓忠，推己之谓恕。"将"忠"释义为"尽己"，"恕"释义为"推己"。也就是说，前者是保持内心的情感诚实，后者是将自己的情感推延到他人。朱熹还提出："忠是体，恕是用，只是一个物事。"①认为忠恕两者是体用关系，忠体恕用，不可分割。

王夫之对忠恕注解道："忠，尽己也；恕，推己也。尽己之理而忠，则以贯天下之理。推己之情而恕，则以贯天下之情。推其所尽之己而忠恕，则天下之情理无不贯也。斯一以贯之矣。"②这是对朱熹思想的继承与推延，将忠恕释为理与情的贯通，情理亦是不可分。

刘宝楠对忠恕关系阐述道："君子忠恕，故能尽己之性；尽己之性，故能尽人之性。非忠则无由恕，非恕亦奚称为忠也？"③他认为忠与恕相互依存，没有忠就没有恕，没有恕也不能显现忠。两者结合才能尽显个人的性，进而彰显人类的本性。

对忠恕，当代学者毕宝魁提出："忠指自己处事之准则，'恕'指对他人之态度，二字便可以构成人内心情感和以什么态度和情感去对待他人的准则，可以奉行终生，可以'一以贯之'。"④这是从自我与他人的角度来看，认为忠是对自己，恕是对他人，两者结合，可以奉行一生。

以上古今学者虽对忠恕有不同阐释，但都承认两者有密切关联。其实，孔子对此早有论述："知忠必知中，知中必知恕，知恕必知外，知外必知德。"（《大戴礼记·小辨》）忠由心而发，知"忠"便知中正不偏。由中正之心去体会他人之心，便知道了"恕"。由内在恕转向外在中正的行为，最后便显现为德。由此可见，四者之间是由忠而中、由中而恕、由恕而德的发展过程。这一逻辑中看似加入了"中"，而"中心为忠"，实际上仍然是"忠"，只是强调了"忠"的特色而已。忠恕密不可分，最后指向的是"德"。换言之，忠恕是实现德的实践功夫。

总之，忠与恕共同体现道的精神，两者的根本是"己所不欲，勿施于人"，即"忠恕违道不远，施诸己而不愿，亦勿施于人"（《中庸》）。忠恕相连，一内一外，一己一物，相互依存，"忠是前提、本源，由忠而恕，忠先恕后，先尽己

---

①朱杰人等主编：《朱子全书》第十五册，上海古籍出版社、安徽教育出版社，2002年，第968页。

②王夫之：《船山全书》，岳麓书社，1991年，第816页。

③刘宝楠：《论语正义》，中华书局，1990年，第153页。

④毕宝魁：《〈论语〉"忠""恕"本义考》，《清华大学学报》2009年第6期。

再推己……恕是目的和归宿，离开了恕，忠也变得无处可归、无法落实"①。可以说，忠恕具有丰富内涵和重要意义，是孔子"一以贯之"之道，是道德实践功夫，也是人安身立命的智慧。

四、恕道是为仁之方

仁作为孔子思想的核心，内涵特别丰富。对不同弟子问仁，孔子常给予不同解答。对仲弓问仁，孔子答道："出门如见大宾，使民如承大祭。己所不欲，勿施于人。"（《论语·颜渊》）由此可见，"己所不欲，勿施于人"归属于仁，是仁的组成部分。由上已知，"己所不欲，勿施于人"是恕道的基本内涵，故而恕也可谓仁的组成部分。

对子贡问仁，孔子答曰："夫仁者，己欲立而立人，己欲达而达人。能近取譬，可谓仁之方也已。"（《论语·雍也》）或因子贡对仁的认识水平较高，孔子对其问仁的回答是"己欲立而立人，己欲达而达人"。这与"己所不欲，勿施于人"实为同一内涵的两种表达方式，前者是积极表达，要求更高，后者为消极表达，要求低一些。"己所不欲，勿施于人"是恕道的内涵，"己欲立而立人，己欲达而达人"也可谓"恕"的内容。

对"能近取譬，可谓仁之方也已"，朱熹注曰"譬，喻也。方，术也。近取诸身，以己所欲譬之他人，知其所欲亦犹是也。然后推其所欲以及于人，则恕之事而仁之术也"。②认为"能近取譬"是"己欲立而立人，己欲达而达人"，"推其所欲以及于人"是"恕"，是"仁之方"。故而，恕可谓"为仁之方"。这一阐述精当而深刻地点明了恕的主要功用和性质。

恕之所以能作为"仁之方"，成为仁得以践行的重要方法，把仁落实于生活实践之中，在于恕具有普遍意义的为仁基础。恕道的根本是人格修养智慧，强调先要端正自身，再以个人内心真诚的情感去共情他人、体谅他人，进而做到"推

---

① 刘书正：《儒家忠恕思想的道德意蕴》，《管子学刊》2015年第4期。
② 朱熹：《四书章句集注》，中华书局，1983年，第92页。

己及人"，实现知人、爱人。没有这个反求诸己、推及他人的过程，就不可能真正做到由自知、自爱到知人、爱人的过程，无法实践仁。仁可谓恕的目的和归宿。

五、恕道的意义

恕道作为孔子思想的重要组成部分，对中国思想与文化影响巨大。孟子继承孔子恕道思想，进一步提出："强恕而行，求仁莫近焉。"（《孟子·尽心上》）即按照恕的要求尽力践行，是最近的求仁之术。恕道不仅成为人们修身处世的精要、中华思想文化的精髓，而且已经走向世界，对人类共同价值具有指导意义。如，1641年，法国出版的《异教徒的德行》中便将"己所不欲，勿施于人"称为中国道德的精髓。18世纪的法国思想家伏尔泰将"己所不欲，勿施于人"称为不渝的法则。法国宪法中两次出现"己所不欲，勿施于人"。2004年，在新加坡召开的"第一届儒学国际研讨会"上，来自世界各地的专家学者讨论形成了《吉隆坡宣言》，宣称"忠恕之道"是促进世界和平、物我相谐的基石，并提议正式启动"以儒学救世"的机运。

总而言之，以"己所不欲，勿施于人"为基本内容的孔子恕道思想是君子应该具备的修养和品格，是践行仁的方法和途径，是大众要奉行的道德准则和行为规范，是建立和谐人际关系的重要法宝，是人类共同价值的重要组成部分，对人类具有普遍而广泛的指导价值和实践意义。

（孔丽，孔子研究院副研究员，山东省泰山学者青年专家）

从《易传》的角度谈人类命运共同体

别慧军

众所周知，《易经》为"群经之首""大道之源"，是中华优秀传统文化的活水源头，传习者历经数千年而不衰。传统的《易经》研究和学习通常是将《周易》古经和《易传》结合起来，是谓经传一体。但是，《周易》古经文本的出现要比《易传》文本的出现早500年左右，卦画的出现则更早，相传伏羲创卦至少是4000年以前的历史。所以，在一定角度和范围内将《周易》古经和《易传》分开来研究，是很有必要的。本文将从《易传》文本出发，阐述《易传》所蕴含和表达出来的人文思想，找到中国古圣先贤与当今时代背景下的"人类命运共同体"之间的联系，赓续中华文化的传承脉络，落实党中央的"两创"方针。

《史记·孔子世家》记载："孔子晚而喜《易》，《序》《彖》《系》《象》《说卦》《文言》。读《易》，韦编三绝。曰：'假我数年，若是，我于《易》则彬彬矣。'"根据《史记》这段记载，《易传》为孔子所作，其中《彖传》分上下篇、《系辞传》分上下篇、《象传》分上下篇，加上《文言传》《序卦传》《说卦传》《杂卦传》，共计十篇，即所谓的"十翼"。后世有学者通过对《易传》文本的研究，认为"十翼"并不都是孔子所作，但也基本认同"十翼"为孔子及其门人弟子所作，并且成书的年代不晚于战国中期。因此，《易传》所体现的关乎人类命运共同体的人文思想，必定是儒家文化的重要组成部分。自党的十八大明确提出"要倡导人类命运共同体意识，在追求本国利益时兼顾他国合理关切"的理念以来，国际社会和各类社会群体在探讨如何处理诸如环境保护与资源开发、文化冲突与和谐发展、经济建设与民生福祉、发达地区与欠发达地区发展不平衡等重要社会问题时，越来越注重以"人类命运共同体"的立场来分析问题、解决问题。因此，探讨"人类命运共同体"的理论根源、具体内涵、价值主张，是摆在理论工作者面前的重要课题，也是落实党中央"把马克思主义基本原理同中国具体实际相结合、同中华优秀传统文化相结合，推动中华优秀传统文化创造性转化、创新性发展"方针的具体实践。

不可否认，自第一次工业革命以来，欧美地区在科技、经济、军事等领域实现了巨大的发展，积累了雄厚的工业基础和军事力量。在工业国家的强大军事力量面前，亚非拉广大以农业生产为主的传统国家和地区不堪一击，纷纷被纳入欧美强国的殖民统治；北美洲大陆的土著居民印第安人几乎亡国灭种，惨绝人寰。与工业革命相伴而产生的"启蒙运动"，是发生在欧美地区的文化革命，引发欧美国家在社会制度、思想观念、社会生活等领域的巨大发展和进步，并伴随着殖民统治向全世界渗透。客观地讲，自启蒙运动以来，欧美社会持续进化，不断探索现代社会的建设和发展，形成了重视个人自由与个体权利、重视社会法治与契约精神、重视实证科学的研究的氛围，值得我们学习和借鉴。但与此同时，欧美社会的"殖民主义"思想根深蒂固，"欧洲文明中心论""基督教至上""美国优先"等论调层出不穷。同时，欧美社会很多深层次的社会问题并没有随着经济和科技的发展得到解决，亟须引起我们的警惕，比如种族主义和白人至上主义、基督教至上或天主教至上以及在此基础上提出的所谓的普世价值主义、以经济军事实力为后盾的大国霸权主义等。欧美地区是最先实现工业化的国家和地区，也是当今发达国家最多的地区，但翻开近500年来的世界历史，欧美国家在不同的历史时期以不同的形式给世界人民造成了深重的灾难。比如，持续数百年的奴隶贸易，造就了北美洲大陆的资源开发与经济发展，却牺牲了数以亿计的亚非地区的黄种人和黑种人的生命；两次世界大战以及数不清的殖民战争和代理人战争，成就了欧美工业国的现代化发展以及他们在世界舞台上的领导地位，却使得广大落后地区的人民流离失所、国破家亡。可以说，欧美国家的现代化是有"原罪"的。相比较而言，中国共产党领导的中国人民在现代化的发展过程中，坚持和平发展的理念，依靠本国的资源禀赋，依靠全体中国人民的勤劳与智慧，经过几十年的努力奋斗，把一个世界上绝对贫困人口最多的国家建设成为整体上脱贫、基本上实现小康的社会主义现代化国家，为世界消除贫困与落后作出了巨大贡献。在世界近现代史上，中国是唯一一个不依靠发动对外殖民战争、掠夺他国资源来实现本国发展的大国。中华人民共和国建立后不久，中国政府就向全世界提出了"和平共处五项原则"，作为中国处理国际事务的基本准则，并且坚守至今。因此，"人类命运共同体"理念的提出，充分体现了中国共产党人尊重历史、着眼现实、面向未来的基本态度；体现了党中央领导集体对历史和现实的担当与胆略；体现了习近平总书记"胸怀天下"的宽广格局。

时代发展到今天，一个国家或民族的发展，不能建立在压迫和奴役其他国家或民族的基础之上。一个国家在制定本国的发展政策的时候，不能以损害他国核心利益为突破口。作为负责任的大国，必须要从全人类社会的福祉出发思考问题和解决问题。所以，"人类命运共同体"的理念，必须是世界和平与发展的核心价值主张。纵观世界文明发展历史，唯有中华传统文化在早期就有类似的思想萌芽。具体来讲，《易传》所阐述的"天下""天地人三才之道"等，都是体现这些思想的萌芽。

《序卦传》曰："有天地然后有万物，有万物然后有男女，有男女然后有夫妇，有夫妇然后有父子，有父子然后有君臣，有君臣然后有上下，有上下，然后礼义有所错。"由此可见，中国先哲以为，人是天地万物所生，用今天的话来讲，人是环境的产物，并非神的产物。这与基督教或天主教的"神造世人"的观念存在巨大的差异。这种观念的差异直接导致了地中海地区和东亚地区的人群发展出不同的文明形态和价值理论。在中国先哲的思想里，并不存在一个拥有超验能力的造物主或宗教神，所有的人都是天地所生，天和地都是能够真切感知的经验存在。相比较而言，中国先哲的世俗人文精神比欧洲的文艺复兴早了十几个世纪。更可贵的是，《序卦传》的这种表述，丝毫不夹杂"某种文明中心论"或"某种主义至上"的论调。这是一种平和的、包容的、共生共荣的价值主张。人类社会从"夫妇"到"父子"再到"君臣"的社会秩序的建立，完全是一个合乎自然发展规律的过程。并且，这里的"夫妇""父子""君臣"并不特指某个国家或民族，而是一般意义或普遍意义上的人类社会。中国先哲从一开始就把人类的发展放在天地的视域范围之内，由此产生的"天人合一"的观念，天然地与"人类命运共同体"的理念有共通之处。

《系辞传》上篇曰："《易》与天地准，故能弥纶天地之道。"子曰："《易》其至矣乎！夫《易》，圣人所以崇德而广业也。知崇礼卑，崇效天，卑法地。""与天地相似，故不违。知周乎万物，而道济天下，故不过。旁行而不流，乐天知命，故不忧。安土敦乎仁，故能爱。"在中国先哲那里，"天下"即是人类社会及其所赖以生存和发展的环境，没有种族的区分，没有文明的区分，也没有国家的区分，就是一个人类命运的共同体。圣人的职责就是为人类社会谋福祉，就是要"周乎万物而道济天下"，就是要"安土敦乎仁"，就是要"能爱"，最终的目的一定不是为一己之私利，而是要"以利天下"。我们来看看《系辞传》是怎样记载圣人以利天下的："古者包牺氏之王天下也，仰则观象于天，俯则观法于地，观鸟兽之文，与地之宜，近取诸身，远取诸物，于是始作八卦，以通神明之德，以类万物之情。作结绳而为网罟，以佃以渔，盖取诸《离》。包牺氏没，神农氏作，斫木为耜，揉木为耒，耒耨之利，以教天下，盖取诸《益》。日中为市，致天下之民，聚天下之货，交易而退，各得其所，盖取诸《噬嗑》。神农氏没，黄帝、尧、舜氏作，通其变，使民不倦，神而化之，使民宜之。《易》穷则变，变则通，通则久，是以'自天祐之，吉无不利'。黄帝、尧、舜垂衣裳而天下治，盖取诸《乾》《坤》。刳木为舟，剡木为楫，舟楫之利，以济不通，致远以利天下，盖取诸《涣》。服牛乘马，引重致远，以利天下，盖取诸《随》。重门击柝，以待暴客，盖取诸《豫》。断木为杵，掘地为臼，臼杵之利，万民以济，盖取诸《小过》。弦木为弧，剡木为矢，弧矢之利，以威天下，盖取诸《睽》。上古穴居而野处，后世圣人易之以宫室，上栋下宇，以待风雨，盖取诸《大壮》。古之葬者，厚衣之以薪，葬之中野，不封不树，丧期无数，后世圣人易之以棺椁，盖取诸《大过》。上古结绳而治，后世圣人易之以书契，百官以治，万民以察，盖取诸《夬》。"这段文字记载的是古之圣人依象制器、以利天下、以济万民的具体实践。用今天的话来讲，就是领导人民努力发展生产，促进社会进步，提高人民生活水平，最终目的都是要满足人民群众日益增长的对美好生活的向往。包牺氏、神农氏、黄帝、尧、舜都是上古时代的圣人，都是政治领袖，他们在"王天下"的过程中，依靠的不是暴力征服，而是通过具体的措施为人民谋福祉，"通其变，使民不倦，神而化之，使民宜之"。

《系辞传》下篇曰："《易》之为书也，广大悉备。有天道焉，有人道焉，有地道焉。兼三才而两之，故六。六者非它也，三才之道也。"中国先哲认为，《易》这部经典著作所蕴含的精深哲理"广大悉备"，包罗万象。这些哲理大体分为三个方面：象征世界本源和人类终极思考的天道、象征世界具体运行规律和物质基础的地道和象征人类社会运行规律和价值的人道。《易》有六十四卦，每一卦都由六画组成即六爻，六爻就代表天地人三才。以乾卦示例：▅，上两爻代表天道，中间两爻代表人道，下两爻代表地道，合起来就是天地人三才之道。从卦画我们可以直观地看到人道在天道之下，所以圣人要循天道以利天下。六十四卦每个卦的卦象皆不同，每一卦的每一爻也都有象，甚至每一卦对应着诸多不同的象，千变万化，是谓变易；但无论怎么变化，都是代表的天地人三才之道，是谓不易；将天地万物之道化繁为简，仅以六爻表示，是谓简易。《易》的三重含义"变易、不易、简易"都包含在其中了。《说卦传》曰："昔者圣人之作《易》也，将以顺性命之理。是以立天之道曰阴与阳，立地之道曰柔与刚，立人之道曰仁与义。兼三才而两之，故《易》六画而成卦。分阴分阳，迭用柔刚，故《易》六位而成章。"这段记载清楚地说明，中国先哲始终是站在"人类命运"的立场上来思考问题的，即所谓"将以顺性命之理"，而不是站在各种所谓的超验的"神"的立场上。这个立场，孔子是一以贯之的，《论语·述而》说："子不语怪、力、乱、神。"并且，中国先哲在思考问题时，始终把天地人三才视作一个有机的整体，"兼三才而两之"，认为人类社会及其所赖以生存和发展的环境是一个有机的整体，这不就是一幅饱满的人类命运共同体的图像吗？

《易传》所蕴含的"天下""天地人三才"的观念，被孔子的弟子所继承，并且在儒家文化的传承和发展过程中不断深化和创新，成为中国人最深刻的思想烙印之一。《中庸》曰："喜怒哀乐之未发，谓之中；发而皆中节，谓之和。中也者，天下之大本也；和也者，天下之达道也。致中和，天地位焉，万物育焉。"又曰："诚者天之道也；诚之者，人之道也。诚者，不勉而中，不思而得，从容中道，圣人也；诚之者，择善而固执之者也。"曾子是孔子托孤之人，也是孔子去世后儒家学说的重要继承者和发扬者，相传《中庸》即为曾子和子思的作品。"天下"在《中庸》中多次出现，"天地人三才之道"被曾子吸收并演化为重点关注人类社会发展的"君子之道"。"是故君子动而世为天下道，行而世为天下法，言而世为天下则……君子未有不如此，而蚤有誉于天下者也。"子思之后的孟子，进一步把"君子之道"落实为"仁政"，在游说梁惠王和齐宣王的时候，皆以"仁政"为核心导向，"仁政"的着眼点也在于"天下"，而不在于一国一己之私。《孟子·公孙丑》记载："孟子曰：'尊贤使能，俊杰在位，则天下之士皆悦，而愿立于其朝矣；市，廛而不征，法而不廛，则天下之商皆悦，而愿藏于其市矣；关，讥而不征，则天下之旅皆悦，而愿出于其路矣；耕者，助而不税，则天下之农皆悦，而愿耕于其野矣；廛，无夫里之布，则天下之民皆悦，而愿为之氓矣……如此，则无敌于天下；无敌于天下者，天吏也。'"

总而言之，"人类命运共同体"的概念，继承了中华优秀传统文化中的"天下""天地人三才""崇德礼卑""君子之道""仁政"等重要理念。在当今时代背景下，世界的和平与发展，各个地区和文明的共生共荣，是各国人民共同的心愿，"人类命运共同体"的理念是对这个心愿的最佳回应。

（别慧军，乾策书院院长）

先秦儒学研究

周初"中国"及其意义的嬗变①

徐新强

中华文明源远流长，虽历经朝代的更迭，却皆以"中国"自居，时至今日亦言必称"中国"。追溯国人"中国"观念的源头，其萌芽可远至三代时期。"夏"，传世文献中既有"大国"的解释，也有"中心"的含义；《禹贡》所反映的夏禹时期就已经出现了与"中国"概念近似的"中邦"的表述，而殷商之时"中商"的称谓已十分多见。但从传世文献来推断，确切的"中国"一词的出现，应该是在西周武王时期。《尚书·梓材》已见"中国"一词，何尊铭文亦有成王追述武王"宅兹中或（国）"的诰词。同时通过对出土的成王时期的天亡簋铭文的解读，可以考证周初"中国"一词还仅是一个地理上的概念，特指伊、洛一带的夏人故居。由此也可以看出，周人对天下之中的信仰以及对"夏"的尊崇。东周以降，"中国"这一词称的意义不断发展演变，逐渐出现了带有文化、哲学、政治意涵的概念。而关于文献里"中国"一词出现的时期以及不同时期"中国"一词的含义，学者们有不同的见解：柳诒徵认为"中国"观念产生远在唐虞之时②；田继周认为"中国"观念产生于夏代③；王尔敏《"中国"名称溯源及其近代诠释》一文从"中国"称谓的意义

---

①本文系2019年国家社科基金冷门"绝学"和国别史研究专项"'《禹贡》图'集成与研究暨数据库建设"（19VJX029）的阶段性成果。

②柳诒徵：《中国文化史》，中国书籍出版社，2022年，第40页。

③田继周：《夏代的民族和民族关系》，《民族研究》1985年第4期。

及近代意义的扩展加以考辨，认为"中国"观念出现于商代①，其大量汇录传世经典中所见"中国"词称并予以统计，将先秦"中国"的意涵分为五类；于省吾《释中国》一文，从文字学角度考释"中国"一词并论述其称名的由来及意义，认为其出现于西周②；而于溶春则以为直到西周尚无"中国"此一专称，而这一专有词称出现于东周，所有《诗经》《尚书》及何尊铭文中的"中国"既不是指京师，也不是指全中国而言，而是与今天"国内"一词含义相同的普通名词③。在此基础上，本文试对"中国"一词及其意义的嬗变作进一步探讨。

一、先秦文献所见"中国"隅释

"中国"一词在先秦文献中十分常见，然而这些文献中的"中国"与今天我们所称之"中国"在意义上并不完全相同。初步统计，先秦《尚书》《诗经》《春秋》三传及先秦诸子之书，其中"中国"一词出现了一百八十余次。《尚书·禹贡》篇有："中邦锡土姓。"许慎《说文解字》云："国，邦也。"这种"邦"和"国"互训的例子在先秦典籍中十分常见，司马迁《史记·夏本纪》便引《禹贡》此句为"中国赐土姓"。因此，柳诒徵先生说："吾国之名为中国，始见于《禹贡》，后世遂沿用之。虽亦有专指京师，或专指畿甸者……要以全国之名为正义。且其以中为名，初非仅以地处中央，别于四裔也……文明之域与无教化者殊风，引吾国国民所共含之观念也。"④但《禹贡》成书时间向来为学者所质疑，而唐虞时代是否出现"中国"这一观念实不可考。

但从可靠的文献记载中可以知道，最迟至西周初期已经出现"中国"这一

---

①王尔敏：《中国近代思想史论》，社会科学文献出版社，2003年，第370页。

②于省吾：《释中国》，载胡晓明、傅杰主编：《释中国》第三卷，上海文艺出版社，1998年，第1515页。

③于溶春：《"中国"一词的由来、演变及其与民族的关系》，《内蒙古社会科学》1986年第2期。

④柳诒徵：《中国文化史》，第40～42页。

词称。《尚书·梓材》学界多以为其成书于成王时期，其文云："皇天既付中国民，越厥疆土于先王。"此为成王时追述皇天赋予武王人民和疆土时而言及"中国"。出土的成王时期的何尊有铭文云："唯王初迁宅于成周，复禀武王礼，祼自天……武王既克大邑商，则廷告于天曰：余其宅兹中国，自兹乂民。"何尊为成王时期追述武王祭告于天而言及"中国"。通过传世典籍与金文文献的对读可以明确，"中国"一词出现于成王时期的文献中，但其转述武王之言曰"中国"，所以可以相信，"中国"词称的出现时间不会晚于西周武王之时。而从"中邦"至"中国"衍变的脉络来看，"中国"一词不会于武王时期一蹴而就，应更早出现武王之时。

《诗经》中也多处称引"中国"，《诗·大雅·民劳》云："民亦劳止，汔可小康，惠此中国，以绥四方。"《诗序》云："召穆公刺厉王也。"《毛传》曰："中国，京师也。"此诗多怨怒之音，史家亦多以为是东周初年的作品。此处"中国"一词所指还不具有整个国家的概念，更多的是指王城所在的中心区域，《诗经》中反映这一时期的篇目中所称"中国"亦多为此解。如《诗·大雅·荡》："文王曰咨，咨女殷商，女炰烋于中国，敛怨以为德。……小大近丧，人尚乎由行。内奰于中国，覃及鬼方。"《诗序》："召穆公伤周室大坏也。厉王无道，天下荡荡，无纲纪文章，故作是诗也。"《诗经》中称引"中国"有三篇七处，以《毛传》的解释来看，多为西周时期讽谏周王之诗，而《毛传》多解释为京师，也就是周天子王畿所在地。

由此以后，先秦经典《左传》《国语》《孟子》及诸子作品中"中国"一词频见。《春秋左氏传》凡六例，如《僖公二十五年》云："德以柔中国，刑以威四夷。"《孟子》凡九例，如《孟子·梁惠王》："欲辟土地，朝秦楚，莅中国，而抚四夷也。"《墨子》凡五例，如《墨子·亲士》："越王句践遇吴王之丑，而尚摄中国之贤君。"以上三例"中国"常与四夷相对而论，而指诸夏之领域。《庄子》凡五例，如《庄子·田子方》："中国之民，明乎礼义而陋乎知人心。"其"中国"则指为中原之国。《韩非子》凡七例，《韩非子·存韩》："韩则居中国，展转不可知。"《荀子》凡九例，如《荀子·王制》："北海则有走马吠犬焉，然而中国得而畜使之。"此两例中则是指地理方位上处中央的国家。自周初出现

"中国"这一词称后,周秦之际经典里"中国"一词运用十分广泛,并且其含义随着文明的演进不断得以扩展,出现不同解释。

二、周初"中国"与天下之中

周秦时期的文献中,"中国"一词已经十分常见,最早记载则是出自《尚书·梓材》篇与出土的周初何尊铭文。虽然《夏书·禹贡》有"中邦"之词称,柳诒徵亦以"国""邦"互训,而认为"中国"一词最早出自《禹贡》。"从新出土的西周中期的遂公盨'天命禹敷土,随山浚川,乃拜方设征'的铭文来看,西周时期,成熟的《禹贡》式表述已经出现。"①屈万里考辨《梓材》篇作于"周公摄政"时也。②《梓材》所谓"皇天既付中国民",孔安国《传》云:"大天已付周家治中国民矣。"孔颖达疏云:"今大天已付周家治九州之中国民矣。"大天将中国之民付予周家治理,此处之"中国"指称的是一个居中的地理位置或区域,大天将处于这一地理区域内商的国民,交付给周治理,因此,这里的"中国"便应该是指处于地理之中的商,即"中商"之意,后成为商的代称。殷商甲骨卜辞中有:"□巳卜,王贞:于中商呼御方。"(《合集》20453)其"中商"即为《梓材》中所说的"中国"。因此有学者以为"中"的观念出现远在商周之前。田继周说,夏国是我国出现的第一个奴隶制的国家,是当时文化水平最高和最进步的部分,因此"夏"不仅具有"大国"的含义,也具有"中心"的意义。故《尔雅·释诂》曰:"夏,大也。"《尚书正义》曰:"华夏,谓中国也。"夏国被当时的众国家和众部落,尊为"天下共主",从而夏国和夏族居住区也被视为"天下之中"。③夏朝的王畿在今河南嵩山周围地区,特别在嵩山以南和以西地区。任何民族和国家,在他们的初期发展阶段,由于受到天文地理知识的限制,总把自己居住的地区视为天下之中。夏王朝建立之后,当夏王成为"天下

---

①徐新强:《"禹贡图"与中国早期贸易中的水道交通》,《中国社会科学报》2022年1月11日。

②屈万里:《尚书集释》,中西书局,2014年,第170页。

③田继周:《夏代的民族和民族关系》,《民族研究》1985年第4期。

共主"，又经历数百年之后，这个"中"的概念大概就比较稳定地形成了。最有力的证据，是五岳的分布和称谓。把嵩山命为中岳，视为中土之山，在"五帝"与"三王"时期，只能产生于夏朝。因为"五帝"时期的政治中心还不太固定，经常转移。商朝的中心地区在河南东北部，周最初居于陕西岐山一带，文武所居的丰、镐也在西安地区，这不仅在中岳嵩山之西，也在西岳华山之西。所以说中岳的观念，只能产生于夏朝，从而也证明夏朝王畿就是当时认为的天下之中了。

1963年于陕西宝鸡贾村出土的何尊，其铭文记载了成王迁宅成周而祭天，并于京室训诰宗小子，追述武王遗志的史实，是研究西周历史的重要文献。何尊是西周初年的青铜器，一般学者大多认为此器做于成王时期，也是迄今发现的最早的一件出现"中国"一词的青铜器，与《尚书·梓材》所反映的时间为同一时期，皆是成王时期的文献，因此二者可以互为佐证。何尊铭文"余其宅兹中国，自兹乂民"，是武王廷告的誓词，周成王在祭祀先王、祭告上天之时一定会谨慎地征引其先王的誓词，绝不会随意更改。因此，对照《梓材》篇经文，我们不但可以确定成王时已有"中国"这一词称，从何尊转述武王誓词的情况也可以推断武王时期也已经有了"中国"这一说法。何尊铭文"中国"所指又是什么？从其铭文来看，记载的是"隹王五祀"，四月丙戌这一天，成王对包括何在内的宗小子的诰示及赏赐，其中也提及其先君武王时就有"余其宅兹中国，自兹乂民"的设想，宗小子们对武王这一设想的反应，铭文中并没有提及，文献中也没有关于"宅兹中国"这一政策实施的记载。很显然，武王的设想并没有得到宗小子的支持，但成王在众宗小子面前隐约婉转地表达出他的遗憾与无奈，因此他说："尔有唯小子亡识。"并以孝道与天命示谕，希望宗小子学习公氏为孝，顺应文王受命、武王廷诰、武王克商等天命，由此来推行自己的新政，而其新政正是"迁宅于成周"一事。从武王的"余其宅兹中国"到成王的"迁宅于成周"及"诰宗小子于京室"，这是一系列的事件，而何尊铭文中"迁宅于成周"与"宅兹中国"所指密切相关。

对于"迁宅"的解释，学者异议颇多。唐兰主张"迁宅说"，即为迁都之意。张政烺则以为是"相宅说"，也就是《尚书》中《召诰》《洛诰》所说的

"相宅"。马承源以为是成王营建成周，他认为所谓的"迁"字并不能释"迁"，[①]若此，那么铭文中提到的武王廷诰"余其宅兹中国"应该与新建的成周有先后、因果的关系。《尚书·召诰》周公说："其作大邑，其自时配皇天，毖祀于上下，其自时中乂，王厥有成命治民。"《多士》篇中成王云："今朕作大邑于兹洛，予惟四方罔攸宾。"与何尊武王所说的"余其宅兹中国"联系起来读的话，则可以发现，何尊铭文"中国"与武王设计的东迁之地有关，而武王以为，东迁之地应为"天下之中"。

何尊铭文"武王既克大邑商，则廷告于天"，"廷"，朱骏声《说文通训定声》："庭，假借为廷。"《尔雅·释诂下》："庭，直也。"《说文·广部》："庭，宫中也。"段玉裁注："庭者，正直之处也。"《诗·大雅·韩奕》："榦不庭方。"《毛传》："庭，直也。"毛公鼎（《集成》2841）铭："率怀不廷方。"秦公簋（《集成》270）铭："镇静（靖）不廷。""廷"皆训"直"。是直告于天即于中土告天。周人观念中，天帝居天之中，而直接应对地之中，因此要在离天帝最近的地方直告上帝，则应先求地之中。所以就有周公以测影之法于其地求得地中的记载。《周礼·地官·大司徒》："以土圭之法测土深，正日景，以求地中。……日至之景，尺有五寸，谓之地中。天也之所合也，四时之所交也，风雨之所会也，阴阳之所和也，然则百物阜安，乃建王国焉。"郑玄注引郑众云："谓之地中，今颍川阳城地为然。"贾公彦《疏》："颍川郡阳城县是周公度景之处，古迹犹存。"今登封告成镇尚存周公测景台，传为周公测影之处。盖武王所求之地中有多个条件限制，一是因为天命源于夏，因此要符合尊夏的条件；二是要在靠近天帝的崇高之山；三是地之中。测影所得地之中虽与洛邑之成周不相重合，但将伊洛地区划归"地中"的区域范围之内，连带地称洛邑为"地中"，这样既符合"天下之中"的预想，亦能借此实现"其自时中乂"（《召诰》）的理想，而这一区域之内又有夏人祭祀天帝的天室山，综合以上，武王所选定之中为"无远天室"的伊洛之地，并于此地之天室山行礼祭天，即所谓"廷告于天"。

[①] 马承源：《有关周初史实的几个问题——答赵光贤同志的商榷》，《中华文史论丛》1990年第46辑。

《逸周书·作雒解》篇记载周公之词："予畏同室克追，俾中天下。"《史记·周本纪》："此天下之中，四方入贡道里均。"都是武王等人为谋于中土建邦治民，充分体现了居中而治的传统政治观，同时也反映了周人尊夏的思想。而在确立天下之中的过程中，营建的成周也就成为"中国"的代指，而周初的"中国"之意也就更为清晰，所指则是王城京畿。

三、周初"中国"与有夏之居

武王何时开始思考东迁的问题的？《史记·周本纪》："王曰：'定天保，依天室，悉求夫恶，贬从殷王受。日夜劳来定我西土，我维显服，及德方明。自洛汭延于伊汭，居易毋固，其有夏之居。我南望三途，北望岳鄙，顾詹有河，粤詹雒、伊，毋远天室。'"《逸周书·度邑解》云："王曰：'旦！予克致天之明命，定天保，依天室，志我其恶，专从殷王纣。日夜劳来，定我于西土。我维显服，及德之方明。……我图夷，兹殷，其惟依天，其有宪命，求兹无远，天有求绎，相我不难。自洛汭延于伊汭，居阳无固，其有夏之居。我南望过于三途，北望过于有岳，鄙顾瞻过于河宛，瞻于伊洛，无远天室。'"

《史记》和《逸周书》都提到了"定天保""依天室"和"有夏之居"。天亡簋记载："乙亥，王又大礼，王凡三方。王祀于天室，降天亡右王，衣祀于王丕显考文王。事喜上帝。'"天亡簋铭文记载了武王于天室祭天的事实，徐同柏、杨树达以为此"天室"，即《逸周书·度邑解》篇所依之"天室"。对铭文中"王"的解释学者多以为是武王，争议不大，但对"天室"的解释，学界却多有分歧。郭沫若释作天亡之室，吴闿生以为是《礼大传》之牧室，孙作云认为是周太室，陈梦家、黄盛章认为天室为周祭天之明堂。蔡运章以为"天室"为嵩高山名，冯时依循蔡运章之解认为，此"天室"即为河南境内之天室山，即武王于天室山祭天[1]。有关夏的地名似乎常冠以"天"，而铭文所载辅礼的又是"天

---

①冯时：《中国古文字学概论》，中国社会科学出版社，2016年，第553页。

亡"这个人①，则"天室"或许是夏人祭天之地，而辅祭之"天亡"或许与夏有着某种关系。武王之所以选择在"天室"祭天，除了何尊中所说要于地之中"廷告于天"，应该还有其更深层次的用意。夏之天室为天命的根源，武王在此祭祀文王，并"事饎上帝"，把文王的神灵由天室直接送上天去，以侍上帝左右而得配享，这样通过在夏之天室祭天，就把周提升到与夏同样甚至更高的地位，武王也向世人表明，周革殷而有天命，有其合理性和正当性。

学界历来有"周人尊夏"之说，《史记·夏本纪》："夏禹，名曰文命。禹之父曰鲧，鲧之父曰帝颛顼，颛顼之父曰昌意，昌意之父曰黄帝。"《史记正义》云："鲧之羽山，化为黄熊，入于羽渊。熊音乃来反，下三点为三足也。束皙《发蒙纪》云：'鳖三足曰熊。'"而黄帝又号"有熊"，周为姬姓，依此可以知道，夏与周同属黄帝部落，《尚书》中亦有"周人称夏"的记载，如《康诰》："惟乃丕显考文王，克明德慎罚，不敢侮鳏寡……用肇造我区夏。"《君奭》："惟文王尚克修和我有夏。"《立政》："乃伻我有夏。"这些文字都是可靠的周初诰词，由此看出周人不但尊夏，甚至还以夏人自称。周人不但崇夏，而且将"有夏之居"的伊洛之地称为"中国"，这有其特殊的时代意义，武王代商除了自己的力量，离不开夏之遗民的帮助，因此他不但尊夏、以夏自称，还称"有夏之居"为"中国"，使夏遗民倾向于周。从后来的文献记载来看，武王的这种做法发挥了重要作用，武王伐商自丰经孟津至商都城，其间除了发生牧野之战，途中皆顺利通行，阻力极小。这期间，处于商、周之间的"中土夏"发挥了十分微妙的作用，因此说，古史中夏、商、周三代除了是三个前后相继的政权，还有可能是三个同时存在的部族，在一定的时期内曾经出现过三足鼎立的局面，当时"有夏之居"虽是商土，但又不支持商，与周虽已是异族却又助周伐商。因此，武王克商后到崇高之山、夏之天室祭天，不仅是因为在其观念中天室山对应天上之中，更是与其尊夏有关，因此才会有"定天保，依天室"的说法。何尊铭所说成王营宅于成周，"复禀武王礼，祼自天"，德方鼎（《铭三》40268）铭也以成王居成周而"延武王祼自蒿（郊）"，说武王所行之礼当皆指于中土天

---

① 刘心源：《奇觚室吉金文述》卷四，清光绪二十八年（1902）自写刻本。

室祭天之事[①]。

武王克商后面临的最直接的问题就是，如何代商而统治其广袤的东方疆土。克商之初，殷人还保有强大的军事力量，武王有感于形势的险峻以及殷人东山再起的可能，整日忧心忡忡，说："未定天保，何暇寐。"因此说，武王早有意东迁营洛邑的计划，可能在其灭商返回宗周路过伊洛之地的崇高之山时，就已经开始思考"宅兹中国"一事。从地理方位上说，"西土周"与"中土商"之间的伊洛之地是夏人旧居之地，也是时人心目中的天下之中，于此营建成周不仅符合周人尊夏的心理需求，更是统领东、西方的最佳位置。因此，按照《史记》和《逸周书》的记载，武王所谓的"中国"范围就是，从洛汭至于伊汭，这一地带一直为夏人所居。武王南望过于三途，北望过于有岳，鄙顾瞻过于有河宛，瞻于伊洛，离天室不远。而伊、洛之地便紧依天室山，这里便是处于地中的"有夏之居"。

四、周初"中国"观念的发展与意义的嬗变

武王克商即有营建"中国"的规划，但并没有得到周人普遍的支持，而只能留下管、蔡、霍三叔就近监视殷商遗民。成王初，东方爆发的三监之乱几乎倾覆了周王朝的克商之功，叛乱也使周人意识到了营建一个东方都城的重要性，然而成王和周公营建洛邑以为东都由周公镇守，而成王仍然留在宗周镐京。此时的"中国"仍是指"有夏之居""无远天室"的伊洛之地，但"中国"这一词称的含义在平王东迁之后开始发生变化。

成王以后，周王朝统治每况愈下，平王时迁都成周，西土宗周为戎狄所据，东方又有诸侯蚕食鲸吞，东周王室所能控制的地区仅余成周附近的伊洛地区，其立国情势俨然先古之有夏，时人遂因此而称东周王畿为"中国"。如《诗·大雅·荡》："天降丧乱，灭我立王。降此蟊贼，稼穑卒痒。哀恫中国，具赘卒荒。"诗中有"自西徂东"之语，可见此诗描写的是东迁之后时局纷乱、天灾频仍的

---

① 冯时：《中国古文字学概论》，第554页。

景象。"哀恫"为动词，"中国"为名词，其所指正是平王东迁之后的王畿。东周王室所在地区被称作"中国"，周王所居的成周又是"中国"之地的核心，故后来又将"中国"指称京师成周而言。如《诗·大雅·民劳》云："民亦劳止，汔可小康，惠此中国，以绥四方。……惠此京师，以绥四国。"诗中"惠此中国"与"惠此京师"对称，"四方"与"四国"对称，因此《毛传》云："中国，京师也，四方，诸夏也。"《郑笺》曰："京师者，诸夏之根本。"指的都是东周天子所居成周。

由以上两例看，东周王室所在之地区为"中国"，东周王室所都也可以称作"中国"，在此基础上，又出现了以"中国"代称东周王室或周天子的用法。如《国语·齐语》："筑葵兹、晏、负夏、领釜丘，以御戎狄之地，所以禁暴于诸侯也；筑五鹿、中牟、盖与、牡丘，以卫诸夏之地，所以示权于中国也。"《管子·小匡》篇："荆夷之国，莫违寡人之命，而中国卑我，昔三代之受命者，其异于此乎？"这两段文字中的"中国"如果释作东周王畿、京师成周或者诸夏，都解释不通，但如果释作"东周王室"或"东周天子"，则畅然理顺。

综上来看，西周时期原本用来称呼夏人故居的"中国"，在西周灭亡、东周迁洛后又出现了新的意义。在地理上，它可以宏观地看作东周王室直接控制的畿辅，也可以具体地视作东周天子所都的京师。由地理所指再引申到抽象的概念上时，则"中国"在当时又可作为东周王室或周天子的代称，这种含义上的转变对于"中国"观念的形成是一个关键的转折点，由此"中国"一词逐渐衍生出政治、文化、意识形态等方面的概念。

周秦古籍中出现的"中国"词称及观念其含义并不完全相同，其含义也历经了由"有夏之居"到王畿、京师、诸夏领域等地理区域的词称再到东周王室、东周天子代称的转变，秦汉以后逐渐形成近似于今天具有地理、政治、经济、文化内涵的"中国"这一综合性概念。王尔敏亦从先秦文献中遍寻与"中国"与这一词称或称谓、含义相近的说法并进行考释，将先秦"中国"的含义分为五类，一是京师之意。如《诗·大雅》所云之"惠此中国"。二是谓国境之内之意，即所谓国中。如《诗·大雅》所云"女炰然于中国"。三是谓诸夏之领域。如《墨子·节葬》篇所云："今执厚葬久丧者言曰：'厚葬久丧，果非圣王之道，夫胡说中国之君子为而不已、操而不择哉？'"又如《孟子·梁惠王》所云："然则王之所大欲可知已。欲辟土地，朝秦楚，莅中国而抚四夷也。"又如《庄子·秋水》篇所云："计四海之在天地之间也，不似礨空之在大泽乎？计中国之在海内，不似稊米之在大仓乎？"四是中等之国之意。如《管子》所云："夫国小大有谋，强弱有形。服近而强远，王国之形也；合小以攻大，敌国之形也；以负海攻负海，中国之形也；折节事强以避罪，小国之形也。"五是中央之国之意。如《列子》所云："南国之人祝发而裸，北国之人鞨巾而裘，中国之人冠冕而裳。"

在先秦经典中，"中国"之意多为"诸夏之领域"，由此可知，即秦汉之前"中国"一词的含义已十分明确，即指称诸夏之列邦，并包括其所活动之全部领域。就地理观念而言，先秦时期除了"中国"观念，"九州"也是一个影响深远的地理概念，且后人多有以"九州"代称"中国"的用法。"诸夏"所居的"中国"原本是一个没有明确范围的模糊区域，但文献中"九州"所涵盖的地理范围却已经十分清楚。"九州"概念的产生，不但显示了"中国"观念的发展，也将"中国"概念的区域不断具体化。这种由模糊到具体的转变，亦看出"中国"观念发展的轨迹。先秦古籍中"九州"一词出现的次数并不算多，与"中国"一词相比，出现得要晚。"九州"一词在西周及春秋时期指的是禹迹所在的伊洛地区，到了战国时期开始成为"中国"的代称，《庄子·秋水》篇以为天地之间有四海，四海之内有中国，而人处中国九州之中犹如万一，则九州似乎就是中国。"九州"的范围由伊洛地区扩张至整个中国，其提法始自《禹贡》"九州"的区域划分。屈万里考证《禹贡》成书于春秋末年，而《禹贡》中"九州"几乎已经包含了秦代中国版图的绝大部分。就时代观念而言，以"中国"表示一定领域者，古籍文字所载，实早在周初。《尚书·梓材》："皇天既付中国民，越厥疆土，于先王。"其意义范围，甚为明显。以"中国"表示同一血缘或同一文化族类所居之领域者，当不至晚过春秋时代，其词称在《墨子》《孟子》《庄子》均已成为习惯语气，既已可知。因此"中国"之称谓，在秦汉统一前，早已代表一个广大的地域，该地域为同血缘同文化的诸夏民族所居，其族类与文化观念统一，共同自然地充分地显示出来。至于此一称谓的实际含义，不仅代表了区域的划分，亦充分显示了民族统一的观念。

五、结语

从出土青铜器所载铭文及传世文献来看，可靠的"中国"一词出现于西周初年，其所指为居于天下之中的伊洛之地、夏人故居，这一词称的背后具有丰富的历史内涵，不仅包含着西土周克东土商的政治较量，也是周人克商后国家平乱理顺的重要考量；不仅表达了周人尊夏、崇夏的思想，亦是其居天下之中而治的政治观念的反映。其后，"中国"之指称及其意义不断发生变化，由最初所指为"有夏之居"的伊洛一带，逐渐变化为成周、王畿，甚至成为周天子的代称，其意涵也由地理区域概念逐渐演变成含有地理、政治、文化等意义的综合性概念，不仅反映了周初的地理区划中的指称，亦蕴含着中华民族早期的国家一统观念。"中国"观念的形成和初期发展是先秦时期一个重要的成就，在"中国"观念的影响下，"中国"的范围日趋扩大；"华夏民族"也在本族之外容纳了许多不同的族群；"中国文化"更是因此不断得以丰富。秦始皇统一六国不仅是先秦时期"中国"观念发展演变的极至表现，也为中国版图、民族、制度和文化思想的统一奠定了基础，对后世历史之影响更是深远。"中国"观念在周秦以后不但没有消失，反而得以不断发展，又直接催发了魏晋南北朝时期的"中原意识"和"正统论"的思想观念，两宋以后则开始特别强调"严夷夏之防"原则。而明清以来，随着人口大量增加而形成的国民迁徙与海外移民，不仅增强了国民的"中国"观念，更是在整个中华民族之中形成了一种"中华意识"的普遍认同，这也是"中国"观念在新时代背景下的进一步发展。

（徐新强，男，山东曲阜人，曲阜师范大学孔子文化研究院副教授、《尚书》学研究中心主任、硕士生导师）

阙里与洙泗之间

陈 东

阙里，指孔子故里，后世以指代孔庙，甚至作为儒学的代名词。细查历史文献，有关阙里所在地的记载不尽相同，学术界对此也一直存有争议。就曲阜阙里名称的由来及其具体所在，清代学者有过激烈的争辩。参与讨论的学者先后有顾炎武、毛奇龄、阎若璩、朱彝尊、冯景、桂馥、龚景瀚、宋翔凤、王鎏、叶圭绶、王渐鸿、杨守敬等。

阎若璩注意到"阙里"二字首见于《汉书》，"今仲尼之庙不出阙里"，东汉以后才开始流行。因此，阎氏推测"盖缘鲁恭王徙鲁，于孔子所居之里造宫室，有双阙焉，人因名孔子居曰阙里"①。阎若璩的猜想遭到毛奇龄②、冯景③等学者的反对。顾炎武指出先秦文献里的"阙党"即两汉文献中的"阙里"，阙党之名源于鲁之茅阙门或两观。"盖阙门之下，其里即名'阙里'，而夫子之宅在焉，亦谓之'阙党'。"④朱彝尊、宋翔凤等表示赞同，认为"洙泗之间，正是阙党矣，其又名阙里者，盖里、党对文为异，散文则通。当时以为阙党，后世可名阙里也"⑤。至于阙里具体之所在，争议持续有清一代，各持所见，互不相让。

---

① 阎若璩：《四书释地》，《清经解》第一册，上海书店，1988年，第77～78页。

② 毛奇龄：《经问》，《清经解》第一册，第717～718页。

③ 冯景：《解春集文钞补遗》卷二，《清代诗文集汇编》第182册，上海古籍出版社，2010年，第459页。

④ 顾炎武：《日知录集释》，中华书局，2020年，第1596页。

⑤ 宋翔凤：《四书释地辨证》，《清经解》第七册，第558～559页。

龚景瀚《阙里考》总结清人考证结果，主张诸说并存，认为阙里有四处：一处为孔子诞生之阙里，在叔梁公所治之陬邑，今曲阜市东南南辛镇鲁源村；一处为孔子徙居之阙里，在鲁城中，今曲阜市内孔庙阙里牌坊一带；一处为孔子设教之阙里，背洙面泗，在今曲阜市北泗水北；一处为孔子墓葬之阙里，即孔里，在今孔子墓东洙泗书院附近。[①]

当代学者对此也有不少分歧。黄立振先生《阙里考略》主张孔里即阙里；曲英杰先生《汉魏鲁城孔庙考》坚持背洙面泗，认定阙里当在今泗水北。骆承烈先生认为诸说之中应以"鲁城中说"为好，因为洙水自鲁城北经城西注入城南的沂水。泗水在鲁城北，背洙面泗与鲁城中并不矛盾。又因孔子生昌平山下昌平乡，邹城西界阙里有尼丘山，只是约略而言，而在鲁城中却早有记载。[②]

我们同意诸说之中以鲁城中说最为可靠，但仅以"早有记载"为由，似有论述不充分之嫌。至于说"背洙面泗与鲁城中说并不矛盾"，显然需要进一步解释。无论是"孔里即阙里说"，还是"背洙面泗（泗水之北）说"，都主张阙里在鲁城外（一说在鲁城北五里，一说在鲁城北十里），与"鲁城中说"岂止是矛盾，简直是对立。以"只是约略而言"一语概括"昌平乡阙里说"，理由也过于单薄，难以让人信服。本文意在重新梳理有关考证文献，廓清诸说的错误根源，为洙泗之间"鲁城中说"确立切实的文献依据。

一、素王之庭除

"昌平乡阙里说"的主要依据是《史记·孔子世家》中的《索隐》和《正义》。《史记·孔子世家》载"孔子生鲁昌平乡陬邑"。《索隐》："孔子居鲁之邹邑昌平乡之阙里也。"《正义》："《括地志》云：故邹城在兖州泗水县东南六十里。昌平山在泗水县南六十里。孔子生昌平乡，盖乡取山为名。故阙里在泗水

---

①龚景瀚：《澹静斋文钞》，《续修四库全书》第1474册，上海古籍出版社，2002年，第545～546页。

②骆承烈：《孔子家族全书·文物古迹》，辽海出版社，1999年，第19页。

县南五十里。"《舆地志》云：邹城西界阙里有尼丘山。按：今尼丘山在兖州邹城，阙里即此也。"唐司马贞和张守节都认为孔子诞生于昌平乡之阙里，父没之后随母迁居鲁城，于鲁城所居仍号阙里。

至于阙里名称的由来，清代金植给出的答案是："古之称阙里者，其说各异。所言二石阙曰阙里，其谬远矣……自昔孔子作《春秋》，号称素王。阙里者，素王之庭除也。历代之庭，曰帝阙，曰金阙，曰玉阙，曰凤阙，曰魏阙，曰阙下，皆帝庭之称也。圣人之庭曰阙里，诸弟子所以尊圣人，乃别群祠之称也。"①因为孔子是素王，所以孔子的诞生地被特称为"阙里"。"阙里"就是素王之庭的意思。

"昌平乡阙里说"在民间（尤其是曲阜当地）甚为流行，学者之间大多不以为然。嘉靖《山东通志》"阙里"条载："或谓阙里为孔子素王之尊称，恐非。"毛奇龄说："虽夫子居阙里，不必所生皆阙里。邹城阙里明系好事附会者，且其书皆后人所作，深不足据。然亦惟古有是名，故记载杂及。"②阎若璩说："昌平，本山，乡盖以山得名。《括地志》云：在兖州泗水县南六十里。故邹城在泗水县东南六十里。故阙里又在县南五十里。此则以曲阜之阙里名其地，非真阙里也。"桂馥《阙里考》云："孔子生于昌平乡，杜预《左传注》：鲁县东南有昌平城，无所谓阙里。泗水县南五十里，亦非孔子生处。"③都断然予以否认。

学者否认昌平乡阙里的理由大都如毛奇龄所言"其书皆后人所作，深不足据"。《史记·索隐》与《史记·正义》引自唐初的《括地志》。《括地志》则引自南北朝时期的《舆地志》。《舆地志》说"邹城西界阙里有尼丘山"也不是凭空虚构，自有其文献渊源。东晋时期已有"昌平乡阙里说"。王嘉《拾遗记》载："夫子未生时，有麟吐玉书于阙里人家，文云：'水精之子，系衰周而素王。'故二龙绕室，五星降庭。徵在贤明，知为神异，乃以绣绂系麟角，信宿而麟去。"④这里明确说到孔子出生之前有麒麟吐玉书于"阙里人家"。

---

① 金植：《不下带编·巾箱说》，中华书局，1982年，第129页。
② 毛奇龄：《经问》，第717页。
③ 桂馥：《晚学集》，《续修四库全书》第1458册，第648~649页。
④ 王嘉：《拾遗记校注》，中华书局，1981年，第71页。

再继续上溯，可知《拾遗记》当是抄自东汉的《伏侯古今注》。《伏侯古今注》云："孔子生之夜，有二苍龙自天而下，有二神女擎香雾于空中，以沐徵在。先是，有五老列于庭，则五星之精。有麟吐玉书于阙里人家，云水精之子，继商周而素王出。故苍龙绕室，五星降庭。徵在知其为异。"这里不但已经出现了"阙里"，还出现了"素王"，应该就是"昌平乡阙里说"的源头。

《拾遗记》是志怪小说，而《伏侯古今注》则是典型的东汉谶纬典籍。东汉谶纬出于神化孔子的目的，虚构了许多孔子故事，基本都是胡编乱造。由此，我们可以说"昌平乡阙里说"出自东汉谶纬迷信，属神话传说，自然不足采信。

二、孔里即阙里

"孔里即阙里说"认为今鲁城北孔子墓附近的孔里即阙里。其东则是孔子讲堂遗址，后为洙泗书院。《阙里文献考》载："洙泗书院，在曲阜城东北八里，泗水经其北，洙水带其南。……考书院乃孔子故讲堂也。旧亦名学堂。汉时诸弟子房舍井瓮犹存。"①

桂馥《阙里考》认为："夫子有宅、有教授之堂。宅在鲁城中，恭王所坏者是也。教授堂在阙里，洙泗之间者是也……""阙里不在鲁城内，在洙泗之间，乃设教之地。"《檀弓》《新序》《太平寰宇记》皆可证。然后引《水经注》《从征记》等背洙面泗的史料，认为："郦氏不言水侧为何城，而阙里在此城之北，盖即此城之阙，因以名里，故曰阙里。《从征记》所称北门，谓阙里之北门，非城门。《后汉书》：鲍永为鲁郡太守，孔子阙里无故荆棘自除，从讲堂至于里门。此则阙里之南门也。古者，城内亦有里。《左传》：华氏居卢门，以南里叛。南里，宋城内之里。而阙里，实鲁城外之里。《史记》：孔子葬鲁城北泗上，弟子及鲁人往从冢而家者百有余室，因命曰孔里。然则阙里犹孔里也。"②桂馥认为，孔子墓在鲁城北，孔里临近孔子墓，此处即孔子设教之地洙泗之间阙里之所在。

---

① 孔继汾：《阙里文献考》卷十三，《续修四库全书》第512册，第59页。
② 桂馥：《晚学集》，《续修四库全书》第1458册，第648～649页。

今孔子墓与洙泗书院确实是在鲁城北洙、泗之间，符合《水经注》所言"夫子教于洙泗之间，今于城北二水之中，即夫子领徒之所也"。但与《水经注》所言"北为洙渎""南则泗水"相反，今孔子墓所在洙泗之间为南洙北泗，明显与《水经注》所言"背洙面泗"不合。孔宪庚《洙泗考》解释说，盖泗徙而北，与洙合流。古泗水流经之故道，今已淤为平陆。以《史记》葬夫子鲁城北泗上证之，当在今圣墓后张羊里之间。康熙中开拓圣林，圈入墙内。今圣墓后数武，地势洼下，略存河形，疑其为泗之故道也。自明人移洙于泗南，致后人谓古洙之故道久绝，皆未详于陵谷变迁之故也。[①]意谓今时洙泗二水与北魏时期不同，泗水北移，夺占了洙水河道，原泗水河道已湮。现在孔子墓南的洙水是明人所为。

黄立振先生《阙里考略》进一步发挥说，孔子3岁时，父亲去世，母亲颜徵在带着孔子从昌平乡陬邑移居鲁城北。孔子而立之后开始在家中授徒讲学，在鲁城北的洙泗之间设立讲堂。孔子51岁升任大司寇后，从鲁城北旧居搬到了鲁城西南官宅区，即今天的孔子故宅。孔子自幼生长在鲁城北旧居，又在洙泗之间教授弟子多年，对这里有了长于斯、学于斯、教于斯、死后亦葬于斯的念头。孔子死后葬鲁城北泗上，弟子及鲁人往从冢而家者百有余室，因命曰孔里。如桂馥所言"然则阙里犹孔里也"，可知二里相连，如同一里。孔子墓正位于周鲁城北城墙圭门之北，推测阙里应是由圭门双阙得名。阙里即在圭门的内外附近。这里的阙里才是古阙里，亦即是孔子早年所居之阙里。今天孔子故宅前的阙里乃属后起，与古阙里不是一回事。[②]

主张"孔里即阙里说"者虽然征引了不少文献，但此说真正的源头在《史记》和《东观汉记》。《史记·孔子世家》："孔子葬鲁城北泗上，弟子皆服三年。三年心丧毕，相诀而去，则哭，各复尽哀，或复留。唯子贡庐于冢上，凡六年，然后去。弟子及鲁人往从冢而家者百有余室，因命曰孔里。鲁世世相传以岁时

---

①赵英祚主修：《光绪泗水县志》卷十五《艺文志》，《中国地方志集成·山东府县志辑》第74册，凤凰出版社，2004年，第481页。

②黄立振：《阙里考略》，《孔子研究》2003年第1期。

奉祠孔子冢，而诸儒亦讲礼乡饮大射于孔子冢。孔子冢大一顷。故所居堂、弟子内，后世因庙，藏孔子衣冠琴车书，至于汉二百余年不绝。高皇帝过鲁，以太牢祠焉。诸侯卿相至，常先谒然后从政。"这里明确说孔里与孔子墓相邻，皆在鲁城北泗上，而且说"孔子冢大一顷"，其间有孔子"故所居堂、弟子内"，也就是说此地即孔子故居，也就是说阙里就在孔子冢附近。

再看《东观汉记》卷十四《鲍永传》："鲍永，字君长，为鲁郡太守。时彭丰等不肯降。后孔子阙里无故荆棘自辟，从讲室扫除至孔里。永异之，召郡府丞谓曰：'方今厄急而阙里无故自涤，意岂夫子欲令太守大行飨，诛无状也？'乃修学校礼，请丰等会，手格杀之。"这里明确说到"孔子阙里无故荆棘自辟，从讲室扫除至孔里"，进一步坐实了阙里、讲堂（讲室）、孔里的三位一体，也就是说孔里即阙里。而孔里如《史记》所载位于孔子墓旁，也就是说阙里也在孔子墓附近。

其实《史记·孔子世家》中的三个"孔子冢"都是"孔子家"之误。孔子墓在鲁城北泗水上，孔子家在鲁城内，两者并不在一起。发现这个错误的是阎若璩。阎若璩《四书释地续》"庐于墓上"条云："诸儒讲礼乡饮大射于孔子家，误写作'冢'。此'家'字与赞曰'以时习礼于其家'合。"[①]郭嵩焘《史记札记》表示赞同，"案：孔子墓在泗水北，而所居阙里在泗水南，所谓背洙面泗者是也。史公论赞称'诸生以时习礼其家'。谓所居之阙里也，不必讲礼于孔子冢墓间也。下云'故所居堂、弟子内'，所居与弟子所居，后世因庙藏孔子衣冠琴车书，盖皆在阙里堂内，其非在冢明矣。此'冢'当作'家'。"[②]泷川资言《史记会注考证》也表示赞同："愚按：乡饮大射岂可于冢上行之乎？阎说得之。内，弟子所居之室也。《汉书·晁错传》'家有一堂二内'，注张晏云：'二内，二房也。'"[③]

所谓"岁时奉祠孔子冢"亦当为"孔子家"之误，因为鲁公是以孔子宅而立

---

①阎若璩：《四书释地续》，《清经解》第一册，第90页。

②郭嵩焘：《史记札记》卷四，商务印书馆，1957年，第203页。

③［日］泷川资言：《史记会注考证》，文学古籍刊行社，1955年，第2933页。

庙祭的。上坟祭冢的风俗是在汉明帝"上陵礼"（公元58年）之后，司马迁之时尚无此礼。"孔子冢"自然也没有"大一顷"，是孔子"故所居堂、弟子内"合在一起"大一顷"。《括地志》残卷载："阙里中有孔子宅。"郦道元注《水经》云："孔庙即夫子之故宅也。宅大一顷，所居之堂，后世以为庙。"《史记·儒林传》："高皇帝诛项籍，举兵围鲁。鲁中诸儒尚讲诵习礼乐，弦歌之音不绝。"可以旁证鲁地诸儒讲习礼乐之地在鲁城中，不在鲁城外。也就是说，阙里（孔子所居宅）在鲁城中，孔里（孔子死后鲁人及弟子从冢而聚居地）在鲁城北，二者非一地。

至于《东观汉记·鲍永传》"孔子阙里无故荆棘自辟，从讲室扫除至孔里"之"孔里"当为"里门"之误。《后汉书·鲍永传》载："董宪裨将屯兵于鲁，侵害百姓，乃拜永为鲁郡太守。永到，击讨，大破之，降者数千人。唯别帅彭丰、虞休、皮常等各千余人，称将军，不肯下。顷之，孔子阙里无故荆棘自除，从讲堂至于里门。永异之。"也就是说，孔子讲堂在鲁城内阙里之中，里门则是鲁城内之阙里之门，与鲁城外的孔里没有关系。

如此，今鲁城北洙泗之间的所谓孔子讲堂（今洙泗书院），亦当为后世好事者为之。"孔里即阙里说"之误由来已久。《括地志》已有此孔子讲堂的记述；南宋《鲁国之图》标记为"仲尼燕居堂"；元初《孔氏祖庭广记》标注为"讲堂"。

《史记》误作"孔子家"为"孔子冢"，将阙里与孔子墓、孔里联系在一起。《东观汉记》误作"里门"为"孔里"，将孔子讲堂与孔里联系在一起，由此形成了孔里即阙里的推论。由此我们可以断定"孔里即阙里说"，乃《史记》与《东观汉记》的笔误所致，并非史实。

三、背洙面泗

"阙里在今泗水北说"明确意识到"孔里即阙里说"与《水经注》的矛盾，主张严格按照《水经注》的记述确定洙泗之间阙里的位置，认为阙里应在今泗水北。《中国都城辞典》这样解释阙里："阙里，孔子晚年居堂所在。地在今山东曲阜东北10余公里处。《水经·泗水注》引《从征记》言：'洙、泗二水交于鲁城东北十七里。阙里背洙面泗，南北一百二十步，东西六十步。四门，各有石阃。北门去洙水百余步。'其洙水原在泗水之北，已湮（今称洙水者乃古鲁城之隍）。《礼记·檀弓上》记曾子对子夏言：'吾与女事夫子于洙、泗之间。'即指孔子晚年居洙、泗之间阙里讲学之事。周敬王四十一年（公元前479年），孔子在此逝世。因其故所居堂为庙，藏孔子衣冠琴车书。至东汉时移建孔庙于孔子旧宅今址，阙里渐荒落而名亦废。此后又有孔庙今址的阙里形成，相沿至今。原位于洙、泗之间的阙里已无遗迹。元代在鲁城北所建洙泗书院，非古阙里原址。"[①]

　　"阙里在今泗水北说"的主要证据为《水经注》。《水经注》卷二十五："泗水又西南流，迳鲁县，分为二流。水侧有一城，为二水之分会也。北为洙渎。《春秋》庄公九年《经》书：'冬，浚洙。'京相璠、服虔、杜预并言：'洙水在鲁城北。浚深之，为齐备也。'南则泗水。夫子教于洙泗之间。今于城北二水之中，即夫子领徒之所也。《从征记》曰：'洙、泗二水，交于鲁城东北十七里。阙里背洙面泗，南北百二十步，东西六十步，四门各有石阃，北门去洙水百步余。'后汉初，阙里荆棘自辟，从讲堂至九（孔）里。鲍永为相，因修飨祠，以诛鲁贼彭丰等。郭缘生言'泗水在城南'，非也。余按：《国语》'宣公夏滥于泗渊，里革断罟弃之。'韦昭曰：'泗在鲁城北。'《史记》《冢记》、王隐《地道记》咸言，葬孔子于鲁城北泗水上。今泗水南有夫子冢……泗水自城北，南迳鲁城西南，合沂水。"总结郦道元所说：第一，"今于城北二水之中"，意谓洙、泗二水皆在鲁城北（与现在洙、泗二水皆在鲁城北情形相同）；第二，又说"北为洙渎""南则泗水"，即洙水在北，泗水在洙水南（与现今曲阜的地理形势——南为洙水，北为泗水，明显不合）；第三，引用《从征记》"阙里背洙面泗……北门去洙水百步余"，即位于洙、泗之间的阙里是"背洙面泗"。

　　据此，"阙里在今泗水北说"者的解读是：古泗水即今泗河。古洙水原在泗水之北，故道已湮失。今流经孔林之洙水乃后人附会。曲英杰先生推测说，今

────────────────────

①陈桥驿主编：《中国都城辞典》，江西教育出版社，1999年，第654页。

横沟泉、辛家庄、冯家村、王庄、李庄、纸坊村一线有水渠，或古洙水故道即在此一线附近。古洙水与泗水二水分会处之故城当在今横沟泉附近。孔里当在纸坊村与泗水北刘家村之间。阙里有可能在今李庄附近。其地南距鲁城约十里。自孔子去世，至东汉中期，孔庙立于此地前后约六百余年。[1]

但是，据《曲阜鲁国故城》考古报告，现洙河自五泉沿鲁城北墙、西墙流，在城西南注入小沂河，实际上是古洙水中游的一段。鲁故城西、北城墙即建于这段洙水所形成的河曲之间，依水筑城。洙水不是直线，所以西、北两墙也就随之弯曲。也就是说，今城北、城西洙水在鲁城建城之前已经存在，春秋中晚期鲁城修建时因势建城，历史久远。可见今洙水即古洙水，并没有所谓洙水改道之说。

如果以此古洙水（即今洙水）为参照系，再对照《水经注》所记"北为洙渎""南则为泗"以及"阙里背洙面泗"来推断，洙水即鲁城北护城河，泗水在洙水之南，也就只能是在鲁城南。东晋郭缘生也确实有"泗水在城南"之说。但麻烦的是，现实的泗水河道确实是在城北，而且郦道元也再三强调洙、泗二水皆在鲁城北，并举出《国语·鲁语》韦昭注"泗在鲁城北"和《史记》司马迁说"葬孔子于鲁城北泗水上"为证。如何解释阙里"背洙面泗"（即洙水在北，泗水在南）成为一大难题。

李零先生在读南宋《鲁国之图》时注意到，泗水进鲁县后先分出洙水，泗水主流继续向西，洙水则流向西南。洙水在鲁城东北又分为二流，以鲁城为分界，北为洙渎，南为泗水。"这不是讲洙水和洙水北面的泗水主流，而是讲泗水分流后的两个支流。他说的洙水是环城西北的护城河，为北面的支流。泗水是环城东南的护城河，为南面的支流。南面的支流即此图庆源河。庆源河，蒙其上游之名，也叫泗水。古人所谓'夫子教于洙泗之间'，典出《礼记·檀弓上》'吾与女（汝）事夫子于洙泗之间'，其实是教于这两条水之间……其实，最合理的解释还是，孔子授徒就在曲阜鲁城的阙里家中，所谓'洙泗之间'就是鲁城

---

① 曲英杰：《汉魏鲁城孔庙考》，《史学集刊》1994年第1期。

的代名词，洙是洙水，泗是庆源河。"①

需要补充说明的是，《鲁国之图》中的"庆源河"只是鲁城东部护城河的名称。庆源河在鲁城东南汇入小沂河，流经鲁城南部（此段又称雩水），在鲁城西南注入泗水。《曲阜市志》载，沂河，古称沂水，曾名庆源河、泗沂河，为别于临沂地区的沂河，亦称小沂河。发源于邹城市城前镇凤凰山北麓，全长58公里，在曲阜兖州交界的金口坝入泗水。②确切地说，"阙里背洙面泗""夫子教于洙泗之间"的"洙"是指鲁城北的今洙水，"泗"是指鲁城南的沂水。

鲁城南沂水最早见于《论语·先进》"浴乎沂，风乎舞雩"。但沂水为泗水支流，又被称为泗水（或泗沂河）则多不被人所知。郦道元即坚持只有鲁城北一条泗水（主流）。东晋郭缘生与伍缉之同时参加了刘裕的北伐，战后郭缘生的回忆录名《述证记》，伍缉之的回忆录为《从征记》。郭缘生回忆说"泗水在城南"，伍缉之回忆说"阙里背洙面泗……北门去洙水百步余"，说的正是鲁城北的洙水和鲁城南的沂水（泗水支流），二者并无矛盾。不知郦道元凭什么就认定《从征记》的记述正确而《述证记》的记述错误。《国语·鲁语》"宣公夏滥于泗渊，里革断其罟而弃之"，完整的韦昭注为："泗在鲁城北。又曰南门。"这说明三国时期的韦昭也认为两说并存，并不否认鲁城南泗水（沂水）的存在。郦道元有意割裂韦注，断章取义。《史记》《冢记》及王隐《地道记》确实都说"葬孔子于鲁城北泗水上"。但之所以要特意标明是"鲁城北"而不是"鲁城南"，也就是承认鲁城南也有"泗水"。

郦道元《水经注》坚持"背洙面泗"之"泗"即今鲁城北之泗水，不惜将洙水乃至阙里置于今泗水之北。由此造成后世地理志的混乱。如宋《太平寰宇记》载："阙里，在县西南三里鲁城，东北去洙水百余步。洙、泗二水，在县北五里。泗水东自泗水县流入，在县与洙水并流，南为泗水，北为洙水，二水之间即夫子所居也。孔子家，在故鲁城中归德门内，阙里之中，背洙面泗，矍相圃之东北也。后汉明帝东巡狩，幸焉。"这里其实是关于阙里、洙泗二水和孔子家三个条目的

---

①李零：《读〈鲁国之图〉碑》，《中国文化》第44期。
②山东省曲阜市地方史志编纂委员会编：《曲阜市志》，齐鲁书社，1993年，第73页。

解释，读来让人莫名其妙，异常纠结。纠结点即在洙泗二水沿用了郦道元《水经注》的说法。既然"洙泗二水，在县北五里"，且"二水之间即夫子所居"，那么孔子家与阙里又怎么会在"故鲁城中归德门内"呢？如果消除了对《水经注》的盲目崇信，将此"背洙面泗"理解为"背洙面沂"，一切便豁然开朗。

四、洙泗之间

如上所述，排除了"昌平乡阙里说""孔里即阙里说""阙里在今泗水北说"，也就只剩下"阙里鲁城内说"。阙里在鲁城内的主要依据是曲阜孔庙。《史记·孔子世家》"故所居堂、弟子内，后世因庙，藏孔子衣冠琴车书"。说明孔庙是由孔子故宅改建。东汉《鲁相韩敕造孔庙礼器碑》（汉桓帝永寿二年）载鲁相韩敕"修造礼乐，胡輦器用。存古旧宇，殷勤宅庙"。《鲁相史晨飨孔庙碑》（汉灵帝建宁元年）载，史晨"乃以令日拜谒孔子，望见阙观，式路虔踧，既至升堂，屏气拜手。祇肃屑僾，仿佛若在，依依旧宅，神之所安"。诸多孔庙汉碑都可以佐证司马迁此言不虚。有学者考证孔子故宅改建为祭祀孔子的庙宇大约是在子思去世（前402年）前后[1]。孔庙所在即孔子故宅，亦即阙里所在，亦即洙泗之间。因此，正如李零先生所言："孔子授徒就在曲阜鲁城的阙里家中，所谓'洙泗之间'就是鲁城的代名词。"[2]

《孔子家语·屈节解》："且夫救鲁以显名，以抚泗上诸侯，诛暴齐以服晋，利莫大焉。"这里所谓的"泗上"范围甚广。《吕氏春秋·有始览》："泗上为徐州，鲁也。"主要是指鲁国。所谓"泗上十二诸侯"据说是指战国时期的宋、鲁、邾、卫、薛、郳、滕、莒、任、郯、费、邳十二诸侯国。如此则所指不仅限于鲁西的泗水流域，甚至将临沂的大沂河流域也包括了进去。

"洙泗之上"范围稍有收缩，意为洙泗流域。《盐铁论》："孔子修道鲁、卫之间，教化洙、泗之上。"魏文帝诏："昔仲尼资大圣之才，怀帝王之器，当衰

---

[1] 孔祥林：《孔子庙创建时间考》，《孔子研究》2007年第6期。
[2] 李零：《读〈鲁国之图〉碑》，《中国文化》第44期。

周之末，无受命之运，在鲁、卫之朝，教化乎洙、泗之上。"涵盖范围似乎只有鲁、卫二国。

《新语》："鲁庄公据中土之地，承圣人之后，不修周公之业，继先人之体，尚权杖威，有万人之力，怀兼人之强，不能存立子纠。国侵地夺，以洙、泗为境。"《春秋》庄公九年《经》书："冬，浚洙。"京相璠、服虔、杜预并言："洙水在鲁城北。浚深之，为齐备也。"足证《新语》所言并非虚语。据现代学者考证，公元前333年，鲁国只剩下曲阜一城。[①]"以洙、泗为境"意味着一在城北，一在城南，不可能是二者皆在城北。既然洙水在鲁城北，那么泗水就只能是鲁城南的沂水（泗水支流）。

《礼记·檀弓上》："吾与女事夫子于洙泗之间。"《史记》："甚矣鲁道之衰也！洙泗之间龂龂如也。"这里的"洙泗之间"，意同"洙泗之境"，是指城北的洙水和城南的沂水（泗水）之间而言，也就是鲁城的另一种说法。后世说"孔子墓或洙泗书院位于洙泗之间"则与此稍有不同。后者所说的"洙泗之间"是指鲁城北的洙水和泗水之间。因此，孔子墓或洙泗书院的位置则是"背泗面洙"，而不是"背洙面泗"。总之，曲阜阙里之所在历史上有四种说法：一说认为在孔子出生地，即所谓昌平乡阙里。其说来源于东汉谶纬典籍，不可信；一说在今城北洙泗之间，孔子墓附近，孔里即阙里。此说为《史记》和《东观汉记》笔误所致，非史实；一说在今泗水北，背洙面泗。此说源于郦道元《水经注》的固执，不知泗水主流、支流皆可称泗水。唯一接近史实的解释是阙里在鲁城中。"背洙面泗"其实是"背洙面沂"。"事夫子于洙泗之间"其实是事夫子于洙水和沂水之间；"洙泗之间"即洙沂之间，为专指鲁城而言。

（陈东，男，曲阜师范大学孔子文化研究院教授）

---

① 朱本军：《战国诸侯疆域形势图考绘》，北京大学出版社，2019年，第506页。

"易"与孔子天道哲学

林桂榛

《论语》说:"夫子之文章,可得而闻也,夫子之言性与天道,不可得而闻也。"似乎孔子不言天道(不懂或懂而不言),或言而未有记录此语者。实际上孔子不是不懂天道,也非不曾言天道,吕思勉《先秦学术概论》认为,孔子的《春秋》《周易》之学"盖所以明天道与人道,非凡及门者所得闻",文章者,诗书礼乐之事;性与天道,则易道也,可谓一语中的。

孔子的天道观究竟为何,现在就顺着吕思勉所揭,从孔子谈《周易》尤其谈"易"字中来寻找线索或答案,且是先从《论语》里"易"字着手。经统计,《论语》出现"易"字凡12次,《孟子》出现34次,《荀子》出现96次,《孟子》《荀子》的"易"字用法与含义没有超过《论语》的12次。而《论语》12次如下:

(1)"贤贤易色";(2)"丧,与其易也,宁戚";(3)"加我数年,五十以学《易》,可以无大过矣";(4)"三年学,不至于谷,不易得也";(5)"人之言曰:为君难,为臣不易";(6)"君子易事而难说也,说之不以道,不说也……小人难事而易说也,说之虽不以道,说也";(7)"贫而无怨难,富而无骄易";(8)"上好礼,则民易使也";(9)"君子学道则爱人,小人学道则易使也";(10)"滔滔者,天下皆是也,而谁以易之";(11)"天下有道,丘不与易也"。

上述 12 处"易"字，除第（3）条是书名可作为专有名词外，其余都是"变易""容易"之义，而"容易"义正从"变易"义而出，且作为书名的《易》之"易"其本义也是变易义。汉代《易纬乾凿度》曰："孔子曰：易者，易也，变易也，不易也。管三成，为道苞籥。易者，以言其德也……变易也者，其气也，天地不变，不能通气，五行迭终，四时更废……不易也者，其位也，天在上，地在下，君南面，臣北面，父坐子伏，此其不易也。故易者，天地之道也。乾坤之德，万物之宝。至哉，易！一元以为元纪。"郑玄注时从之。说"易"字有"不易"之义，这与孔孟荀时代的思想语义不符，是汉代思想者的发挥或演绎。

司马迁说"《易》著天地阴阳四时五行，故长于变"，这道出了《周易》哲学或思想的精髓。今人须先明"阴阳""五行""易"的字义及《易传》的真正思想体系，才能真正理解这句话。何谓阴阳？"阴阳"繁体作"陰陽"。《说文》曰："陰，暗也，水之南山之北也，从阜，侌声。""陽，高明也，从阜，昜声。"《说文》的意思是：陰是暗义，背光处；陽是高明，迎光处。其实阴阳实本作"侌昜"，知"侌昜"初义则知从"阜"之"陰陽"本义。王筠《说文解字句读》卷九曰："陰陽当作侌昜。"段玉裁《说文解字注》卷九曰："此陰陽正字也，陰陽行而侌昜废矣。"朱骏声《说文通训定声》释"昜"曰："此即古'暘'，为侌昜字。侌者，见云不见日也；昜者，云开而见日也。从日一者云也，蔽翳之象；勿者旗也，展开之象。会意兼指事。"毕沅《释名疏证》曰："陰，《说文》云'霒，雲覆日也，从雲，今声，古文省作侌'，今经典通用陰。"可见"阴"本为"陰"（陰），"陰"本为"侌"（侌霒），侌义即霒（霠）义（霒必后出于侌），"雲覆日也"即其侌字初义，"暗也，水之南山之北也"等义皆从此出。"令命侌會侖龠"等字的"亼""仐"皆表聚集、汇集义，"侌"是"云"聚，"云"非天云，乃人哈气成汽，即"子曰诗云"之云（口云、口汽）。要之，侌乃水汽汇集，聚多成云，云遮为暗。"陽"本作"昜"，《说文》曰："昜，开也，从日一勿。一曰飞扬，一曰长也，一曰强者众皃。"结合其甲骨文、金文字形（昜昜昜昜昜、昜昜昜昜昜昜）等观之，昜是日升光照义无疑。总之，侌、昜字形演变是"侌→陰→阴""昜→陽→阳"，"侌"本义为气汇云集，"昜"本义为日升光照。

《说文》曰："𝌓，蜥易，蝘蜓，守宫也，象形。秘书说'日月为易，象阴阳也'。一曰从勿，凡易之属皆从易。"《说文系传》曰："𝌓，蜥易蝘蜓守宫也，象形。秘书说曰'日月为易，象阴阳也'。一曰从勿，凡易之属皆从易。臣锴曰，秘书谓下为月字，'日月为易'言阴阳昼夜相变易也。惕从此，移尺反。"《说文》段注曰："秘书说曰日月为易，（秘书谓纬书……按《参同契》曰'日月为易，刚柔相当'，陆氏德明引虞翻注《参同契》云'字从日，下月'。）象会易也。（谓上从日象阳，下从月象阴。纬书说字多言形而非其义，此虽近理，要非六书之本，然下体亦非月也。）"《易传》曰"与日月合其明""日月丽乎天""日月运行""悬象着明，莫大乎日月""日月之道，贞明者也""日月相推而明生焉""阴阳之义配日月"，此似与"日月为易，象阴阳也"互证。

徐中舒《甲骨文字典·易》引"𝌓𝌓𝌓"三形并说，原字为𝌓，像两酒器相倾注承受之形，故为赐予之义，引申之而有更易之义。"后省为𝌓，乃截取𝌓之部分而成。金文作𝌓（史甗尊）、或省作𝌓（德簋）、𝌓（辛巳簋），形、义皆与甲骨文略同。经传作锡、赐，皆后起字。"又释义为"一、读为赐，赏赐也"；"二、用牲法"；"三、读如旸，'旸日'即阴天"；"四、地名"；"五、疑为更易之义"。《金文编·易》"𝌓、𝌓、𝌓"三字与《甲骨文字典》"𝌓𝌓𝌓"三字皆非"易"字，而实"赐"原字，乃给水、给酒义，衍为赐给、赐予义，从"贝"即给财义，从"𝌓"乃执取义。𝌓、𝌓、𝌓存在通假借用情况，同音近形。"易"通"赐"，"赐"通"锡"。《诗经》曰"孝子不匮，永锡尔类"，《庄子》曰"人有见宋王者，锡车十乘"，《红楼梦》第18回元妃诗曰"天上人间诸景备，芳园应锡大观名"，此"锡"皆赐义。以"易"本"赐"义者，以徐中舒主编的《甲骨文字典》最详，而任继昉又言"易"字的本义是"祈求、赐予"，并曰《易》的本义是"占卜求赐"之意。

其实"易"字并不是来自蜥蜴，也不是来自日月，更不是今人训解的"赐"，而是"变天"之形与义，虽关阴阳，但非日月。"易"甲骨文作"𝌓、𝌓、𝌓、𝌓、𝌓"等，字形字义为云蔽日而雨落，郭沫若训"变天"义最妥帖。另外，关于《说文》解"易"字，段玉裁注曰"《秘书》谓《纬书》"，王筠注曰"《秘书》者，《纬书》也"。然此《秘书》非指《纬书》，乃许师贾秘书也。

王筠《说文句读》附录卷一所载严可均《许君事迹考》说许慎曾从学于贾逵，史称"永元八年复为侍中领骑都尉兼领秘书"，许慎"从逵受古学"。丁福保在《说文解字诂林》中亦曾说《说文》"秘书"即贾秘书逵，他说：

> 《说文·易》下引秘书说"日月为易"，段氏玉裁、桂氏馥、王氏筠皆以秘书为纬书。余考许书之例，凡引书当用曰字，如诗曰、易曰、虞书曰、春秋传曰等。引各家之说，当用说字，如孔子说、楚庄王说、韩非说、左氏说、淮南王说、司马相如说等。此许书之通例也。今段、桂、王三家以"秘书"说为"纬书"，终觉于许书之例未合。然亦别无其他佐证可以证明其误。洎见《大般若经音义》六卷七页"易"注引《说文》"贾秘书说日月为易"，始知许《说文》脱"贾"字。考《后汉书·贾逵传》，逵两校秘书，贾秘书即贾逵也。许君古学正从逵出，故《说文》引师说，或称贾秘书，或称贾侍中而不名也。

东汉末魏伯阳《周易参同契》曰"日月为易"当从《说文》而来，明唐顺之《荆川稗编》卷五录宋郑樵《论易取变易之义》之文亦曰"阴阳之大者莫如日月，故圣人取日月二字而为易"，亦皆从《说文》引秘书贾逵言。"易"字本义当然是郭沫若说的云蔽日而雨落的"变天"义，故有变化、容易、简单等义。如前述《论语》12见"易"字，如果作为书名的《易》的用法也列入"变化"义来看待，那么第（1）（2）（3）（10）（11）条都是"变化"义，而第（4）（5）（6）（7）（8）（9）都是"容易、简单"义。

《论语·公冶长》说："子贡曰：夫子之文章，可得而闻也；夫子之言性与天道，不可得而闻也。"这是《论语》唯一一次直接说"天道"。《论语·阳货》又记载孔子答子贡曰："天何言哉？四时行焉，百物生焉，天何言哉？"这似乎也没说出天或天道究竟是什么，究竟怎么回事。不过《荀子·哀公》《大戴礼记·哀公问五义》还记载一则孔子与鲁哀公的对话（《大戴礼记》文字略有差异），这则对话也非常重要，对话中孔子所言"大道"其实就是帛书《要》言的天行下的阴阳损益之"易道"：

孔子曰："人有五仪：有庸人，有士，有君子，有贤人，有大圣。"……哀公曰："善！敢问何如斯可谓大圣矣？"孔子对曰："所谓大圣者，知通乎大道，应变而不穷，辨乎万物之情性者也。大道者，所以变化遂成万物也。情性者，所以理然不［否］取舍也。是故其事，大辨乎天地，明察乎日月，总要万物于风雨，缪缪肫肫，其事不可循，若天之嗣，其事不可识，百姓浅然不识其邻，若此则可谓大圣矣。"哀公曰："善！"（《荀子·哀公》）

另外，《礼记·哀公问》《大戴礼记·哀公问于孔子》《孔子家语·大昏解》又记载孔子与哀公的一则对话，其中所谓的"天道"也是天文学的天道，此天道就是上所述之"大道"：

（1）公曰："敢问君子何贵乎天道也？"孔子对曰："贵其不已。如日月东西相从而不已也，是天道也；不闭其久，是天道也；无为而物成，是天道也；已成而明，是天道也。"（《礼记·哀公问》）

（2）公曰："敢问君子何贵乎天道也？"孔子对曰："贵其不已。如日月西东相从而不已也，是天道也；不闭其久也，是天道也；无为物成，是天道也；已成而明，是天道也。"（《大戴礼记·哀公问于孔子》）

（3）公曰："君子何贵乎天道也？"孔子曰："贵其不已也。如日月东西相从而不已也，是天道也；不闭而能久，是天道也；无为而物成，是天道也；已成而明之，是天道也。"（《孔子家语·大昏解》）

《荀子·哀公》"大道者，所以变化遂成万物也"句，在《大戴礼记·哀公问五义》作"大道者，所以变化而凝成万物者也"。可见孔子言"变化遂成万物"之"大道"应非荀子杜撰或伪造，而是孔子真实思想学说向后传承的战国笔录或战国抄录。孔子所言"变化遂成万物"之"大道"，当然就是指日地天体等运行的天道（即天体运行之轨迹）。此类《系辞》曰："雷以动之，风以散之，雨以润之，日以烜之，艮以止之，兑以说之，乾以君之，坤以藏之。""鼓之以雷霆，润之以风雨；日月运行，一寒一暑。"

故《荀子·天论》曰："天行有常……列星随旋，日月递照，四时代御，阴阳大化，风雨博施，万物各得其和以生，各得其养以成。"《荀子·礼论》曰："天地以合，日月以明，四时以序，星辰以行，江河以流，万物以昌。"这些正是"天何言哉？四时行焉，百物生焉，天何言哉？"这种表面肤浅而实质最能说明实际天道真相的孔子之语录的最好注脚，也是《易传》核心思想的最好注脚。

（林桂榛，曲阜师范大学孔子文化研究院教授）

圣凡之间：孔子的生命境界问题及其展开

——以"吾十有五而志于学"章的诠释史为中心

王玉彬

《论语·为政》载："子曰：'吾十有五而志于学，三十而立，四十而不惑，五十而知天命，六十而耳顺，七十而从心所欲不逾矩。'"这段话（本文简称之为"吾十有五而志于学"章）显然是暮年孔子对自己一生进境的回顾与总结。顾宪成说："这章书是夫子一生年谱。"①程树德云："此章乃夫子自述其一生学历。"②既为"夫子自道"之"年谱"与"学历"，其权威性与思想价值便是不言而喻的。历代学者对这一章的释读兴趣尤显浓厚，很多有趣的话题也便随之而不断展开。本文即欲通过梳理并归纳"吾十有五而志于学"章的诠释史，揭覆蕴含于其中的孔子的生命境界问题与张力，分析问题产生的原因，列述化解张力的方式，并阐明这些诠释是如何拓辟并弘深着我们对孔子之生命境界的理解的。

一、"隐圣同凡"：从"学知"到"生知"

仅就《论语》中孔子的相关言行来看，"吾十有五而志于学"章的意涵实际上并不难理解，《论语》中有大量的文句可资阐释"学""立""不惑""天

---

① 程树德：《论语集释》，中华书局，1990年，第79页。
② 程树德：《论语集释》，第78页。

命""耳顺"及"从心所欲不逾矩"之内涵。值得注意的是，孔子将"人"分为生而知之、学而知之、困而知之以及困而不学[1]四类，并自称"我非生而知之者，好古，敏以求之者也"（《论语·述而》），明确将自己摆在了"学而知之"的层次上。这样来看，从"十有五而志于学"到"七十而从心所欲不逾矩"的生命历程，体现出的理应是以"好学"为自己之最优品质[2]的孔子"学以成圣"的为学次第与进德阶序。而且，"学以成圣"也便意味着孔子并非"生而知之"的圣人，而是一个具有较高的忠信德性与较强的智识渴求的"普通人"，通过持之以恒的努力以及日新日化的追求，最终达到了"从心所欲不逾矩"的自由之境。

与孔子"学而知之"的自我定位不类，子贡开始尊崇孔子为"天纵之将圣"（《论语·子罕》），在某种意义上开启了孔子之"圣"到底是"天生"还是"学成"的议题；孔子去世后，子贡、宰我、有若等弟子继续圣化孔子，认为孔子贤于尧舜、生民未有、出类拔萃[3]；在汉代，孔子在谶纬典籍中又被神化为因天启而为汉制法的黑帝之子[4]。这样，被神圣化的"孔子"便不断冲击并颠覆着孔子的自我形象，我们看到，东汉时期的王充尚有意于维护孔子的"本然形象"，认为"十有五而志于学"表明"所谓圣者，须学以圣。以圣人学，知其非圣"（《论衡·实知》），"天纵之将圣"的意思实际上是"将者，且也。不言已圣，言且圣者，以为孔子圣未就也。……从知天命至耳顺，学就知明，成圣之验也。未五十、六十之时，未能知天命、至耳顺也，则谓之且矣。"（《论衡·知实》）然而，王充对"学以成圣"的回护显然无法阻挡将孔子神圣化的潮流，终于，"生而知之"的论调在魏晋时期完全取代了"学而知之"，并成为此后学者理解

---

①《论语·季氏》："孔子曰：'生而知之者，上也；学而知之者，次也；困而学之，又其次也；困而不学，民斯为下矣。'"

②《论语·公冶长》："子曰：'十室之邑，必有忠信如丘者焉，不如丘之好学也。'"《论语·卫灵公》："子曰：'吾尝终日不食，终夜不寝，以思，无益，不如学也。'"

③参见李零：《去圣乃得真孔子——〈论语〉纵横读》，生活·读书·新知三联书店，2008年，第114～126页。

④参见周予同原著，朱维铮编校：《孔子、孔圣和朱熹》，上海人民出版社，2012年，第83～109页。

孔子的唯一可能。问题在于，"学知"毕竟是孔子的自我认定，《论语》中的大部分材料也都指向着"学知"，由"学知"向"生知"的理路转换并不意味着"学知"的全然失效。这样，如何在"生知"定位下解释孔子的"学知"自认并涵容《论语》的"学知"文本，也就成了后世儒者面临的重大难题。

学者们对"吾十有五而志于学"章的解读，也正是从魏晋时代开始深化并精彩起来的。可惜的是，由于王弼《论语释疑》、郭象《论语体略》的佚失，我们无法得知完美解决了"圣人体无"以及"圣人有情"两大难题的王弼如何看待这一问题，也无法揣测主张"游外以冥内"的郭象对此问题的解读方式，但他们的玄思却实际影响着东晋时期李充的观点：

> 圣人微妙玄通，深不可识。所以接世轨物者，曷尝不诱之以形器乎？黜独化之迹，同盈虚之质，勉夫童蒙而志乎学，学十五载，功可与立，爰自志学迄于从心，善始令终，贵不逾法，示之易行，而约之以礼。为教之例，其在兹矣。①

在李充看来，"吾十有五而志于学"章的本质是"微妙玄通，深不可识"的圣人为了"接世轨物"而设定的"为教之例"。这便意味着，尽管这句话的确是孔子自述，但其所述并非圣人之本来情状（圣人之心是不可识、不可知的），而是教化常人的方便法门；孔子之所以要将之"说成"是"自己"的人生经验，目的是以其"亲身经历"来"劝诱"常人，以其"现身说法"来"勉夫童蒙"。显然，这种阐释正是典型而精彩的"玄学"之见。

皇侃《义疏》即引李充之说，并将之概括为"隐圣同凡"：

> 此章明孔子隐圣同凡，学有时节，自少迄老，皆所以劝物也。②

---

① 皇侃：《论语义疏》，中华书局，2013年，第27页。
② 皇侃：《论语义疏》，第25页。

自此之后，邢昺、程颐、朱熹等大儒无不认可并深化着这种说法，"隐圣同凡"也便成了解决孔子"生知"本质与"学知"表征之"冲突"的标准答案。

在"隐圣同凡"的理解进路中，孔子自称之"学知"不过是一种谦逊美德，《论语》之"学知"材料不过是一种教化策略。对于孔子的这种良苦用心，张栻亦有此理解："夫子固生知之圣，而每以学知为言者，明修道之教以示人也。"[①]胡安国的体贴更趋细密："圣人言此，一以示学者当优游涵泳，不可躐等而进；二以示学者当日就月将，不可半途而废也。"[②]可见，在"隐圣同凡"的解读策略下，"吾十有五而志于学"章呈现的依旧是凡人的进学修德之序列，这个序列层次井然、脉络相因、等级分明，堪称成圣成贤的正道与大路，不容躐等而进，亦不可半途而废。

二、"圣道无隐"：从"退托"到"亲证"

按照"隐圣同凡"的思路，"学知"与"生知"之间的矛盾得到了消解，亦可见孔子的"劝人"之心与"为教"之法。从"劝人"上说，"隐"是一种恻隐之心；从"为教"上讲，"隐"是一种隐曲之法。然而，除了"恻隐"与"隐曲"，"隐"还有隐藏、隐匿的意思。问题即在于，"吾十有五而志于学"章难道并非孔子的真切感受与如实描述，而不过是一种善意的虚构？"隐圣同凡"策略在道出孔子之"善心""苦心"的同时，是否也模糊掉了孔子的"诚心"，而违背了"吾无隐乎尔"（《论语·述而》）的自陈呢？

程颐即明确将"吾十有五而志于学"章看成是孔子的假说：

> 孔子自言其进德之序如此者，圣人未必然，但为学者立法，使之盈科而后进，成章而后达耳。[③]

[①]张栻：《张栻集·南轩先生论语解》，中华书局，2015年，第105页。
[②]朱熹：《四书章句集注》，中华书局，1983年，第55页。
[③]朱熹：《四书章句集注》，第55页。

既是"为学者立法"，便意味着孔子的生命体验"未必然"如此；"未必然"如此，实际上意味着此章不过是一种"假说"或"空说"，与孔子的真实生命与真切体验无关。若此，孔子之言的本质就纯然是向外的"为人之学"，而非精诚的"为己之学"了。对此，清儒李威一针见血地指出："夫自志学以至从心所欲不逾矩，此岂人人之定法，又必人人十年而一进，恐世间无印板事也。是惟夫子亲身自验，故能言之。其发端一吾字断非诳语，乃以为未必然，不知其何所见。"①在李威看来，程颐的"未必然"之说消解着"吾十有五而志于学"章起头的"吾"字，"吾"的虚化则否定着孔子的"亲身自验"；更严重的是，这种将成圣过程"定法"化的思路，导致所有学者的进学修德过程就像孔子主持的"雕版印刷"，实际上是"学者"之"吾"的缺失，这样，"学以成圣"的生命自觉与自由境界即无从显现。

对"隐圣同凡"策略的这种解释困境，朱熹非常清楚，他说：

> 愚谓圣人生知安行，固无积累之渐，然其心未尝自谓已至此也。是其日用之间，必有独觉其进而人不及知者。故因其近似以自名，欲学者以是为则而自勉，非心实自圣而姑为是退托也。②

> 横渠用做实说，伊川用做假设说。圣人不到得十年方一进，亦不解悬空说这一段。大概圣人元是个圣人了，它自恁地实做将去。它底志学，异乎众人之志学；它底立，异乎众人底立；它底不惑，异乎众人之不惑。③

> 圣人生知，理固已明，亦必待十五而志于学。但此处亦非全如是，亦非全无实，但须自觉有生熟之分。④

在第一条材料中，朱熹将程颐的思路称为"退托"——"退"者，隐圣同凡之

---

①程树德：《论语集释》，第78页。

②朱熹：《四书章句集注》，第55页。

③黎靖德编：《朱子语类》，中华书局，1986年，第559页。

④黎靖德编：《朱子语类》，第557页。

谓也；托者，设教劝凡之谓也。"生知安行"的圣人必须"因材施教"而不能"推己及人"，方可契合凡人的生命本然。通过第二条材料来看，张载是将此章"用做实说"的，对此，我们不妨称之为与"退托"说相对的"亲证"说。在"退托"与"亲证"之间，朱熹实际上是颇费踌躇的，他既在理性上主张"隐圣同凡"，又在感性上趋近"实说亲证"，故有"因其近似以自名""亦非全如是，亦非全无实"的含糊之辞。显而易见，"因其近似""非全如是"是为了保留"隐圣同凡"，"自名""非全无实"是为了落实"实说亲证"。除此之外，朱熹在第一、二条材料中还提出了圣人"独觉""异乎众人"的观念，这便意味着，"吾十有五而志于学"章首先是圣人切身的私密体验，其次才是面向凡人的说教；而且，虽然凡人与圣人的行为表现是类似的，但志学、立、不惑等行为背后的觉知程度有浅深之分，实现情态亦有生熟之别。朱熹又说："这一章若把做学者功夫等级分明，则圣人也只是如此。但圣人出于自然，做得来较易。"[1]可见，圣凡之间的差别不在于"行为模式"，而在于这种"行为模式"的心性本源是否澄明、功夫发用是否自然。终而，朱熹很诚实地对弟子说：

> 圣人此语，固是为学者立法。然当初必亦是有这般意思，圣人自觉见自有进处，故如此说。圣人自说心中事，而今也不可知，只做得不可知待之。[2]

圣人的"心中事"是"独觉"且"自觉"的，不在圣人分位上的凡人对此无法揣度，"只做得不可知待之"才是既尊重圣人又体现自知之明的态度。这便意味着，圣人的所思所想并非"学者"应该着意的问题。正因如此，在与弟子讨论本章的时候，朱熹反复强调的是"且莫说圣人"，而主张在"己分"上理会，在"志于学"上理会。

---

[1]黎靖德编：《朱子语类》，第558页。
[2]黎靖德编：《朱子语类》，第553页。

在朱熹的"左支右绌"之后，学者似乎越来越强调"亲证"，颜元《四书正误》说：

> 自他人视之，吾子为生安之圣，一发齐到矣。而圣心则真觉十五至七十原有许多层次也，生来便志学，便用功，便终身用功无已时。此便是圣人纯一不已处，便是生知安行处。非不志学，不用功，乃是生安圣人也。圣人偏是终身志、终身学。[①]

颜元的意思是，虽然在他人看来，孔子应该"一发齐到"而无须循序渐进，但孔子却"真觉"到了那许多进德层次，只不过，这种"志学"乃是天生如此、纯一不已的，依然体现出圣人的"生知安行"。在这里，颜元努力绾合"学"与"圣"之间的关系，而非将之设定为不相兼容的对立之维。换言之，"生知"圣人与"学知"凡人均须"志学"，只不过在"志学"的具体特征上，圣凡之间有清晰的区别而已。

吕留良的解读与颜元类似：

> 圣人言语，句句真实，凡所谓谦辞，亦是后儒推原而言。若说圣人有意作谦，便有弊病，况有所隐乎？程子所谓"圣人未必然"，朱子所谓"固无积累之渐"，是指圣人生质而言，言其生知安行，于所谓志学、立、不惑等，不大段吃力，界划定做耳，不是说圣人别有一种易简道理、直捷工夫，秘而不传，而故立此节目，为下乘说法也。惟禅门有两种接机，姚江窃之为天泉证道云："无善无恶心之体，有善有恶意之动，知善知恶是良知，为善去恶是格物。"这话头为其次立法的，若接利根人，则心意知物总是无善无恶，本体工夫一悟尽透。如彼之言，原有两道，故有隐有示耳。圣道决无可隐。[②]

---

① 颜元：《颜元集》，中华书局，2009年，第177页。
② 吕留良：《吕晚村先生四书讲义》，《吕留良全集》第5册，中华书局，2015年，第94页。

吕留良亦着力维护孔子之言的"真实"与"无隐"，认为圣人在"生质"上的确是生知安行、异乎常人的，但在"工夫"上，尽管圣人"不大段吃力"而显得较为容易，但与常人的修养功夫并无二致；而且，划分"渐-顿"两种接机方式的是禅门而非儒门，并借机对阳明的两种教法进行了批判。

由上述内容可见，尽管"隐圣同凡"可以解决"学知"与"生知"的矛盾，但随着思想史的进展，"隐"所带出的"退托"则会因为导向虚说假设之境而越来越被质疑，吕留良"圣道决无可隐"的断言就是这一否定之否定过程的最终结论。"圣道无隐"意味着，"吾十有五而志于学"章的确是孔子的亲证而非托言，是真切的而非虚设的，是为己的而非为人的。

三、"从心不逾"："至极"，还是"未尽"？

若将"吾十有五而志于学"章视为"生而知之"的孔子的"退托"之说，则"从心所欲不逾矩"体现的就是孔子对"学者"的最终期许，指向的必然是纯粹圆熟的生命境界，程颐即认为这句话意味着"圣人之道终矣"，钱穆也说"圣人之学，到此境界，斯其人格之崇高伟大拟于天，而其学亦无可再进矣"[①]。然而，若将此章视为"生而知之"的孔子的"亲证"之言，虽然整章反映出的无不是"一以贯之"的圣人境界，但其间毕竟还是存在"许多层次"，这样，倘若孔子活到了八十甚至九十岁，他就理应"亲证"出比"从心所欲不逾矩"更圆熟的生命形态，"从心不逾"也就并非"至极"之境而是"未尽"之言了。[②]这个问题在后儒那里也得到了相当多的讨论：从朱熹受学的刘潜夫有"'从心所欲，不逾矩'，莫是圣人极处否"[③]的探问；明儒王宗沐自问道："使孔子不至七十而没，岂其终不至于从心耶？若再引而未没也，则七十而后，将无复可庸

---

①钱穆：《论语新解》，台湾联经出版事业股份有限公司，1998年，第37页。
②若将孔子视为"学而知之"或"学以成圣"者，存在的问题会更大——孔子既可能在七十岁的时候"恰好"企达了圣人境界，但也可能因为年寿的限制而"不得不"停留在了"从心所欲不逾矩"的层次。因为后儒不再认同这种定位，本文对此亦未加申论。
③黎靖德编：《朱子语类》，第556页。

之功耶？"①吕留良亦叹曰："讲到末节，多说穷神入化，学成德全，他竟不许孔子再活到八九十去，甚可笑！"②

如果"从心所欲不逾矩"意味着"心与理一""身与道一"的至高境界，倘使孔子"更加数十岁"，其"境界"就止步于此而一成不变、无可再进了吗？朱熹的回应是：

> 圣人亦大约将平生为学进德处分许多段说。十五志于学，此学自是彻始彻终。到四十不惑，已自有耳顺、从心不逾矩意思，但久而益熟。年止七十，若更加数十岁，也只是这个，终不然到七十便画住了！③

朱熹虽然明确反对"到七十便画住了"的意见，但并未直面孔子"更加数十岁"之后会如何的问题。我们看到，朱熹以"一以贯之"的逻辑将"十五志于学"之"始"与"从心所欲不逾矩"之"终"贯通了起来，这样，孔子是彻始彻终的一贯之圣，不管"终"在七十还是八十，在本质上均与十五之志学并无区别；而且，从四十到七十也不过是功夫"久而益熟"的过程，"七十而从心所欲不逾矩"已臻圆熟之境，八十"也只是这个"，不过是熟上加熟而已，不存在其他的进境必要与可能。可见，朱熹实际上是将问题"化解"了。

吕留良的解释是：

> 圣人之道，做到老，学到老，假我数年，卒以学《易》，活到八十九十，又须有进候不同处，总无顿悟事也。……生知者，知之易，不吃苦，如所谓闻一以知十，闻一以知二是也，非谓定不须学也。且如孔子问礼学琴，也须从人问学来，但到手容易，默识心通处不同于

①王宗沐：《刻阳明先生年谱序》，载王守仁：《王文成公全书》，中华书局，2015年，第1559页。

②吕留良：《吕晚村先生四书讲义》，第95页。

③黎靖德编：《朱子语类》，第554页。

人耳。闻《韶》三月不知肉味，是怎地用功，何曾一听便了悟哉！①

吕留良认可"生知安行"的前提，但他否认顿悟而肯定渐修。在"做到老，学到老"的前提下，孔子若活到八九十岁，必然也会"渐修"出另一种不同的境界。可见，虽然吕留良没有具体描述八九十岁时的可能"进候"，但却认为这种"进候"是"须有"的，可谓为这一问题敞开了想象的空间与讨论的可能。

与朱熹化解问题、吕留良敞开问题不同，王夫之认为"更十年后，又必有进焉"的说法"乃油花弄笔语"，因为"'从心不逾'，惟天为然，更无可加也"②。也就是说，"从心不逾"意味着孔子已臻天人一、体用合、诚明一之生命境界，不须再加，亦无可再加，这样，"孔子若活到八九十岁会如何"在船山那里就是不折不扣的"伪问题"。船山之所以对之持绝对的否定态度，或与他对"矩"的理解相关。船山说："矩者，天理当然之极致。"③这种理解显然比"法度之器"④的惯常说法更进一层。若将"矩"理解为"法度"等人为规定的礼法，其间尚有讨论与思考之余地；而在"天理当然之极致"的层级上，七十之后自然是更无可加的。

在此问题上，以"吾十有五而志于学"章为"实说"的张载的看法在儒门内部是颇具突破性的，《正蒙·三十篇》说：

> 穷理尽性，然后至于命；尽人物之性，然后耳顺；与天地参，无意、必、固、我，然后范围天地之化，从心而不逾矩；老而安死，然后不梦周公。⑤

①吕留良：《吕晚村先生四书讲义》，第112页。
②王夫之：《四书笺解》，岳麓书社，2011年，第168页。
③王夫之：《四书笺解》，第168页。
④朱熹："矩，法度之器，所以为方者也。随其心之所欲，而自不过于法度，安而行之，不勉而中也。"（朱熹：《四书章句集注》，第54页）
⑤张载：《张载集》，中华书局，1978年，第40页。

在这段话中，张载阐述了他对"五十而知天命，六十而耳顺，七十而从心所欲不逾矩"的理解，值得注意的是，在"从心而不逾矩"之后，张载还添上了"老而安死，然后不梦周公"一句。对此，朱熹不以为然："不知它引梦周公如何。是它自立一说，竟理会不得。"[①] 又说："其论不梦周公，迂回难通，殊不可晓。"[②] 然而，张载的"自立之说"果然像朱熹所说的那样"理会不得"吗？"不梦周公"出自夫子自叹："甚矣吾衰也！久矣吾不复梦见周公。"（《论语·述而》）按照一般的解释，这句话是孔子因衰老而无法行道的自叹。在张载那里，"不梦周公"则被解读为"从心所欲不逾矩"的最佳体现——"从心莫如梦。梦见周公，志也；不梦，欲不逾矩也，不愿乎外也，顺之至也"，并象征着孔子"老而安死"的安恬心境。换言之，如果说"梦周公"象征孔子的为东周之志与安百姓之想，"不梦周公"就是孔子由外在走向内在、从为人回向为己的体现。

而且，尽管张载是以"老而安死""不梦周公"诠解"从心所欲不逾矩"的，但就其安排次序来看，可知"从心所欲不逾矩"的初级呈现形态是"与天地参，无意、必、固、我"，其深层意蕴则是"老而安死，然后不梦周公"。如果说"存，吾顺事；没，吾宁也"[③]意味着生命的终极境界——"不梦周公"指涉着"存，吾顺事"之坦然，"老而安死"体现出"没，吾宁也"之安泰。正所谓"老而安死，然后不梦周公"，"老而安死"构成了"不梦周公"的前提，可见，孔子最终的生命境界之获得实际上是以对"死"的觉解与了悟为基础或前提的。这种观念虽然违背了孔子"未知生，焉知死"（《论语·先进》）的生命信条，但却契合着孔子暮年遭遇的一系列生离死别[④]，也揭覆着孔子对自己死亡之悬临的关切。这些痛彻心扉而又无可奈何的生死体验或许会促使孔子更关注"死亡"本身，而有从"知生"到"知死"的思想转进。这样来看，张载以"老而安死，然后不梦周公"为深化版或加强版的"从心所欲不逾矩"，就有着相当

---

① 黎靖德编：《朱子语类》，第560页。

② 朱熹：《四书或问》，载朱杰人等主编：《朱子全书》第六册，上海古籍出版社、安徽教育出版社，2002年，第643页。

③ 张载：《张载集》，第63页。

④ 在七十岁左右的数年中，孔子经历了孔鲤、颜回、子路的先后逝去。

程度的合理性与可能性。

总体来看，张载所理解的孔子的最后境界乃是与外物无关的本己性、为己化的安死的自由，换言之，随着安人、安百姓梦想的渐次破灭，孔子在其晚景之中或许会越来越感受到生命的独存性与个体性，并在"安己"的层面多有超越性之觉解与本真化之追求。这样来看，"迂回难通，殊不可晓"之论实为朱熹"无过雷池一步"心态的体现，而张载的"自立一说"恰恰意味着对孔子"未尽"之蕴的揭覆，具有相当程度的思想突破性。①

问题在于，不管采取的是消解、敞开问题还是否定、封闭问题的路数，历代儒者大都认为"吾十有五而志于学"章，尤其是"从心所欲不逾矩"体现着孔子的"至极"境界。"至极说"维护了孔子境界的圆满性与纯粹性，也意味着儒者对儒学之思想边界——作为"法度"或"天理"之"矩"——的坚守，因此，哪怕张载的说法只是透露出了一丁点"未尽"式理解的"苗头"，也会被朱熹敏感地斥为迂回难通、殊不可晓。然而，如果我们能够"大其心"，是否可以说张载是在拓展而非破坏儒学的"边界"呢？如果答案是肯定的，也便意味着与"至极"的固守相比，"未尽"视角似乎更能深化的孔子生命境界、拓展儒学的义理内涵。

四、小结

在孔子的自我定位之下，其自述的"吾十有五而志于学，三十而立，四十而不惑，五十而知天命，六十而耳顺，七十而从心所欲不逾矩"本来不成问题，但是，由于孔子渐渐被尊崇为"生而知之"的天纵之圣，如何在"生知"境域

---

①张载所揭示出的孔子的这种境界转进早已被庄子所察觉，并构成了庄子笔下的孔子从"游方之内"转向"游方之外"的直接动力。虽然作为儒者的张载不能亦不敢对"矩"有任何质疑，但在庄子那里，以"法度"为主要意涵的"矩－方"却在产生、运用、效果上都存在着很多问题，这些问题也便顺理成章地构成了孔子在《庄子》中不断"逾矩"的充分理由。对于此问题的讨论，参见王玉彬：《从"方内"到"方外"——庄子之孔子形象建构的内在理路》，《中国哲学史》2017年第3期。

内"解释—安顿"这一"学以成圣"的进学修德历程，也变成了首要的问题。换言之，"圣"之他者定位与"凡"之自我说述的张力，以及言语与行动、为人与为己之间的错落，是源生孔子生命境界问题的总根源。就"吾十有五而志于学"章的诠释史来看，"生知"视角的加入使得孔子的生命境界问题变得更复杂而有趣了。"学知"与"生知"之间的张力激发出了"隐圣同凡"的高明策略；此后，学者们旋即意识到"隐圣同凡"会衍生出"退托"与"亲证"的矛盾，"圣道无隐"又逐渐成为儒者的再认同；在"圣道无隐"的理解模式下，"吾十有五而志于学"章必然是孔子的"亲证"之言，但若孔子"更加数十年"，他是否又会"亲证"出更高明的境界呢？这个问题依然是"悬而未决"的。

可以说，"圣凡之间"的张力使得"孔子的生命境界"真正成为了一个问题，并不断推促着后儒思考的深入与诠解的进展。对此，我们当然不能简单地认为，后儒是在过度美化或一味误解孔子，正是在对这一问题的"内在重塑"的过程中，孔子生命境界的意蕴与魅力才得以历久而弥新、日新而日成。那么，我们究竟应当如何定位处于"圣凡之间"的孔子呢？钱穆云："此章虽孔子之自道，无语不实，其中却尽有深处玄处。"①于平实中见深玄，于中庸处显高明，也便意味着孔子是"即凡而圣"的。"即凡而圣"或许就是最完美的定位吧！

（王玉彬，男，山东大学哲学与社会发展学院研究员）

---

① 钱穆：《论语新解》，第38页。

孔子政治哲学的再审视

宋立林

在现代化进程中的今日中国，关于儒家的政治观并未受到重视，与儒家的修身理论受到较为肯定的认知相比，儒家政治思想几乎被限定于古典学领域，作为一种历史现象或思想史现象被剖析乃至批判。但是，谈论儒家，毫无疑问又是不能不涉及儒家对于政治的理解的。因此，我们且不论儒家政治思想在现代化的今天是否还有现代价值，但是讨论早期儒学，却不能不就此展开考辨与阐释。

儒家和其他诸子一样，他们的出现，乃是时势刺激的结果。司马谈说，六家"此务为治者也"（《史记·太史公自序》），诸子都是为了改变天下无道的乱世而在贡献自己的才智，描绘各自的蓝图。如英国学者葛瑞汉先生所指出的，"他们总体上思考的是对曾经称为'天'的权威的道德和政治秩序发生瓦解的回应；而且，对于他们所有人来说，关键问题并不是西方哲学的所谓'真理是什么'，而是'道在哪里'，这是规范国家与指导个人生活的道。从至少愿意倾听实用学说的君王们的观点看，这些人是对时代变迁中如何治理国家的问题给出新的解答的人；而这个问题确实是他们的核心问题"①。众所周知，儒家的政治思想滥觞于尧舜，奠基于周公，而真正的诞生则应该归于孔门——孔子、七十子及子思。著名政治思想史学家萧公权即将孔子视为"中国政治哲学的鼻祖"。后

---

① ［英］葛瑞汉著，张海晏译：《论道者——中国古代哲学论辩》，中国社会科学出版社，2003年，第4页。

经七十子及子思、孟、荀的发展，奠定了先秦儒学的基本政治思想轮廓，也彰显了儒家内部不同政治理路的张力。如果没有孔门后学的不断诠释，早期儒家的政治哲学便不会如此丰富厚重。也就是说，从孔子开始，儒家便无法离开政治来讨论自己的理想。正如朱承所指出的，事关家国天下的政治问题是儒学的一个目的和归宿，或者说儒学的本质特质之一就是以政治为指向，这也是儒者的责任与道义之所在。[①]

我们认为，儒学尤其是早期儒学本质上是一套教化的学问，教化就不仅涉及个体修养，还关乎政治。儒学的特质到底是什么？对此，古今中外学者存在很大分歧。其实，对儒学特质的理解，可以直接从儒家之得名为"儒"入手进行考察。对此，前辈学者如章太炎、胡适之、郭沫若、徐中舒等先生对"儒"的本义进行了有益的探索，为认识这一问题提供了极大的帮助。《周礼·天官·大宰》云："以九两系邦国之民……四曰儒，以道得民。"郑玄注曰："儒，诸侯保氏，有六艺以教民者。"可见，儒本为一种教职。《地官·大司徒》云："以本俗六安万民……四曰联师儒。"郑注曰："师儒，乡里教以道艺者。"郑玄的解释应当是可信的。师儒联称，可见儒与师密切相关。当然，《周礼》所谓"儒"可能是一种"官儒"，不可等同于孔子儒学之"儒"，但无疑孔子学派之所以被称为"儒"，与此有着渊源关系。学者皆以"教师"为解，可谓卓识。但何以以教为职的人称"儒"？徐中舒先生以甲骨文"需"字为本字，训为"濡"，为斋戒沐浴之义。[②]实际上，"儒"与"濡"确实相关。按《玉篇·水部》："濡，濡润也。"《诗·郑风·羔裘》："羔裘如濡。"陈奂《传疏》云："濡，润泽也。"可见，"濡"有浸泽、润泽之义。以道艺教人，润泽于身，犹如以水润泽于物。然则"儒"之本义为以道艺濡人之人。这也是孔子学派被称为"儒"的原因。可以说，儒学的特质就在于"教"。而此所谓"教"即教育、教化之义。

实际上，《汉书·艺文志》的说法对此提供了重要的佐证。《汉志》曰："儒

---

①朱承：《儒家的如何是好》，广西师范大学出版社，2016年，第140页。

②徐中舒：《甲骨文中的"儒"》，《徐中舒历史论文选辑》下，中华书局，1998年，第1218页。

家者流，盖出于司徒之官，助人君、顺阴阳、明教化者也。游文于六经之中，留意于仁义之际，祖述尧舜，宪章文武，宗师仲尼，以重其言，于道最为高。"儒家"祖述尧舜，宪章文武"，说明其承续"先王之道"；"助人君"，说明与政治有密切关联；"留意于仁义之际"，说明其关注道德；"顺阴阳、明教化"，说明其顺天道以明人道。以今天的话归纳起来就是，儒学秉承先王之道，关注道德、社会与政治，以六经为依托，进行社会教化，以实现政治有序、社会和谐。已有学者明确指出，儒学关注人的精神价值和道德的实现，即"成人"问题，但"成人"问题实质上关涉的是政道、治道、王道。儒学当然可以称之为道德哲学、伦理学说，但这种道德哲学、伦理学说的开展直接与政治相关联，从这个意义上说，称它是政治的道德哲学似乎更恰当。①

一、孔子的王道政治理想

在很多学者那里，儒家王道政治观是到了孟子才开始出现的。其实，这是一大误解。儒家自从孔子创立开始，其对政治的基本诉求，便是王道政治。孔子的王道政治理想来自《尚书》。"王道"一词也是出自《尚书·洪范》。"无偏无党，王道荡荡；无党无偏，王道平平；无反无侧，王道正直。"而孔子关于"王道"的论说，在《论语》中是隐性的，在《孔子家语》中则是显性的。《孔子家语·观乡射》载孔子之言："吾观于乡，而知王道之易易也。"这一段文本亦见于《礼记·乡饮酒义》。孔颖达在该处的《疏》中说："不直云'易'而云'易易'者，取其简易之意，故重言'易易'，犹若《尚书》'王道荡荡''王道平平'皆重言，取其语顺故也。"王道即王者教化之道。郑玄在注《乡饮酒义》"知王道之易易"时说："易易，谓教化之本，尊贤尚齿而已。"孔颖达云："言我观看乡饮酒之礼，有尊贤尚齿之法，则知王者教化之道，其事甚易，以尊贤、尚齿为教化之本故也。"晚近江西南昌海昏侯墓出土一批简牍，其中有一批被专家认定为失传已久的《齐论语》。其中公布出来的一支简写的是："孔子智道

---

① 赵明：《先秦儒家政治哲学引论》，北京大学出版社，2004年，第2页。

之易也。易易云者，三日。子曰：'此道之美也，莫之御也。'"①智，知也。易，当即"易"字，"孔子知道之易也"与《观乡射》此处非常近似。另外，有学者主张"易易"或当读作"荡荡"，则与《尚书·洪范》相合。无论如何，孔子对王道多有措意，是毋庸置疑的。

《孔子家语·王言解》可以作为典型文本。《王言解》又见于《大戴礼记》，该篇名"主言"，戴震、孔广森等皆以为"王"字之讹。且从内容上看，《大戴礼记·主言》远不如《孔子家语·王言解》古朴真实。②该篇是孔子与曾子的对话。孔子向曾子讲述"王道"。开篇孔子就提出："今之君子，唯士与大夫之言可闻也。至于君子之言者，希也。於乎！吾以王言之，其不出户牖而化天下。"孔子感慨当今之世多"士与大夫之言可闻"，而"君子之言"非常稀缺，故天下无道。如果能讲清楚"王言"即王道之言，则"不出户牖而化天下"。王道追求"化天下"，即"人文化成"。曾子一再请孔子讲述王言。孔子反问曾子你是那个我可以讲"明王之道"的人吗？随后孔子向曾子讲述了何谓王言。

孔子说："夫道者，所以明德也；德者，所以尊道也。是以非德道不尊，非道德不明。虽有国之良马，不以其道服乘之，不可以道里。虽有博地众民，不以其道治之，不可以致霸王。是故昔者明王内修七教，外行三至。七教修然后可以守，三至行然后可以征。明王之道，其守也，则必折冲千里之外；其征也，则必还师衽席之上。故曰内修七教而上不劳，外行三至而财不费。此之谓明王之道也。"孔子在此将道与德的关系予以澄清。"道"是本体，"德"是发用。道，是德的形上根据；德，是道的具体呈现。所以说："道者，所以明德也；德者，所以尊道也。"如果离开"德"，"道"就得不到尊重；如果缺乏"道"，"德"就无法彰显。正如驾驭"良马"也需要按照"道"行进，否则寸步难行。对于治国理政，尽管博地众民，如果不按照道来治理，那么亦不可实现霸、王。而在孔子这里，王道显然也是高于霸道的。因此，所谓"王道"就是"内修七

---

① 王楚宁：《海昏侯墓出土〈论语·知道〉篇小考》，复旦大学出土文献与古文字研究中心网站，2016年8月29日。

② 参杨朝明：《读〈孔子家语〉札记》，《文史哲》2006年第4期。

教，外行三至"。

"内修七教"是指："上敬老则下益孝，上尊齿则下益悌，上乐施则下益宽，上亲贤则下择友，上好德则下不隐，上恶贪则下耻争，上廉让则下耻节，此之谓七教。"这里所体现的依然是儒家"上行下效""君子之德风，小人之德草，草上之风必偃"的教化论。这与《大学》的"絜矩之道"也是一致的。孔子认为，"七教者，治民之本也"。通过教化来治民，乃是王道的基本要求。这是孔子理想中的政治。之所以孔子有这种"风－草论"，正是基于他对"道德效应"的积极肯定。他说："凡上者，民之表也，表正则何物不正？"这与《论语》所谓"其身正，不令而行；其身不正，虽令不从"是同一个思路。"表"这个词汇，在《孔子家语·入官》也出现了。"故君上者，民之仪也；有司执政者，民之表也"，同样是将"为政者"视为民众的"仪""表"。"仪""表"本义都是指人外在的仪容，在这里是表率、标准的意思。这种"表"的用法不见于《论语》，不过在《礼记·表记》倒可以发现。《表记》有云："仁者，天下之表也。"与此相同。根据这一认识，孔子提出，"人君先立仁于己，然后大夫忠而士信，民敦俗璞，男悫而女贞"，作为君主，如果做到"立仁于己"，其影响便会非常大，可以使士大夫阶层忠信，使民俗淳朴，使男女悫贞。紧接着孔子又提出"七修"："使有司日省而时考之，进用贤良，退贬不肖，然则贤者悦而不肖者惧。哀鳏寡，养孤独，恤贫穷，诱孝悌，选才能。此七者修，则四海之内无刑民矣。"进用贤良，退贬不肖，就是"举直错诸枉"（《论语·为政》）、"选贤与能"（《礼记·礼运》）；"哀鳏寡，养孤独，恤贫穷"就是"鳏寡孤独废疾者，皆有所养"（《礼记·礼运》）；"诱孝悌"，就是"道之以孝悌"（《孔子家语·弟子行》），就是"申之以孝悌之义"（《孟子·梁惠王上》）。

孔子在"内修七教"的基础上，又阐述了"外行三至"："至礼不让而天下治，至赏不费而天下士悦，至乐无声而天下民和。"这"三至"的要害在于"仁者莫大乎爱人，智者莫大乎知贤，贤政者莫大乎官能"，即爱人、尊贤和官能。

根据"推天道以明人道"的思路，作王的人就要在人间推行王道。他说："春秋致其时而万物皆及，王者致其道而万民皆治，周公载己行化，而天下顺之。"（《孔子家语·致思》）

孔子心目中理想的王道政治，是一种充满着亲情慈爱的伦理型政治。正如赵汀阳所指出的，以伦理为治世良方是孔子思路。孔子引入仁义作为核心概念才形成了以伦理为本的思想结构，于是伦理成为对政治的最终解释。孔子以伦理为本的思想基于对他人问题的深刻理解，至今无出其右。[1]因此，政治在孔子那里，毋宁说是伦理性的。所以他提倡："上之亲下也，如手足之于腹心；下之亲上也，如幼子之于慈母矣。"早期儒家比较强调"政治"的伦理性，这与法家政治、现代政治那种"冷冰冰"不同，其中透露出"温情脉脉"的一面。虽然这在现实中很难真正实现，但是却代表了儒家对于政治应然状态的追求。这种认识，不是基于权力的，而是基于德性的。这种政治观，正是孔子"仁学"的题中之义。林存光先生将此称之为"人道政治观"。他说，所谓的人道政治观，其实质便是指政治生活应符合和遵循人道价值的规范要求；反之，政治唯有在促进人道价值的传播与实现方面发挥决定性的影响作用，才具有其道德上的必要和正当的合理性。[2]孔子认为，如果做到"上下相亲如此"，那么，结果一定是"令则从，施则行，民怀其德，近者悦服，远者来附，政之致也"。这种典型的"教化–政治"，是儒家政治哲学的基调。我们如果细加分析，孔子的王道政治观，大体可以涵括教化、民本、礼治和德治等几个维度。

二、孔子的教化主义

钱穆先生认为："孔门虽重政治，然更重人道。"[3]这里将政治与人道区别开来，对于理解儒家的政治哲学有好处，但是钱先生忽略了儒家的政治本来就是"人道政治"，讲政治一定要讲人道。而所谓"人道"就是对仁道的阐扬，这当然是儒家教化的范畴了。

自孔子开始，儒家便以"教化"为职志与旨趣，形成源远流长的教化传统。

①赵汀阳：《第一哲学的支点》，生活·读书·新知三联书店，2017年，第173页。

②林存光：《孔子新论》，人民出版社，2012年，第332页。

③钱穆：《论语新解》，生活·读书·新知三联书店，2005年，第46页。

《说文》:"教,上所施下所效也。"所谓教化,教是方式,化是效果。教化的实施,离不开"君师"。君是教化的主导者,师则是教化的承载者、实施者。教化的实施,离不开政治。反过来,政治的最佳境界则是"教而化之"。教化就是一种精神的造就与陶冶,是一种人格的塑造与完成,让人的思想脱离蒙昧与偏曲,回归大道,由体认道而使心灵得以安顿,让生命呈现出意义。如此一来,自然能够实现政治有序、社会和谐。这便是孔子"人文化成"之王道政治理想。

我们知道,按照司马谈的看法,先秦时期的儒、墨、道、法、名、阴阳等六家,"此务为治者也"(《史记·太史公自序》)。面对天下大乱,礼坏乐崩的"天下失序"的社会现实,诸子百家无不关注,积极覃思竭虑,为天下提供自家的救世蓝图。诸子百家都有自家的理想政治,也因此有各自的政治方案。几乎没有人认为,他们所处的时代是合理的、有序的,是值得肯定和赞美的。儒家说:"大道既隐,天下为家,各亲其亲,各子其子。"(《礼记·礼运》)礼乐征伐自诸侯出、自大夫出,陪臣执国命正是"天下无道"的体现;因此孔子周游列国,虽然遭遇隐士的讥讽,但是毅然提出:"鸟兽不可与同群,吾非斯人之徒与而谁与? 天下有道,丘不与易也。"(《论语·微子》)而在道家眼中,"大道废,有仁义;智慧出,有大伪"(《老子》);同样,在法家那里,"上古竞于道德,中世逐于智谋,当今争于气力"(《韩非子·五蠹》)。政治和社会混乱失序的根源在哪里? 各家基本上都认为是"无道"。这个"道"就是"人道",就是价值。后来顾炎武所谓"亡国"与"亡天下"的辨别,正是强调政权与价值的意义及其位阶不同。价值体系的崩坏,是人道的彻底败坏,那么人类社会必然会堕落。在儒家看来,人不仅仅是生物性的存在,更是一种精神性的存在。人不仅需要物质利益,更需要价值和信仰的支撑。据《论语》记载:

> 子适卫,冉有仆。子曰:"庶矣哉!"冉有曰:"既庶矣。又何加焉?"曰:"富之。"曰:"既富矣,又何加焉?"曰:"教之。"

儒家主张"安身立命",安身需要物质,这就需要政治来维护人之权利,去满足基本生存。此所谓"富之";但是人还需要"立命",即精神世界的确立,这就需要政治以"教"来实现，此所谓"教之"。怎样让富裕起来的人文明起来，懂得礼义廉耻，在生命、生活中体现出作为人的尊严，这就要加以教化。在孔子看来，富民当然是政治的必要内容，但是并不是最终的、最根本的，人的精神世界的打开与确立，人的价值信念的挺立与巩固，才是政治的最终目标。因此，先秦儒家虽然也提供了一些具体的政治措施、制度安排，但是从根本上讲，他们更关心的是如何唤醒被各种欲望遮蔽的人心。

按照《汉书·艺文志》的说法，儒家者流，是要"助人君、顺阴阳、明教化"的。教化，并非孔子的创造，而是在中国历史上源远流长的政治传统和智慧。《周礼·地官·司徒》有"十二教"的记载，据学者研究，《周礼》"十二教"应该是西周时代的传统，可见，教化思想是孔子对周代司徒教化传统的一种继承。从孔孟荀以后，也成为儒家自身的传统。儒家之"顺阴阳"，强调的是儒家通过对天道的把握，遵循天地之道，以阐明人道；继而在阐明人道的基础上，去实施教化，其实就是"觉民"的过程。因此，正如上文所述，孔子理想的王道政治，就是"教化–政治"，即明王通过自身的德行来教化民众，唤醒人心，重建伦理道德秩序，以化成天下。这是孔子、儒家对历史的认识和诠释。孔子对此十分重视，他认为为政者要通过自身修养，树立一种楷模和榜样，实现"美教化，移风俗"。所谓"在朝则美政，在野则美俗"，成为儒家士大夫的追求。

通过什么开展儒家教化呢？我们认为就是经典。经典出于孔子之整理。孔子之所以整理《诗》《书》《礼》《乐》《易》《春秋》，正是出于希望历史上曾经出现过的"道"能够永存的目的，经过他的选择、整理、阐释，成为他教育弟子的教本，其内容是先王之道，其内涵是价值体系。为什么重视经典？正如有学者所论，孔子及其开创的儒家学派之所以格外重视经典教育，不过是要人们从内在精神世界里确立起关于"标准"和"方向"的个人信念。没有这种对"标准"和"方向"的信念，秩序既无法真正得以确立，它本身也是没有"意义"的。[1]这种"标准"和"方向"，即所谓"道"，即蕴含于作为"先王政典"

---

[1]赵明：《先秦儒家政治哲学引论》，北京大学出版社，2004年，第59页。

的六经之中。

对于儒家的教化思想，徐复观先生有一个反思。徐复观先生认为，虽然儒家主张"以人民为主体"，但是现实中实际上是"以君主为主体"。因为"民本"却并非"民主"，我们很难发现儒家对于人民参与政治的设计。所以，这恰恰是儒家政治哲学本身存在的缺陷。所以，如徐复观所批评的，"虽然是尊重人性，以民为本、以民为贵的政治思想，并且由仁心而仁政，也曾不断考虑到若干法良意美的措施，以及含有若干民主性的政治制度，但这一切都是一种'发'与'施'的性质（文王发政施仁），是'施'与'济'的性质（博施济众），其德是一种被覆之德，是一种风行草上之德。而人民始终处于一种消极被动的地位。尽管以民为本，而终不能跳出一步，达到以民为主"①。徐先生的这一批评是深刻的。梁任公认为"儒家深信非有健全之人民，则不能有健全之政治。故其言政治也，惟务养成多数人之政治道德、政治能力及政治习惯"②，其实这一看法是理想化的，甚至可以说与儒家无涉，更像是现代西方民主政治的宗旨。儒家言政治，本非近现代意义上的政治。孔子及早期儒家主张民本，却并不强调对人民的政治道德、政治能力、政治习惯的养成。儒家认为，政治就是天下秩序，在合理的秩序内，各安其位，各司其职，人人得安身立命。儒家并不认为人民是政治的参与者，更不是主体。但是教化的观念，也并不是消解人民主体，而是希冀通过"新民"的过程，让民众自我"明明德"，自我挺立道德主体。所以，教化实际上不是强迫性的，而是启发性的。

儒学在历史上曾经被称为"儒教"，而所谓"儒教"所讲的恰恰是儒家之教化。可以说，教化乃儒学之核心观念。有不少学者将儒家政治哲学归结为德治主义或礼治主义，其实换个角度来说，可以将之称为"教化主义"。在儒家政治哲学之中，德治、礼治与教化是三位一体的关系。细绎之，其中"德"为本（根据、基础），"礼"为用（凭借、工具），"教"为道（方式、途径），其鹄的

---

①徐复观：《儒家政治思想的构造及其转进》，《学术与政治之间》，九州出版社，2014年，第53页。

②梁启超：《先秦政治思想史》，天津古籍出版社，2003年，第98页。

就是"和"（太平、大同）。萧公权先生将孔子的政治哲学称之为"仁治"，而简括孔子治术为养、教、治三端。其中，养、教之工具为德、礼，治之工具为政、刑。德、礼为主，政、刑为助，而教化又为孔子所最重之中心政策[1]。梁启超先生也曾明白指出："儒家之言政治，其唯一目的与唯一手段，不外将国民人格提高。以目的言，则政治即道德，道德即政治。以手段言，则政治即教育，教育即政治。道德之归宿，在以同情心组成社会；教育之次第，则就各人同情心之最切近最易发动者而浚启之。"[2]确实，从孔子"政者，正也"的定义来看，儒家之政治，主要工作在于化人，非以治人，更非治事[3]。因此，教化便成为孔子、儒家政治之核心关注点和用力所在。

三、孔子的礼治主义

在孔子的教化－政治体系中，有两个手段非常突出，即礼与乐。孔子有所谓"兴于诗，立于礼，成于乐"（《论语·泰伯》）的说法，很清晰地描绘出教化的全过程。这里的"兴"是内心情感的兴发，所谓"立"是人的伦理与秩序的规范和确立，所谓"成"则是人格的整体完善。这都有赖于经典所记录的古代圣王的楷模典范的启发与唤醒。

孔子对于礼和乐情有独钟，他认为礼乐不仅具有修身的功能，还具有治国的价值。所以，孔子主张"道之以德，齐之以礼"。前文说过，在孔子那里，礼乐是对前代文明的继承，同时这种继承又内蕴着一种转化。孔子将"仁"贯注于礼乐之中，更增强了礼乐的教化功能。在孔子那里形成了一种政治上的礼治主义。梁启超先生曾经指出，儒家政治的目的在于养成民众的政治道德等，那么"挟持何具以养成之耶？则亦彼宗之老生常谈——仁义德礼等而已。就中尤以礼为主要之工具，故亦名之曰'礼治主义'"[4]。徐复观先生也认为，在儒家政

---

①萧公权：《中国政治思想史》，商务印书馆，2011年，第69页。

②梁启超：《先秦政治思想史》，第101页。

③萧公权：《中国政治思想史》，第72页。

④梁启超：《先秦政治思想史》，第98页。

治思想中，德治主义、民本主义和礼治主义是一贯的。[①]他所面临的天下无道，第一个表征就是"礼坏乐崩"。在周代的宗法制度下，家国同构，政治与伦理难解难分。这影响到儒家的政治哲学。在儒家看来，政治与伦理都是秩序，二者是相通的。伦理秩序良好，则政治秩序一定良好；反之，伦理秩序遭到破坏，则政治秩序必然败坏。

孔子强调"立于礼"，是因为礼是社会秩序和规范。《论语·季氏》篇记载，孔子向孔鲤讲述"不学礼，无以立"的道理。这不仅是孔子对儿子的谆谆教诲，也是他对礼之于人的意义的普遍认识。在《论语·尧曰》的最末一章，也记载着孔子"不知礼，无以立也"的训诫。这两句话的意思，无疑是在强调，礼对于一个人而言不可或缺，学礼和知礼是人立足于社会的重要前提。那么，为什么礼如此重要呢？那是因为礼是人类社会的基本秩序和规范，这也正是礼的最基本内涵。美国学者芬格莱特认为，孔子对礼极为重视。因为礼仪的力量非同寻常，十分神奇，甚至可以看作"魔力"，所以人是一种礼仪性的存在。

《学而》篇记载，有子曰："礼之用，和为贵。先王之道斯为美，小大由之。有所不行，知和而和，不以礼节之，亦不可行也。"社会秩序的和谐，需要用礼来维护和调节。周公以降，礼乐制度的不断完善，使礼具有了治国理政的功能。一旦"礼坏乐崩"，政治秩序和社会伦理就会遭到严重破坏，和谐也就无从谈起了。所以，孔子对春秋时代的"礼坏乐崩"的局面，深感痛心。《论语·季氏》篇记载："孔子曰：'天下有道，则礼乐征伐自天子出；天下无道，则礼乐征伐自诸侯出。自诸侯出，盖十世希不失矣；自大夫出，五世希不失矣；陪臣执国命，三世希不失矣。天下有道，则政不在大夫；天下有道，则庶人不议。'"

礼坏乐崩，就意味着"天下无道"，意味着秩序崩塌，伦理败坏，价值混乱。我们知道，礼的一个重要特征就是强调等级和名分。随着周王室的式微，各种僭越的事件层出不穷。正如《公羊传·昭公二十五年》所载子家驹之言："诸侯僭于天子，大夫僭于诸侯，久矣。"孔子对此充满了忧虑和愤慨。《八佾》篇开篇就记载孔子批评鲁国执政季孙氏的话"孔子谓季氏：'八佾舞于庭，是可

---

①徐复观：《儒家政治思想的构造及其转进》，《学术与政治之间》，第51页。

忍也，孰不可忍也。'"谓，就是评论的意思。八佾本是"天子之礼乐"，作为鲁国大夫的季孙只能用"四佾"，所以"八佾舞于庭"分明是僭越行为。所以孔子说，"季孙氏连这样的事都忍心去做，还有什么不忍心的呢？"接下来第二章，同样是孔子对鲁国三桓——季孙、孟孙和叔孙三大贵族的僭越礼制行为的无情讽刺和批判："三家者，以《雍》彻。子曰：'相维辟公，天子穆穆，奚取于三家之堂？'"祭祖结束时，演奏《诗经·周颂》中的《雍》诗，是天子的做法。诸侯、大夫用之，就是僭越。所以，孔子进行了讥讽。

孔子认为，面对如此严峻的形势，如果要挽救礼乐制度的进一步崩坏，必须"正名"。《子路》篇有这样一段精彩的对话：

> 子路曰："卫君待子而为政，子将奚先？"子曰："必也正名乎！"子路曰："有是哉，子之迂也！奚其正？"子曰："野哉，由也！君子于其所不知，盖阙如也。名不正，则言不顺；言不顺，则事不成；事不成，则礼乐不兴；礼乐不兴，则刑罚不中；刑罚不中，则民无所措手足。故君子名之必可言也，言之必可行也。君子于其言，无所苟而已矣。"

孔子认为，为政的第一步就是要"正名"。为什么呢？他说："名不正，则言不顺；言不顺，则事不成；事不成，则礼乐不兴；礼乐不兴，则刑罚不中；刑罚不中，则民无所措手足。"这里有一个逻辑链条：名——言——事——礼乐——刑罚——民。看上去不相干的几个事物，经孔子勾勒，让我们发现其中居然有着这样的联系。"名正言顺"实际上是"礼乐"制度的一种表现。正如倪培民先生指出的那样，"名"不是简单地代表所指称的对象，它实际上还承载着期望，并且是与"礼"不可分割的。因为使用一个名字的行为就是表达一种期望，所以"名"携带了一种影响现实的力量（名可制实）。因而，适当用"名"就有着极大的社会和政治含义。[1]名正言顺，就是人和事各归其位、各行其道、各守其

---

[1]倪培民著，李子华译：《孔子：人能弘道》，上海人民出版社，2012年，第91页。

责，其结果就是礼乐兴、刑罚中，人民可以知所规范、知所效法。就此而言，礼的"正名"功能不可或缺。梁启超先生认为，"正名何故可以为政治之本耶？其作用在使人'顾名思义'。则麻木之意识可以觉醒焉"①。任公这一解释，切中肯綮。

所以，我们应该清楚，礼乐的崩坏，一方面表现为礼乐的废弃；另一方面则表现为礼乐的僭越。所谓礼乐的废弃，意味着很多固有的规范、制度变得不被遵守。我们可以从《论语》中找到几个例子：子曰："觚不觚。觚哉！觚哉！"（《论语·雍也》）孔子的这段话虽然没有语境，但是我们可以推测其义。觚是古代的一种酒器。在礼乐制度之下，各种器物皆有其形制。而随着礼乐制度的崩坏，连最普通的器物都失去了应有的形制，变得不成样子。正如程子所说："觚而失其形制，则非觚也。举一器，而天下之物莫不皆然。故君而失其君之道，则为不君；臣而失其臣之职，则为虚位。"应该说体会到了孔子感慨背后的深深的忧虑。《八佾》也有一则材料："子贡欲去告朔之饩羊。子曰：'赐也！尔爱其羊，我爱其礼。'"在周代，每年的秋冬之交，周天子会把第二年的历书颁给诸侯，以明确次年每月初一的日子，此礼名"颁告朔"。诸侯接受历书，藏于太庙，每逢朔日（初一）便会杀一只活羊祭于庙，然后回到朝廷听政。此礼名"告朔"。但是到春秋末期，此礼渐渐荒废，国君只是照例杀一只羊虚以应付。所以子贡认为不必留此形式，不如干脆连羊也不杀。而孔子则认为，尽管这是残存的形式，也比什么都不留好。孔子对礼的关心，并不是像子贡那样出于功利的角度，而是认识到礼所蕴含的庄严性、神圣性及由此而对人的教化作用。

当"礼坏乐崩"之后，本来正常的就变得不正常了。当礼乐制度被破坏之后，"君使臣以礼，臣事君以忠"的"本分"便没有人遵守了。诸侯不尊重天子；大夫不尊重诸侯；家臣不尊重大夫。而且，事实既成，久而久之，人们竟然习以为常，积非成是。故而孔子感慨说："事君尽礼，人以为谄也。"（《论语·八佾》）在一个礼乐制度下，各守本分，各安其位，各尽其责，这是文明的表现。然而，在礼坏乐崩之后，遵守礼的人，却成了被讥讽的对象，守礼的人

---

①梁启超：《先秦政治思想史》，第94页。

反而被污名化了。

反过来，另外一种非正常现象就出来了。《论语·为政》记载，子曰："非其鬼而祭之，谄也。"祭祀是非常神圣、庄重的事。荀子认为，礼有三本。其中先祖乃"类之本"，故而祭祀祖先，成为周代礼乐制度中非常重要的内容。所谓"凡治人之道，莫急于礼；礼有五经，莫重于祭"（《礼记·祭统》）。他人的先祖，"非其鬼"，也就是说不是其生命的来源，是不用也不能去祭祀的。因为按原始礼制，只祭本氏族的祖先和成员。它的源起并非功利，是无条件的敬畏崇拜和情感依托，而"非其鬼，谓非其所当祭之鬼。谄，求媚也"，而"非其祖考而祭之者，是谄求福也"。显然，"非其鬼而祭之"就是出于某种功利的目的，就是一种谄媚，因而也是违背礼之精神的，是非礼的。估计这种现象在当时已经不算罕见了，故而孔子评论之。

关于僭越礼制的现象，在当时就更多了。除了上引"八佾舞于庭""三家者，以《雍》彻"之外，还有季氏"旅于泰山"的事例。

> 季氏旅于泰山。子谓冉有曰："女弗能救与？"对曰："不能。"
> 子曰："呜呼！曾谓泰山不如林放乎？"（《论语·八佾》）

这里的"旅"是一种古代祭祀之名。根据古礼，天子祭祀天地及天下山川；诸侯则只能祭祀境内之山川。泰山在鲁国境内，根据礼制，"礼，诸侯祭封内山川"，只有周天子和鲁君才能祭祀，而"季氏祭之，僭也"。

再比如《论语·八佾》记载孔子批评管仲"不知礼"：

> 子曰："管仲之器小哉！"或曰："管仲俭乎？"曰："管氏有三归，官事不摄，焉得俭？""然则管仲知礼乎？"曰："邦君树塞门，管氏亦树塞门。邦君为两君之好，有反坫，管氏亦有反坫。管氏而知礼，孰不知礼？"

管仲的做法是典型的僭越。所以，孔子一方面肯定了管仲的历史贡献，称许其

"管仲相桓公，霸诸侯，一匡天下，民到于今受其赐"，赞誉他帮助齐桓公"九合诸侯，不以兵车"的做法"如其仁，如其仁"（《论语·宪问》）。但是，孔子对他的"不知礼"也不客气地予以批评。如果说，一个普通人的"不知礼"仅仅是教养的缺失，其影响不会太大，那么对于一个身居高位的君主、重臣而言，其"不知礼"则影响甚大。因为，在孔子看来，"君子之德风，小人之德草。草上之风必偃"。因此，孔子强调，不论是君主还是大臣，都应该遵守礼制，率先垂范。所以，当鲁定公向他请教如何处理君臣关系时，孔子回答："君使臣以礼，臣事君以忠。"（《论语·八佾》）

他的学生樊迟"请学稼""请学为圃"时，孔子告诉这位弟子"吾不如老农""吾不如老圃"。这并非孔子"轻视劳动""歧视劳动者"，而是因为，在孔子看来，社会有分工，各负其责。一个君子应该关注道德教化而非种庄稼。所以，孔子随后提出了他的观点："子曰：'小人哉，樊须也！上好礼，则民莫敢不敬；上好义，则民莫敢不服；上好信，则民莫敢不用情。夫如是，则四方之民襁负其子而至矣，焉用稼？'"（《论语·子路》）所以，接着下一章，当"樊迟问仁"时，孔子告诉他："居处恭，执事敬，与人忠。虽之夷狄，不可弃也。"（《论语·子路》）"居处恭，执事敬"就是为政者应该遵守的礼。可见，孔子认为，上位者如果遵守礼，那么百姓自然会效法。

正是基于以上认识，孔子提出了他自己的治国方略，我们可以称之为"德治礼序"。

> 子曰："道之以政，齐之以刑，民免而无耻。道之以德，齐之以礼，有耻且格。"（《论语·为政》）

我们知道，在古代，礼有着法的功能。援礼入法，是中国传统法律一个非常明显的特征。因此，中国古代社会治理呈现出"礼法相依"的特征。然而，礼与法毕竟不同。二者对于治国理政究竟有何区别？孔子认为，如果"道之以政，齐之以刑"，则"民免而无耻"，社会管理成本极高，效果亦不佳。比如秦代依靠严酷的刑律统治天下，人民出于畏惧而不敢触犯律法，却难以产生廉耻之心。

随着时间的推移，人们无法忍受严酷之治，便铤而走险，揭竿而起，大秦帝国的大厦便轰然倒塌，二世而亡。但是若"道之以德，齐之以礼"，民众则"有耻且格"，社会能够处于一种非常融洽和谐的状态，管理成本也比较低。周代正是这一理想的代表。

孔子关于礼治的观点，在大小戴《礼记》《孔子家语》中有更多更精彩的记述，可以参看。在儒家看来，礼所体现出的那些规矩、规范，其背后都蕴含着礼的精神："（礼）敬让之道也。故以奉宗庙则敬，以入朝廷则贵贱有位，以处室家则父子亲、兄弟和，以处乡里则长幼有序。"（《礼记·经解》）总之，人与人相互尊重，彼此谦让，和谐共处。因此，孔子说："安上治民，莫善于礼。"（《礼记·经解》）治理国家莫优于礼治了。孔子与鲁哀公交流"人道"的问题。孔子阐述了"人道政为大"的道理，其中说道："古之政，爱人为大。所以治爱人，礼为大。所以治礼，敬为大。"随后点明主题："为政先乎礼，礼，其政之本与！"（《孔子家语·大婚解》）将礼上升到"政之本"的高度，所以孔子的政治观完全可以称之为"礼治主义"或"礼本主义"。孔子认为，礼对于治国理政的作用十分重要。"礼者，即事之治也，君子有其事，必有其治。治国而无礼，譬犹瞽之无相，伥伥乎何所之？譬犹终夜有求于幽室之中，非烛何以见？故无礼则手足无所措，耳目无所加，进退揖让无所制"（《孔子家语·论礼》）。

孔子认为，教化需要礼治，而礼治则需要建基于"人情"之上。《礼记·礼运》记载孔子说："故圣王修义之柄、礼之序，以治人情。故人情者，圣王之田也。修礼以耕之，陈义以种之，讲学以耨之，本仁以聚之，播乐以安之。"这个比喻非常清晰地说明了在教化中礼、仁、学、乐的各自角色和功能。礼应该是人情合理限度的表达，是合乎人性人心的人道的体现。诚如赵汀阳所说，以人情所能接受之限度去治理人情，这个思路很是高明，但还需要有效的实践策略。儒家的两个基本策略是：推爱和榜样。[①]然而，在现实中，这种推爱到底能推多远，是个疑问。费孝通先生在《乡土中国》中曾予以质疑。赵汀阳指出，陌生人才是典型的他人，不能接受陌生人就等于不能解释任何他人。儒家没有能够

———————————

①赵汀阳：《第一哲学的支点》，生活·读书·新知三联书店，2017年，第177页。

构造有效的陌生人理论，因此其伦理教化能力终究是有疑问的。[1]不过，姚中秋对此有所批评。姚中秋认为，孔子时代，礼坏乐崩，封建之君臣关系解体，熟人组成的封建的小型共同体同样解体，士、庶人皆处于"游"的状态，人际关系趋向于疏离，人们经常生活在陌生人中间。孔子及其弟子就是这个"游"的陌生人社会之典型。陌生人社会只是一个事实，但文明经常意味着超越这些事实，文明是人为自己构建的。人注定要生活在群中。从本质上说，儒学关心的核心问题是如何组织陌生人。对于儒家来说，则在于培养这种合群的技艺。合群就是使陌生人变成熟人。"陌生人"的"再度熟人化"是现代社会必须经历的转型。[2]赵汀阳也承认儒家"化敌为友"的教化乃是政治之要义。据此可以推知，化陌生人为熟人，即通过伦理的泛化、礼乐的训练、道义的凝聚等使陌生人逐渐结成熟人关系、社团、团体，则是儒家伦理的要义，也同时是伦理政治的题中之义。

赵汀阳还对榜样的示范效应提出了质疑。确实，正如他所指出的，道德榜样并不同时就是生存成功的榜样。因为人们最感兴趣的是生存的成功，而不是做一个形象很光辉但在生存上很失败的人。道德的光辉美名或许能够克制人们对小利益的贪念，却不能阻止人们在足以改变命运的巨大利益面前不再"有耻且格"。也就是说，榜样的力量也是有限的。这是一个现实的困境。赵汀阳认为，儒家的伦理学在理论上趋于完美，这就说明伦理没有能力保证德利一致，这是伦理的最大弱点，因此儒家伦理学的局限性并非儒家的局限性，而是伦理学的局限性。[3]正因为如此，孔子和儒家才在坚持礼治、教化优先的前提下，也不放弃刑与政。

孔子还提出了礼治与法治的不同："凡人之知，能见已然，不能见将然。礼者，禁于将然之前，而法者，禁于已然之后。……礼云礼云，贵绝恶于未萌，而起敬于微眇，使民日徙善远罪而不自知也。"（《大戴礼记·礼察》）孔子并非

---

①赵汀阳：《第一哲学的支点》，第178页。

②姚中秋：《美德·君子·风俗》，浙江大学出版社，2012年，第54～63页。

③赵汀阳：《第一哲学的支点》，第178页。

否定法治的功能，因为法依然能够"禁于已然之后"，即在事后予以惩罚，正如治病的医生。而礼治似乎有着更诱人的功用："禁于将然之前"，即防患于未然，则致力于防病与养生，目的在于不生病、少生病。这种效用当然是更应该追求的。礼之所以能够有如此功用，乃是因为它培养人的敬畏之心，养成良好习惯，如此使其"绝恶于未萌"，即不让恶念产生。那么人们自然会"徙善远罪"且"不自知"了。

历史上所形成的"礼序"，恰是德治的外在表现，而德则是礼的内核。如果说礼代表了一种相对柔性的他律的话，那么法更多体现为刚性他律。钱穆先生如此评论道："礼是导人走向'自由'的，而法则是束缚'限制'人的行为的。礼是一种'社会性'的，而法则是一种'政治性'的。礼是由社会'上推'之于政府的，而法则是由政府而'下行'之于社会的。无论如何，礼必然承认有对方，而且其对对方又多少必有一些'敬意'的。法则只论法，不论人。杀人者死，伤人及盗抵罪，那曾来考虑到被罚者？因此礼是私人相互间事，而法则是用来统治群众的。礼治精神须寄放在社会各个人身上，保留着各个人之平等与自由，而趋向于一种松弛散漫的局面。法治精神则要寄放在国家政府，以权力为中心，而削弱限制各个人之自由，而趋向于一种强力的制裁的。"[1]在钱穆看来，礼常是软性的而法则常是硬性的。"法的重要性，在保护人之'权利'。而礼之重要性，则在导达人之'情感'。权利是'物质'上的，而情感则是'性灵'上的。人类相处，不能保卫其各自物质上之权利，固是可忧，然而不能导达其相互间之情感到一恰好的地位，尤属可悲。权利是对峙的，而情感则是交流的。惟其是对峙的，所以可保卫，也可夺取。惟其是交流的，所以当导达，又当融通。"[2]

确实，礼不是君王随意制定的，而是来自传统与习俗，来自对人情常理的承认，来自圣贤对自然法则的发现。正如南宋理学家真德秀所说："夫法令之必本人情，犹政事之必因风俗也。"良好政治的运作，需要依靠美俗礼治。今天，

①钱穆：《湖上闲思录》，九州出版社，2011年，第57～58页。
②钱穆：《湖上闲思录》，第58页。

我们的现代国家治理，需要以德治国和依法治国的统一。那么，发挥礼序家规、乡规民约的教化作用，继承崇德重礼、正心修身的历史智慧，就显得十分必要了。

四、孔子的德治主义

孔子政治思想的特色，归根结底就是道德与政治的有机统一。孔子所谓"修己安人"之道，其实不外乎表达如下的意思：道德与政治具有统一性，政治的修建必基于道德的基础上，而道德也必须以实现政治的良善为目标。这种政治思想，被学者们归结为"德治主义"。

孔子德治主义的最明确的表述就是《论语·为政》所说："道之以德，齐之以礼，有耻且格。"这句话在《礼记·缁衣》中被表述为："夫民，教之以德，齐之以礼，则民有格心。"道，即引导；齐，即规范。用道德予以引导，用礼乐加以规范，则人自然会将内心的善性激发、呈现出来。道德心的养成，首先表现在"知耻"。孔子强调"行己有耻"，即人应该有是非观念、荣辱观念。耻是人类道德意识的起点，也是底线。人在知耻的意识下，道德意识会加强。道德教化的引导作用即体现在激发人的道德意识也就是羞耻心。礼则是通过一种外在的规范，经过不断地规范和实践，逐步内化，促进道德意识和道德情感的发生和持续。"有耻且格"，意味着人可以通过道德意识的培养实现自律。正如朱子所说的那样："德礼则所以出治之本，而德又礼之本也，……德礼之效，则有以使民日迁善而不自知。"

孔子反对"道之以政，齐之以刑"的做法，就是因为那种做法虽然效果是立竿见影的，但是从长远看，却违背了政治的"初心"，而且也无法让民众产生道德意识，所以说是"免而无耻"。也就是说，虽然可以禁止恶，但是却无法培育善。当然，我们还应该明白，孔子并不是简单抛弃和否定政和刑，而是不以之为主要手段罢了。孔子意识到了"教化"功用的有限性，仅仅依靠"德"是无法真正实现"国治天下平"的，他并未完全忽视"刑法"。他对德刑关系一向有着辩证的看法。所以，孔子、儒家不是不要规范，而是不赞成强制性的规范。

在德教与刑政之间，孔子一再强调德教的重要性，推重前者而贬抑后者，但是孔子和早期儒家也意识到了"教化"功用的有限性，认为仅仅依靠"德"是无法真正实现"国治天下平"的，所以他们并未完全忽视"刑法"。《左传·昭公二十年》记载孔子的话："政宽则民慢，慢则纠之以猛。猛则民残，残则施之以宽。宽以济猛，猛以济宽，政是以和。"孔子曾经亲身参与过实际的政治，并曾担任鲁国司寇，所以他对政治的宽猛相济、德刑并用也来自政治实践的理性认知。

孔子的德主刑辅的思想，在《孔子家语》中也多有体现。在《刑政》篇，孔子向仲弓讲述"圣人之治"，说："圣人之治，化也，必刑政相参焉。太上以德教民，而以礼齐之；其次以政焉导民，以刑禁之，刑不刑也。化之弗变，导之弗从，伤义以败俗，于是乎用刑矣。"这与上引《论语·为政》《礼记·缁衣》的观点如出一辙。孔子理想的政治是"化"，即通过人文礼乐的教化来达到社会的治理。但是，其中也不能只依赖德政，必定也要有政和刑参互以用。从中我们可以看到，德—礼—政—刑的顺序，即何者优先的顺序是非常清晰的。德是教化的首选，而刑是不得已而用之。

《论语·阳货》"子张问仁"章，孔子说："能行五者于天下，为仁矣。"这"五者"分别是"恭、宽、信、敏、惠"。这五种品德，是对为政者的道德要求。从孔子的表述中，我们可以看出，孔子理想的政治，就是仁政，而仁政的表现就在于为政者具备五种品德，这五种品德直接关系到为政者与民众的合理关系。《尧曰》篇孔子又向子张讲"从政"，提出"尊五美，屏四恶"。其中"五美"是"惠而不费，劳而不怨，欲而不贪，泰而不骄，威而不猛"，依然涉及为政者的品德，这个品德又不仅仅是个人修身的问题，而是涉及政治道德。孔子还认为，"夫圣人之举事也，可以移风易俗，而教导可以施之于百姓，非独适身之行也。"（《孔子家语·致思》）为政者，不能仅仅考虑自己一人的喜好，必须做到率先垂范，可以移风易俗。因此，为政者尤其是君主要格外注意自己的言行。正所谓"一言而可以兴邦""一言而可以丧邦"。所以孔子一再强调。比如说"道千乘之国，敬事而信，节用而爱人，使民以时"（《论语·学而》），子产"有君子之道四焉：其行己也恭，其事上也敬，其养民也惠，其使民也义"（《论语·公冶长》）。

所谓"四恶"是指"不教而杀谓之虐，不戒视成谓之暴，慢令致期谓之贼，犹之与人也，出纳之吝谓之有司"。尽管第四恶我们无法理解，但是前"三恶"则显而易见是"道之以政，齐之以刑"的后果。这样的"恶政"就是"暴政""苛政"。众所周知，孔子有"苛政猛于虎"的训诫。孔子主张"先教"，即以教化为先。以教化为先，就是以德、以礼为主要的教化手段。所以，当鲁国执政季孙氏询问"如杀无道，以就有道，何如"时，他曾告诫说："子为政，焉用杀？子欲善，而民善矣。君子之德风，小人之德草，草上之风必偃。"（《论语·颜渊》）这都是强调为政要首先依靠道德教化，而不能简单地依靠杀戮威慑。

在《孔子家语·执辔》篇也记载了孔子向弟子闵子骞讲述为政之道："夫德法者，御民之具，犹御马之有衔勒也。君者，人也；吏者，辔也；刑者，策也。夫人君之政，执其辔策而已。"然后孔子讲述了"古之为政"的经验："古者天子以内史为左右手，以德法为衔勒，以百官为辔，以刑罚为策，以万民为马，故御天下数百年而不失。善御马，正衔勒，齐辔策，均马力，和马心，故口无声而马应辔，策不举而极千里；善御民，壹其德法，正其百官，以均齐民力，和安民心，故令不再而民顺从，刑不用而天下治。是以天地德之，而兆民怀之。夫天地之所德，兆民之所怀，其政美，其民而众称之。"[1]从这一段记载可以看出，孔门之治道是成系统的。孔子的政治思想对于德法、刑罚没有偏废，只是主张"德主刑辅"而已。

徐复观将儒家政治思想主流判定为德治主义。徐先生指出："孔子乃至整个儒家的政治思想，都是由德治观念所贯通的。"又说："儒家的政治思想，从其最高原则来说，我们不妨方便称之为德治主义；从其基本努力的对象来说，我

---

①这一段话，在《大戴礼记·盛德》篇也出现了。《盛德》云："德法者，御民之衔也；吏者，辔也；刑者，荚也。天子，御者；内史太史，左右手也。古者以法为衔勒，以官为辔，以刑为荚，以人为手，故御天下数百年而不懈堕。善御马者，正衔勒，齐辔荚，均马力，和马心，故口无声，手不摇，荚不用，而马为行也。善御民者，正其德法，饬其官，而均民力，和民心，故听言不出于口，刑不用而民治，是以民德美之。"对比可知，二者应是同一段话，只是个别表述有异，当是"传闻异辞"。有学者以为《盛德》为汉儒之作，我们以为该篇应是战国儒者撰述孔子及七十子之说而成的作品。

们不妨方便称之为民本主义。"①他认为，德治的基本用心是要通过每一个人的内在德性去融合彼此间的关系，而不是用权力，也不是用人为的法规等把人压迫束缚在一起，因为后者是一种外在的关系，靠着外在的关系的维系，人性便无法真正获得自由发展。而德治的人性根据就在于性善论。正如我们前文曾经辨正过的，孔子对人性的理解可以概括为"隐性性善论"。孔子之德治思想，乃是基于他对人性的基本信任。

五、孔子的民本主义

孔子的政治思想，不论是教化、礼治还是德治，其根本的落脚点一定在民。这是孔子"以人为本"的仁学体系的必然结论。正如萧公权先生所说："孔子言仁，实已冶道德、人伦、政治于一炉，致人、己、家、国于一贯。物我有远近先后之分，无内外轻重之别。"②儒家政治思想中的民本思想，在孔子这里就已经有所体现了。

美国汉学家狄百瑞认为，儒家最为关注"民"，而"人民的福祉和苦难是压在儒家良知上的重担③。这一看法确实把握了儒家政治思想的精义。在《论语》中"民"字出现了51次。其中都是孔子对统治者强调爱民、养民、惠民、教民的主张。正如狄百瑞所指出的，凡是提及"民"的地方大多会涉及百姓与统治者的关系。其中的要点在于强调统治者和君子有责任领导和关心百姓。当然，民在这里具有被动的性质。不过，民最终还是会以"民心"的形式来发挥对政治的作用。正是基于对百姓的同情，所以孔子才没有告诫、挑战、斥责或谴责百姓的做法，而是处处体现出同情、体谅、关爱和保护百姓的态度。

孔子强调"古之为政，爱人为大"。这里的"爱人"显然是指爱民。在孔子看来，政治的最基本的要义在于对民众的爱。这种爱，体现在多个方面。孔

---

① 徐复观：《儒家政治思想的构造及其转进》，《学术与政治之间》，第47页。

② 萧公权：《中国政治思想史》第67页。

③ ［美］狄百瑞著，黄水婴译：《儒家的困境》，北京大学出版社，2009年，第22页。

子借评价子产而表达了他心目中的民本思想："其行己也恭，其事上也敬，其养民也惠，其使民也义。"其中两条涉及"民"，为政者一方面要养民，一方面则要使民，这都是需要以道德予以限制的。养民就是惠民，使民则要符合"义"，以合适、恰当为原则，所以孔子认为政之"五美"——"惠而不费，劳而不怨，欲而不贪，泰而不骄，威而不猛"——其中第一个就是要求"惠而不费"，第二个则是"劳而不怨"。所以，基于孔子的仁学立场，孔子认为，为政者首先就是要爱民、养民、惠民。

政治首先涉及的是国家与人民的关系。在古代，这种关系有时候被表述为君民关系。孔子强调："夫君者，舟也；庶人者，水也。水所以载舟，亦所以覆舟。君以此思危，则危可知矣。"（《孔子家语·五仪解》）这一思想后来被荀子记载在《荀子·王制》中，他明确说"传曰"，可见是其来有自。这个源头就在孔子。其实，孔子的这一思想，恐怕也是有渊源的，因为这与《尚书》的"民惟邦本"的思想是一致的，只不过是采取了不同的表述方式罢了。这种"民惟邦本"的思想，在《论语》中也有体现。《论语·颜渊》篇载子贡问政，孔子告诉他："足食，足兵，民信之矣。"经过一番分析，孔子得出结论："民无信不立。"所谓"民无信不立"，孔安国云："治邦不可失信。"这是非常正确的诠释。徐复观对此有深入的辨析。他指出，《论语》上的"信"有两种意思，其一是指人的操守和德性；其二是对为政者的要求。而这里的"信"，显然就是对为政者的要求。他深刻地指出："先秦儒家，凡是在政治上所提出的要求，都是对统治者而言，都是责备统治者，而不是责备人民，这可以说是一个'通义'，此即'德治'的本质。"①很显然，这种德治的立场就是民本的立场。

关于君民关系，孔子的基本定位是君为"民之父母"。按照《孔子家语·王言解》的记载，孔子对政治关系的一种理想化设计就是"上之亲下也，如手足之于腹心；下之亲上也，如幼子之于慈母矣。上下相亲如此，故令则从，施则行，民怀其德，近者悦服，远者来附，政之致也。"在今天的语境之下，现代人

---

①徐复观：《释〈论语〉"民无信不立"——儒家政治思想之一考察》，《学术与政治之间》，第277页。

对于君民之间的这种"为民父母"的说法，往往十分反感。但是为何孔子不提"人民公仆"，而赞成"为民父母"的说法呢？我们说君主和为政者应"爱民如子"，其实为民父母恰恰是从"爱"的角度立论，而非从权力角度言说的。《孔子家语·论礼》记孔子说："夫民之父母，必达于礼乐之源，以致五至而行三无，以横于天下。四方有败，必先知之。此之谓民之父母。"这一点也影响到后来的《大学》。《大学》说："民之所好好之，民之所恶恶之，此之谓民之父母。"在儒家这里，出于重视家庭伦理的血缘情感的考虑，强调在政治上君民关系应该如此亲密，为政者以民为心。徐复观认为，儒家在要求统治者以人民之好恶为好恶的政治思想上，涵育着深深的民主政治的精神。[①]这是深有见地的看法。

顺便说一句，孔子对待君主的态度并不像后来的子思和孟子那样，而是遵守"事君以礼"的原则，基本上说，孔子是尊君的。但是这种尊是一种尊重，而不是无条件遵从。

总之，孔子的政治思想，是以民本为基石，以教化为形式，以礼治与德治为实质的王道思想。这种政治思想，是承认君主这一政体，但是强调以君子为治理主体，突出仁爱、礼治、道德、教化为本位的王道政治观或人道政治观。这种思想在孔门后学那里得到了继承、发展和深化。

（宋立林，男，曲阜师范大学孔子文化研究院教授、副院长，山东孔子学会秘书长）

[①] 徐复观：《儒家在修己与治人上的区别及其意义》，《中国思想史论集续编》，九州出版社，2014年，第460页。

儒家自得式自由的政治追求

——以《孔子家语·入官》为中心的考察

陈 岳

自由与儒学是否对立，是儒学直面的现代性问题之一。许多人心中，儒学缺乏自由观念，且限制个人、抹杀个性，以礼教专制强调义务本位。但正如倪培民所言："如果我们不是把先秦儒家的思想与后世所有以儒家的名义所行之实混为一谈，即可发现儒家思想与自由的观念并不像上述那么简单。"①儒家话语虽少见"自由"一词，但有许多蕴含自由的概念，拥有丰厚的自由思想资源，"自得"便是其中之一。

所谓"自得"，简单说便是"由己而得"。梁启超曾论儒家主张，"政治家惟立于扶翼匡助的地位，而最终之目乃在使民'自得'，以'自得'之民组织社会，则何施而不可者"②，"自得"是儒家的政治追求，同时"自得"是儒家自由观念的重要体现，因此，在政治上，儒家正持有自得式的自由观。近年来，学界对儒学如何面对自由的讨论愈发热烈，而儒家自由观念的材料仍可补充，《孔子家语·入官》便存有不少与自由相关的论述。《入官》中重点谈论了"民之自得"的治政之道，恰能反映儒家自由观念在政治上的表现。

---

① 倪培民：《修炼而成的自发性：儒家自由观》，《儒家功夫哲学论》，商务印书馆，2022年，第430页。

② 梁启超：《先秦政治思想史》，第100页。

一、自得与自由的关联

关于儒学的自由观念，人们最容易感知到的便是孔子"为仁由己，而由人乎哉"（《论语·颜渊》）的自我意志，也有学者形象地称此为"道德的自由与自律"①。早在几十年前，张君劢、徐复观、钱穆等学者便指出了儒家自由观念深刻伫立在"自我"概念上，由德性内具，反求诸己获得自由，而美国学者狄百瑞甚至宣称孔子是一个"自由主义者"，并认为中国自由传统的关键性概念是"为己之学""自得""自任于道"等自我观念②。

"自得"作为儒家自由观念的重要体现，其根源在于儒家是一门"为己之学"。"为己之学"语出《论语·宪问》，意思是说学习是为了修养自我道德、增进学问，而非炫耀，亦说学问之道当发乎己心，不在外力强求。孟子曰："君子深造之以道，欲其自得之也。自得之，则居之安；居之安，则资之深；资之深，则取之左右逢其原，故君子欲其自得之也。"（《孟子·离娄下》）按孟子语，"自得"可以说是"为己之学"的目标。孟子此话包含着一个朴实逻辑，即人们对经自身感受、体验、思索后主动得到的内容最为信任，基于此，君子希望通过自我学习寻求自得于道的境界。

狄百瑞曾就孟子此言分析"自得"有两层含义，第一层相当于上文所说的朴实逻辑，为满足自己而学习并体验真理，并由此引发内在的满足；第二层含义较为深刻，狄先生以朱熹的解释为准，认为其是内心的默识与贯彻，好在自己的心中自然地寻到道③。狄先生所总结的自得的两种含义实为递进关系，契合儒学修身进路。朱熹说："德之为言得也，得于心而不失也。"修德即是修身，得于己心而不失便是"择善固执"，这可以说是一种"自得"。同时，儒学以修身为本，最高境界是所行所言"不勉而中，不思而得，从容中道"（《中庸》），

---

① 李存山：《自由儒学与文化体用》，《当代儒学》第14辑。

② ［美］狄百瑞著，李弘祺译：《中国的自由传统》，中华书局，2016年，第9~12页。

③ ［美］狄百瑞著，李弘祺译：《中国的自由传统》，第59页。

这便是"自得"更为深刻的一面。要言之,"自得"的精深处近于孔子所说"从心所欲不逾矩"的境界。倪培民曾提出儒家最高级别的自由是"无须选择的自由",他认为经由功夫修养能达到"自如"的境界,拥有"修炼而成的自发性"。这一点如果用儒学语言来表达,应当便是"自得"。

孔子曾说:"为仁由己。"(《论语·颜渊》)这是强调自我意志的选择与自发的态度,他又说:"仁远乎哉?我欲仁,斯仁至矣。"(《论语·述而》)这强调了主体的能动性。结合自得的观念来看,儒家的自由包含了一个自我选择、自我约束、自我实行,最终达到自我获得的过程,简言之,便是"自由而由己,自然而自得"。

不难发现,儒学关于自由的一系列概念集中体现在个体修养、道德自律上。也正因为如此,许多人坚持认为儒家缺乏自由,原因是儒家在政治层面上没有针对自由的建树。例如邓曦泽便认为,按照自由主义谱系,儒学只能算"弱度自由主义"①,因为就自由主义的特征来看,儒学在公私问题、民主制度、法治观念、外部性等方面多数是不满足或弱度满足的。但是,人皆有自由意志,自由主义却并非一开始便存在,而是随着社会形势的发展产生出来的。考察儒学政治观念中有无自由的成分,更多应该考量儒学本身逻辑与发展的因素。就儒学而言,明末清初黄宗羲总结明末政治弊端,提出了学校议政、限制君权、设立治法等观点。在今天学者看来,黄宗羲很多观点包含了政治自由的内容。李存山曾论,黄宗羲能提出带有现代民主色彩的主张,主要是因为历史的经验,赵法生也认为,黄宗羲并不否认儒家道德,而是从其中开出了儒家政治哲学的新方向②。儒家政治思想并不排斥自由的这一点在黄宗羲身上得到了间接证明。

儒学不排斥自由只是儒家政治观念有关自由的次要部分。这只能说明,儒学可以吸取自由主义的思想进行发展、完善,并不意味着自由在儒学中处在核心的位置。陈少明、李存山等人曾有"仁学为体,民主为用""自由为体,民主

① 邓曦泽:《自由谱系下的儒家自由主义——兼论中国哲学方法论》,《清华大学学报》(哲学社会科学版)2019年第4期。

② 李存山、赵法生等:《"儒学现代转型与儒家自由观念建构"学术研讨会暨《自由儒学的先声》新书发布会学者发言选录》,《当代儒学》第14辑。

为用"或"自由仁学皆为体，民主为用"的讨论，实际便是对儒学中自由地位的讨论。儒家政治思想与其修身论一样，是以节制人的欲望、放大善性，激发自我向上、向善为主要目的与方法的。儒家以教化引导为主要为政方式，从这样的角度来看，自由或为儒家施行教化的阻力。但是，自由意志作为人的天性，儒家对其并非绝对压制，而是采取了尊重的态度。换言之，尊重人的自由天性，进而加以对人性的引导是儒家政治思想关于自由的主要部分。

儒家政治思想的大端是"仁本礼用"。孔子说："古之政，爱人为大。所以治爱人，礼为大。所以治礼，敬为大。……爱与敬，其政之本与。"孔子认为仁与礼的内核是"爱""敬"，而爱、敬是政治之本。儒家讲爱人，是要成人之美，由此行仁政、兴教化，而仁政教化是寻求道理认同，以德服人，不是压抑民众、侵犯他人私域；儒家讲敬，是要相互尊重，贯彻"己所不欲，勿施于人""己欲立而立人，己欲达而达人"的恕道，建立可亲可敬的礼乐秩序。"仁""礼"中均内涵人格平等、相互尊重的因素。人格平等是自由、人权的基础，相互尊重是政治实践中儒家自由观念的表现，而这正凭借"恕""自得"等诸多概念体现出来。

在现代政治哲学中，两种自由的概念是学者们讨论自由的基本思路。所谓两种自由，即英国学者以赛亚·伯林划分的"消极自由"与"积极自由"。简单说，消极自由是无约束的自由，是人"可以免于什么"的自由，代表个人堡垒、私域，与人不受权力、舆论、道德等支配的权利相关；积极自由是能动的自由，是人"可以做什么"的自由，它强调我们有权做想做的事情，但这并不代表可以任凭喜好肆意发挥，而是指符合道德、历史客观规律的积极有为。

学者们常以两种自由为镜讨论儒学政治自由观。其中，邓曦泽认为儒学中度满足消极自由，因其"己所不欲，勿施于人"的观念，可视为对他人自由的保护，但对于积极自由，儒学只是弱度符合，因为"儒家主张每个人都要积极向上，……但它限定了努力的具体方向和目标"[1]。邓教授以两种自由的概念审

①邓曦泽：《自由谱系下的儒家自由主义——兼论中国哲学方法论》，《清华大学学报》（哲学社会科学版）2019年第4期。

视儒学，有一定道理，但他对儒学积极自由一面的认识略有粗疏。邓教授以为儒学规定了必然方向，即"修齐治平"，限定了人必要走这条道路。但实际上，"修齐治平"讲述的是一个为政者如何以修身为基础，由家到国及于天下，表达了一个君子在家庭、国家、天下之中应当如何扮演好自己的角色。"修齐治平"是对于人生的一种指导，儒学之中有着广阔的天地，并不见得要求每一个学习者都要去为政。儒学是成人之学，孔子说："人能弘道，非道弘人。"（《论语·卫灵公》）从这里可以看到，孔子并不认为道是事先铺设好的规范，相反，道是人走出来的。孔子希望的是在成人这条路上创造性地发展自己，各自弘扬道。孔子所说的"道"自然有其特有内涵，但非要认定儒学规定的方向，大概只有"至善明德"而已。

儒家缺乏积极自由的观点是不准确的，恰恰相反，儒家正强调了积极自由的意义。倪培民认为儒家的自由是"无须选择的自由"。他认为两种自由具有局限性，即忽视外在限制对于自由的积极意义，将自由只是视为一种权利，局限了人们对于自由的理解，其后果是人们常常不知道如何应用自由，陷入孤独和绝望，而儒家主张通过自我修养来开拓更加广阔的自由空间，恰能作出纠正与补充。①倪教授主要是站在功夫修养的角度论证了儒家自由观念，而儒家政治思想里亦是如此强调，其表现正是致力使人能自得于向上向善的道路。

二、孔子论"入官"与儒家自由观念

有学者认为在儒家道德自律的方面，孟子思想尤其体现了"积极自由"，而其在实践哲学层面指向社会政治领域的正是"王道政治理论"。②孟子处在战国时期，正是原有的周代礼乐秩序完全崩塌的时代。孟子高扬王道，把过去一直遵循的政治秩序，抽象成为了自觉的政治力量。就自由而言，"自得"的概念亦突

---

①倪培民：《修炼而成的自发性：儒家自由观》，《儒家功夫哲学论》，第430页。

②谢晓东：《超越王道：孟子政治哲学的再阐释》，《儒家文化研究（第7辑）》，生活·读书·新知三联书店，2016年，第151页。

出在《孟子·离娄下》中。然而，就像王道的起源先于孟子一般，孔子早已阐述过"自得"的观念，这便在《入官》篇中。"入官"即是从官为政之意，《入官》记载了孔子讲述为政者在政治实践中应如何小心翼翼地对待民众，使其自得、自由。如何在尊重中引导他人，是儒家自得式自由的主要内容。通过《入官》的记载，我们可以更深入地了解儒家政治思想中自得式的自由。

《孔子家语·入官》又见于《大戴礼记》，作《子张问入官》，两者内容大体相似，只是有个别文字差异，可以相互校对。在历史上，不少学者认为《孔子家语·入官》是袭取《大戴礼·子张问入官》而成，而这种看法现在被证明是不恰当的。

在这些谈论《入官》抄袭《子张问入官》的学者中实有两种不同态度。一类如清代王念孙、王树楠等，尽管认为《入官》袭取《子张问入官》，却在注解《大戴礼》时指出在多数文辞差异的情形下，《入官》要优于《子张问入官》，应从《孔子家语》；一类如清孙志祖，坚定认为"此篇全袭《大戴礼·子张问入官》"[1]，而在其著作《家语疏证》中仅列《入官》不如《子张问入官》之处，即便发现了《入官》的长处，依然避而不谈。例如《入官》"说者，情之导也"一句，《子张问入官》作"调悦者，情之道也"。孙疏："案《文选·答卢谌诗》注引说有言字，言说者，所以导达其情也。"[2]依据《文选》，《入官》显然比《子张问入官》更为完整，孙疏仅言《入官》之失，而王树楠则指出《子张问入官》此处非是，并引用《孔子家语》为证。[3]不难看出，这两类学者的观点各有漏洞，前者的说法难免前后矛盾，后者则完全忽视《入官》的价值，对《入官》优于《子张问入官》之处全然不顾，陷入极大偏见。实际上，这两类学者多少受到了《孔子家语》"伪书说"的影响，先入为主地断定了《入官》抄袭《子张问入官》，以致难以自圆其说。

近十年来，随着出土文献的发掘、整理，学者们对一向被定论为"伪书"

---

①孙志祖：《家语疏证》，中华书局，1991年，第55页。

②孙志祖：《家语疏证》，第56页。

③参见孔广森：《大戴礼记补注（附校正孔氏大戴礼记补注）》，中华书局，2013年，第421页。

的一些历史文献的态度发生了改变，《孔子家语》即是其中之一。1973年河北定州八角廊出土的汉简《儒家者言》、1977年安徽阜阳汉墓出土的章题木牍，内容都以记载孔子及其弟子言行为主，与《孔子家语》类似。上海博物馆藏战国竹简中也有与《孔子家语》可参照者，如《民之父母》与《孔子家语·论礼》《孔子家语·问玉》等。这些内容引起了李学勤、杨朝明等先生对于《孔子家语》的广泛关注，如今学界已倾向于否定历史上武断的《孔子家语》"王肃伪造说"。

对"《孔子家语》公案"的讨论，促使学者们更加客观地比较《孔子家语》等相似文献。清代肯定《孔子家语》价值的陈士珂曾论道："夫事必两证而后是非明。"[1]杨朝明、宋立林、崔冠华等学者在细致比较《入官》与《子张问入官》的内容后，指出两者的记载实际各有缺憾，《入官》出自《大戴礼记·子张问入官》的说法显然不妥，《孔子家语·入官》当较《大戴礼·子张问入官》原始、优良，这两个版本当时同源异流，属于同一祖本的不同传本，不存在谁抄袭谁的问题[2]。以上诸位学者的观点应当可信。孙志祖《家语疏证》中仅列了四处以《子张问入官》校《入官》者，而在王树楠《校正孔氏大戴礼记补注》中则列了近二十处以《入官》校《子张问入官》者。这其中不乏有两者差距较大的地方，足以说明两者并非谁依据谁做的改动。

例如《入官》中"欲政之速行也，莫善乎以身先之；欲民之速服也，莫善乎以道御之，故虽服必强"一句，《子张问入官》作"欲政之速行也者，莫若以身先之也；欲民之速服也者，莫若以道御之也。故不先以身，虽行必邻矣；不以道御之，虽服必强矣"。在这段话的结尾部分，《子张问入官》显然比《入官》要完备。如果说《入官》抄袭了《子张问入官》，没有理由忽略这么长的一句。再例如《入官》"若乃供己而不节，则财利之生者微矣；贪以不得，则善政必简矣。苟以乱之，则善言必不听也；详以纳之，则规谏日至"一句，《子张问入官》作"财利之生征矣，贪以不得；善政必简矣，苟以乱之；善言必听矣，详以失之；规谏日至，烦以不听矣"。两者不仅在文字上有差异，而且断句不同导

---

①陈士珂：《孔子家语疏证》，凤凰出版社，2017年，第1页。
②宋立林：《"儒家八派"的再"批判"》，花木兰文化出版社，2013年，第223～224页。

致意思不同。如果只是断句差异，还可能与整理者的个人理解有关。但两者的文字也有差异，这就表明两者各有祖本。

《孔子家语·入官》的末尾记载"子张既闻孔子斯言，遂退而记之"，这表明《入官》是由子张回忆孔子所教而书写下来。如此，《入官》应当有较少口语气息，因为子张回忆记录孔子所教，当经过修整。宋立林曾指出，《子张问入官》比《入官》多用"也""故"等虚词①，这样看来，《子张问入官》更可能是经过传述、讲解记录下来的内容。《汉书·艺文志》所记载的《记》百三十篇曾历经秦祸，又在西汉被后仓等人用来讲学，最终才形成《礼记》与《大戴礼记》，《子张问入官》可能便是这个过程中对某个经师讲解的记载。相比之下，按孔安国《孔子家语后序》的记载，《家语》是孔安国对秦藏竹简的副本抄录，其后，《家语》又久不立于学官②。因此，《入官》经过改动较少，材料更为古朴、原始。

《入官》是孔子向弟子子张讲述如何入仕为官的记载，子张是孔子弟子中的"政道派"，《论语》中便记载了"子张学干禄"（《论语·为政》），可见子张的志向所在。就《入官》所反映孔子为政思想而言，有"为政以德""德主刑辅""选贤与能"等，而其中最为突出的是"无为而治"。提及"无为而治"，人们最先想到这是道家的主张，但其并非黄老学派的专利。《论语·卫灵公》载孔子言："无为而治者，其舜也与？""无为而治"同样是儒家最高的政治理想。《入官》中记载孔子主张"治者约""善政必简"③"以身先之"等以求"民咸自治""民之自得"，这集中反映了儒家"无为而治"的思想，而"民咸自治""民之自得"的观念更显现出儒家民本主义的终点是落脚在人的自身之上。

---

① 宋立林：《"儒家八派"的再"批判"》，第222页。

② 参见杨朝明、宋立林主编：《孔子家语通解》，齐鲁书社，2013年，第578～583页。

③ "善政必简"一句在《入官》中作"贪以不得，则善政必简矣"，属上句，《子张问入官》作"善政必简矣，苟以乱之"，属下句。据《论语·雍也》："居敬而行简，以临其民，不亦可乎？居简而行简，无乃大简乎？"可知此处当从《子张问入官》，意思是良好的政治应当是简而不烦、恰如其分。

三、《入官》中"民得"与"民之自得"

《入官》涉及自由的概念有两个："民得"与"民之自得"，两者的关系大体可视为递进。

"民得"是指民众能自得其乐，这需要端正对待民众的态度，以诚、敬临民。孔子言：

> 故君子南面临官，大城而公治之，精知而略行之，合是忠信，考是大伦，存是美恶，而进是利，而除是害，而无求其报焉，而民情可得也。故临之无抗民之志，胜之无犯民之言，量之无佼民之辞，养之无扰于时，爱之勿宽于刑。言此，则身安誉至，而民自得也。

此段文字大略以"而民情可得也"为界分为两节，上节主讲以敬事得民情，下节主讲以敬人存民意。

在上节中，"大城而公治之"，王聘珍注"'城'当为'诚'，形声之误也"[①]，当从王说；"精知而略行之"即"居敬而行简"之意，做到举要而行，度时而动；"伦"指理次，"存"指省察。整节的意思是说，君子为官，以诚心来公正治理，深思熟虑后举要而行、度时而动，以忠信聚集民众，所依据者是伦理规范，所省察者是美与恶，兴利除害，不追求回报，如此民情便可以获得了。《入官》载孔子言："君子莅民，不可以不知民之性而达诸民之情。既知其性，又习其情，然后民乃从命矣。"知民性、民情，顺势而为，民众才会听从政令。民性实际便是人性，往往可以推而得之，而民情的获得则需为政者做好本职，所谓"敬事而信"（《论语·学而》），笃敬于事，更易获得民众信任，进而了解民情。

孔子所言下节讲敬人。"抗民"，《逸周书·谥法》言："逆天虐民曰抗。"

---

① 王聘珍：《大戴礼记解诂》，中华书局，1983年，第138页。

指违背时令虐待民众；"佼"，通"狡"，意思是狡诈。整句的意思是不要悖逆天理凌虐民众，不要以冒犯百姓的言语来说服百姓，不要以欺诈的言辞来揣测百姓，不要以违背农时来养护百姓，不要以放宽刑罚的方式来爱护百姓。在本节中，孔子细致讲述了对待民众的态度。总结来看，为政者与民众交往之中应怀真诚、尊重、爱护的态度，同时也应谨守法律、法度。

能够做到敬事、敬人，民众便能自得其乐。如以今天的观念来看，这两点恰恰包含了政府应当做好政府的事，不干预民众自由，不侵犯民众权利，尊重民众，保障民众，契合于"消极自由"的观念。

在"民得"之上，孔子又主张"民之自得"。实际上，《入官》篇有着清晰的为政次序。子张向孔子询问为官执政，孔子直指"安身取誉为难"，而"安身取誉"又包括"政从""民得"与"民之自得"。所谓"政从"即是指政令能够顺利推行，孔子讲到子张要除去"忿数""距谏""慢易""怠惰""奢侈""专独"六种弊端，谨慎行事，不专善、不失言、不贰过，与《论语》中"禄在其中矣"（《论语·为政》）的意思相当。"民得"与"民之自得"则是在求安身之上的更高层次。

就"民之自得"，孔子言：

> 君子以临官，所见则迩，故明不可蔽也；所求于迩，故不劳而得也。所以治者约，故不用众而誉立。凡法象在内，故法不远而源泉不竭，是以天下积而本不寡。短长得其量，人志治而不乱政。德贯乎心，藏乎志，形乎色，发乎声。若此，而身安誉至，民咸自治矣。是故临官不治则乱，乱生则争之者至。争之至，又于乱。明君必宽裕以容其民，慈爱优柔之，而民自得矣。

孔子这段话强调的重点在于"治者约"。"治者约"与《入官》下文提及"善政行易""善政必简"含义一致，通俗来讲便是简要不烦的政治。中国文化通常认为"无"要高于"有"，在政治上也是这样。"治理约""善政必简"等反映的便是儒家"无为之治"的政治思想。

要想达到儒家的"无为之治",最重要的便是以身显道,如此才能简而不烦。《论语·卫灵公》载孔子言:"无为而治者,其舜也与?夫何为哉,恭己正南面而已矣。""恭己"即是说心存敬畏,身体力行,实际便是以身喻道,盛德化民。《入官》在这里讲:"德贯乎心,藏乎志,形乎色,发乎声。"讲的正是为政者将道德存于内心,视为志向,通过神色、声音由内而外散发出来,以行为影响他人。

上述材料中孔子还讲道:"君子以临官,所见则迩,故明不可蔽也;所求于迩,故不劳而得也。"大意是说君子为官要认识到:如同在自己身边那样看见,就会清楚到不能遮蔽,注重要求身边的人,治理就能够不必辛苦便能达到目标。因此,孔子在下文讲到"三伦":"故君上者,民之仪也;有司执政者,民之表也;迩臣便僻者,群仆之伦也。故仪不正则民失,表不端则百姓乱,迩臣便僻,则群臣污矣。是以人主不可不敬乎三伦。"三伦是君上、有司、迩臣,三者代表着君主自身及其能够接触到的身边人。如果三伦能够做好表率,以身显道便能传递下去。《入官》中孔子还说:"贤君必自择左右,劳于取人,佚于治事。"强调了选贤与能的重要性。

要达到"无为而治",除了以身显道、慎择左右,还要宽容待民。上述材料的最后部分讲到"是故临官不治则乱,乱生则争之者至。争之至,又于乱"。这里"临官不治则乱"并不是简单说为官不能治理,《荀子·不苟》中讲道:"君子治治,非治乱也。……礼义之谓治,非礼义之谓乱也。""不治则乱",即是说不能以礼义来教导便会带来混乱。因此《入官》整句话的意思是为官不能用礼义教导民众,就会带来混乱、争斗。为了能有所"治",孔子主张既要以礼义规范约束民众,更要宽容待民,通过慈爱优柔使民众能够觉醒、自我完善。

究竟何为"慈爱优柔",在下文中,孔子谈道:

> 枉而直之,使自得之;优而柔之,使自求之;揆而度之,使自索之。民有小罪,必求其善,以赦其过;民有大罪,必原其故,以仁辅化;如有死罪,其使之生,则善也。

孔子在这里指出，民有"小罪""大罪"之时，要发掘其身上之善，引导发掘内心积极的一面。从这里便可以看出，慈爱优柔并不意味着可以免于刑罚，否则此言便与先前"爱之勿宽于刑"相矛盾，而是说相信民众有改正向善的心与能力，给予向善的机会。《论语·微子》中记载周公之言"无求备于一人"，即是说给予宽容悔过之意。孔子这里还谈到民有死罪，能使其"生"，而"生"所指不仅是生命意义，也与他对人可无尽完善的内在信念相应。就像牟宗三所论："正德、利用、厚生即是王道，……正德求诸己，利用厚生归诸人，而亦必教之以德性的觉醒。此正所以尊人尊生也。尊生不是尊其生物的生，而是尊其德性人格的生，尊其有成为德性人格的可能的生。"①孔子之道的教育目标是"学以成人"，政治教化便是主张对每个人德性人格的唤醒，使人们能够从根上转化，使其能自耻于为非作恶而向善。这是自我的终极，而这种终极在孔子那里又必然带来世界的改变。所以，孔子说"自得""自求""自索"，皆是指一个人发自内心的追求，只有如此，人才能获取永续的动力而向上。

"民之自得"即是儒家政治思想类似"积极自由"之处。诚然，孔子所希冀的"民之自得"，是以他自己对于人格完备的认识为基础，但孔子主张教化应当是获得自我认同，而不是力量的强制。《入官》中孔子说："故君子莅民，不临以高，不导以远，不责民之所不为，不强民之所不能。……君子欲言之见信也，莫善乎先虚其内；欲政之速行也，莫善乎以身先之。"从这里可以看出，孔子所主张的教化是以身先之，不强民所难，通过构建认同感来引导民众。这毫无疑问是在保证人的自我意识的基础上，指出了一条积极的自我完善之路。儒家政治思想的本质是一种民本主义，而儒家的以民为本，实是以人的生存、成长、完善作为政治实践的考量对象。与其他政治理念相比，儒家民本主义在基本生存、发展权利上更进一步，即要求人的完善。为此，为政者须小心翼翼地引导民众，通过以身显道、慎择左右、宽容待民的方式达到"民之自得"的目标。

①牟宗三：《政道与治道》，吉林出版集团有限责任公司，2015年，第28～29页。

四、结论

与《论语》侧重强调修身相较，《孔子家语》更侧重政治之道的阐述。通过《孔子家语·入官》篇，我们可以看到儒家"无为而治"理念中"民之自得"的思想。而以自由角度来看，"自得"的心灵境界是儒家的修身追求，而"民之自得"是儒家希冀的社会局面。我们不妨把儒家这种引导人们以自我意志追求向上、向善的政治理念称之为"自得式自由"。

孔子曾对颜渊说："克己复礼为仁。一曰克己复礼，天下归仁焉。为仁由己，而由人乎哉？"（《论语·颜渊》）"克己复礼"是行仁的一种方法。礼的内容庞大纷杂，然其表现形式可归结为规范性的仪节。孔子认为，在礼的约束中更要向仁的境界前行，充分发挥主体性。扩展开去，在政治实践中，儒家也力图将这种信念、道理传递出去，激发人的自觉。"自由而由己，自立自重、自强自得"是儒家君子修身之道，也是儒家的政治理念。儒家认为，政治不仅要保障社会生活秩序，使民众自得其乐，也要唤醒民众对价值秩序的关怀，提高人民精神，使其自觉向上、向善。在儒家的设计中，受教育者是社会的精英阶层，而精英阶层是为他人之善而执政，践行君子的"政治义务"。由此，在政治实践中，"自得式自由"既是主张为政者充分尊重人情民意，更是主张为政者要充当"慈爱优柔"的引导者角色。相应地，自孔子之后，儒学在中国流传两千多年，儒家思想影响着今日人们对自由的认识。钱穆认为，中国人论人生，既平等，又自由，因其皆由天命来，内赋于我，"关键则在己心之所志"①。有学者以儒家视角反思民主、自由与精英政治之间的关联，认为"结合民意的自由和充分表达与精英决策的混合政体"能更好地处理威胁自由的问题。②而在历史上长期追求贤能政治理想的中国人，或许更容易接受合乎情理的引导，并认为这不会影

---

① 钱穆：《晚学盲言（下）》，生活·读书·新知三联书店，2014年，第987页。
② 参见白彤东：《自由、良政与全球秩序——新冠疫情下对西方体制的儒家政治哲学反思》，《浙江社会科学》2021年第5期。

响平等且自由的内在之志，以此达到自得式自由。

任剑涛曾论伯林两种自由的划分实则昭示了"人类在必然的政治社会中，一种可为与不可为的矛盾处境"。[①]人类在现实社会中必然受到限制，这些限制有不合理的地方，我们应当以消极自由去争取，而有些限制合于人类社会生存发展之必要，我们应当如何对待，伯林的两种自由的观念没有很好解答。反观儒学面对约束限制，常能在其中找到人生的积极意义。因此，面对人类社会关于自由的必然矛盾时，儒学确能提供一些智慧，助力将现实内外圆融一体。

（陈岳，男，山东泰安人，曲阜师范大学孔子文化研究院讲师）

[①]任剑涛：《政治哲学讲演录》，广西师范大学出版社，2008年，第238页。

孔子思想与北朝时期民族的大融合

魏衍华

北朝政权上承十六国，与南朝的宋、齐、梁、陈大体相并立，从386年道武帝拓跋珪建立北魏政权开始，后分裂为东魏、西魏，后又分别为北齐、北周所取代，至581年杨坚废北周静帝，自立为帝，建立隋朝，前后经过近200年的时间。与南朝的统治者不同，北朝各政权的建立者们皆不排斥异域文化，对佛、道两教持欢迎甚至扶持的态度，但是其"封建化""汉化"的过程也决定了他们必须重视孔子、儒学，必须用儒家的社会原则和社会思想构筑其上层建筑的核心，当信佛、佞佛之风严重影响到社会秩序时，他们会自觉地对其进行限制甚至是打击，所以，这一时期出现北魏太武帝和北周武帝的两次"灭佛"。正如刘振东先生所说，如果说北朝统治者对释、道的崇信只是出于精神上的需要，而崇儒和重儒则是出于政治实践和社会实践的需要，他们对儒学态度丝毫不亚于对释、道的提倡。[①]应该说，各政权的统治者们崇儒、重儒，以及对孔子思想的尊崇与践行，也成为北朝时期北方少数民族融合非常重要的黏合剂。

一、北魏政权的孔子认同与"灭佛"

北魏是由生活在漠北地区（今内蒙古鄂伦春一带）的游牧部落鲜卑族拓跋部建立的少数民族政权。386年拓跋部首领拓跋珪称魏王，始建北魏政权，398

---

① 刘振东：《中国儒学史·魏晋南北朝卷》，广东教育出版社，1998年，第403页。

年迁都平城，进号称帝，史称道武帝。历经明元帝拓跋嗣、太武帝拓跋焘的发展，于439年灭掉北凉、西凉，成为北方中原地区统一的政权。自建立之日起，北魏统治者就必须思考国家政权的合法性问题，必须考虑政权的巩固与治理问题。《北史·魏本纪第一》开篇说："魏之先，出自黄帝轩辕氏，黄帝子曰昌意，昌意之少子受封北国，有大鲜卑山，因以为号。其后世为君长，统幽都之北，广漠之野，畜牧迁徙，射猎为业，淳朴为俗，简易为化，不为文字，刻木结绳而已。时事远近，人相传授，如史官之纪录焉。黄帝以土德王，北俗谓土为拓，谓后为跋，故以为氏。"这应是试图从血缘上寻求到中原地区士人阶层的认同。

道武帝自建立北魏政权伊始，就特别注重学习与接受孔子儒学，就注重按照儒家的礼仪、观念治理新生的国家政权。据《北史·魏本纪》记载，登国十年（395），道武帝拓跋珪打败慕容宝后，在他俘虏后燕的王公及文武百官之中，"擢其才识者贾彝、贾闰、晁崇等与参谋议，宪章故实"；天兴元年（398）迁都平城，"始营宫室，建宗庙，立社稷"，并制定朝仪；天兴二年（399），"令《五经》群书各置博士，增国子太学生员三千人"；天兴四年（401）春，命"乐师入学习舞，释菜于先圣先师"，同时还聚集博士儒生，编订经书。在传世文献中，有关道武帝尊崇孔子儒学，按照传统礼仪制度和观念精神治理国家的记载还有不少，并且奠定了此后北魏政权尊崇孔子、重用儒臣的基石，为北方少数民族融合作出了积极贡献。

北魏政权的尊孔崇儒至太武帝拓跋焘时期得到进一步的强化。从传世文献的记载来看，太武帝是北魏诸帝中非常有作为的皇帝。423年，拓跋焘继位后，北征柔然，西讨仇池，吞并北燕，最终完成了北方真正的统一。正如史臣论曰："（太武）平秦、陇，扫统万，剪辽海，荡河源，南夷荷担，北蠕绝迹，廓定四表，混一华戎，其为武功也大矣。"（《北史·魏本纪第二》）北方的空前大统一，为此时民族的大融合奠定了基础。与此同时，拓跋焘更加注重尊孔崇儒，如击败柔然后，始光三年（426）春，他便"起太学于城东，祀孔子，以颜渊配"；神䴥四年（431）下诏征世胄遗逸，并征召卢玄、崔绰、李灵等儒雅俊逸之士数百人到朝廷任职。此时的名儒常爽设馆温水之右，门徒数百；中山张吾贵海内称儒宗，门徒数千，社会呈现出一派"儒林转兴"的局面。

当然，由于北魏主政者是少数民族，所以并不排斥异域文化，即便是太武帝拓跋焘亦归宗佛法，敬重沙门。这也使得佛学有了长足发展，甚至还危及北魏政权，催生出魏晋南北朝时期的首次灭佛运动。就太武帝灭佛的原因，学界还存在不同说法，但导火索应是盖吴的谋反。据《魏书·释老志》记载，盖吴反杏城，太武帝西伐至长安，牧马于沙门种麦寺内。太武帝侍从在寺内发现"大有弓矢矛盾"，出以奏闻。太武帝怒曰："此非沙门所用，当与盖吴通谋，规害人耳！"于是"命有司案诛一寺"。查抄寺内财产，"大得酿酒具及州郡牧守富人所寄藏物，盖以万计。又为屈室，与贵室女私行淫乱"。触动太武帝下诏"诛长安沙门，焚破佛像，敕留台下四方，令一依长安行事"，而且对王公已下"私养沙门者"限期送官，否则不仅"沙门身死"，而且"容止者诛一门"。

尽管监国的太子因"素敬佛道"而再三陈"刑杀沙门之滥，又非图像之罪"，但是太武帝仍坚持下诏"灭佛"，诏书曰：

> 昔后汉荒君，信惑邪伪，妄假睡梦，事胡妖鬼，以乱天常，自古九州之中无此也。夸诞大言，不本人情。叔季之世，暗君乱主，莫不眩焉。由是政教不行，礼义大坏，鬼道炽盛，视王者之法，蔑如也。自此以来，代经乱祸，天罚亟行，生民死尽，五服之内，鞠为丘墟，千里萧条，不见人迹，皆由于此。朕承天绪，属当穷运之弊，欲除伪定真，复羲农之治。其一切荡除胡神，灭其踪迹，庶无谢于风氏矣。自今以后，敢有事胡神及造形像泥人、铜人者，门诛。虽言胡神，问今胡人，共云无有。皆是前世汉人无赖子弟刘元真、吕伯强之徒，乞胡之诞言，用老庄之虚假，附而益之，皆非真实。至使王法废而不行，盖大奸之魁也。有非常之人，然后能行非常之事。非朕孰能去此历代之伪物！有司宣告征镇诸军、刺史，诸有佛图形像及胡经，尽皆击破焚烧，沙门无少长悉坑之。

从中可以看出，太武帝这一诏书是一篇"剿佛檄文"，之所以不惜用暴力灭佛，除此时佛学自身尚无法适应中国水土，更重要的原因则是"出于其巩固政权的需要"①。在灭佛的第二年（446），太武帝颁布由崔浩所注的《诗经》《尚书》《论语》《周易》等儒家经典，命天下习业，体现了以孔子、儒学治理天下的决心。

由于太武帝拓跋焘的灭佛，佛学受到空前的打击，在沉寂一段时间后不得不做出调整，一方面按照北魏皇帝的形象塑造佛像，如兴光元年（454）秋，"敕有司于五级大寺内，为太祖已下五帝，铸释迦立像五，各长一丈六尺，都用赤金二万五千斤"；另一方面则根据皇帝诏书修改佛法，使佛寺规矩和僧尼行为都与世俗法律相一致。这也使得佛学开始中国本土化，特别是文成帝拓跋濬、献文帝拓跋弘信奉佛法，崇尚佛典，佛教在社会中的影响得以恢复，进入儒佛相安无事的阶段。同时，北魏政权的汉化进程逐渐加快，特别是孝文帝拓跋宏统治时期，采取了一系列尊孔崇儒的汉化政策，同时也是北魏政权最兴旺的时期。与北魏此前的历代帝王有所不同，孝文帝推崇汉文化，亲政后更是全力推行改革，如从平城迁都洛阳、力改鲜卑旧俗、推广汉语、禁止归葬、改革度量衡、提倡鲜卑族与汉人通婚、改变鲜卑人的复姓为单姓以及禁止胡服等，并推动着北方少数民族的大融合。

这些改革措施基本都是遵循了儒家的基本理念，比如太和十九年（495）六月，下诏"不得以北俗之语言于朝廷，若有违者，免所居官"。《魏书·献文六王列传》详细记载了拓跋宏与咸阳王禧之间的对话，从"若仍旧俗，恐数世之后，伊洛之下复成被发之人"的话语中，明显体悟到他对鲜卑族文明进步的关心。百年大计，教育为本，孝文帝尤为注重对教育的改革，孔子、儒学对社会的影响远超过佛学。比如太和十年（486）改中书学为国子学，诏起明堂、辟雍；太和十一年（487）十月，甲戌，诏曰：

> 乡饮礼废，则长幼之叙乱。孟冬十月，民闲岁隙，宜于此时导以德义。可下诸州，党里之内，推贤而长者，教其里人，父慈、子孝、

---

① 诏书列举此时佛学的显著弊端："事胡妖鬼，以乱天常"，"夸诞大言，不本人情"，"视王者之法，蔑如也"，"五服之内，鞠为丘墟，千里萧条，不见人迹"以及"附而益之，皆非真实"等五条，是佛教尚未中国本土化的典型表现。详见李中华：《中国儒学史·魏晋南北朝卷》，北京大学出版社，2011年，第262页。

兄友、弟顺、夫和、妻柔。不率长教者，具以名闻。

太和十五年（491），高祐"出为西兖州刺史，……以郡国虽有太学，县党宜有黉序，乃县立讲学，党立教学，村立小学"（《北史·高允高祐列传》）。至此，北魏的学校教育形成完整的体系，逐渐成为南北朝时期中国教育的中心。

孝文帝拓跋宏还举办了祭祀孔子、封崇孔子后裔等系列活动，如太和十六年（492）改谥宣尼为文圣尼父，告谥孔庙；太和十九年（495）四月，"幸鲁城。亲祠孔子庙""诏拜孔氏四人，颜氏二人为官""诏选诸孔宗子一人，封崇圣侯，邑一百户，以奉孔子之祀"以及"诏兖州为孔子起园柏，修饰坟陇，更建碑铭，褒扬圣德"。正如李中华先生说："这一连串的尊儒祭祀活动，表明北魏政权对汉族文化，特别是对儒学的认同。"又说："他为中国各民族的融合及中国文化在政治分裂的时代仍能保持其连续性和统一性，做出了巨大努力。"①尽管孝文帝的继任者们也尊崇儒学，但是佛学逐渐占据上风，他们不遗余力地开凿石窟、营造寺院，国力被严重削弱。此外，皇帝崇信佞臣、外戚、后宫干政，统治阶层日趋腐化，大权旁落，最终于孝武帝永熙三年（534），北魏走向了分裂。

二、东魏、北齐政权的"佞佛"与敦述儒风

北魏永熙三年（534），孝武帝在试图诛杀权臣高欢失败之后被迫西逃，后建都长安。高欢立元善见为帝，是为孝静帝，建都邺，史称东魏。东魏和西魏大致以今天的陕西、山西两省之间的黄河为界，西魏占有黄河以西的关陇之地；东魏占据黄河以东和淮北以南的北魏故地。东魏孝静帝武定八年（550），元善见被迫禅位于高欢之子高洋，东魏也就随之灭亡。尽管东魏占据了北魏时期政权的核心地带，其文明程度和孔子思想的影响应略高于西魏政权的关陇地区，但是由于东魏的国祚短暂，而且是由高欢父子专权，社会始终动荡不安，所以孝

---

①李中华：《中国儒学史·魏晋南北朝卷》，第266～267页。

静帝对孔子儒学的倡导是有限的，再加上这一时期鲜卑贵族和朝廷官员的贪淫无度，导致了这一时期儒学基本处于停滞状态，可以说孔子思想对当时社会的影响非常有限。

公元550年，高洋建国号齐，为区别于南朝的萧齐政权，史称高齐为北齐。北齐政权共经历了六位皇帝，至幼主高恒承光元年（577）为北周所灭，前后经历了28年的时间。当然，东魏政权的实际主宰者是高欢，所以人们通常也将北魏时期他实施的一些政策归入北齐。如《北史·魏本纪第五》记载，孝静帝武定四年（546）八月，高欢命人"移洛阳汉魏石经于邺"[①]。北齐开国伊始（550），文宣帝高洋便下诏将这批石经移入新修立的学馆内，诏曰：

> 诏郡国修立黉序，广延髦俊，敦述儒风。其国子学生亦仰依旧铨补，服膺师说，研习《礼经》。往者文襄皇帝所建蔡邕石经五十二枚，即宜移置学馆，依次修立。

从诏书的内容可知，高氏父子迁徙石经、修立黉序的目的非常明显，就是想借助对儒家经典的重视以"广延髦俊，敦述儒风"。

与北魏相比，北齐政权长期战乱，社会动荡不安，不过也有不少皇帝采取尊崇儒学的举措，比如文宣帝天保七年（556），"诏令校定群书，供皇太子"，陆逊等人按照西汉时期刘向父子的校书方式，"凡得别本三千余卷，《五经》诸史，殆无遗阙"；又如孝昭帝皇建元年（560），下诏"国子寺可备立官属，依旧置生，讲习经典，岁时考试"。然而，正如李中华先生评价说："北齐政权虽然尊尚儒学，建立学官，但由于当时兵戈未息，当权者无心于学术，故国子虽有学官之名，而无教授之实。"[②]其实，《北齐书·儒林传》对此早就有较为细致的描述：

---

①据《隋书·经籍志》记载，这些石经主要是后汉"镌刻七经"（著于石碑，为蔡邕所书），还有可能包括魏正始年间刻立的"一字石经"（相承以为七经正字）。其中说："后魏之末，齐神武执政，自洛阳徙于邺都，行至河阳，值岸崩，遂没于水。其得至邺者，不盈太半。"

②李中华：《中国儒学史·魏晋南北朝卷》，第268页。

幸朝章宽简，政网疏阔，游手浮惰，十室而九。故横经受业之
侣，遍于乡邑；负笈从宦之徒，不远千里。伏膺无怠，善诱不倦。入
闾里之内，乞食为资；憩桑梓之阴，动逾千数。燕、赵之俗，此众尤
甚。齐制：诸郡并立学，置博士助教授经，学生俱差逼充员，士流及
豪富之家皆不从调。备员既非所好，坟籍固不关怀，又多被州郡官人
驱使。纵有游惰，亦不检治，皆由上非所好之所致也。

"游手浮惰，十室而九""憩桑梓之阴，动逾千数"以及"学生俱差逼充员，士
流及豪富之家皆不从调"等现象，反映出北齐时期整体的社会风气，孔子、儒
学也很难对社会产生太深刻的影响，究其原因，则是"上非所好之"。

北齐帝王不仅"敦述儒风"，而且不少帝王、后妃和重臣多皈依佛教，出
现了"佞佛"现象。如据《续高僧传·法上传》记载，"（法上）德可轨人，
威能肃物，故魏、齐二代历为统师，昭元一曹，纯掌僧录，令史员置五十许
人，所部僧尼二百余万"。又如《佛祖统纪》记载，"所部僧尼四百余万，四万
余寺，咸禀风教。帝筑坛具礼，尊为国师。布法于地，令上统践之升座，后妃
重臣皆受菩提戒"。尽管佛教的盛行遭到当时儒家的反对，且此时佛教有某种
程度的劝善功用，但作为一种宗教，时常会导致"倾竭府藏""制造穷极"的
现象，并抵消故有的些许劝善功能。同时，相较之前的皇帝，北齐统治者相对
凶残暴虐，特别是后期的武成帝高湛、后主高纬等更是放纵恣肆[1]，最终导致政
权衰微，于557年为北周所灭。

三、西魏、北周政权的"尊周"与排佛罢道

北魏永熙三年（534），孝武帝西逃至长安，在以宇文泰为首的大臣的辅佐

---

①魏徵在《北齐书·后主幼主帝纪》最后评论说："齐自河清之后，逮于武平之末，土
木之功不息，嫔嫱之选无已，征税尽，人力殚，物产无以给其求，江海不能赡其欲。所谓火
既炽矣，更负薪以足之；数既穷矣，又为恶以促之，欲求大厦不焚，延期过历，不亦难乎！
由此言之，齐氏之败亡，盖亦由人，匪唯天道也。"

下，建都长安，同年驾崩。宇文泰则拥立孝文帝之孙元宝炬为帝，改元大统，是为文皇帝，史称"西魏"。西魏政权前后延续了二十余年，历三位皇帝：文皇帝元宝炬、废帝元钦和恭帝拓跋廓。557年，宇文泰之子宇文觉强迫恭帝拓跋廓禅位，改国号为周，史称"北周"，历孝闵帝宇文觉、明帝宇文毓、武帝宇文邕、宣帝宇文赟和静帝宇文阐。由于西魏政权的实权始终掌握在宇文泰手中，所以西魏、北周的崇儒好古的政策是一贯的。据《周书·文帝本纪》记载，宇文氏自述其先祖为炎帝。在炎帝为黄帝所灭后，"子孙遁居朔野，有葛乌菟者……其后曰普回，因狩得玉玺三纽，有文曰'皇帝玺'，普回心异之，以为天授。其俗谓天曰宇，谓君曰文，因号宇文国，并以为氏焉。"所以，宇文氏与中原地区的华夏族是同根同源的，同样是试图从血缘上得到中原地区士人阶层的认同。

与东魏、北齐政权略有不同，宇文氏执政的西魏、北周延续了北魏以来形成的尊孔重儒传统，高举起恢复周礼的大旗，为北方少数民族汉化以及隋文帝杨坚的统一奠定了基础。按照传统的说法，宇文泰"知人善任使，从谏如顺流，崇尚儒术，明达政事，恩信被物。……性好朴素，不尚虚饰，恒以反风俗复古始为心"。宇文泰认为，中国文化昌盛于周代，关中又是周文化的发祥地，所以在此地建立政权，理应自觉担负起弘扬西周礼乐文化的重任，如《北史·儒林传》中说："周文受命，雅重经典。于时西都板荡，戎马生郊，先王之旧章，往圣之遗训，扫地尽矣。于是求阙文于三古，得至理于千载，黜魏、晋之制度，复姬旦之茂典。"这也是宇文氏所建立的政权称为"周"的原因。

在社会动荡的背景下，宇文泰好古崇儒，重用儒臣，改革朝仪，为西魏、北周的稳定奠定了基础。西魏文帝大统元年（535），宇文泰便起用当地大儒苏绰为行台郎中，"始制文案程式，朱出墨入，及计帐、户籍之法"；大统五年（539），儒臣秘书监寇俊"始选置令史，抄集经籍，四部群书，稍得周备"；大统十年（544）采用苏绰损益的"新制"三十六条，"总为五卷，颁行天下"，"数年之间，百姓便之"。同时，宇文泰"欲行《周官》，命苏绰专掌其事"。苏绰去世后，又任命大儒卢辩继续此事，"于是依《周礼》建六官，置公、卿、大夫、士，并撰次朝仪，车服器用，多依古礼，革汉、魏之法"。应该说，在儒臣的推动下，西魏健全了以儒家思想为主体的国家体制，并在与东魏以及南朝萧梁政权的抗衡中逐渐占据了先机。

以"六条诏书"为例，西魏文帝大统七年（541）九月，根据苏绰提出的六条治国方案，宇文泰以诏书的形式颁行全国。宇文泰特别关注"诏书"内容的贯彻与落实，命令百官"常置诸座右"，并有"百司习诵之"和"其牧守令长，非通六条及计帐者，不得居官"（《周书·苏绰传》）的特殊要求。这"六条诏书"被称为西魏、北周政权的"经国大法"。诏书全文不足五千字，但是却涉及孔子、儒学的一系列思想观念，总括起来有六个方面："理人之要，在于清心""洗心革意，教化以成""衣食足则知礼让""选举之本，不限资阴，唯在得人""明慎庶狱，赏罚得中""以仁守位，以财聚人"。①很显然，这份诏书与儒家经典《大学》的"修身""齐家""治国""平天下"等基本理念密切相关，是孔子社会治理思想在新环境下的一种新诠释。

北周世历五位皇帝，共24年时间，周武帝宇文邕一人享国18年，而且也是北周时期执行宇文泰尊孔崇儒等基本国策最优秀的继承者，此时是社会最稳定的时期。周武帝在位期间曾多次亲临太学为群臣讲述《礼记》，而且对周围的儒臣极为重视，面向全国招募大儒。如保定五年（565），他派遣专人并致亲笔信恳请南朝大儒沈重北来，在书信中这样说：

> 有周开基，爰踪圣哲，拯苍生之已沦，补文物之将坠。天爵具修，人纪咸理。朕寅奉神器，恭惟宝图。常思复礼殷周之年，迁化唐虞之世。惧三千尚乖于治俗，九变未叶于移风。欲定画一之文，思杜二家之说。知卿学冠儒宗，行标士则。卞宝复润于荆阴，随照更明于汉浦。是用寤寐增劳，瞻望轸念。爰致束帛之聘，命翘车之招。

这封信表明了他对儒学和儒家的态度，特别是希望用"礼"迁化社会，用"礼"移风易俗，从而"定画一文，思杜二家"，也就是用孔子、儒学统一北周甚至北方的思想，以杜绝佛、老二教的影响，进而实现重新统一北方的目的。

---

①李中华：《中国儒学史·魏晋南北朝卷》，第275～285页。

保定末年（565），沈重到达北周都城长安，"诏令讨论《五经》，并校定钟律。""天和中，复于紫极殿讲三教义。朝士、儒生、桑门、道士至者二千余人。"天和六年（571），"授骠骑大将军、开府仪同三司、露门博士。仍于露门馆为皇太子讲论。"及打败北齐后，周武帝又亲访北齐大儒熊安生，也就是《周书·熊安生列传》中说的"高祖幸其第，诏不听拜，亲执其手，引与同坐"。后拜熊安生为露门博士。正如李中华先说："北周一朝，经师多兼达政术。以此进位大将军、露门博士、开府仪同者，为数不少，由此亦可知北周政权与儒学的关系。"①应该说，北周武帝采取的一系列尊孔崇儒的活动，是宇文泰开创"尊周"治国传统的延续。

北周政权的尊崇儒学自然引起了佛徒、道士的不安，并引发一系列三教之间关系的辩论，辩论也引起周武帝的不满。建德三年（574），他"初断佛、道二教，经像悉毁，罢沙门、道士，并令还俗"，此次国内僧尼还俗者达二百余万。在灭北齐政权后，北周政权没收寺庙财产，四万余所佛寺资产被充公，此次"五众释门，减三百万，皆复军民，还归编户，融刮佛像，焚烧经教，三宝福财，簿录入官，登即赏赐，分散荡尽"，这是继北魏武帝灭佛后中国历史上的第二次大规模灭佛事件。从周武帝前后两次令僧尼还俗的数量可知，北方佛学是极为兴盛的，已经对正常的社会秩序和政权统治构成了严重的威胁。尽管北周武帝非常用心地治理国家，但是继任的周宣帝宇文赟荒淫无道，使北周政权开始衰落；而继任的静帝宇文阐年幼羸弱，于大定元年（581）被迫禅位于大丞相杨坚，北周政权灭亡。

（魏衍华，男，孔子研究院科研管理部部长、研究员，泰山学者青年专家）

---

① 李中华：《中国儒学史·魏晋南北朝卷》，第271页。

论复圣颜子的政治思想

颜 健

孔子说："为政以德，譬如北辰，居其所而众星共之。"（《论语·为政》）认为以德治国好像北极星一样，自己处在一定的位置上，其他星辰都自然地围绕它旋转。颜子继承孔子的政治思想，主张以德治国、实行仁政。颜子渴望的是明君圣主的统治，这里民生安乐，家家富足，没有战争，风调雨顺，河清海晏，呈现出一片祥和太平的礼乐盛世景象。这种宽民力、薄赋敛，倡导礼乐教化的美好愿景，与当时各国横征暴敛、扰民害民、相互征伐的残酷现实，有着天壤之别。颜子具有一定的政治才干，主张施政要"无伐善，无施劳"（《论语·公冶长》）。颜子主张铸剑戟以为农器，使天下咸获永宁，甚至使蝟飞蠕动，各乐其性。颜子以其仁政德治思想、天下大同的社会理想和不折不挠的政治追求留给后人一个政治大贤的历史形象，并为世人呈现了美好的政治愿景。

一、颜子的圣王志向

圣王理想是儒家重要的政治追求，圣王即"内圣外王"。"内圣"，指的是为政者的内在修为，通过自身的道德修养，以达到"圣"的境界。孔子把古代的尧帝、舜帝作为"为政以德"的典范。孔子赞美尧帝的盛德，认为尧帝道德完美、功勋卓著、恩惠广布，说："大哉，尧之为君也！巍巍乎，唯天为大，唯尧则之。荡荡乎，民无能名焉。巍巍乎，其有成功也，焕乎，其有文章！"（《论语·泰伯》）他又说："无为而治者，其舜也与？夫何为哉？恭己正南面而已矣。"

（《论语·卫灵公》）认为舜帝能够坐北朝南、从容安静治理天下。舜帝能够恭己无为，是因为他能够通过自身的德行来影响和感化百姓，能够任用贤臣、放逐佞臣，不需要事事亲力亲为，只需要恭恭敬敬地端坐其位，而众星拱之，其表面上是"无为"，实际上则是"有为""有大为"。

（一）颜子的政治理想

颜子志于大舜，心向大同，他曾说："舜何人也？予何人也？有为者亦若是。"他公开宣称：舜是什么样的人？我是什么样的人？有作为的人也都像他那样，表达了对舜帝的认同与赞美。可见，颜子具有宏伟的志向，要以大舜为榜样。志于尧舜，期于大同，乃是儒家仁人志士的共同理想和目标愿景。此理想、此愿景，发轫于颜子，大成于孟子。孟子说："禹、稷、颜回同道。禹思天下有溺者，由己溺之也；稷思天下有饥者，由己饥之也，是以如是其急也。禹、稷、颜子易地则皆然。"（《孟子·离娄下》）认为禹、稷与颜子具有同样的个人修为，同样的政治抱负，因此也应有同样的社会影响力。

颜子既有志于尧舜的宏伟之志，又有安贫而乐道的淡然心态。春秋时期，征伐不断，战乱不息，颜子舍而藏之，"一箪食，一瓢饮，在陋巷"（《论语·雍也》），怡然自得，这是颜子的境界，颜子的伟大，也是颜子之所以为颜子处。然而，颜子志大舜之所志、思大舜之所思、行大舜之所行。大舜之所以由耕历山、渔雷泽，最终而为天子、为圣王，是因为他处于圣君统治的时代，并遇到了赏识自己的尧王。而颜子时代天下无道、礼坏乐崩，圣王不在，贤君亦不可期，箪食瓢饮，退居陋巷，乐尧舜之道，不亦宜乎！圣贤易地则皆然，如果大舜处于颜子时代，同样会和颜子一样，箪食瓢饮，乐圣贤之道。如果颜子处大舜时代，也会明德天下，教化众人，惠天下之民。"用则行，舍则藏"，这是圣贤的境界。"遁世不见知而不悔"，这是圣贤的气度。

（二）颜子的政治意识

颜子对政治是非常关心的，并有一定的政治才干。颜子曾就治国方略向孔子请教，《论语·卫灵公》载："颜渊问为邦。子曰：'行夏之时，乘殷之辂，服周之冕，乐则韶舞。放郑声，远佞人。郑声淫，佞人殆。'"（《论语·卫灵公》）

颜渊请教夫子怎样去治理国家。孔子回答道："用夏朝的历法，因为夏朝历法有利于农业生产，坐殷朝的车子，因为商代的车子更质朴实用，戴周朝的礼帽，因为周代的礼帽更符合古代的礼制，音乐就用尽善尽美的《韶》乐。摒弃郑国的乐曲，斥退品行不端的人。因为郑国的音乐淫邪放荡，小人太危险。"颜子有将相之才，问为邦，即向孔子请教"治国平天下"之道。

对于这段文献，自古就有不同的评价。孔子的弟子中多有问政者，而夫子不与他们讲三代损益的情况，是因为他们的才能不堪其任。对颜子则详细言说三代损益的情况，是因为颜子是王佐之器、栋梁之材。例如子贡问政，孔子回答说搞好粮食储备，搞好军备，赢得人民的信赖就可以了。只论述了取得人民信任的重要性。子张问政，孔子说只要在工作岗位上不懈怠，执行政令要忠诚。子路问政，孔子说当政者应该以身示范，勤于政务，做老百姓的榜样。仲弓问政，孔子强调要以身示范，给工作人员做出榜样，而不计较他们小的过错，选拔贤才来任职。子夏问政，孔子讲为政不能只讲速度，还要重视教化，如果贪图小利就做不成大事。以上均是孔子针对弟子的特点对他们为政某一方面的建议，并不上溯到三代之经验教训，这是因为这些弟子还不能担当治理天下的重任。而针对颜子问为政，孔子的回答十分完备，不仅叙述为政的具体措施，还从音乐和为人两个重要的方面告诫他，这是因为孔子认为颜子具有王者之佐的才能，是类似于伊尹一样的人。

对颜子的回答体现了孔子的历史观、哲学观和对颜子的高度信任。颜子在孔门中聪明绝顶，无人能及，智如子贡亦自叹没有颜子"闻一知十"之智。颜子问为邦，孔子答虞、夏、商、周损益之道。夏历、殷车、周冕，乍看之下，好像没有高深之处。然而，却有非常深的用意。孔子教导颜子，治理国家绝不能囿于一经一法，而是要取法先王、充分综合历史智慧，仅综合历史智慧仍不可，还要革除时弊，"放郑声，远佞人"，抛弃淫靡的乐曲和奢侈的行为，斥退奸佞的小人，亲近贤良的仁士。在孔门弟子中，只有颜子具备综合历史智慧的能力，故而孔子以此启发颜子，也是以此寄希望于颜子。

颜子推崇三代制度的不断变化，认为治理国家之方、为政之道、教化之道的关键在于不断借鉴历史经验革故鼎新、推陈出新，这样发展才有动力，社会才有活力。正因为如此，孔子才告诉颜子"行夏之时，乘殷之辂，服周之冕，乐则韶舞"，孔子也看到了夏商周三代礼乐文化的因循变革，而且认为这种因循变革是合情合理的。但颜子并不满足于对三代变化的追述，而是进一步追问三代变化的过程和原因。颜子推崇夏、商、周三代礼仪教化的变化，那么虞、夏又是如何变化的呢？孔子认为，教化是用来反思弥补前代的败政，没有衰败的政事、没有混浊的世风，才叫治世。夏承虞舜而来，舜承唐尧而来，也不用变更，而唐尧、虞舜之时都是治世，都不用变更。但到夏启变化就大了，由虞至夏是中华民族历史演进的一大关节，这一关节为颜子所关注，充分显示了颜子非凡的历史智慧。

（三）颜子的施政主张

颜子主张施政要"无伐善，无施劳"（《论语·公冶长》）。"无伐善，无施劳"只有简简单单六个字，自颜子的口中轻轻松松说出，看似平平常常，但背后凝聚千钧之力。对于这六个字的理解，学界有着不同的观点，代表性的观点主要有以下三种：第一种观点认为颜子不夸耀自己的优点，不表白自己的功劳；第二种观点讲颜子不夸耀自己的长处，同时又不以劳役施于他人，第三种观点讲颜子不去败坏他人的善行，不去诋毁他人的功劳。除了第三种说法有点不合实际，其他两点都与颜子的风神品貌相近，我们更赞成第二种观点。应该说"无伐善，无施劳"是一种修为、一种境界、一种胸怀。朱熹《集注》曰："伐，夸也……《易》曰'劳而不伐'是也。或曰：'劳，劳事也。劳事非己所欲，故亦不欲施之于人。'"无伐善，内以修己也，指的是自我内在修养的功夫；无施劳，外以安人也，指的是不以劳事强加于民众之身。合而言之，内圣外王也。

颜子之"无伐善"，并不是谦虚，因为谦虚是自以为优长于人而有意为之，而颜子视善为己之本性，何伐之有？曾子称赞颜子说："有若无，实若虚，犯而不校。"（《论语·泰伯》）颜子有闻一知十之智，却大智若愚；有治理天下之才，却选择"舍则藏"。"遁世不见知而不悔"，能够如此的只有颜子。"无施劳"，即不以劳苦之事强加于人民，让人民安居乐业，这是颜子的政治理想。颜子希望能够铸剑戟以为农器，使"天下咸获永宁，蝖飞蠕动，各乐其性"，让子路的勇敢无法施展，使子贡的辩才也无法发挥。纵观中国古代历史，劳役百姓往往是历代暴君统治的通病，再加上贪官污吏，搜刮民脂，无所不至，以至于百业俱废，民生凋敝，甚至不得不铤而走险。颜子"无施劳"的主张，有功于天下大矣。无伐善，仁也，内在成己；无施劳，智也，外在成物，合内外之道。"无伐善，无施劳"，在颜子本人为其固有之德性，在我们看来则是颜子的志向、颜子的境界和颜子的胸怀。

综上所述，颜子志于尧舜，期于大同，与禹、稷同道，故而深得孔子信任。颜子主张要"无伐善，无施劳"，内以修己，外以安人，希望能够铸剑戟以为农器，使天下咸获永宁，具有很强的人民性。

二、颜子的政治尝试

针对有人认为颜子具有避世倾向的主张，张宗舜先生根据《论语·卫灵公》记有"颜渊问为邦"，《庄子·至乐》及《人间世》等篇曾说及"颜渊东之齐""将之卫"，《孔子家语·贤君》则说"颜渊将西游于宋"等事实证明颜子并非有逃避现实或隐逸的意念。相反，他是要努力躬行实践，欲大有作为的，颜子是积极处世的。颜子是孔子最得意的弟子，他所说的"垂拱无为"，近于《易·系辞上》说的"黄帝、尧、舜垂衣裳而天下治"，属于孔子所说的"恭己正南面"的"无为而治"，而不应与道家的"无为而治"等同看待。

在颜子的一生中，做过诸多政治方面的有益尝试，主要有以下两方面。

（一）西游于卫，东游于齐

颜子曾西游于卫，打算前去施展自己的政治抱负。据《庄子·人间世》记载：

> 颜回见仲尼，请行。曰："奚之？"曰："将之卫。"曰："奚为焉？"曰："回闻卫君，其年壮，其行独；轻用其国，而不见其过；轻用民死，死者以国量乎泽若蕉，民其无如矣。回尝闻之夫子曰：

'治国去之，乱国就之，医门多疾。'愿以所闻思其则，庶几其国有
瘳乎！"

颜子拜见孔子，请求出行。孔子问道："你想到哪里去啊？"颜子说："我要到
卫国去。"孔子说："到那里干什么呢？"颜子说："我听说卫国国君年轻气盛、
专横跋扈，轻率地处理国家大事，看不见自己的过错。轻率处理政事导致老百
姓大量死亡，死去的人不计其数，就像大泽中被烤焦的枯草一样多，老百姓走
投无路了！我曾经听老师说：'治理很好的国家可以离开，混乱不堪的国家应该
前去，好像医生的门前病人就多一样。'我愿意根据从先生那里听到的道理，考
虑规划我的行动，如果我前去卫国，差不多能治理好卫国吧！"

　　颜子西行前往卫国，出行前与老师辞别，并向老师请教治国之方。颜景琴
教授认为颜子西行于卫国是在公元前503年，即鲁定公七年，颜子时年19岁。
颜子出游之所以首选卫国，首先因为两国地理位置上较近，是兄弟之国，在政
治上非常相似；其次，颜子的同族、子路的妻兄颜浊邹在卫国做大夫，便于与
卫国的上层进行沟通。此时，颜子正值盛年，风华正茂，欲以所学在卫国大有
作为，而孔子时年49岁，已近知天命之年，所以二人在处世方式上迥然不同。
颜子决心救生灵于涂炭，"乱国就之，医门多疾"，自信自己是治国之能手，这
与孔子的"知其不可而为之"的社会责任感完全一致。这种精神在国家和民族
面临危亡的重大关头，起到了重大的支撑作用，培养了中国士人主动承担历史
责任的勇气。当然，孔子对于颜子的主张并不反对，但对颜子急于求成的做法，
孔子并不认同。他要求颜子先要心志纯一，用心来听取外物，而不被外在的表
象所迷惑，只有达到"心斋"的境地，实现自己内心的虚空，才能真正说服卫
君，实现自己的理想。我们推测，正是由于颜子西行于卫，激起了孔子周游列
国的愿望。有了颜子访卫的铺垫，孔子才决心带着颜子等学生离开鲁国，开始
长达14年的周游列国。

　　据《庄子·至乐》记载，颜子又有出游齐国的经历。据颜景琴教授考证，此
事发生于公元前492年，颜子时年30岁。颜子出行齐国，孔子担心其与齐侯谈论
尧、舜、黄帝治理国家的道理，齐侯听到这些治国言论就要思考，不能理解就要

产生疑惑，产生疑惑就会把劝谏之人扣留，甚至危及颜子的生命。因为人人都会认为自己的言行判断是正确的，一言九鼎的国君更是这样，所以孔子担心颜子向齐侯进言之后的生命安危。这如同鲁侯供养海鸟，为它演奏《九韶》之乐使它高兴，用备有牛羊猪的宴席作海鸟的饮食，这只会使它忧愁悲苦、死于非命。

（二）以马知人，以御谏政

颜子曾有以御谏政的经历，与鲁定公的谈话说明颜子当时在鲁国已经有一定影响。《荀子·哀公》记载：

> 定公问于颜渊曰："东野毕之善驭乎？"颜渊对曰："善则善矣。虽然，其马将失。"定公不悦，入谓左右曰："君子固谗人乎！"三日而校来谒，曰："东野毕之马失。两骖列，两服入厩。"定公越席而起曰："趋驾召颜渊！"颜渊至，定公曰："前日寡人问吾子，吾子曰：'东野毕之驭，善则善矣。虽然，其马将失。'不识吾子何以知之？"颜渊对曰："臣以政知之。昔舜巧于使民而造父巧于使马。舜不穷其民，造父不穷其马，是舜无失民、造父无失马也。今东野毕之驭，上车执辔，衔体正矣；步骤驰骋，朝礼毕矣；历险致远，马力尽矣。然犹求马不已，是以知之也。"定公曰："善！可得少进乎？"颜渊对曰："臣闻之：鸟穷则啄，兽穷则攫，人穷则诈。自古及今，未有穷其下而能无危者也。"

颜子以马知人，以御谏政。颜子是大贤，有闻一知十的智慧，更有见微知著、知微知彰的洞察力和预见力。虽然东野毕驾车本领十分高超，受到了上至鲁国国君下至平民百姓的赞扬，然而，他不懂物极则反的道理，对马的使用超过了限度，"历险致远，马力尽矣。然犹求马不已"，颜子预见其马一定会逃逸。果然，不出颜子所料，三日后，马官报告，东野毕驾车所用的四匹马，有两匹挣断缰绳逃走，只有两匹马回到马厩。这完全证实了颜子的预见。鲁定公对颜子的预见能力深表佩服。颜子乘机对鲁定公的施政予以劝谏，说治理一个国家与驾车是同样的道理，好的领导人只有像大舜一样爱惜民力，知道使民以时，让老百姓留有余路，才能治理好一个国家。

执政者对民众，上级对下级，不能使其穷困不堪，超过限度就会出问题。"自古及今，未有穷其下而能无危者也"，这是颜子治国理念的精髓。在这里，颜子告诉鲁定公一个普遍的历史规律，那就是"穷下必危"。如果滥用民力、横征暴敛，超过了人民的承受程度，那么就会造成"鸟穷则啄，兽穷则攫，人穷则诈"，迫使人民揭竿而起、铤而走险，甚至导致政权的覆亡。颜子的"穷下必危"思想是先秦儒家民本思想的重要代表，体现了颜氏之儒重视生民的特点，并启发了孟子"民为贵，社稷次之，君为轻"的思想主张。

颜子不仅有为政方面的多次尝试，而且其为政才干声名远播，他的政治才干虽然未曾得到施展，但是已得到当时人们的认可。据《史记·孔子世家》记载，孔子带领众弟子周游列国至楚地，楚昭王拟以大片土地封孔子，楚令尹子西认为不可，并对楚昭王说："王之辅相有如颜回者乎？"曰："无有。"……子西向楚王谗言说："今孔丘得据土壤，贤弟子为佐，非楚之福也。"于是楚昭王打消了封孔子的念头。从楚昭王和令尹子西君臣之间的对话可以看出，各诸侯国君臣对颜子非凡的政治才能是有一定了解的，其辅佐之才甚至被当作辅相的标准。

三、颜子的政治愿景

颜子处于礼坏乐崩的时代，诸侯争霸，天下大乱。颜子清楚地看到以孔子之至圣尚且"周流海内，再干世主，如齐至卫，所见八十余君"，不得重用于当世，所以自己的政治抱负最终只能化为泡影，自己的政治尝试只能归于失败。但是颜子的仁政德治的思想、天下大同的社会理想和不折不挠的政治追求为后世的政治家塑造出一个美好的政治愿景。

（一）仁政德治，天下咸获永宁

在景山之游时，颜子曾经具体而详细地描绘自己的政治愿景。此章又称"景山言志""戎山言志""农山言志"，与《韩诗外传·卷九》《说苑·指武》

记载略有不同。孔子带着子路、子贡、颜子等众弟子到大山上游览。孔子说："君子登山一定会登高望远、抒发志向，你们各自的志向是什么？说出你们的志向，我将要启发你们。"子路说："我希望挥动长戟，冲杀乱阵，即使后面有哺乳护崽的老虎，前面有残忍凶暴的敌人，我也会像虫蠹一样腾挪跳跃，像蛟龙一样奋勇无畏，前去解救两个国家的战争之患。"孔子说："你真是个勇士啊！"子贡说："两个国家结下深仇，双方强壮的兵士布好了战阵，扬起的尘埃弥漫了天空，我不带一件兵器，也不带一块干粮，只身去化解国家的仇恨。听从我意见的国家就能保存，不听从我意见的国家就要灭亡。"孔子说："你真是个辩士啊！"颜子不愿陈述自己的志向。孔子问："你为什么不说出你的志向呢？"颜子说："我的两位同学已经陈述了他们的志向，所以我就不愿说了。"孔子说："心志各不相同，每个人都有自己的志向，颜回，你还是说出你的志向吧，我将要启发你。"颜子说："我希望到一个小国家，做那个国家的辅相，以正道治理国家，以道德教化人民，君臣上下同心，朝廷内外呼应，各个诸侯国都能迅速归向正义。年富力强的人很快归附，老年人相互搀扶着来到，教化通行于百姓之中，恩泽普及于四方蛮夷。人们都放下了武器，聚集在都城四个城门。天下都得到永久的安宁，连各种动物，无论是天上飞的、地上爬的，都能各尽其性；整个社会尊贤使能，各司其职。因此，君主能够安于上位，臣下能够和睦相处，实现无为而治。人民的行动合于正道，举止合于礼节，凡谈论仁义的人都得到赏赐，挑起战争的人都被处死，那么还有什么战争需要仲由解救，还有什么仇恨需要子贡化解呢？"孔子说："真是个圣贤之士呀！有德之人出现，无德之人隐匿；圣人起来，贤人蛰伏，如果你来执掌整个国家，那么子路、子贡还如何能够施展他们的才能呢！"

仁者乐山，登高言志。孔门师徒登上高山，神清气爽，放眼望去，天下尽收眼底，心胸豁然开朗，正可以畅谈理想抱负、抒发胸怀理想。子路是孔门勇者型人物，虽然"乳虎在后，仇敌在前"，子路依然"奋长戟，荡三军"，不避危险，勇往直前，化解两国战争之患。孔子称赞其"勇士哉"。子贡是孔门智者型人物，两国结仇，两国已布好了战阵，尘埃漫天、杀气腾腾，战争一触即发，子贡不带一件兵器、不带一块干粮，只身前往，凭其三寸不烂之舌，化解两国怨仇。孔子称赞其"辩士哉"。勇士与辩士诚然可贵，然而对于社会理想而言，仍不及孔子之道。颜子则是孔门仁智兼备的人物。子路之勇，子贡之辩，可谓风流尽显，无以复加，故而颜子不言。不言，不是无志、无愿、无理想、无抱负，而是不愿沿着此路继续说下去。如顺着子路、子贡的思路，岂不是人类战争、灾难、仇怨越多，越能表现其勇气、展现其才智。颜子不言则已，一言而过子路、子贡远矣。子路、子贡是风流尽显，而颜子无痕无迹，不显山、不露水，甚至无所谓山，无所谓水，不露志向而尽得风流。颜子希望国君用正道统治人民，臣子用道德教化人民，君臣上下同心，朝廷内外互相呼应，使各国诸侯都能像风一样迅速归向正义。年轻人很快地归附，老年人相互搀扶着到来，教化施行于社会，恩泽遍及于四方。往日的仇敌都放下了武器，聚集在都城的四个城门。天下人都得到永久的安宁，连各种动物都能各安其命、各尽其性、安乐生活，君主举贤任能，君臣和睦相处，君主垂衣拱手无为而天下大治。颜子之志应该说是达到了极高的境地，如果说子路是以勇胜，子贡是以智胜，而颜子便是以德胜。最终使子路无勇可逞、子贡无才可逞，这是以德服人的结果。

颜子的"天下永宁"理想与孔子的"大同"社会理想是完全相通的。孔子曾说："大道之行也，天下为公。选贤与能，讲信修睦，故人不独亲其亲，不独子其子，使老有所终，壮有所用，幼有所长……是谓大同。"在孔子设想的理想社会中，年老的人可以生活安乐，朋友之间互相信任，少小之人得到应有的关怀。这种愿景反映了孔子以仁爱对待所有人的志向。颜子的社会设计与孔子的社会理想可谓一致。

推行仁政德治，是颜子政治思想的主要特点。颜子的治道就是德治，通过德化民众，使天下没有战争。君是无为之君，臣是无净之臣，然而"动作中道，从容得礼"。"动作中道"即一言一行合乎道的标准，"从容得礼"即动息语默合乎礼仪法度，这是令人向往的境界！颜子的追求何止人类社会，必也使天下"蠉飞蠕动，各乐其性"，即是说使天下一切生灵各居其位，各本其性，自由生长。子路、子贡、颜子三人相比较，子路是以其"勇力"救国之难，子贡是以其"辩才"解国之患，颜子则是以"德治"化其君臣。孔子主张"为政以德"，指出治国须"道之以德，齐之以礼"（《论语·为政》），强调宽惠待民，"因民之所利而利之"(《论语·尧曰》),反对苛政暴虐。颜子提出实行父义、母慈、兄友、弟恭、子孝五种教化,用礼乐教导民众,以达到国泰民安、百姓和乐的治世景象,显然这种德治方略,与孔子的"为政以德"的治国思想一脉相承。

(二)矢志不渝,不容然后见君子

颜子跟随孔子干谒各诸侯国执政者,并为"天下大同"的理想做出诸多尝试,从中我们可以看出颜子矢志不渝的精神,时穷节乃现,困厄当中才显现君子的节操。《史记·孔子世家》记载,孔子师徒在陈绝粮。这时候包括子路在内的一些孔门弟子对孔子的思想主张产生怀疑,甚至对周游的举动产生怨恨。面对这种状况,孔子分别召见子路、子贡、颜子,通过问话来了解他们的思想状况。而子路、子贡、颜子不同的回答,代表了三个人的思想境界和胸襟气度。子路是从自身找原因:"难道是由于我们的思想主张还未达到仁的境界吗?难道是由于我们的智慧上还存在不足吗?"孔子严肃批评子路信念的动摇,如果说仁人就一定会被信任,怎么会有伯夷、叔齐饿死在首阳山的事呢?如果说智者的主张就一定能得以实行,怎么会有王子比干遭剖心而死的事呢?孔子以伯夷叔齐和王子比干的事例,来证明仁不能免于饿死的命运、智也不能免于被杀的结局,批评了子路意志不坚定、理想信念动摇。子贡则认为孔子不被当世所容,其原因在于孔子理想太高远,脱离社会实际,因此在现实中行不通。他建议孔子降低理想标准以求为当世所容。孔子告诉子贡,一个好的农夫知道怎样种植,但不一定能得到收获;好的工匠有高超的技巧,但不一定能让所有人都满意。君子所能做的就是修其大道,提纲挈领,理清思路,完善政治主张,却不能强迫别人采纳。如果一味委曲求全、退让迁就,就会丧失原则,牺牲理想。孔子明确批评子贡的志向不够远大。

相比同门,颜子找到的答案是,先生您的思想博大精深,所以天下没有人能够容纳得下先生您啊。即使如此,先生您仍然推行自己的主张,不被容纳又有什么可忧虑的啊。不被容纳才显现出君子的德性。主张没有修养好,这是我们的耻辱;而主张已经修养到精湛博大的境地却不被采用,这是执政者的耻辱啊。不被采纳又有什么可忧虑的呢,不被采纳方能显现出君子的品格。在困难的境地中，颜子所说的"不容何病，不容然后见君子"远胜子路、子贡。春秋末期，世道混浊，昏君在位，目光短浅，权奸当道，嫉贤妒能，这是一个是非不分、善恶不明的时代，是小人得志、君子受气的时代。在这样的时代能够坚持理想，才彰显君子的气节品格。虽然不为当世所容，却坚持推而行之，才能显示出孔子、颜子的不媚俗、不阿世，坚持理想信念的高贵品格，才显示出孔颜的气节操守。可以说颜子与孔子的心意、精神完全契合，真正体会并践行了孔子的精神，因此受到孔子的高度赞赏："颜氏之子！使尔多财，吾为尔宰。"一位德才兼备的老师甚至心甘情愿去做学生的管家，可见孔子对颜子寄予的厚望，希望他在未来能够继续修道行道、坚守信念、推行主张，绝不能降格以求、迎合世俗。

《论语·卫灵公》对陈蔡绝粮也有类似记载："在陈绝粮，从者病，莫能兴。子路愠见曰：'君子亦有穷乎？'子曰：'君子固穷，小人穷斯滥矣。'"(《论语·卫灵公》)子路很不高兴地来见孔子，君子也有窘迫困顿的时候吗？孔子回答说："君子虽然也会窘迫困顿，但是能够保持操守理想，小人一遇到窘迫困顿就无所不为了。"艰难困苦是对一个人意志力的重大考验，意志坚强、信念坚定的人能够保持节操、矢志不渝，而那些意志薄弱、信念不坚的人往往动摇退缩、止步不前。在周游列国的过程中，陈蔡绝粮堪称是对孔子师徒理想信念和意志力的一次重要考验。

总之，颜子不仅有宏大的政治抱负、卓著的政治才能，还有为实现理想抱负孜孜以求、躬行践履的精神。有学生问："颜子比汤如何？"朱熹说："颜子只据见在事业，未必及汤。使其成就，则汤又不得比颜子。前辈说禹与颜子虽是同道，禹比颜子又粗些。"(《朱子语类·孔孟周程张子》)在朱熹看来，颜子在事业上不及汤、禹，而其成就上汤、禹皆不及颜子。颜子若能为世所用，定能以其卓越之才能平治天下，惠施天下之民。但时逢春秋乱世，使颜子无由展示政治才华，留给后人的只有悲叹和惋惜。

（颜健，男，《济宁学院学报》副主编，编审，山东省"十三五"高校人文社会科学研究基地"曲阜优秀传统文化传承发展研究中心"成员）

"以义制事"：先秦儒家知行论的价值取向①

耿芳朝

在传统儒学思想体系中，儒学观念的产生、知识的言说和理论的构建往往与诠释实践关联在一起。通过对字源字义的梳理考察发现，先秦儒家所推崇的德性——信和义内在关乎"是"与"应当"的论题。但在原初意义上，它们二者与伦理价值具有一定的距离，是经过历史赋义和理论阐释的过程而被纳入先秦儒家德性论之中的。同时，以信和义为代表的德目在内化为主体德性精神之后并非归于沉寂，而是外显为主体行动的原则、政治实践的理念或认知活动的规约。由此，信和义不仅落实于主体践行过程而成为其行动的内在规范性，且在实践层面形成了"以义制事"（《荀子·君子》）的理论态势。在此过程中，信和义的内涵不断得到丰富、外延得以扩大。据此而言，先秦儒家德性传统的历史演进理应获得更多的考察和关注，然而既往关于该论题的研究成果并不尽如人意②。鉴于先秦儒家在该领域特有的问题意识和理论背景，为避免"研究范式之争"，故试由字源学的考察出发，梳释信和义所关涉的相关理论及所触发的

---

① 基金项目：山东省社科规划青年项目"先秦儒家'仁智统一'思想研究"（21DZXJ03）。

② 以信和义为讨论主题来看，在为数不多的、明确以信和义为视角的研究成果中：张建农在《信在义中至善》（《安徽文学（下半月）》2007年第11期）一文中，由对"诚"的疏解入手，视"信"为"诚"或"忠"的外在体现，并将"义"视为道德理性的依据；邵磊在《义与信：荀子的王霸之辨》（《邯郸学院学报》2013年第1期）一文中，基于荀子对义的理解（兼涉道德原则和政治原则），探讨了孟、荀"义利之辨"与"王霸之辨"的不同等问题。二人的讨论初步触及了先秦儒家知行论及其相关论题，需要进一步系统化地深入研究。

思想论争，力图展现先秦儒家在该领域的独特运思。

一、事实与价值的微观透视："信义之辨"

信和义作为先秦儒家"五常德"的内容为人所熟知，但信和义的内涵倾向为什么是善的？有无本根来源或依据？深入回溯式考察以信和义为代表的先秦儒家德目原初意义及其变迁，不仅可以找到上述疑问的答案，还有利于概览先秦儒家德性传统的演进脉络。现分别以信和义的本义及其变迁作相关考察。

（一）信：认识之真与价值之善

《尔雅》载："允、孚、亶、展、谌、诚、亮、询，信也。"邢昺疏曰："皆谓诚实不欺也。……诚者，复言之信也。"此处"信"为形容词，意为"真实"。《说文解字》以探求本字、本义著称，许慎在该书中采取信、诚互释的解字法说："信，诚也。从人从言。会意。"又释曰："诚，信也。从言成声。氏征切。"可见，许慎有可能是在参考《尔雅》的基础上，取《释诂》篇中的"真实、不欺"以释信①。清人段玉裁点明了这一释义取向："《释诂》：诚，信也。"从诚、信互释和二者皆从"言"的构字法来看，信的本义指向"真实"，也指向言说意义上的事实之"真"（详见后文）。在本义"真实"之外的训释、赋义中，先秦时期"信"字的词性和词义逐渐丰赡。简要总括如下：

其一，动词性的"信"，含义如下：（1）相信、信任："于嗟洵兮，不我信兮。"（《诗经·邶风》）（2）守信用："小信未孚。"（《左传·庄公十年》）（3）住宿两夜："有客宿宿，有客信信。"（《诗经·周颂》）

其二，名词性的"信"，含义如下：（1）信约、盟约："惇信明义，崇德报功。"（《尚书·周书》）"以继好结信。"（《左传·襄公元年》）（2）符契、凭证：

---

① 此外，《尔雅·释诂》载："展、谌、允、慎、亶，诚也。"尽管注疏者都认为是"转相训也"，但其中却没有"信"。另外，据学者研究，《尔雅》至少成书于孔子生活的时代。（杨一波：《〈尔雅〉成书时代新考》，《古籍整理研究学刊》2016年第05期）因此，《尔雅》或明显早于《说文解字》。但依然难以确认许氏诚、信互释是否源于《尔雅》。

"行而无信。"(《战国策·燕策》)(3)诚实守信的人:"人之所助者,信也。"
(《周易·系辞》)

其三,形容词性的"信",含义如下:(1)真实的:"信言不美,美言不信。"(《老子》)(2)真诚的:"总角之宴,言笑晏晏,信誓旦旦,不思其反。"
(《诗经·卫风》)

其四,作为"伸"通假字的"信"(音[shēn]),义为伸展。如"屈信相感。"(《周易·系辞下》)

分析来看,"信"作形容词时具有客观描述的功能,用以衡量真假与否;"信"作名词时则包含德性价值内涵,用以指称具有守信、诚实品质德性的主体。与此相关,信也内在要求个体在现实活动中应当践行守信。因为,正如"诚"所具有的属性那样:"一个具有'诚'的德性的人总是被认为既真诚(包括讲真话),又在实践中行善。'诚'的双重含义意味着拒斥'真'与'善'的割裂。"①因此,信不仅指向真实的德性品质,也意味着显之于外的德性行为。

(二)义:德性之善和威仪之美

据字源和用字法,义字的含义有二:一者仁义之"义";二者威仪之"义(仪)"。这两层含义交叠变化,皆见诸先秦儒家典籍。庞朴先生认为,上述两层含义演变的大致理路为:仁义之"义"原作"宜",与"俎""肴"同源,本义为杀割;后经演变,义的杀戮义逐渐衰萎,"原先与杀戮并生的刚毅、果敢、节烈、羞恶以及正直、牺牲、崇敬、理智等类情愫,乃逐渐壮大成长",冲淡了"义者宜也"的本来面目,成为义德的主要内容;在字面上,便出现了以表示威仪的"义"字来替换表示杀戮的"宜"字的现象②。若考究义之于先秦儒家相关思想的演绎,需要考察义之梳释过程。

从甲骨文字形看,仁义之"义(義)"似一个长柄木杆上挂着一个羊头,中间横插一把三叉戟一样的武器,象征威严的气势。据金文和小篆字形看,"义

---

① 杨国荣:《罗蒂新实用主义的若干思考》,《哲学动态》2004年第11期。
② 庞朴:《试析仁义内外之辨》,《文史哲》2006年第5期。

（義）"上部为"羊"，下部为"我"①；"我"，从戈，表示兵器。孔子谓"羊"部文字曰："牛羊之字，以形举也。"故义有象形意义上威仪、礼容的意思，表示自我仪容之美。进一步，《说文》载："己之威仪也。从我从羊。"段氏曰："义之本训谓礼容各得其宜，礼容得宜则善矣。故《文王》《我将》《毛传》皆曰：'义，善也。'引申之训也。""威仪出于己，故从我，……从羊者，与善美同意。"义从"羊"，且"与善美同意"寓意：义包含"合宜"等价值之善，正如《诗经·大雅》曰："义，善也。"从另一个层面考察，"义（義）"为"仪"（儀）的本字。《释诂》载，"仪"，古义"善也"。郑玄注《周礼·肆师》"凡国之大事，治其礼仪，以佐宗伯"曰："古者书'仪'但为'义'，今时所谓'义'为'谊'。"段玉裁注"仪"曰："度，法制也。《毛传》曰：'仪，善也。'又曰：'仪，宜也。'又曰：'仪，匹也。'其义相引申……今时所谓'义'古书为'谊'。按如《文王》传曰'义、善也'。此与《释诂》及《我将》传'仪、善也'正同。谓此'义'为'仪'之假借字也。"注"义"云："义各本作仪。今正。古者威仪字作义，今仁义字用之。仪者，度也，今威仪字用之。谊者，人所宜也，今情谊字用之。"也就是说，古代多将"仪（儀）"写作"义（義）"，不仅用于表示威仪之美，也含有价值之善。以上两种进路皆以"宜"训"义"，总体上体现为训诂学的方法。

除此之外，从语用学的角度考察显示，先秦儒家呈现出以"正"释"义"的诠释倾向②。如孟子"义，人之正路也"（《孟子·离娄上》）的说法用比喻的方式隐喻了义的内涵为"正"；荀子"行义以正"（《荀子·赋》）旨在点明义的目标为"正"；《礼记》两次提到"义以正之"则揭示义的功效为"正"。不限于

---

①今人李孝定对"义"之上从"羊"有异议："契文……上不从羊，似像人首插羽为饰，故有美义。以形近羊，故讹从羊耳。姑存此说待考。"（李孝定：《甲骨文字集释》，台湾"中研究"历史语言研究所，1970年，第1323页。）虽然李氏之说不无道理，亦得到有关学者的认可，但其所肯定的"美化、装饰"之意与段玉裁之说并无冲突。

②陈来对此作了较为深入的研究，参见陈来：《仁学本体论》，生活·读书·新知三联书店，2014年，第133～138页；陈来：《论古典儒学中"义"的观念——以朱子论"义"为中心》，《文史哲》2020年第6期。

先秦儒家，墨子"义者，正也"（《墨子·天志》）的说法则表示："义具有'正其不正以归于正'的'规范'意义。庄子'端正而不知以为义，相爱而不知以为仁'（《天地》），也透露出以爱为仁，以正为义的用法。"①可见，以"正"释"义"亦较为流行，且在后世得到儒者的继承："义之法在正我，不在正人。我不自正，虽能正人，弗予为义……"（《春秋繁露》）那么，训诂学方法中义的价值之善则指向"正"，义因此具有规范层面上应当的意味。

据字源和字形，信含有事实之真和价值之善的倾向，被赋予德性价值，如诚信、守信等；义本指威仪、制度，形之于外表现为礼节、仪容、法度（"仪"），潜含价值之善和威仪之美等理念，被赋予德性品格的内涵。据此，信和义逐步获得了德性内涵，也常作为先秦儒家重要德目而被推崇。然而，因信所含有的认识之真，与义所包含的价值之善（正当、合宜）内在的争辩，使它们常常陷入"信义之辨"的争论中。而且在先秦儒家那里，这一争辩在主体行动、政治实践和言说之知等层面分别获得了不同的表现形式。

二、主体行动的原则："唯义所在"

在先秦儒家德性思想的讨论和表述中，信和义通常以文意上的逻辑关联的形态出现，且以义的主导性和信的从属性为主要表现形式。同时，在矛盾对立或实践理论张力的情形下，则倡导通过以义变应、与时屈伸来化解复杂的现实情景。由此出发，先秦儒家"唯义所在"的行动原则，不仅可以更加明晰以信和义为代表的德性论的演进历程，还可以为重新审视先秦儒家"经权之辨"及其发生提供一个新的视角。

（一）"义主信从"

在德性实践领域，"信义之辨"主要体现为先秦儒家所主张的"义主信从"论。具体而言，在现实实践中，德性实践主体要以义为主导原则、以信为从属

---

①陈来：《论古典儒学中"义"的观念——以朱子论"义"为中心》，《文史哲》2020年第6期。

理念，并以此作为个体行事的指导规范。

首先，相对于信，义为德性实践的大经、大本。据《论语》记载，子曰："君子之于天下也，无适也，无莫也，义之与比。"（《论语·里仁》）在孔子看来，主体所有处世、待人、接物等行动，不是以个别人（含圣人）的言行为标的，也不是以个别事物为标准，而是要以义作为最高准则。在具体的行为活动中，义具有根本性的指导意义："子曰：'君子义以为上。君子有勇而无义为乱，小人有勇而无义为盗。'"（《论语·阳货》）孔子在此不仅指出了君子、小人脱离义的规范都会走向危害社会的道路，更是通过形象化的对比，突出了义在知行活动中的突出作用。陈臻质疑孟子在齐、宋、薛领受兼金与否，孟子道："皆是也。皆适于义也……"同时，孟子详述了他在齐不受金，而在宋、薛领受兼金的理由，这均以义作为行动规范。

具体到信和义的关系而言，先秦儒家知行论则呈现为"义主信从"的行动原则。据《论语》记载，"信近于义，言可复也"（《论语·学而》）；"子张问崇德辨惑。子曰：'主忠信，徙义，崇德也。'"（《论语·颜渊》）据"近"和"徙"所含有的"接近、导向"义说明，孔子虽然倡导理想人格要以忠信为主，但言行的最终标准是以义为纲，换言之，务必使自己的知行合于义。后世学者对相关理论的阐释也是如此。据《卫灵公》篇载，"子曰：'君子义以为质，礼以行之，孙以出之，信以成之。君子哉！'"朱熹在训释中，不仅明确了信和义的关系，而且也揭示了"义主信从"的行动原则："义者制事之本，故以为质干。而行之必有节文，出之必以退逊，成之必在诚实，乃君子之道也。"不仅如此，朱熹又引用程子语予以强化上述主张："义以为质，如质干然。礼行此，孙出此，信成此。此四句只是一事，以义为本。"不限于孔子，"义主信从"的主张也为孟子所认同。在与万章讨论"乡愿"问题时，孟子认为"居之似忠信，行之似廉洁"者是"德之贼"的表现之一，且此举极不可取，合理的做法则是"君子反经而已矣。经正，则庶民兴；庶民兴，斯无邪慝矣"（《孟子·尽心下》）。不难推理出，孟子在批驳中主张：仅以忠信等原则作为行为规范尚有不足，需以

"经"为本，而"反经"就是"归于常经，以仁义礼智道化之"[①]。换言之，需要以义等原则为范导。此外，荀子也提出"义为本而信次之"（《荀子·强国》）的主张，进一步强化了孔孟二人的主张。

据上所论，以孔、孟、荀为代表的先秦儒家，在更为具体的层面将信和义视为主体德性的同时，也在不同层面提出，信要以义作为价值导向的行动原则。义为宏观层面的行动理念，具有主导性和指导性的特质；信是相对具体的行为原则，处于从属地位。

（二）"唯义所在"

作为内在品格，德性化为主体行为的规约，构成其具体言行的指导原则。但现实情况复杂多变的程度往往超过了理论预设，主体难以遵从相关行为原则的情况时有发生。经权之辨通常是先秦儒家应对此类情景的回应。在此视域下，"言必信，行必果"被孔子视为"硁硁然，小人哉"，甚或是"次士"的表现（《论语·子路》）；"言不必信，行不必果，唯义所在"成为孟子口中"大人"的行事原则。孔孟的类似论断在理论层面关乎言说的诚信与否、行动的"宜与不宜"等问题，但在具体实践层面则表现为以义变应和与时屈伸。

其一，"唯义所在"构成经权之辨的内在解释原则。孟子"言不必信，行不必果，唯义所在"的说法，点明了主体言行的规范性原则：所言不必真正予以守信，所行不必一定真正实现，而是务必要合乎义[②]。孟子曰："男女授受不亲，礼也；嫂溺援之以手者，权也。"（《孟子·离娄上》）学者对此论题的主张通常是：在现实实践中要以具体的情境为主，既要坚持道德的坚守，又要懂得权变。而置于信义之辨的论题下来看，男女授受时的亲与不亲涉及事实层面的判断——"不亲"若合于礼而为"是"，反之若违礼而为"非"；嫂溺是否援手涉及价值层面的选择——"援手"属于权变，反之"是豺狼也"。因此，"义主信从"的原则有助

---

①焦循撰，沈文倬点校：《孟子正义》，中华书局，1987年，第1033页。

②管子亦有类似的主张："圣人之诺己也，先论其理义，计其可否。义则诺，不义则已；可则诺，不可则已，故其诺未尝不信也。小人不义亦诺，不可亦诺，言而必诺，故其诺未必信也；故曰：'必诺之言，不足信也。'"（《管子·形势解》）

于解释"嫂溺援手与否"的难题，也进一步化解了事实判断与价值选择、原则性与灵活性之间的矛盾，使之趋于和谐统一。其次，"唯义所在"构成君子与时屈伸的重要行事原则。在对言行的规约中，孟子认为"言"之"真"并不是为了规诚行为的真正落实和实现："言语必信，非以正行也。"（《孟子·尽心下》）他所推崇的是"动容周旋中礼者，盛德之至也"（《孟子·尽心下》）。荀子也曾批驳说："言无常信，行无常贞，唯利所在，无所不倾，若是则可谓小人矣。"（《荀子·不苟》）他理想中的德性实践主体应"与时屈伸……以义变应，知当曲直故也。……君子能以义屈信变应故也"（《荀子·不苟》）。具体到孝养双亲时应"明于从不从之义，而能致恭敬、忠信、端悫以慎行之，则可谓大孝矣"（《荀子·子道》）。在后世，朱熹注"非礼之礼，非义之义，大人弗为"一句时，则再次明确了上述行动原则："大人则随事而顺理，因时而处宜，岂为是哉？"

面对选择困境或复杂情景，每一个主体都是一个"情境人"——自我是存在的、动态的、变化的中心，只有全部情境才能对其行为选择予以解释。[1]这种说法类似于传统权变思想的当代变种，对经权之辨的内在张力似乎仍未作出有力的解释。但基于前文梳释，我们或许可尝试说，信表征了真，与经关联在一起；义表征了合宜，与权相关联。"言必信"是传统"信、诚"之经道；"行不必果"则属于权变之道。因此在先秦儒家那里，"经权之辨"的背后概为认识之真和价值之善的矛盾较量：在认识论层面，主体力求兼顾认识之真和价值之善；在德性实践上，则以价值之善为范导，力求合宜。所以，经权之辨的发生固然源于主体行动背景的多样性或情景选择的复杂性，但其内在关乎行为与规范、知识与价值的矛盾较量。

综上来看，"义主信从"论的推进阐释进一步明晰了"信义之辨"的具体理论形态，亦揭示了"经权之辨"、与时屈伸原则的内在思路及相应的指导理论。因此，"义主信从"论的引入有助于冲突困境下行为原则的缓解，而"唯义所在"则进一步构成揭示传统权变思想的理论支撑。同时，"唯义所在"的行为原

---

① [美] 郝大维、安乐哲著，蒋弋为、李志林译：《孔子哲学思微》，江苏人民出版社，1996年，第68页。

则也从理论深处揭明了先秦儒家行动论的伦理价值取向：相对于知识层面的信（真）而言，价值层面上的义（宜）居于更为主导的层面；而且呈现为以义为纲、迁信趋义的倾向；换言之，当然之则的贯彻应以合乎具体情景为前提。这样的内在关系在一定程度上缓解了信和义之间的矛盾张力，避免了对认知之真的偏执性追求。

三、政治实践的理念："义本信次"

儒家内圣外王的人生诉求，意味着化德性品格为治理实践，关于信和义的探讨从个体言行论域延伸至政治治理领域，也是题中应有之义。诚然，孔子初步提出了以信和义为治理理念的理想①，孟子的仁政论思想也内在蕴含了类似的理论要求；但孔孟二人类似的观念多指涉政治实践主体的品格。相较于孔孟，荀子进一步将二者视为治理理念，且参与到"王霸之辨"的讨论之中。

其一，"义本信次"的视角：义—王、信—霸。"王霸之辨"是先秦重要论辩议题之一。孟子以"德、力"的分殊予以论说，点明了两种施政纲领（德和力）在统一天下中的不同作用，突出了施行仁政教化而无敌于天下的主张②。反思来看，孟子的立足点固然美好，但在兼并战争甚嚣尘上的战国时期往往被视为迂阔之论。而且，孟子也把王道和霸道两种治理理念截然对立，力推前者，贬黜后者，大有将以德治国理念绝对化的倾向。

与孟子不同，荀子主张以义、信分别阐释王道和霸道的内涵，在倡导"义王信霸"说的同时，相对合理地规避了孟子的理论缺陷。首先，荀子把信和义明确为国家治理理念："然则凡为天下之要，义为本而信次之。古者禹、汤本义务信而天下治，桀、纣弃义倍信而天下乱。故为人上者，必将慎礼义，务忠信，然后可。此君人者之大本也。"（《荀子·强国》）荀子在"义为本而信次之"主

---

①如"上好义，则民莫敢不服；上好信，则民莫敢不用情。"（《论语·子路》）

②"以力假仁者霸，霸必有大国；以德行仁者王，王不待大。汤以七十里，文王以百里。以力服人者，非心服也，力不赡也；以德服人者，中心悦而诚服也，如七十子之服孔子也。"（《孟子·公孙丑上》）

张的基础上，更是旗帜鲜明地指出两种施政纲领的不同结局——"本义务信而天下治"，反之"弃义倍信而天下乱"。其次，不同于孟子"德—王、力—霸"的截然区分对立，荀子明确提出"义王信霸"思想："故用国者，义立而王，信立而霸，权谋立而亡。"（《荀子·王霸》）可见，荀子明确以义、信作为治理理念以区分王、霸两种治理形态或施政方针①。荀子这一思想在《王霸》篇有详细的论证过程，并对比义和信作为政治治理原则的优劣，勉励治理者理智选择治理理念等②。就理论层面的展开而言，先秦儒家修己成人的主张内在蕴含了外王的治理理想，个体德性的成就也必然走向公共领域，成为相应的施政理念。但与孔、孟相比，荀子不仅明确将信和义作为国家治理层面的施政观念，也创造性地提出"义—王、信—霸"论，从而丰富了先秦儒家"信义关系"的理论内涵。

其二，"王霸之辨"的内涵与启示。在先秦儒家那里，"王霸之辨"的内涵由孟子的"德—王、力—霸"演进为荀子的"义—王、信—霸"。循着"信义

---

① 当然，荀子并非仅以义、信区分王、霸。其他分类法还有：（1）以用贤重法而论。"隆礼尊贤而王，重法爱民而霸"（《荀子·强国》）。"尊圣者王，贵贤者霸，敬贤者存，慢贤者亡"（《荀子·君子》）；（2）以政治实践主体德性而论。"故知而不仁不可，仁而不知不可，既知且仁，是人主之宝也，而王霸之佐也"（《荀子·君道》）。另外，以类似视角分殊"王、霸"的说法也见诸《礼记·经解》："发号出令而民说，谓之和；上下相亲，谓之仁；民不求所欲而得之，谓之信；除去天地之害，谓之义。义与信，和与仁，霸王之器也。有治民之意而无其器，则不成。"相较于以上说法，荀子以义、信来诠释"王霸之辨"，具有启发性意义。

② 就理论渊源而言，荀子"义—王、信—霸"的思想可能源于早期法家代表人物管子。查检得知，《管子》中有数处关于"义王"理论的表述：其一，信和义是"王"的必备素养之一，"身仁行义，服忠用信，则王"（《管子·幼官》）。其二，《幼官》和《幼官图》都有记载："常至命，尊贤授德，则帝。身仁行义，服忠用信，则王。"据此，荀子有关政治治理意义上的"信义论"可能受管子启发而来。另外，从孟、荀二人对管子"霸业"的评价中，似乎可以推知，荀子"义—王、信—霸"思想渊源于管子。孟子鄙弃协助齐桓公成就霸业的管子："管仲，曾西之所不为也，而子为我愿之乎？"（《孟子·公孙丑上》）"汤之于伊尹，桓公之于管仲，则不敢召。管仲且犹不可召，而况不为管仲者乎？"（《孟子·公孙丑下》）比较而言，荀子对管子则多有嘉许："俛然见管仲之能足以托国也。"（《荀子·仲尼》）"知一政于管仲也。"（《荀子·王霸》）故据此尝试推论：荀子政治实践领域的"信义论"思想概源于管子。姑备此一说。

之辨"的演进，荀子"义—王、信—霸"思想的提出表明：义的贯彻在于治理者以礼义治国，施行合乎道义的法律和政治，以及与群臣共有合乎道义的志向；信的推行，在于赏罚和许诺真正得以推行，君臣互信而爱民，取信于人民和盟国，由此可以使得诸侯国自强自立（《荀子·王霸》）。需要注意的是，荀子以信为治理理念的"霸道"不再是以兼并诸侯为能事，而是自立自强、自我保存的一种治理方式。荀子王霸政治论的真正区别在于"粹、驳"之分——"粹而王，驳而霸"：前者兼采诸子治理思想之精华而追求王道政治，后者杂而驳，一切专以图强求霸为目的。

因此，"义—王、信—霸"思想的提出，具有新的历史意义和理论向度：一方面，荀子将义、信作为王、霸分野的治理理念，不同于孟子以德、力所作的区分，使得传统"王霸之辨"获得了新的历史内涵；另一方面，和孟子竭力反对、鄙弃的态度不同，荀子对以信治国的霸道政治予以某种程度上的肯定——因信而成就的霸道是仅次于王道的、等而下之的一种治理形态，并非绝无可取之处。这一点较其他儒家学者有很大不同。此外，若从信和义的本义（真、善）来看，如果说孟子"德—王、力—霸"是基于君子仁心仁政和强权政治所作的分殊的话，那么荀子"王霸之辨"则关涉政治合宜与否和"政治正确"与否的问题。荀子以治理理念的义与否，以界定治理结果的王道与否，则某种程度上关涉政治治理中治理理念和政治程序的问题。众所周知，当代政治有所谓"政治正确"的提法，它一味强调政治实践（特别是立法、司法和行政）中程序的合法性问题，某种程度上忽略了现实的特殊情况和变量，甚或抛弃了政治治理要符合道义的传统朴素价值理念。该思路仅仅诉诸程序的合法，削弱了对治理理念的考量，由此纵容了某些个人或团体的不法行为，甚至在民主——投票程序掩盖下公然出现了"多数人对少数人的暴政"。此类当代政治弊端出现的内在原因，也似乎是因为一味追求政治程序层面的信（真），而忽略了价值层面的义（善）。反观来看，荀子在推崇"义—王"理念的同时，并未完全否定"信—霸"的做法，这对当代政治有如下启示：兼顾道义型政治和程序型政治，以更好地规避个别不良政治后果，换言之，在政治实践中既要追求治理层面的道义，也要兼顾政治程序的合法。

荀子"义本信次"思想的提出，不仅有助于重新阐释传统"王霸之辨"的内涵，也有利于规避孟子一味排弃霸道政治的做法，缓解王道与霸道之间的理论张力，使得政治治理在追求符合道义的同时，有了以"信"保国存家的理论依托。当然，政治治理中如何进一步避免"以信假仁"而实现"本义而务信"的政治治理局面，需要结合实际政治需要和具体政治情景。

四、言说之知的取向："言合义"

因信与言的亲缘关系，"信义之辨"亦关涉先秦儒家言说之知。作为传统知识论的重要范型之一，言说之知通常被视为认知信念概念化的形式，它关涉语言与涵义、概念与对象之间的关系，是解释世界和变革世界、认识自己和成就自己的理论媒介。因此，在先秦儒家"格物—致知—诚意—正心"的理论架构中，言说之知居于重要的中介地位——不限于圣人言说（经典文本）之于学者身心修养功夫的影响，也在于主体之言说之知的探索和意义的生成[1]。

（一）言说之知：知识论向度与价值论取向

言通常被理解为言辞、论断、主张等，与信有构字上的亲缘关系。段玉裁注"信"曰："人言则无不信者。故从人言。"前文已述，《尔雅》以信释诚，后世学者疏曰："皆谓诚实不欺也。……诚者，复言之信也。"因此，信在原生意义上常被视为言说之知的首要特性，类似说法、用法，不胜枚举[2]。这一价值追

---

① 自麦金泰尔对规范伦理学指摘以来，德性思潮一度复萌，并触发诸领域的德性转向，德性认识论即为代表。其主要思路是用认知主体的规范性来理解认知信念的规范性，以复兴理智德性介入知识论领域，从而突出德性主体、德性理论和认知价值，重视认知行为中认知者的德性品格或能力问题，代表性观点为"知识是产生于认知德性的真信念"。信和义及其与儒家言说之知的关系可初步支持我们参与如上思潮的探讨。故从"信义之辨"入手，旨在探讨德性视域下言说之知的可能问题。

② 《左传·昭公八年》："君子之言，信而有征，故怨远于其身。小人之言，僭而无征，故怨咎及之。"《左传·昭公二十年》："其言忠信于鬼神。"《国语·周语下》："言以信名，明以时动。"《国语·周语下》："言爽，日反其信……口以庇信。"《春秋穀梁传·僖公二十一年》："言之所以为言者，信也。言而不信，何以为言？"

求也为后世所传颂：言以事成而诚，人以言立谓信。先秦儒家也坚持推崇"言而有信"的美德。孔子曰："言忠信，行笃敬，虽蛮貊之邦行矣。"（《论语·卫灵公》）子夏也明确主张"与朋友交，言而有信"是理所当然的品格；荀子认为"言无常信……则可谓小人矣"（《荀子·不苟》）；"言之信者，在乎区盖之间。疑则不言，未问则不立"（《荀子·大略》）。可见，先秦儒家明确主张主体之言要合乎信，这无疑是对言说之知的知识论追求。

结合言说之知与主体的切近关系而言，"言说之知的可能"无疑关乎主体之德性的有无或品格的高下。追溯来看，《易传》初步讨论了主体德性与言说之间的关系："君子进德修业，忠信所以进德也。修辞立其诚，所以居业也。"（《易传·文言》）《易传》将修辞和立诚并立而论，揭明言说与成德之间的内在关系：前者明确了言说的方式，后者在强调言说内容本身真实性的同时，也重视主体品格的真诚性。传统儒家对言说之于成德，即圣人之言或经典之于成人多有考察，但常常忽略了后者对前者的价值规约。原因在于，主体经由修德所成就的人格精神世界总会外化为外在的言行举止，故在此意义上说，主体之言行不仅包含真（诚）假之分，也有雅俗之别，尤其是那些具有深沉文化内涵的、正向的言说之知往往对主体产生积极的效果。诗为言说之知的表现形式之一，孔子"不学诗，无以言"的论断虽然不能完全否定诗歌之于主体的知识论意义，如"多识于鸟、兽、草、木之名"，然孔子上述主张也同时说明，一定的文化修养与主体言说具有相互影响的作用。不限于先秦儒家，韩非子也有类似主张："捷敏辩给，繁于文采，则见以为史。殊释文学，以质性言，则见以为鄙。"（《韩非子·难言》）因此，先秦儒家言说之知兼顾知识论向度和价值论取向，若借用庄子的相关表达，先秦儒家不仅倡导"有真知而后有真人"，也认可"有真人而后有真知"（《庄子·大宗师》）的说法。

（二）言说之知：求真与求宜

前文已述"言必信"的行为被孔子视为"次士"，甚至是"硁硁然，小人哉"的表现，"言不及义"的行为方式亦明确受到孔子的严厉批评。相较于孔子遮诠式的表达，学生有子则明确提出"信近于义，言可复也"（《论语·学而》）

的主张。"言非礼义"则直接被孟子斥之为一种"自暴"的行为；此外，孟子在竭力倡导仁言和善言的同时①，明确提出义是言说之知的重要特质："言不必信……唯义所在。"（《孟子·离娄下》）荀子则批判性指出："凡言不合先王，不顺礼义，谓之奸言。"（《荀子·非相》）"不法先王，不是礼义，……其言之成理，足以欺惑愚众；是惠施邓析也。"（《荀子·非十二子》）总结来看，先秦儒家在疏离和排弃"言必信"行为的同时，表现出明确的"言合义"的价值倾向。一言以蔽之，在先秦儒家言说之知的讨论中，"言合信"旨在求真，"言合义"旨在合宜。不限于此，由于信和义所饱含的德性意蕴，以及义的原则性倾向，先秦儒家言说之知"合义"的价值追求不仅突出主体德性品格对知识规约的意义，而且呈现出知识论层面求真（信）与价值层面求宜（义）彼此交错的现象。

言说之知是求信，还是求义？这无疑是对真理问题反思追问的表现之一。②此外，儒家言说之知对义的追求和对信的疏离，某种程度上彰显了对知识价值属性的重视。同时值得注意的是，先秦儒家不仅关注主体的德性品格（如信、义等），对主体德性诸能力（如思、省等）也有所关注③。这一思路，大有兼顾德性可靠论和德性责任论的理论态势；这对于弥补二者在低级知识和高级知识等方面的分歧概有所启发。由此出发，也有学者也尝试提出先秦儒家德性探讨与言说之知的关系，力图丰富先秦儒家知识论的独特探讨思路，以资益我们参与当代德性认识论的探讨。众所周知，传统西方哲学以"知识是得到辩护的真信念"为知识的经典定义，迨至"盖提尔问题"的提出，该定义开始受到质疑，德性认识论是应对挑战和危机的一种解决方案。其虽有德性可靠论、德性责任论等

---

① "仁言不如仁声之入人深也"（《孟子·尽心上》）；"禹闻善言则拜"（《孟子·公孙丑上》）；"禹恶旨酒而好善言"（《孟子·离娄下》）；"及其闻一善言，见一善行，若决江河，沛然莫之能御也"（《孟子·尽心上》）。

② 如上理念并非仅先秦儒家所独有，比如老子不仅有对"言善信"（《老子·第八章》）的价值呼吁，也有对"信言不美，美言不信"（《老子·第八十一章》）的理性反思。

③ 德性认识论的研究者已开始利用儒家资源，探讨德性认识论的相关议题。如米建国教授以"省思之知"为题，从德性认识论的思路出发，作了颇有启发性的阐释和考察。

分殊，但其对德性（含能力德性和品质德性）之于信念形成的重视别无二途。具体而言，该思潮重点强调理智德性与真信念之间的内在因果关系[①]，在这一进路中，以知识主体（辩护者）取代了知识的过程（辩护）。因主体德性的稳定性等品格，使之在解释信念成真的进程中具有突出贡献。先秦儒家对德性论，尤其是理智德性虽无系统化的讨论，但其对信、忠、谦、义、思、省、观等德性的重视具有启发意义。而且，它们对主体言说之知（信念）的产生或调节概有特殊贡献，可与当代西方德性认识论等理论相互比照。

结语

以上是对信和义的字源字义、用字法，及它们所关涉的先秦儒家相关论题的考察梳理。总体来看，信倾向为描述性的概念，约可归为"是"的范畴；义倾向为价值性的概念，约可归为"应当"的范畴。二者所彰显出来的矛盾张力虽然横跨是非判断和价值选择两个领域，但依然具有理论上的补充和相辅相成的内在关联，由此构成中国古代认识论和伦理学交融贯通的例证之一。而对比来看，休谟曾认为仅从"是"中难以逻辑地推出"应当"，主张将事实认知和价值评判分离开来。上文所论诸种知行活动（主体行动、政治治理、言说之知），均在不同层面关涉对事实认知的考察，而又终归为"以义制事"的价值取向。因此，可以对休谟之论有所回应。于此也彰显了中国传统认识论的重要特点之一，即认知与评价的纠葛统一。这一特征形成的原因在于：无论是主体行动的原则，还是政治治理理念，抑或是言说之知的价值取向，整体上不仅关涉对"是什么"层面的事实拷问，也关乎"意味着什么"的价值追求。由此说明，在先秦儒家那里，认识论和伦理学相互交织，事实认知与价值评价彼此交错。

---

①区别来看，德性可靠论和德性责任论对理智德性的看法略有不同：前者视理智德性为个人可靠的或导向真理的性质，关注记忆、内省、感官感知和推论等；后者将理智德性设想为好的品质特征或一个成功的认知者、研究者的特性，强调公正心灵、开放心灵、理智专注、仔细、不屈不挠和勇敢等品格。但是，以上两派对于理智德性之于主体知识获得和达成的作用观点基本一致。

进一步而言，信更倾向于描述性的概念，它属于"是"的范畴，代表了事实的真实性和客观性；而义则倾向于价值性的概念，它属于"应当"的范畴，代表了道德准则和行为规范。这种区分不仅是语言层面的差异，更是先秦儒家在处理知识与行为、事实与价值关系时的一种深刻思考。先秦儒家在将信和义内化为主体品质德性的同时，也将其提升到了政治理念和认知原则的高度。不论是个人行为的指导原则"唯义所在"，还是国家治理中所秉持的"义主信次"，以及在言说之知中所体现的"言合义"，都是"以义制事"这一价值取向的具体体现。这表明，在先秦儒家看来，任何行为或言论都应该遵循一定的道德原则，而不是单纯追求事实的真实性。换言之，先秦儒家关于信与义关系的探讨，并非简单地将二者对立起来，而是寻求一种平衡和谐的状态。他们认识到，在实际生活中，绝对的"言必信，行必果"有时可能会导致僵化和不合理的结果。因此提出了"言不必信，行不必果，唯义所在"的灵活变通原则，即在特殊情况下可以根据具体情况做出调整，但最终目标仍然是追求最大的道德效益。这种权变思想不仅适用于个体行动，也同样适用于国家治理和社会管理，它鼓励人们根据环境变化灵活应对，同时坚守核心价值观不变。

从理论上讲，信和义之间存在着一种张力，这种张力跨越了是非判断与价值选择两个维度。一方面，对于何为真实、何为正确，人们需要基于客观情况做出判断；另一方面，对于何为正当、何为应该，则更多依赖于主观价值体系的指引。这种张力不仅反映了人类认知活动中固有的复杂性，同时也展示了先秦儒家试图融合认识论与伦理学的努力。他们认为，真正的智慧不仅仅在于掌握事物的本质和规律（即信），还在于能够根据这些本质和规律作出符合道德规范的行为决策（即义）。换句话说，在先秦儒家看来，知识的价值不仅仅体现在其本身的真实性上，更重要的是它如何被用来指导人的行为，使其达到更高的道德境界。

对比西方哲学家休谟的观点，他曾经指出，从"是"并不能直接推导出"应当"。休谟强调了事实与价值之间的区别，并认为两者不应混淆。然而，从先秦儒家的角度看，这种区分似乎过于绝对。事实上，在儒家思想中，认知过程与价值评价往往是紧密结合在一起的。无论是个人修身养性，还是治国平天下，乃至日常言语交流，都离不开对事实的认知和对价值的考量。因此可以说，先秦儒家为我们提供了一个不同于西方传统哲学框架的理解模式，即一种更加注重实践智慧的知识论路径。此外，先秦儒家还特别关注主体的德性品质及其在知识形成过程中所起的作用。他们认为，一个人只有具备良好的品德才能真正理解和运用知识。例如，《易传》中提道："君子进德修业，忠信所以进德也。"这里强调了忠诚和诚信作为美德的重要性，同时也暗示了这些品质对于增进个人道德修养及实现更高层次知识理解的关键作用。同样地，孟子提倡仁言善言，并认为义是言说之知的核心要素之一。这表明，在儒家看来，有效的沟通不仅依赖于信息传递的准确性（信），还需要考虑话语背后所蕴含的价值立场（义）。

最后，"以义制事"作为先秦儒家重要的价值取向之一，贯穿于其整个知行论体系之中。它不仅强调了道德在个人修养、社会治理以及言说之知中的核心地位，还为我们提供了一种处理事实与价值、原则与灵活性之间关系的智慧。其一，在个人层面，"以义制事"的价值取向要求个体不仅要做到言行一致，更要确保言行本身符合更高的道德标准。这意味着，个人在日常生活中应当培养起一种自觉遵守道德规范的习惯，通过不断自我反省和修身养性，提高自身的德性水平。在面临抉择时，能够以"义"为先导，即使在利益诱惑面前也不偏离正确的道路。这种道德自律不仅是个人品格的体现，也是社会和谐稳定的基础。其二，在社会治理方面，荀子提出的"义—王、信—霸"理论，为后世提供了关于王道与霸道之间辩证关系的新视角。这一价值取向意味着，单纯依靠武力或强制手段并不能赢得民心，而必须辅以公正合理的政策和高尚的道德示范。通过实施合乎道义的法令，建立公平正义的社会秩序，才能真正实现长治久安。同时，荀子也并未全盘否定"霸道"，而是指出在特定情况下，适度运用权力和策略也是必要的。这提醒我们，在现代社会的治理实践中，除了重视法治建设外，还需加强道德教育，培育公民的责任感和共同体意识，使法律与道德相互补充、相得益彰。其三，对于言说之知而言，"以义制事"则强调了言辞不仅要真实可信，还要富有道德意义。这不仅是对说话者的要求，也提醒听众在接收信息时保持批判性思维，分辨言语背后的价值取向。在信息化时代，网络空间成为重要的公共领域，信息传播速度之快、范围之广前所未有，这也使得"言合义"的重要性愈加凸显。无论是新闻报道、社交媒体互动还是公共演讲，都应遵循一定的道德准则，传播正能量，促进社会文明进步。

总之，通过对先秦儒家有关信与义思想的研究，我们可以看到其独特的理论贡献。一方面，它揭示了中国古代认识论与伦理学相互渗透的特点，这种将知识论与伦理学相结合的方法，为后世提供了处理知识与道德关系的有效途径；另一方面，也为现代德性认识论提供了宝贵的思想资源。尤其是在当今社会背景下，随着科学技术的发展和社会结构的变化，人们面临着越来越多的道德抉择难题。在这种情况下，重新审视并借鉴先秦儒家关于如何平衡事实与价值、如何培养良好德性的智慧显得尤为重要。总之，"以义制事"不仅是一种古老的生活哲学，更是值得我们深入挖掘和传承的文化遗产。

（耿芳朝，山东理工大学齐文化研究学院副编审，马克思主义学院硕士生导师，稷下学研究中心主任）

秦汉魏晋南北朝儒学研究

秦火鐙智囹止神匪咎囹囧

由秦简《归藏》神话故事看创作年代和地域

史大丰

一、秦简《归藏》帝王类神话传说故事概况

顾颉刚先生曾作《〈周易卦爻辞〉中的故事》一文，把《周易》卦爻辞中涉及的故事抽出来分析介绍一番，他的目的不是为了说故事而说故事，而是要"看这里边说的故事是哪几件，从何时起，至何时止，有了这个根据，再试把它的著作时代估计一下"①。目的还是要考察《周易》一书的创作时代。我们这里就效仿一下顾先生的做法，把目前所能见到的秦简《归藏》卦爻辞中所见到的人物和故事拿出来，按传说中的先后顺序排列一下，顺便也考察一下它的创作时代。[ ]中的文字是根据传本及文意、文例补出的阙文，□为阙文）。

1.五帝时期的故事

女过卜作为缄（恒我卦）

女过卜张云幕（卦名缺）

北敢大夫卜逆女［过］（亦卦、夜卦、随卦）

黄帝与炎帝战（同人卦）

蚩尤卜铸五兵（劳卦）

夸父卜□为河□（卦名缺）

---

① 顾颉刚：《〈周易卦爻辞〉中的故事》，载《古史辨》第三册，上海古籍出版社，1982年，第4页。

共工坠江（寡卦）

［鲧卜注洪水］（卦名缺）

2.夏代的故事

禹卜食散实（散卦）

夏后启登天（寡卦）

夏后启卜乘飞龙以登于天（明夷卦））

夏后启卜其邦尚毋有吝（困卦）

夏后启卜享神于大陵而上钧台（灌卦）

夏后启卜醵帝替之虚（晋卦）

□□卜讼启（讼卦）

羿射階比（履卦）

羿卜毕十日（卦名缺）

恒我窃毋死之［药奔月］（归妹卦）

桀卜伐唐（卦名缺）

3.商代的故事

□小臣卜逃唐（大（小）过卦）

殷王贞卜亓［邦］尚毋有咎（瞿卦、渐卦、蜷卦）

4.周代的故事

武王卜伐殷（节卦）

階（昭）王卜复白雉（复卦）

穆天子卜出师（师卦）

宋君卜封□（萧卦）

平公卜其邦尚毋有咎（右卦）

□小子卜其邦尚毋有吝（少督卦）

5.时代不明的故事

上窗卜处□室（丰卦）

日月卜望（大过卦）

考龙卜□□（奈卦）

效龙卜上天（肬卦）

仚卜出云（卒卦）

丰隆卜将云雨（大壮卦）

赤乌卜浴水通而见神为木出焉（陵卦）

每卦里还有负责占卜的人，即卦辞中说"攴（枚）占于某人"，相当于《周礼》中所说的"筮人"。筮人有困京、巫咸、神老、夷鸟、巫苍、大明、中冊、老考、赤口、[有黄]、[皋陶]、荧惑、尚父、口大夫。这里面出现最多的是巫咸和大明。

根据上面的排列我们可以看出，《归藏》使用的故事，以夏代的故事为最多，出现频率最高的人物是夏后启。最早的是"女过"，为什么把她排在第一，她就是"女娲"，传本《归藏》言"昔者女娲筮张云幕"，秦简本则作"女过卜张云幕"①，"女过"就是"女娲"，"过""娲"古皆从"呙"声，读音相近。女娲见《山海经》《楚辞·天问》等古籍，后世一般传说她是伏羲之妻，时代比黄帝要早，但笔者认为这不过是战国时代神话的讹变。卜辞中有人名"娥"，写法是上"我"下"女"，为祭祀对象。郭沫若认为即娥皇，亦即羲和。②笔者认为甲骨文中的这个"娥"字实人名之倒合书，当读为"女我"，后来演变为"女和""女娲"，也就是"羲和"。③"羲和"之名也是"常羲""女和"的合称，因为古人常"日月"同举，故亦将常羲、女和同举称为"羲和"。根据《山海经》，帝俊妻常羲、羲和分别生了十二月、十日，故后来有"羲和作占日、尚仪作占月"之说（《吕氏春秋·勿躬》），尚仪即常羲。然《山海经·大荒东经》云："有女和月母之国。""月母"是常羲无疑，"女和"则相当于羲和，然质之卜辞，则作"女和"是也。《归藏·启筮》云："空桑之苍苍，八极之既张。乃有夫羲和，是主日月，职出入，以为晦明。"此明白羲、和分别主日、月，不是一人。《尚书·尧典》中也将"羲和"分成羲氏、和氏，是有根据的。到了战国时期，由

---

①王明钦：《王家台秦墓竹简概述》引，载艾兰、邢文编：《新出简帛研究》，文物出版社，2004年，第39页。

②郭沫若：《卜辞通纂》，科学出版社，1983年，第359页。

③王宁：《卜辞人名倒合书之例》，《郭沫若学刊》1998年第1期。

于神话在流传中的讹变，"羲和"成了女和的专称，而"女娲"又演化为另一个人，所以《山海经》《天问》《归藏》中"羲和""女娲"并见，正说明这些作品的创作时代均不会早于战国。

女娲本是女和、羲和、娥皇，为帝俊、帝舜之妻，据郭沫若研究，帝俊、帝舜、帝喾与卜辞中的"高祖夒"实为一人。[1]而笔者认为他也就是黄帝、皇帝、上帝，是虞、夏、商、周时期能追溯到的最远的祖先，也是神话中地位最高的神。[2]所以，在战国时期，虽然有"女娲"之称及其故事，她已经与羲和、娥皇等分化为不同的人物，但在当时人心目中，她的时代未必比黄帝更早，这一点是必须明白的。

二、秦简《归藏》的创作年代

秦简《归藏》使用的故事一直到周代，有武王、穆天子（周穆王）、䐗王（"䐗"当是"邵"字之误，即周昭王），都是西周时期的人物；另外还有"平公"和"囗小子"。"平公"没说是哪位平公，王葆玹先生、李学勤先生、王辉先生并认为是宋平公[3]，李尚信先生认为是晋平公[4]，当是。"囗小子"，李尚信先生认为当是"晋小子"，即晋国国君小子侯，是正确的。晋小子侯的在位时间是公元前709—公元前707年，相当于春秋初期。《归藏》把春秋时期的事情都当故事来使用了，可见它的创作时代不会早于春秋。

关于黄帝战炎帝的故事，涉及的人物虽然很古老，但这个故事产生的时代却不古老。最早的是黄帝战蚩尤的故事，《山海经》里黄帝、炎帝、蚩尤均有，

---

①郭沫若：《先秦天道观之进展》，《郭沫若全集》历史编第一卷，人民出版社，1982年，第326页。

②王宁：《黄帝考源》，《重庆文理学院学报（社会科学版）》2012年第2期。

③王葆玹：《从王家台秦简看〈归藏〉与孔子的关系》，北京大学新出简帛国际学术研讨会论文，2000年；李学勤：《周易溯源》，巴蜀书社，2006年，第295页；王辉：《王家台秦简〈归藏〉校释（28则）》，《江汉考古》2003年第1期。

④李尚信：《读王家台秦墓竹简"易占"札记》，《周易研究》2008年第2期。

但只有黄帝伐蚩尤的故事；《逸周书·尝麦解》里也只是说蚩尤作乱逐赤帝，"赤帝大慑，乃说于黄帝"，然后黄帝杀掉了蚩尤，没有黄帝又战赤帝的事情。黄帝战炎（赤）帝的故事是战国时代才出现的，目前有线索可查的先秦古书比较早的有银雀山汉简《孙子兵法》佚篇《黄帝伐赤帝》，遵信先生认为"《孙子兵法》是春秋末年的著作"[①]，但是，罗根泽先生经过研究指出"战国前无私家著作"，认为"知离事言理之私家著作始于战国，前此无有也"[②]。其说良是。《孙子兵法》是一本私家的兵法著作，它应当是继承发扬孙武的武学思想而成者，但其成书时间必定是战国时期。再一个比较早记载黄帝战炎帝故事的古书就是《归藏》，这个情况很可能说明《归藏》的创作时代不会超过战国。

黄帝战炎帝的故事，经常和黄帝战蚩尤的故事掺混，比如《史记·五帝本纪》说黄帝与炎帝战于阪泉，与蚩尤战于涿鹿，而《新书·益壤》又言黄帝与炎帝战于涿鹿；《逸周书·史记》言阪泉氏用兵无已而亡，《路史》以阪泉氏即蚩尤，则黄帝伐蚩尤则又为伐阪泉；《山海经·大荒北经》言黄帝令应龙攻蚩尤于冀州之野，《逸周书·尝麦解》言争于涿鹿之阿，陈汉章认为"所谓冀州之野、涿鹿之阿，并即阪泉之野耳"[③]，可见黄帝伐炎帝与战蚩尤很可能是一个故事的演化。本来最早只有黄帝伐蚩尤的故事，到了战国时代才出现了黄帝战炎帝的故事。那么，这个故事是怎么来的？顾颉刚先生认为："此炎黄用师相济之故事，疑出于田齐与姜齐嬗代之际。姜齐为炎帝裔，田齐为黄帝裔，田胜姜，故曰黄胜炎耶？至《越绝计倪内经》云：'炎帝有天下，以传黄帝'，则黄之继炎，以禅让而不以征诛，与田齐之承姜齐更近似矣。"[④]

顾先生的看法是对的。"田氏代齐"发生在战国初年，那么"黄帝战炎帝"

---

①遵信：《〈孙子兵法〉的作者及其时代——谈谈银雀山一号汉墓〈孙子兵法〉竹简的出土》，载银雀山汉墓竹简整理小组编：《银雀山汉墓竹简〈孙子兵法〉》，文物出版社，1976年，第131页。

②罗根泽：《战国前无私家著作说》，《古史辨》第四册，第8页。

③黄怀信、张懋镕、田旭东撰，李学勤审定：《逸周书汇校集注》，上海古籍出版社，1995年，第1031页。

④顾颉刚：《史林杂识》，中华书局，1963年，第180页。

的故事必更在其后，则《归藏》之作不会超过战国时期，应是战国中晚期的作品。王辉先生对《归藏》中涉及的人物进行考察后指出："这些传说人物，最早见于《尚书·尧典》《左传》《国语》、屈原《离骚》《天问》《山海经》《庄子》《韩非子》《吕氏春秋》《列子》《尸子》《淮南子》，大多是战国中期以后的著作"，因而认为"简本《归藏》约成书于战国中晚期之交，而传本更在其后"①。王先生虽然论述的角度与笔者不同，但是结论是一致的。

要之，秦简本《归藏》卦爻辞中使用的人物，上起自黄帝下迄于春秋初期，其中颇多神话和古史传说中的人物，这些人物故事的盛行是在战国时期，特别是在南方楚国的作品如《山海经》《楚辞》中最为流行，因而秦简《归藏》的创作时代当是战国中期以后。

三、秦简《归藏》的创作地域

对于《归藏》的创作地域，也是个值得讨论的问题。现在从其内容风格来看，浪漫气息浓厚，颇似《山海经》和《楚辞》等楚人的作品，郭沫若先生在《周易的制作时代》中就曾经指出传本《归藏》，由那佚文看来，最令人注目的是那南方色彩的浓厚。例如在同时南方系统的书籍《山海经》的注中，由郭璞屡屡引用的《归藏·郑母经》的佚文里面便有下列的故事……像这些故事或传说，和《楚辞》特别和《天问篇》，是共通着的②。因此他认为《易繇阴阳卦》（郭以为即传本《归藏》）和《周易》是楚人馯臂子弓所作。③春秋战国时期，楚国巫文化盛行，故他们的作品都带有浓厚的神秘浪漫色彩，这个应该是事实。但问题在于，到了战国中后期，楚国一度与魏国接壤，这就不能排除二国之间

---

①王辉：《王家台秦简〈归藏〉索隐——兼论其成书年代》，《古文字研究》第二十四辑，中华书局，2002年，第413～416页。

②郭沫若：《周易的制作时代》，《郭沫若全集》历史编第一卷，第389～390页。

③郭沫若：《周易的制作时代》，《郭沫若全集》历史编第一卷，第392页。

有频繁的文化交流，郭沫若先生也曾经指出战国时代"南方人多游学于北方"[①]，那么韩、魏这些与楚国接壤的北方国家接受吸纳楚国文化也并非很奇怪的事情。传本《归藏》里面楚风浓厚，却在魏襄王墓里发现，就足以说明这个问题。

可是，从秦简《归藏》的内容来看，它很可能和三晋的关系更加紧密一些。首先是它使用夏代的故事最多，提到的夏代人物也很多，尤其是使用夏后启的频率较高，因为晋是古史传说中的"夏虚"，也是《归藏》里说的"夏后启享神于晋之虚"的"晋之虚"，三晋人的作品里自然会较多使用夏代的故事；其次，它里面提到的人物有"晋小子"，即晋小子侯，它里面还提到"平公"，李尚信先生认为是晋平公，很可能是对的，三晋人对晋国的故事比较熟悉，他们用晋国国君的故事也是在情理之中。但是我们在传本《归藏》和秦简本《归藏》里没见到有关楚国或楚王的故事。

《文选》卷二十谢元辉《新亭渚别范零陵诗》李善注引《归藏·启筮》云："有白云出自苍梧，入于大梁。"则传本《归藏》制作之时，大梁这个地方已经很有名了。大梁之地闻名于世，是因为魏惠王三十一年（公元前339年，一说魏惠王五年或六年）自安邑（今山西夏县北）迁都于此，成为魏国的国都，从此魏国改称梁。所以《归藏》之《启筮》一篇很可能作于魏惠王迁都大梁之后，也就是公元前364年以后，为战国中后期的作品。苍梧是楚地，此文言"有白云出自苍梧，入于大梁"，所以我们认为作者是受楚文化影响的魏人或楚人游徙于魏国者，而以后者的可能性最大，秦简本《归藏》（即传本《归藏》的《郑母经》）也是如此，它本来是产生于魏国的作品，后来又流传到了楚国，故在王家台秦墓中又有出土。

（史大丰，枣庄学院文学院教授，主要研究先秦文史和文字词汇发展史）

[①]郭沫若：《周易的制作时代》，《郭沫若全集》历史编第一卷，人民出版社，1982年，第393页。

《礼记·大学》"作新民"的本义及其思想演变

张 兴

《礼记·大学》篇"《康诰》曰'作新民'"一段引文的注解，是历代学者关注的热点问题，一直存有争议。其原文是："汤之《盘铭》曰：'苟日新，日日新，又日新。'《康诰》曰：'作新民。'《诗》曰：'周虽旧邦，其命维新。'是故君子无所不用其极。"学术界关于"作新民"的解释归纳起来有为民日新之教说、新的殷民说、新民之旧俗说、自新之民说、新王朝之子民说。这五种说法各有其合理之处，但都非其本义。此外，汉宋学者阐释"作新民"的角度是完全不同的，侧重点也存在着较大的差异。但是，学界对于汉宋学者解释"作新民"之不同很少提及，甚至在大多数的时候将其看作相同的说法来使用，这是一件令人非常遗憾的事情。本文主要想解决两个问题：第一个问题是考证"作新民"的本义，通过联系《尚书·康诰》上下文之间的关系及其他相关文献，分析"作新民"中"新"与"民"字的原义，以此来推断出"作新民"的本义。第二个问题是在其本义的参照下，从汉宋学者对"作新民"注解的仔细研读入手，寻找汉宋学者注解《大学》时所采用的不同诠释视角，以及汉宋学者"作新民"说的不同之处。通过对上述两方面问题的仔细疏解，力图勾勒出一幅有关"作新民"的本义及其延伸义的流传演变图，从思想历史演变发展的维度对"作新民"作一个整体而全面的把握。

一、"作新民"的五种说法

《尚书·康诰》篇中载："已！汝惟小子，乃服惟弘王，应保殷民，亦惟助王宅天命，作新民。"《尚书·康诰》篇是周王封康叔于卫地而作的诰命。学术界关于"作新民"的理解大致形成了五种说法，它们分别是为民日新之教说、新的殷民说、新民之旧俗说、自新之民说和新王朝之子民说。

（一）为民日新之教说

此说主见于汉代《尚书孔氏传》，唐代孔颖达亦持此观点。据《尚书正义》记载：

> 已乎。汝惟小子，乃当服行德政。惟弘大王道。上以应天，下以安我所受殷之民众。

> 弘王道，安殷民，亦所以惟助王者居顺天命，为民日新之教。

《尚书孔氏传》认为，《康诰》中的"民"实际上是特指原来卫地殷之民众，康叔被分封到卫地做国君，应当推行德政，弘扬大王之道，努力安定其所接收的殷之民众，并帮助周王上顺天命。

根据《尚书孔氏传》诠解的"日新之教"，孔颖达在《尚书正义》中进一步提出"政教日日益新"观念。《尚书正义》记载：

> 《正义》曰："亦所以惟助王者，言非直康叔身行有益。亦惟助王者居顺天命，为民日新之教，谓渐致太平，政教日日益新也。"

由于《大学》文本曾引《康诰》"作新民"，孔颖达在《大学正义》中也有相关的诠释。他说：

《康诰》曰"作新民"者，成王既伐管叔、蔡叔，以殷余民封康叔。
《诰》言殷人化纣恶俗，使之变改为新人。此《记》之意，自念其德，为
新民也。

孔颖达认为，《康诰》原文之意是说，康叔要上应周王之天命，下行德政于殷民，使殷人从恶俗之人变更为新人。孔颖达将"作"理解为"使之变改为"，即"作新民"应当理解为康叔下行仁德之政教于殷民，使之转变为新人。由此可见，此处的"民"特指原来卫地之殷余民。"新民"是指让殷余民在康叔仁德之政教的引导下转化为新人。"作"在《诗经》等先秦古籍中多作"为"字解，汉代《孔氏传》即是将"作"理解为"为"，"作新民"理解为"为民日新之教"。

因此，孔颖达的"作新民"可以理解为作新（政教于）民，于是"新民"应当理解为行日新之教于民，这就是《尚书孔氏传》及孔颖达所理解的为民日新之教说。

（二）新的殷民说

新的殷民说可细分为两类，一是古代学者的作新斯民说，二是近现代学者的重新改造殷民说。

作新斯民说的代表人物主要是宋代学者史浩、蔡沈、吕祖谦和元代学者王充耘。史浩说："亦以助我王，宅天命，作新斯民，斯民始得归化也。"[1]蔡沈说："汝之事，唯在广上德意，和保殷民，使之不失其所，以助王安定天命，而作新斯民也。"[2]元代学者王充耘说："言汝职事不在乎他，广宣上德，以和保殷民者，汝之职也。助王以安定天命，而作新斯民者，亦汝之职也。"[3]吕祖谦说："当时王室安危所系，正在商民。民得保养，则王业巩固，而天命可必其定矣。新民

---

① 尤韶华：《归善斋〈尚书〉十诰章句集解》，中国社会科学出版社，2017年，第955页。
② 尤韶华：《归善斋〈尚书〉十诰章句集解》，第1065页。
③ 尤韶华：《归善斋〈尚书〉十诰章句集解》，第1069页。

者，所迁之民也。新迁之民在洛邑，周公既师保之，何与于康叔"[1]。综合史浩、蔡沈、王充耘的注解，"斯民"即是殷民，而宋代学者吕祖谦"新迁之民"说，其核心要义也是新的殷民，可归结为同一种说法。

重新改造殷民说的代表人物主要是顾颉刚、刘起釪、王世舜、王翠叶等近现代学者，这其实是古代学者作新斯民说的现代翻版。顾颉刚、刘起釪两位先生注解"作新民"为"把这些殷民改造成新的人民"，而王世舜、王翠叶则是这样注解"作新民"的："作新民：意谓重新改造殷民。"[2]唯一不同之处在于，王世舜、王翠叶还是将"民"解释为"殷民"，而顾颉刚、刘起釪则将其泛化为"人民"。

（三）新民之旧俗说

新民之旧俗说的代表人物主要是宋代学者陈经、杨简和元代学者陈悦道。陈经说："亦唯在于辅助成王居天命之安，作新民之旧俗而已。盖商民之安危，即天命之安危。而商民之旧染，亦当作而新之，俾之舍旧而唯新是图也。"[3]在陈经看来，"新民"是指康叔要更新商民之旧俗，改变"商民之旧染"，以培养商民新的行为习惯。可见，陈经侧重于从商民风俗的变迁角度强调康叔所"新"的内涵。同样，宋代杨简指出："宅者，不复他之也，助王作新殷民，俾脱旧习，乃所以宅天命也。"[4]杨简的说法跟陈经基本一致，也是将"新民"理解为新商民旧俗。元代陈悦道说："其必思所以作兴，鼓舞其民，而去其旧染之污矣。以殷民之旧俗，而康叔能作新之，则夫乃服之事无大于此者。"[5]他也认为"新民"是指康叔能革新殷民之旧俗，塑造殷民之"新俗"。应当说，新民之旧俗说尽管基本上抓住了"作新民"的基本内容，却未能充分体现出何人以及如何新民之旧俗。

---

①尤韶华：《归善斋〈尚书〉十诰章句集解》，第1041页。

②王世舜、王翠叶译注：《尚书》，中华书局，2012年，第185页。

③尤韶华：《归善斋〈尚书〉十诰章句集解》，第1045页。

④尤韶华：《归善斋〈尚书〉十诰章句集解》，第1070页。

⑤尤韶华：《归善斋〈尚书〉十诰章句集解》，第1069页。

（四）自新之民说

自新之民说的代表人物主要是宋代的朱子。他在《大学章句》中说："鼓之舞之之谓作，言振起其自新之民也。"《朱子语类》载："鼓之舞之之谓作。如击鼓然，自然使人跳舞踊跃。然民之所以感动者，由其本有此理。上之人既有以自明其明德，时时提撕警策，则下之人观瞻感发，各有以兴起其同然之善心，而不能已耳。"在朱子的理解中，"新民"是指自新之民；他从"天理"的角度强调有道德的学者能明其明德，下面之民众则观瞻上面之明明德的学者而自己感化之，使自己兴起同然之善心，成为自新之民。不难看出，朱子立足于"理学"视域对"作新民"进行诠释，并不完全符合《大学》引《康诰》原文之意。

（五）新王朝之子民说

赵法生认为顾颉刚、刘起釪二人的说法虽然存在合理的地方，也有不尽如人意之处。他说，其中对于"应保殷民"和"宅天命"解释十分精要，而对"作新民"的解释则似有未达，所谓"新的人民"的说法未免笼统。[1]他结合孙星衍《尚书今古文注疏》中"作新民"为"言惟王受殷民而安之，王方受保殷民，汝亦当思助王图度天命，与殷民更始也"的观点，以及"亲民""宅天命"和"作新民"三者之间的内在联系，指出"新民"应当解释为"新王朝之子民"。[2]同样的，李民、王健也是这样注解"作新民"的："作新民，使殷民成为周的新臣民。卫地的殷民被商纣统治日久，故戒以作新人。"[3]李民、王健的这种解释也可归于"做新王朝之子民"说。

笔者认为，如同以上四种说法一样，"做新王朝之子民"说的注解有其合理之处，但仍未能明确"作新民"之本义究竟为何。实际上，将"作新民"理解为"做新王朝之子民"并不准确。要知道，殷民在成为康叔的子民之后，事实上已经成为"新王朝之子民"，无论殷民是否要从殷纣时期的恶俗之人重新开始

---

①赵法生：《〈大学〉"亲民"与"新民"辨说》，《中国哲学史》2011年第1期。

②赵法生：《〈大学〉"亲民"与"新民"辨说》，《中国哲学史》2011年第1期。

③李民、王健：《尚书译注》，上海古籍出版社，2004年，第261页。

转变为新人，他们客观上就是"新王朝之子民"。《康诰》既然说"作新民"，就是要求原来殷纣时期的恶俗子民必须在新的王朝做一个全新的子民、一个区别于恶俗子民的新人；"新民"并非指"新王朝的子民"，而是指人格上重新开始的新人或者全新的子民。

二、释《康诰》：康叔助王作新民

事实上，"作新民"之本义是有其特殊内涵的。原因有两点：一是"民"字的含义有其特指，这在前面梳理"作新民"的五种说法时已经提到；二是"作新民"既然出现于一段完整的话语之中，它具有独特对应关系，因而"作新民"应该与那段话中的"应保殷民"和"助王宅天命"结合在一起加以解释。

（一）"作新民"之本义

前文在梳理"作新民"的五种说法时提到，"作"字有"做""重新改造""改造为""动化""使""作兴，鼓舞""鼓之，舞之""振起""振起而变化之""彼此相视而兴起"等多种含义。从上面的举例来看，"作新民"之"作"一般是作为动词来使用的。《说文解字》载："作，起也。从人从乍。""作"释为"起"，引申为"兴起"之意。在笔者看来，"作新民"中的"作"不能解释为"重新改造"或"改造为"，而应当更准确地理解为"兴起"或"塑造"，所谓"作新民"，即是兴起新的殷商余民，即是塑造新的子民。

汉代郑玄对于"新"字的解释为实践意义上的"修旧曰新"[1]，把"新民"理解为"修旧民"。按照历代学者对于"新"字的理解，"新"字一般有三种内涵：一是使变成新的；二是新的人或事物；三是性质上改得更好的（跟"旧"相对）。从诠释学的角度而言，如果把"作"理解为动词性的"兴起""塑造"的话，那么这里的"新"应当解释为形容词性的"新的"。

历代诠释者对于"作新民"中的"民"则有着基本一致的理解，最简单的说法就是"斯民"，即"殷民"。从周朝的角度来说，"民"就是卫地原来殷

---

①唐文：《郑玄辞典》，语文出版社，2004年，第227页。

商之余民因更新换代而成为周朝的臣民，这即是"作新民"中"民"字的本义。在历代的注解中，虽然历代儒者有称其为"斯民""殷民""殷之民众""商民""商之余民""殷之余民""所迁之民"者，但毫无疑问都是指卫地原来殷商之余民。唯一例外的是朱子的《大学章句》将"民"不再称为"殷民"或"商民"，而是将其泛化地称为"民"，即一般的民众，从而弱化其本来卫地殷商之余民的所指含义。虽然历代学者注释"民"字所使用的语言以及角度有所不同，但"作新民"之"民"字为卫地殷商之余民的本来含义是被绝大多数注家所认可的。

前文提到"作新民"出现在文章的最后一段，从整体的角度来看，"应保殷民""助王宅天命"和"作新民"是并列存在的，都是作为"弘王"的必要条件。因此，在对"作新民"之本义做诠释时，一定要与前面的"应保殷民""助王宅天命"联系在一起。由于"作新民"是紧跟前文"亦惟助王宅天命"而来，这也就意味着"作新民"是"（康叔）助王作新民"，即康叔帮助周王兴起新的殷商余民。

综上所述，"新"字之本义当理解为"新的"，"民"字之本义当理解为"卫地殷商之余民"，"作新民"之本义当为康叔帮助周王兴起新的殷商余民。

（二）康叔助王作新民

明确了《尚书·康诰》"作新民"的本义，《大学》文本引《康诰》原文之意即为康叔帮助周王兴起新的殷商余民，其行为主体特指周王新封于卫地的国君康叔，而所兴起的民众则是原来卫地的殷商余民，这样卫地殷商余民是"作新民"的被动接受对象。

那么，康叔是如何兴起新的民众的呢？或者说康叔采取何种方式、何种途径去塑造适应新的朝代的民众的呢？孔颖达《尚书正义》载："亦所以惟助王者，言非直康叔身行有益。亦惟助王者居顺天命，为民日新之教，谓渐致太平，政教日日益新也。"孔颖达认为"作新民"应当理解为康叔行日日益新之政教于民，很显然，行的主体是卫国国君康叔，所新的内容是"政教日日益新"，而民则处于接受"日新之教"的对象性位置。

孔颖达《大学正义》载："《康诰》曰'作新民'者，成王既伐管叔、蔡叔，以殷余民封康叔。《诰》言殷人化纣恶俗，使之变改为新人。"由此可见，孔颖达认为，《康诰》原文之意是指康叔行仁德之政教，使化纣恶俗的殷余民变为化周善俗的新人，"作新民"强调的是在康叔仁德之政教的引导下，化殷余民为新人。于是"殷余民"是被动接受的客体，其行为主体是以康叔为代表的国君之类的为政者。

《尚书孔氏传》和孔颖达都认为是通过日新之教来"新民"，而"新民"的目的则是为了"助王宅天命"，即康叔为了帮助周王居顺天之所命，突出的是康叔作为为政者所推行的日新之政教的重要作用，而殷商余民则始终处于一种被动接受的状态。

三、释"明明德"：君子念德自新

自《大学》文本引《康诰》，汉宋学者对于"作新民"的诠释就存在着较为明显的差异，其中，最大的差别在于"作新民"究竟是用来诠释"明明德"还是用来诠释"亲民"的？笔者在此试图分别以孔颖达、朱子为代表进行分析。

（一）"作新民"释"明明德"

在汉唐经学的诠释中，《康诰》"作新民"是非常明确地用来解释"明明德"中的"诚意"思想的。《大学正义》载：

> "汤之《盘铭》"此一经广明诚意之事。"汤之《盘铭》"者，汤沐浴之盘而刻铭为戒。必于沐浴之者，戒之甚也。"苟日新"者，此《盘铭》辞也。非唯洗沐自新，苟，诚也，诚使道德日益新也。"日日新"者，言非唯一日之新，当使日日益新。"又日新"者，言非唯日日益新，又须恒常日新。皆是丁宁之辞也。此谓精诚其意，修德无已也。

孔颖达说"'汤之《盘铭》'此一经广明诚意之事",这里所说的"此一经"就是指汤之《盘铭》曰"苟日新,日日新,又日新"、《康诰》曰"作新民"、《诗》曰"周虽旧邦,其命维新"和"是故君子无所不用其极"一段经文。在孔颖达的理解中,"诚意"是明明德不可或缺的组成部分,释"诚意"就是在释"明明德",因此他才说"明明德必先诚其意,此经诚意之章,由初诚意也,故人先能明己之明德也"。由此可知,在孔颖达的理解中,非常明确地认定"作新民"是用来诠释"明明德"思想的。

(二)君子念德而自新

所谓"作新民"是用来诠释《大学》"明明德"思想的,具体而言是指用来诠释要达到"明明德"的过程中所必须遵守的"诚意之道"。既然孔颖达注解说《康诰》的"作新民"、《诗》的"周虽旧邦,其命维新""是故君子无所不用其极"都是用来解释《大学》"诚意"的,也就是用来解释"明明德"的,那么在这里就隐藏着一个非常重要的问题,即明明德的行为主体究竟是指谁?只有明确了这一点,对于《大学》的正确理解才能真正打开。郑玄在《大学注》中注解"《诗》云:'於戏,前王不忘!'君子贤其贤而亲其亲,小人乐其乐而利其利,此以没世不忘也"一段经文时这样说:

圣人既有亲贤之德,其政又有乐利于民,君子小人,各有以思之。

很明显,郑玄将"前王"理解为"圣人",将前王的恩惠(或者说明明德)分为两个层面:一个是君子看中的"亲贤之德",一个是小人看中的"乐利于民",只有圣人能够同时兼顾这两个层面,后世之君子与小人才能够没世不忘。其实郑玄的这句注解有省略与颠倒的地方,完整的说法应该是"圣人之德既有亲贤于君子,其政又有乐利于民,君子小人各有以思之"。

这里面有隐含的含义。首先,前王是能够明明德的人,正是由于前王能明明德,故后世之君子与小人都不忘前王。其次,前王之明明德分为两部分,一种是之于君子的"亲贤之德",一种是之于小人的"乐利之政",只有做到了这两方面才是真正的明明德。君子与小人都属于"民"的范畴,君子是有德有位者,而小人是指无位之普通民众。

孔颖达《大学正义》载:

> 《康诰》曰"作新民"者,成王既伐管叔、蔡叔,以殷余民封康叔。《诰》言殷人化纣恶俗,使之变改为新人。此《记》之意,自念其德,为新民也。

孔颖达认为,《大学》文本引《康诰》"作新民"并没有使用《康诰》原文之意,而是特指(君子)自念其德,为新民。前文提到,无论是《康诰》曰"作新民"还是《诗》曰"周虽旧邦,其命维新""是故君子无所不用其极"都是用来解释《大学》"诚意"的,他们有一个共同的行为主体,那就是"君子"。因此,这里的"自念其德,为新民"的行为主体也是指"君子",于是孔颖达将"新民"的行为主体做了较大的替换,由原来的"康叔",变成了"君子",且君子要自为"新民"。

也就是说,在孔颖达的理解中,《大学》文本引《康诰》"作新民"中的"民"由原来卫地殷商之余民变成了"君子"一类的为政者。"作新民"也就变成了"为新民",即君子自念其德,为日新其德之君子,其行为主体变成了君子一类的为政者。事实上,孔颖达所理解的"君子"主要是指后王、国君、大臣之类的为政者,在某种程度上三者的内容是可以互通的,突出的是君子作为为政者,能够精诚己意,思念前王之亲贤之德,自新其德,日新其德,最终达到明明德之境界。

(三)作新民与亲民:君子为民日新之政教

那么,孔颖达所理解的"作新民"跟"在亲民"又有什么关系呢?这需要进行全面的梳理,需要借助孔颖达对这两句话的注解理解"作新民"的含义。孔颖达《大学正义》载:

《诗》曰"周虽旧邦，其命维新"者，此《大雅·文王》之篇。
其诗之本意，言周虽旧是诸侯之邦，其受天之命，唯为天子而更新也。
此《记》之意，其所施教命，唯能念德而自新也。"是故君子无所不
用其极"者，极，尽也。言君子欲日新其德，无处不用其心尽力也。
言自新之道，唯在尽其心力，更无余行也。

不难看出，孔颖达所理解的《大学》文本引"作新民"已经跟《康诰》原文之
意存在着较大的差距了，《大学》文本引用《康诰》"作新民"之意都是在讲君
子"诚意"之事，君子应当自念其德，为新民。应该说，以上引文都是在讲君
子"诚意"之事，孔颖达认为"明明德必先诚其意，此经诚意之章，由初诚意
也，故人先能明己之明德也"。这些引文都是在解释"大学之道"中的"明明
德"或"诚意"，跟"亲民"并没有直接的关系。

《大学》文本中不论是《康诰》曰"作新民"还是《诗》曰"周虽旧邦，
其命维新""是故君子无所不用其极"，其中的"新"都是指向君子要念德自新，
行日新其德之政教，而不是兴起新的民众之意。其隐含之内涵为，前王之所以
被君子与小人念念不忘，是因为前王之明德与政教分别施于君子与小人，君子
小人各有所得，故君子小人没世不忘。然而君子是包含后王、国君、大臣之类
的为政者，他们也需要明明德，而明明德首先要能诚其意，君子欲明明德，即
是要自诚己意、自新其德、日新其德。然而，君子如何能自新其德？首要的一
点就是要常常思念前王之"明德"而自新，因而孔颖达说君子念德而自新，其
所念之德即是先王之"明德"，亦即"亲贤之德"。

包括后王、国君、大臣在内的君子念德而自新之后，就要像前王一样行
"日日益新之政教"于小人，使小人能够得其乐与利，这即是"亲民"。君子若
想像前王一样行"乐利之政"以亲民，就要行日新其德之政教，而这才是孔颖
达所理解的《大学》文本"作新民"与"亲民"之间的关系。虽然，"民"字
是一样的，但是"新民"与"亲民"之"民"字的内涵截然不同。

《康诰》原文作"新民"，而后世很多学者将其解释为"新人"。"人"和
"民"当然有着部分相同的内涵，且在先秦时期就已经存在将两者连用的情况，

比如"人民""民人"。但是，"人"和"民"之间毕竟存在着较大的差别。杨逢彬先生在《也谈〈论语〉中的'人'与'民'》一文中就曾明确指出：

"人"表示个体的人，"民"表示"人"的群体，即芸芸众生。①

这是杨先生系统考察《论语》及与《论语》成书年代较为接近的《左传》《国语》《墨子》《孟子》等书之后所得出的结论。其结论之所以能够成立，最主要的一点在于，杨先生认为，探求某字词某一时代的意义，则应效法王氏，到该时期典籍中加以抽绎。而王氏读书法的精髓，乃是在同一共时平面语言中加以抽绎，用特定语境锁定多义词众多词义中的某一意义，使其无所遁形。②这里所说的"王氏"就是指清代王念孙、王引之父子的读书法。从这个角度而言，历代儒家学者凡是将"新民"注解为"新人"的，都犯了将"民"群体性的内涵缩小的错误，自然是不可取的。

杨逢彬先生考察了《左传》和《国语》中两段关于君子、小人与民之间关系的文字后认为，君子、小人是"民"中的两个阶层，而非与"民"对立的两个阶层。并强调了"民"并非奴隶阶级。③笔者认为杨逢彬先生的这段结论放到《大学》文本中也是适用的。

综上所述，孔颖达所理解的"作新民"是用来诠释"明明德"思想的，其目的是达到"明德"。然而，前王之明明德包含着"亲贤之德"与"乐利之政"两个层面，后世之君子欲明明德必先诚意，而君子诚意即是君子念前王之"亲贤之德"而自新。君子作为为政者，在念德自新之后所要做的则是"行日新之政教于民"，是一种非常具体的东西，而不是一种虚无的存在。君子念前王之亲贤之德而自新其德，行日新之政教于民，此即是《大学》所说的"亲民"，而这才是孔颖达所理解的《大学》文本"作新民"与"亲民"之间的关系；"作新

①杨逢彬：《论语新注新译》，北京大学出版社，2016年，第449页。
②杨逢彬：《论语新注新译》，第435～436页。
③杨逢彬：《论语新注新译》，第453～454页。

民"绝不能够直接理解为"亲民",否则就将"作新民"所强调的由君子之类的为政者自新其德、行日新之政教于民的作用忽视了。只是孔颖达"作新民"的这种理解忽视了广大民众的自主性,将广大的民众置于一种被动接受的状态,这也是孔颖达诠释《大学》文本所存在的失误之处。

四、释"新民":学者自新新民

以朱子为代表的宋代理学家没有承袭汉唐学者"作新民"释"明明德"的传统,而是在其"理学"思想框架下明确提出"作新民"释"新民"。二者之间的区别主要是"新民"背后的行为主体是不同的,其所强调的内容也截然不同。

(一)"作新民"释"新民"

众所周知,朱子承袭了二程的观点,认为"三纲领"中的"亲民"当作"新民"。朱子说:"程子曰:'亲,当作新'""苟日新,日日新,又日新",而这也成为朱子诠释《大学》的核心思想之一。

朱子十分明确地认为,汤之《盘铭》曰"苟日新,日日新,又日新"、《康诰》曰"作新民"、《诗》曰"周虽旧邦,其命维新""是故君子无所不用其极"一段传文是用来解释"新民"的,指出上面一段传文"右传之二章。释新民"。他认为,汤之《盘铭》以下的传文都是用来诠释"新民"的,因此,他把"作新民"明确诠释为"新民"。

(二)朱子:学者自新新民

如前所述,朱子将"《康诰》曰:'作新民'"注解为"鼓之舞之之谓作,言振起其自新之民也"。他在对"大学之道,在明明德,在亲民,在止于至善"一句进行注解时说:

> 大学者,大人之学也。明,明之也。明德者,人之所得乎天,而虚灵不昧,以具众理而应万事者也。但为气禀所拘,人欲所蔽,则有

时而昏；然其本体之明，则有未尝息者。故学者当因其所发而遂明之，以复其初也。新者，革其旧之谓也，言既自明其明德，又当推以及人，使之亦有以去其旧染之污也。止者，必至于是而不迁之意。至善，则事理当然之极也。言明明德、新民，皆当至于至善之地而不迁。盖必其有以尽夫天理之极，而无一毫人欲之私也。此三者，大学之纲领也。（《四书章句集注》）

朱子对"在新民"作诠释时，认为"新"应当理解为"革其旧"，据此"在新民"就应当理解为，自明其明德的学者自新其德，然后使民众去其旧染之污，以恢复其明德。在这里，"新民"的行为主体是自新之学者，具体而言是自明其明德的学者，而"民"则是自明其明德的学者所新的对象。

（三）自新之民之积极主动性

作为自新之民，不同于汉唐学者所理解的始终处于被动接受的状态，他们作为主体有着积极的主动性、创造性，主要表现为自主而新、自愿而新。

《大学或问》载：

日：《康诰》之言"作新民"，何也？日：武王之封康叔也。以商之余民，染纣污俗而失其本心也，故作《康诰》之书而告之以此，欲其有以鼓舞而作兴之，使之振奋踊跃，以去其恶而迁于善，舍其旧而进乎新也。然此岂声色号令之所及哉？亦自新而已矣。

需要指出的是，虽然此处朱子仍然将"在新民"作为《大学》三纲领之一，却在注解"民"时，将"民"字变更为"人"字，即"言既自明其明德，又当推以及人，使之亦有以去其旧染之污也"。朱子没有说"当推以及民"而是说"当推以及人"，这就将前文所提到的"民"所隐含的群体性意义给抹杀掉了。如此一来，"民"在先秦时期所具有的群体性意义便无法显现，它作为一个特定群体被动接受为政者政教施与的含义也就无法彰显。

朱子将汉唐时期君子与小人之间的群体对应关系变成自明其明德的学者与有旧染之污的人,将其所具有的教化关系变为个人之间的道德关系,于是他所说的"自新之民"在本质上就有别于孔颖达的君子念德自新。不过,朱子的"自新之民"凸显的三点是孔颖达理解的"新民"所不具备的。一是明明德者主动新之,突出了有德者之模范引领作用,同时降低了为政者所行政教在去民旧染之污中的作用;二是自新之民自觉、主动地求新;三是强调了自新之民道德的重要性。应当说,这跟朱子从理学角度阐释"作新民"有着密不可分的关系。

可以看出,郑玄、孔颖达都是从以君子为代表的为政者的角度对"作新民"进行诠释,而朱子则是从有道德的学者的角度进行诠释,其行为主体已经发生了巨大改变,这样君子念德自新就变成了有道德的学者自新其德,然后新民之德,即学者自新新民,学者自新新民成为了不可分割的整体。这是"作新民"说的第三次重大意义转变,它深刻体现了《大学》诠释史不同历史阶段的不同特点。

结语

综上所述,"作新民"本义为(康叔)帮助周王兴起新的殷商余民,汉宋学者对"作新民"的诠释视角和强调重点都是有所不同的。汉唐学者认为,"作新民"是用来解释"明明德"的,强调从为政之君子的视角进行阐释,认为"作新民"是指君子念前王之明德而自新;而宋代学者认为,"作新民"是用来解释"新民"的,强调从有道德的学者视角进行诠释,认为"作新民"是指有道德的学者自新其德而后新民之德。从《康诰》"(康叔)助王作新民"到汉唐学者"君子念德自新"再到宋代朱子"学者自新新民"所发生的三次意义延伸,实际上体现了《大学》学史不同历史阶段的特征。

汉唐时期着重突出君子作为治国的行为主体,强调良好的政教之于民众的重要性,强调居于统治地位的君子的重要作用,民众则处于被动接受的状态;宋代则着重突出能明明德的学者作为唤醒民众明德的行为主体,强调明明德的学者自新其德的重要作用,同时强调了民众的自主而新、自愿而新,而这正是汉唐时期的学者所不具备的。虽然汉唐时期的学者已经明确意识到，只有做到保民、全民才能助王宅天命，但是他们强调的是君子如何做到保民、全民，以此来维护其政治统治，而在君子施行政教的过程中，则完全没有体现出民众自身应有的作用，这是汉唐学者诠释《大学》最重要的失误点，而这正是以朱子为代表的理学诠释所看重的。重视有道德的学者的道德引领作用，重视民众自发的自主而新、自愿而新的主观能动性，是宋代社会发展进步的重要标志，亦是宋明理学的一大特色，直到今天，对于积极推进新时代公民道德建设、培育时代新人仍不乏重要的启发意义。

（张兴，博士，山东社会科学院国际儒学研究院助理研究员）

陆贾之学，盖出于荀子

李峻岭

陆贾是汉初一位杰出的政治家、思想家，他曾在高祖和文帝时期先后两次出使割据岭南的南越国，成功劝说南越王赵佗归汉。在吕后之乱中，他又出谋划策为诛灭诸吕稳定刘汉政权立下了汗马功劳。但陆贾的主要功绩，并不在他的政治活动。"经过秦'焚书坑儒'后，儒学命悬一线，陆贾以作为政治家和思想家所具有的高度的使命感和责任感，改变了刘邦轻儒思想，并为之选择了一条'文武并用'的治国之道，将汉代统治阶级政治指导思想由法家'尚刑'开始向新儒家'尚德'思想的转变，开汉代复兴儒学之先河。"[①]由陆贾促成的汉初君臣对儒学态度的转变，无疑为汉武帝时董仲舒提出"尊崇儒术"奠定了基础。

陆贾熟习《论语》，从浮丘伯受《穀梁传》，浮丘伯则是荀子的弟子，陆贾《新语》也有受荀子思想影响之处，更说明陆贾是私淑荀子的。因此严可均说他"绍孟荀而开贾董"，是汉初复兴儒学的先驱。他根据秦亡天下、汉得天下的史实，提出"攻守势异、文武并用"的思想，主张在保持秦代中央集权的官僚政体的基础上，以儒家"仁""礼"思想作为为政的主要方法与手段，力谏刘邦转向以仁义治国，改变了刘邦轻儒思想并奉命作《新语》。这标志着儒家学说与君主权力相结合的开始。

荀子与陆贾的关系是有着明确的痕迹可寻的，《盐铁论·毁学》载，李斯

---

①李禹阶、何多奇：《论陆贾新儒学对先秦诸子说的批判继承》，《华南师范大学学报（社会科学版）》2009年第1期。

与包丘子俱为荀卿的学生,《汉书·楚元王交传》又载,楚元王刘交与申公同跟随荀卿子门人浮丘伯读书,包丘子即浮丘伯。荀卿晚年居家兰陵,而陆贾也是楚人,以当时荀子之名望,陆贾必然对荀卿之学心向往之,《新语·资质》道:"鲍丘之德行,非不高于李斯、赵高也,然伏隐于蒿庐之下,而不录于世,利口之臣害之也。"清人戴彦升认为,陆贾与包丘子同时,尝与包丘子同游,故称其德行。而陆贾之学出自《榖梁春秋》,《榖梁》乃申公所传,申公亦荀卿门人,因此,陆贾与荀学"闻风相悦,私淑相闻",认定陆贾虽未正式入荀子门下,应该是私淑弟子。①下面我们来看一下陆贾之学与荀学的相通之处。

一、"无为"是为了"化性起伪"

汉初思想家将总结秦亡教训作为职责,陆贾也不例外。在论证了"无为而有为"之后,陆贾便批评秦始皇"征大吞小,威震天下,将帅横行,以服外国",结果是"事愈烦天下愈乱,法愈滋而天下愈炽,兵马益设而敌人愈多",其原因便是"举措太众,刑罚太极"。因为教化是不可用刑罚来实现的,正如曾子和闵子骞的孝道不是刑罚强迫的结果;伯夷叔齐的高洁行为也不是迫于法律的严苛,他们之所以有这样的行为,完全是自身修养所致,这正契合了"行莫大于谨敬"之语。

同样的道理,君主治理国家不需要用刑法的强制性约束百姓,只要注重自身的修养就可以了,因为"君子尚宽舒以苞其身,行中和以致疏远,民畏其威而从其化,怀其德而归其境,美其治而不敢违其政"。尧舜的百姓多为善行而桀纣的百姓却穷凶极恶居多,是因为尧舜是贤明的君主,所以"民不罚而畏,不赏而劝,渐渍于道德,而被服于中和之所致也"(《新语·无为》);而桀纣则是以残暴治国,则"事逾烦天下逾乱,法逾滋而天下逾炽",君主个人的修养直接导致了国家治理的不同。因为君主的言行是百姓效仿的准则,所谓:"上有所好,下必甚焉。"所以君主的举措动作一定要符合道,不能任由个人的喜好,然后才能教化百姓,

①参见王利器:《新语校注·前言》,中华书局,1986年,第9～12页。

这便是孔子所讲的"移风易俗",也就是荀子所讲的"化性起伪"。

荀子曰"人之性恶,其善者伪也",认为善良之性都是教化的结果,"故圣人化性而起伪,伪起而生礼义,礼义生而制法度。然则礼义法度者,是圣人之所生也"(《荀子·性恶》),圣人制定礼仪法度,其目的就是为了教化人民。当然,这里的"圣人"就是陆贾文中的君主,君主只是负责制定礼仪制度,如周公一般,然后重视自身修养,为万民表率,百姓自然仿效,遵守礼仪法度,貌似无为,国家却大治。陆贾在《新语》一书中反复地提到君主要提高自身修养,为政以德,任贤臣远小人,他以周襄王、秦始皇、齐桓公、楚平王为例,证明"上之化下,犹风之靡草也","故君子之御下也,民奢侈者则应之以俭,骄淫者则统之以理;未有上仁而下贼、上义而下争者也"(《新语·无为》),百姓行为好坏、社会风尚如何,取决于君主自身,这样一来,陆贾便将荀子的"化性起伪"运用到了现实的政治生活之中。

秦之所以速亡,很大一部分原因是君主权势太大,没有一个强有力的约束,陆贾反复强调君主的德行对于教化百姓的重要性,无疑是给君王以道德上的约束,部分性地解决了皇权大一统国家形式之下君主权力过大所带来的隐患。如此,陆贾完成了对于秦亡的反思并有针对性地提出了解决之策,加之他的天人感应思想,在理论上初步地为皇权设定了一个来源于天意的、符合道德的行为准则,彻底地改变了秦王朝君权不受限制的困境,而这一理论的成熟则是由董仲舒来完成的。

二、因世而权行是为"操术"

《新语》文本架构,首篇《道基》是整部书的核心思想之所在,第二篇《术事》就是关于如何具体操作才能够符合"道"的问题。《术事》开篇首句曰:"善言古者合之于今,能述远者考之于近。"《荀子·性恶》言:"善言古者必有节于今,善言天者必有征于人。"《汉书·董仲舒传》有:"善言天者必有征于人,善言古者必有验于今。"三句话如出一辙,则荀子与陆贾、董仲舒之间的学术继承关系可见一斑。

此句是荀子"法后王"思想的表述，作为战国末期的大儒，荀子在弘扬孔学的时候并没有完全按照孔孟的思想走下去，而是根据当时战国纷争的局面，为了能够实现天下统一，对于儒学进行了改造，他改造儒学的依据就是"法后王"的理论。因为古代的圣王年代久远，文字湮灭，没有具体的规章制度可以效仿，而后王则不然，由于距离现在的时间短，其言行制度、典章法令具在，而且还更加接近当时社会发展的要求，足以参照。因此，"欲观千岁则数今日，欲知亿万则审一二，欲知上世则审周道，欲审周道则审其人所贵君子"（《荀子·非相》）。怎样做到"法后王"呢？重视"操术"，也就是在对待具体问题上的具体方法，观古察今，以己推人，一切源于对自然和社会生活的经验积累和学习，即所谓的"参验"。因此，荀子说："法后王，一制度，隆礼仪而杀《诗》《书》。"《荀子·儒效》只要是符合一制度的设想的，不必非要出自《诗》《书》也是好的，因为这样最为符合社会发展的需求。

陆贾继承了荀子"法后王"的思想，他说："道近不必出于久远，取其致要而有成。"《新语·术事》如何才能符合"道"，不必去远古圣王那里寻找答案，只要是能够领会其中的精神就可以了，因为古人所崇尚的道理，今人一样需要遵守。而具体的典章制度，就要到近世来寻找参照，他以《春秋》为例，说明《春秋》虽未起自五帝三王，其成败之道却仍能够为为政者提供参照，这便是荀子所讲的"参验"。古代的典章制度只能作为参照；近世帝王的典章制度也不能够照搬照行，因为时代发展了，所有的理论只有符合当时社会的需求才是有价值的。因此，陆贾继承了荀子的"隆礼仪而杀《诗》《书》"，提出了"书不必起仲尼之门，药不必出扁鹊之方"（《新语·术事》）。只要是符合当时社会发展的需求，其治国理论不必非要是儒家学说，而是"因世而权行"。

陆贾的这句话似乎是对儒家不恭敬的，但细究他所处的时代背景，便能够理解其原因。从社会形势来看，作为汉初的思想家，陆贾的学说以总结秦亡教训为主要内容。秦亡于暴，这是不争的事实，汉刚刚从楚汉战争中胜出，国力疲敝，一些相应的措施还是秦时制度，秦法在汉代初期仍旧盛行，此时国家需要的是休养生息，以便恢复国力，发展生产，显然，儒家守成的学说并不适合统治者的需求。从思想层面来看，高祖刘邦的几个主要谋臣皆喜爱黄老刑名之学，如萧何、张良、曹参等，法家的流弊依然强大，因此在汉初意识形态领域里，主要是黄老刑名思想与法家思想的斗争。此时，如果陆贾极力倡导儒家学说是不明智的，一旦将刘邦所建立起来对儒者的那点好感也弄没有了，那汉代儒学复兴之路会更加曲折和艰辛。基于以上两点，陆贾很开明地认为，只要是符合社会发展需要的，都是好的，不一定非要用儒者或者儒家的学说。这恰恰证明了陆贾在"操术"方面是承袭自荀子的经验论哲学路径。

三、天生人成与天人感应

作为布衣天子，刘邦首要的任务便是为自己的政权寻求合法性，这也是历朝开国帝王所必须做的一件事情。陆贾陈列汉所以取天下秦所以失天下之理由，首要的便要为汉代秦找到一个合理的说法，这样才能避免六国旧贵族的反抗，为天下所服；其次，秦所以失天下是因为严刑苛法，君主的权力得不到约束，所以二世被赵高所惑，为所欲为，不能听信忠言，最终身死国灭为天下笑，对于大一统格局下的君主权力的保障与限制是陆贾所要解决的第二个问题。

荀子的天命观突破了以往天命论的局限，剥去了天的神话色彩，还原以自然客观的存在，从而突出了人在天地间的作用，将人提升到了与天地并列的位置。因此，治乱之事与天无关，而是人为的结果，人行为的好坏直接导致了国家的政治状态。这样一来，天道与人道分开了，人由被天主宰而成为了独立于天的存在，其目的是论证"制天命而用之"，即利用事物本来的规律，将之为人服务，因为只有这样才能"万物得宜，事变得应，上得天时，下得地利，中得人和"（《荀子·富国》），这便是"天生人成"。

陆贾继承了荀子"天生人成"的思想，但陆贾所认为的"圣人"是秉承"天道"之人，《道基》曰："天生万物，以地养之，圣人成之。""圣人乘天威，合天气，承天功，象天容，而不与为功。"圣人不与天争功，只是顺应天时，这便是荀子"天生人成"思想的表述。但陆贾所表述的"天生人成"不同于荀子，荀子的落脚点在于"制天命而用之"，突出人在天地之间的重要性；陆贾的着重点在"圣人乘天威，合天气，承天功，象天容"（《新语·本性》），所表达的是人对于天的依附和顺从，这也是他的"天人感应"理论的前提和基础。因此，陆贾的圣人观不同于传统儒家，孔子的圣人是儒家理想人格的化身，是纯德之人；孟子的圣人是"道"的天生继承者，陆贾眼里的"圣人"是"统物通变，治情性，显仁义"，是天意的体现和执行者。为了论证刘邦政权的君臣是承天命的圣人和圣王，陆贾举出了文王和大禹的例子："文王生于东夷，大禹出于西羌，世殊而地绝，法合而度同。故圣贤与道合，愚者与祸同，怀德者应以福，挟恶者报以凶，德薄者位危，去道者身亡，万世不易法，古今同纪纲。"(《新语·术事》)无论什么出身，只要是道德心性与天道和，便能够成为圣人，既然书不必出于仲尼之门了，合于天道的圣人也未必出身高贵，因此，刘氏代秦，是符合天道的，因为秦失德，而刘氏德合于天，这样一来，陆贾便论证了汉王朝的合法性，完成了刘邦交给他的第一个任务。

为了完成刘邦的交给他的第二个任务，陆贾将阴阳五行学说纳入他的儒学体系，并且扩展了它的内涵。首先，他继承了先秦儒学为政以德的政治主张，针对秦朝苛刑峻法提出了为政以德不以刑，《新语·至德》曰："天地之性，万物之类，怀德者众归之，恃刑者民畏之，归之则充其侧，畏之则去其域。故设刑者不厌轻，为德者不厌重，行罚者不患薄，布赏者不患厚，所以亲近而致远也。"天地万物的本性是仁，所以才能亲近致远，而刑罚只是让百姓畏惧，不能够使远者归之，近者来之，因此，为政以德不以刑，即便是使用刑罚了，也要以从轻为准，这样才能得民心。所以，"君子之为治也，块然若无事，寂然若无声，官府若无吏，亭落若无民"，这是陆贾为汉初的统治者所描绘的理想社会场景。陆贾的这个观点一方面反驳了秦朝的苛刑峻法，另一方面，为汉初的统治者寻找了一个适合当时社会现状的治理方法，那就是重德轻刑。这个提议在客观上为黄老道家的盛行埋下了伏笔。

既然为政以德不以刑是来自天人的共性，如果君主违背了这个共性，天会通过感应将信号传达给人君，其表现形式是以祥瑞回报善政，以灾厄来谴告失德，"夫善道存乎心，无远而不至也；恶行著乎己，无近而不去也。周公躬行礼义，郊祀后稷，越裳奉贡而至，麟凤白雉草泽而应"(《新语·明诚》)。麟凤、白雉、草泽这些祥瑞是为了得道者出现的，如果为政者行为不符合天道，则有灾祸降临,"故世衰道失,非天之所为也,乃君国者有以取之也。恶政生恶气,恶气生灾异。螟虫之类,随气而生;虹霓之属,因政而见。治道失于下,则天文变于上;恶政流于民,则螟虫生于野"(《新语·明诫》),如果君主为政不仁,螟虫虹霓之属便会出现于野,导致灾祸,天便是通过这种方式来规劝君主实行仁德,违背了仁德便要遭到灾祸的惩罚。通过这种灾异谴告理论,陆贾完成了对君权的限制,将君权限制在儒家的仁义道德范畴之内,当然,这个范畴也是天道的内容。陆贾的这一思想对后来董仲舒的"天人感应"论有着很大的启迪作用。

四、从"非十二子"到文化独尊

生于战国末期的荀子清楚地认识到天下统一势在必行,因此,他在极力赞扬法家霸业的同时,在文化上排斥诸子之说,为大一统的国家意识形态的统一做准备。在《非十二子》中,荀子猛烈地批判了包括先秦儒家在内的各个学派,认为这些言论"假今之世,饰邪说,文奸言,以枭乱天下,欺惑愚众,矞宇嵬琐,使天下混然不知是非治乱之所存"。

儒家对于杨朱、墨家的批判由来已久,《孟子·滕文公下》篇云:"杨朱墨翟之言盈天下,天下之言,不归杨则归墨。"杨朱学派主张"贵己""为我""轻物重生",视个人感官的物质利益高于一切;墨家的"兼爱""尚同""节用""节丧"不利于社会稳定与天下统一。儒家若要扩大自己的影响,必然要反对杨、墨,孟子对这两个学派给予了猛烈的抨击:"杨子取为我,拔一毛而利天下,不为也。墨子兼爱,摩顶放踵利天下为之。"(《孟子·尽心上》)"杨氏为我,是无君也;墨氏兼爱,是无父也。无父无君,是禽兽也。"(《孟子·滕文公下》)

荀子从大一统的角度出发对于杨、墨的批判理性了很多,他批评杨朱学派它嚣、魏牟"纵情性,安恣睢,禽兽行,不足以合文通治",放纵情性显然就会损害礼仪,进而损害国家和百姓的利益,这是荀子不能容忍的;接下来批判杨朱学派的陈仲、史鰌"忍情性,綦溪利跂,苟以分异人为高,不足以合大众,明大分",与"纵情性"相反,"忍情性"不符合人天生的对物质的合理追求,不利于社会的稳定和财富的积累,因此这种理论只能在离群索居的情况下才能实现，显然不符合人的社会性，是不利于社会发展的；他批判墨翟、宋钘"不知壹天下、建国家之权称，上功用，大俭约，而慢差等，曾不足以容辨异、县君臣"，儒家的"礼"是为了维护国家与社会稳定而设立的，自孔子的"不学礼无以立"、孟子的"见其礼而知其政，闻其乐而知其德"（《孟子·公孙丑上》）到荀子的"礼者，治辨之极也，强固之本也，威行之道也，功名之总也。王公由之，所以得天下也"（《荀子·议兵》），对于"礼"的重视从个人修身的角度上升到了国家治乱的层面，逐步地扩大了"礼"在政治生活中的重要性，而墨家的理论与儒家提倡的有等差的爱、厚葬久丧是针锋相对的，不利于国家稳定和天下统一，因此荀子说他们"不知壹天下建国家之权称"。在壹天下为总趋势的战国末期，墨家的主张违背了历史发展的潮流，貌似维护实则损害天下百姓的利益，此后墨家逐渐陨落，也是因为这个原因。

荀子批评法家"尚法而无法，下修而好作，上则取听于上，下则取从于俗，终日言成文典，反纠察之，则偶然无所归宿，不可以经国定分"，其原因在《荀子与法家》一节中已有，不再赘述。他批判名家的惠施、邓析"不法先王，不是礼义，而好治怪说，玩琦辞，甚察而不惠，辩而无用，多事而寡功，不可以为治纲纪"，邓析从谋求物质利益的角度出发，"操两可之说，设无穷之辞"（《列子·力命》），公然挑衅国家的法律典章制度；惠施与公孙龙虽然将逻辑学发展到了一定的高度，但"烦文以相假，饰辞以相惇，巧譬以相移，引人使不得及其意，如此害大道"（《资治通鉴·周纪三》），因此受到荀子的批判。

思孟学派也是孔子后学，仍然受到荀子猛烈的批判，其主要原因在于思孟"略法先王而不知其统""案往旧造说"。孟子所谓的"先王"年代久远，典章制度阙失，重"参验"的荀子提出了"法后王"。后王距离当世不远，其典章制度有据可查，其治国方略更接近当世的需求，这显然是针对孟子曲解先王之意、脱离社会实际需求而来的。

荀子心目中的学说是这样："总方略，齐言行，壹统类，而群天下之英杰，而告之以大古，教之以至顺，奥窔之间，簟席之上，敛然圣王之文章具焉，佛然平世之俗起焉。"具备这样才能的圣人即便不拥有权势，却"无置锥之地，而王公不能与之争名，在一大夫之位，则一君不能独畜，一国不能独容，成名况乎诸侯，莫不愿以为臣"，仲尼和子弓就是这样的；圣人如果能够拥有了权势便可以"一天下，财万物，长养人民，兼利天下，通达之属，莫不从服，六说者立息，十二子者迁化"，虞舜就是这样的。显然，虞舜与仲尼、子弓同属于圣人之列，但真正能够实现"一天下，财万物，长养人民，兼利天下"的只有拥有权势的圣人才可以做到。在荀子的时代，拥有权势的圣人不可能实现，只能谋求仲尼、子弓之学以行强国之术。

陆贾秉承了先秦儒学中的文化独尊性与唯我性的一面，以儒家"仁""礼"思想为本，对汉代文化思想建设提出了与法家相一致的具有垄断性特征的意见，奠定了汉中叶"罢黜百家，尊崇儒术"的思想基础。他将儒家思想灌输到天道之中，并将"天道"提升到宇宙本体论的高度，使得其他学说失去了立足点，这显然是对于其他学说的一种根本上的排斥，这种排斥又决定了儒学在政治制度上的独尊性。他说："故孔子遭君暗臣乱，众邪在位，政道隔于三家，仁义闭于公门，故作公陵之歌，伤无权力于世，大化绝而不通，道德施而不用，故曰：无如之何者，吾末如之何也已矣。夫言道因权而立，德因势而行，不在其位者，则无以齐其政，不操其柄者，则无以制其刚。"（《新语·辨惑》）孔子虽然贤德，却因当时邪说惑政，终不得用。究其原因是孔子手中没有权势，所以其学说也得不到彰显，因此，陆贾提出"道因权而立，德因势而行"，明确提出借助权势来推行道德学说，他已经意识到，建立一种具备强制力量的国家意识形态已成为社会的迫切需[1]。

王充《论衡·案书》云："《新语》陆贾所造，盖董仲舒相被服焉；皆言君臣政治得失。言可采行，事美足观，鸿知所言，参贰经传，虽古圣之言，不能过增。"认为陆贾不仅可以与西汉大儒董仲舒并列，而且董仲舒还是陆贾思想的继承者。这足以说明了陆贾在汉代思想史上的重要性。

（李峻岭，女，山东社会科学院国际儒学研究院，副研究员，博士，研究方向为先秦两汉儒学研究）

---

[1]参见许抗生等：《中国儒学史》（两汉卷），北京大学出版社，2011年，第45页。

汉唐以"敬"之经学人伦观念诠发《春秋》经传①

闫齐麟　闫春新

"敬",从其字形上看,其构成有左右两部分:从攴,以手执杖或执鞭,表示敲打,从苟,有紧急、急迫之义。是造字法中的会意字。根据《说文解字》:"敬,肃也。"与《释名·释言语》:"敬,警也,恒自肃警也。"本义应为恭敬而端肃:"在貌为恭,在心为敬。""恭"在外表而"敬"存内心,两字同源近义互文。

作为古代中国,尤其是儒家思想的一个重要范畴,关于"敬"的起源问题,最早的文字记载可追溯到金文之中,有祭祀、祷告之意;而《尚书》关于"敬"的记载,也可追溯到尧舜时期。这两处"敬",都有一个共性,即对于现实生活中遇到的解决不了的灾难、困惑,无法解释的自然现象尤其是天灾等,往往求助于上天等神灵,故而有祭祀等一系列的活动,以祈求上天等降福、祛灾与纾困;而在祭祀过程中表现出的一系列行为,如盛祭、拜祭等,则体现了当时民众对于上天等神灵的敬畏。段玉裁对《说文》:"敬,肃也。"注曰:"肃者,持事振敬也。与此为转注。"《汉书·五行志》:"貌之不恭,是谓不肃。"这里用为畏惧、恭敬之意。因而,"敬"之初意或本义,可以归结为对自然神灵及其后祖先神的敬畏;并可能由此而引申出了人类社会活动中人与人之间的"恭敬"的含义:"君子敬而无失,与人恭而有礼,四海之内,皆兄弟也。"

---

①基金项目:国家社科基金一般项目"魏晋玄学统摄下的儒道佛经典互诠研究"(23BZX027)。

基于"敬"源于祭祀时对神灵的敬畏，而又向其他礼俗、礼制延伸，正像其他经学人伦观念，如"恭""信""孝"等一样，以孔子为代表的先秦原始儒家学者以及左丘明、子夏后学等儒经传述人，在原有礼乐文明的熏陶下，也常将其发掘为"礼"之意蕴，以"敬"与"礼"对言、连用、互释，进而将"敬"之义分殊到不同"礼"（吉、凶、宾、军、嘉等五礼中）的各自具体场景。只是孔子作《春秋》时，将"敬"与"礼"本义之深意，以经文"微言"的形式蕴而未载；而汉唐注家则进一步沿此"敬"与"礼"互文之思路，由此逐层发掘出来的"敬"之神学义及其基于神学义前提之下的教化义（人神）、世间待人以"敬"的人伦义（人人）甚或交国以"敬"的邦交义（国国），从而各有侧重、多层次地阐发《春秋》大义。

因汉唐《春秋》学中，除了《春秋繁露》，《春秋》三传及其注疏的相应内容相对较多也较集中，现主要以这些《春秋》经及其《三传》的汉唐注疏为主要研究对象，予以详尽剖析。

通读汉唐注疏中的关于以"敬"阐发经义传意的全部内容，第一印象就是，其多通过"礼"与"敬"对言、联言与连用，结合"礼"与"敬"互释且更注重探讨"礼"与"敬"的关系，最终从古老礼乐文明的角度，或者说更为贴近先秦原有礼乐文化的立场，来阐发《春秋》"敬"之大义。

一、汉唐"敬"与"礼"互释进而又以之来阐发《春秋》大义

《春秋左传》记载，"孟献子曰：'郤氏其亡乎！礼，身之干也；敬，身之基也。郤子无基。且先君之嗣卿也，受命以求师，将社稷是卫，而惰，弃君命也。不亡何为？'"孔颖达疏解曰："人身以礼、敬为本，必有礼、敬，身乃得存。"关于汉唐所关注的"礼"与"敬"的关系为何？"礼"与"敬"连用、互释，尤其是以"礼"解"敬"，到底是因为什么文化背景？这些又与本节所探讨的汉唐以"敬"来注解、阐发《春秋》经及其《三传》的关联度有多大呢？

要说明白汉唐注疏中关于"敬"的这些问题，我们不妨仍从上文本节题头

所提及的"礼"源于祭祀说起。在周何看来，古礼起源于祭祀。他认为，从中国历史上来看，最早的礼，大概是属于祭祀鬼神方面的，因为"礼"字早期殷商甲骨卜辞即作"豊"，依王国维《观堂集林》说，下半是豆，豆是盛肉类祭品的器皿，上半是一个器皿里盛着两串玉的玨，这也是用来祭祀的贡品，由于是有关神鬼之事，所以后来就加了示旁以表示之，而写成"禮"字。祭祀鬼神，当有一定的仪式节目，因此而有礼节的意义。[①]在周何看来，最早的"礼"应该追溯到殷商甲骨卜辞，通过对"禮"字的分解可见，其意在表达以器皿盛托着祭品献于神灵，故有"礼"源于祭祀之说。周氏所说，代表了学界很多人的观点，几成定论。

因而，究其因，"敬"的对神灵敬畏、恭敬而端肃的这一本义，当源于原始信仰的先民对天地及鬼神虔诚地供奉及祈福，以求上神启示、庇佑甚或祖先与上神之"德"（神力）。"德"者，"得也"；"敬"最初大概是原始先民为得到神佑甚或祖先与上神的某种超凡神力，基于内心恐惧油然而生的一种"认亲"或"移情"的伴生宗教情感。而无上至尊的神在先秦，尤其是殷周以来便都是上天，因而周初又有"敬天""敬德"的说法。这里，周人之"敬"，便是对"天"及其神力、善性的敬畏、虔诚。当然，由于此时天命王权的君权神授理论的翻新，周初认定，人世间唯有"周王"与"天地合其德"，"皇天无亲，惟德是辅"，故而其通过天命而达成与"天父地母"一一对应的关系，从而作为天之元子而最终垄断了对天地的祭祀权。不言而喻，这时已由每一原始先民的"敬神"（自然多元神）而变为周初天子的"敬德""敬天"（天——众神）。

从逻辑发展思路上讲，"敬"这一宗教神圣感，先是滥觞于原始初民的对以至上神"天"为代表的诸上神与各祖先之神力及其内在品质的神性信仰，渐变为对他们的神秘体认与模仿，最初甚或兼而有之、混而不分："君子有三畏：畏天命，畏大人，畏圣人之言。小人不知天命而不畏也，狎大人，侮圣人之言。"（《论语·季氏》）"诚者，天之道也；诚之者，人之道也。"（《礼记》）后来，尤其是两周之际，人的理性进一步自觉，而对于"敬"之最初"敬畏"天、祖

---

①周何：《说礼》，万卷楼图书有限公司，1998年，第4页。

的神学义，向人世间发散，其也表现出人际间的"恭敬""尊敬"之义。这种人向神而后兼人对人的"敬"之"礼"义，春秋以至汉唐，皆一以贯之。汉唐《春秋》学人更以此"敬"之义，进一步在其注疏中大加阐发，以彰显《春秋》经义、圣意。

在祭礼中，孔子对于祭神有其坚守的原则。"祭如在，祭神如神在；子曰：'吾不与祭，如不祭。'"（《论语·八佾》）其大意是说，人们在祭祀祖先时，要像真的感受到祖先降临，正接受自己的祭祀一样；祭祀神灵的时候，也要体证到神灵真的是在接受祭祀。如果自己不能亲自参加祭祀，未能亲身感受到祖先、神灵之存在、降升、接受祭拜，虽是别人代祭了，在根本上与没举行祭祀无任何两样。显然，这里孔子强调的是祭祀的过程中，祭祀者务必要亲自参与，并以虔诚之心敬奉神灵；《礼记·曲礼》："若夫，坐如尸，立如齐。礼从宜，使从俗。"郑玄注曰："牲币之属，则当从俗所出。《礼器》曰：'天不生，地不养，君子不以为礼，鬼神不飨。'"在上引孔子祭神的话语中，可理解为祭祀者之亲临的必要性，而这句话及其郑注则进一步突出的是祭祀者祭祀鬼神时心存敬意——敬畏虔诚。两者都以祭礼为例，表达了"敬，礼之本也"之意，也都蕴含了另一层面的"礼为敬之用"之意。

同样，汉唐注家也均以这两个层面来发挥《春秋》大义。一方面，在《左传》传文及其注疏中，杜预、孔颖达也多重在从"敬"为"礼"本之意上，来深层阐发传意、经义：

《左传·僖公十一年》：

（经）十有一年春。晋杀其大夫丕郑父。

（传）十一年，春，晋侯使以郑之乱来告。（杜预注：释经书在今年）天王使召武公、内史过赐晋侯命。（杜注：天王，周襄王。召武公，周卿士。内史过，周大夫。诸侯即位，天子赐之命圭为瑞）受玉惰。过归告王曰："晋侯其无后乎？王赐之命，而惰于受瑞，先自弃也已，其何继之有？礼，国之干也；敬，礼之舆也。不敬则礼不行，礼不行则上下昏，何以长世？"

此经传文是说，晋侯在接受周襄王赏赐之命圭时，拜不稽首，弃其礼，不敬王命之事。天子使臣归国后向周天子复命道，礼，是国家的主干；敬，是礼行的车子。不敬，礼就不能推行，礼不能推行，上下便混乱，怎么能维持长久呢？在春秋时期，礼是维持天子、诸侯、卿大夫、士之间的一套等级制度，诸侯作为天子的小宗，在接受命圭时，有"稽首"之礼，以示尊敬。而这里，晋侯显然失其礼。传文将敬比作礼运行的车子，很显然，无敬则礼不能有效施行，国家便不能长治久安，故曰："不敬则礼不行，礼不行则上下昏，何以长世？"孔颖达又引《周语》对传文中晋侯失礼、失敬之事，进行了进一步发挥："襄王使召公过及内史过赐晋惠公命，晋侯执玉卑，拜不稽首。内史过归以告王曰：'晋不亡，其君必无后。不敬王命，弃其礼也；执玉卑，替其质也；拜不稽首，无其王也。替质无镇，无王无人。晋侯无王，人亦将无之；欲替其镇，人亦将替之。'"从孔颖达的注解来看，他认为，晋惠公接受周襄王的赏赐既然"不敬王命""拜不稽首"，显示出其内心更无对周王的敬意，那么必然会遭受祸难。可见，对孔颖达来说，"敬，乃礼本。"国家治乱又离不开"礼"。又如《左传·昭公二十六年》：

（传）公曰："善哉！我不能矣。吾今而后知礼之可以为国也。"
对曰："礼之可以为国也久矣，与天地并。"

（孔颖达疏）天于地人民莫知其始，但人禀阴阳之气，生于天地之间，天地既形，人民必育。《易·序卦》曰："有天地，然后有万物。有万物，然后有男女。有男女，然后有夫妇。有夫妇，然后有父子。有父子，然后有君臣。有君臣，然后有上下。有上下，然后礼义有所错。"是言有天地即有人民，有人民即有父子、君臣。父子相爱，君臣相敬。敬、爱为礼之本，是与天地并兴。

此传文是说晏子与齐景公关于以"礼"治理国家的探讨，孔颖达认为，天地形成后，万物出现，继而有人类、男女、夫妇、父子、君臣、上下。天地一形成，有了上下、男女差别，便也有了秩序而和谐的"礼"的出现。而在这些相互对待的人伦及各相应的社会角色之中，核心是父子有爱，君臣相敬。因而敬与爱，为"礼"之根本。

当然，《公羊传》与《榖梁传》的汉唐经传注疏，亦不例外。如《公羊传·文公九年》：

> （经）秦人来归僖公、成风之襚。
>
> （传）其言僖公、成风何？兼之。兼之非礼也。
>
> （何休注）礼主于敬，当各使一使，所以别尊卑。
>
> （徐彦疏）"其言僖公、成风之襚何"云："欲言非礼，礼有襚文；
> 欲言是礼，而二人并致，故执不知问。"

以上经文言，文公九年，秦国人来赠送殡葬鲁僖公及成风的衣服。《公羊传》认为，秦人同时为僖公、成风送礼，是不合礼制的，而到底为何？何休、徐彦从僖公与成风的关系的角度对不合理的原因作了解析，成风为僖公之母，将二人并列而言，显然是秦人失却对其母子的尊卑之分，而有点不尊重鲁僖公母子俩，违背了其归襚是为了对鲁君致敬慰问的初衷。归根到底，"礼主于敬"，是失"礼"之"敬"义，或曰是失"敬"这一归襚"礼"之本义，故而秦人同为二人送殡葬的衣服是不合礼制的。而《榖梁传·桓公十四年》的注疏则重在凸显祭祖礼仪所内含的对祖先的敬畏、虔诚，以呈现经义传意的尊祖敬宗的周礼原则：

> （经）乙亥，尝。
>
> （传）而尝，可也，志不敬也。天子亲耕，以共粢盛。王后亲蚕，
> 以共祭服。
>
> （范宁注）王后亲蚕，齐戒躬桑，夫人三缫，遂班三宫。朱绿玄
> 黄，以为黼黻文章，服既成，君服以祀之。

杨士勋引郑玄言曰："及良日，夫人缫，三盆手，遂布于三宫夫人、世妇之吉

者，使缲，遂朱绿之，玄黄之，以为黼黻文章。服既成，君服以祀先王、先公，'敬'之至也。"据杨士勋及对此传文范宁的疏解来看，强调祭祖时君王着黼黻文章的祭服，以礼敬神灵；此前王后须亲自养蚕以供祭服之备，可谓尽心尽职，君王着特定的服饰祭祀先王先公之神灵，"夫人缲，三盆手，遂布于三宫夫人、世妇之吉者，使缲，遂朱绿之，玄黄之，以为黼黻文章"，均是"礼敬"先王先公的表现。

另一方面，则是"礼"为"敬"之用，是与祭者"敬"的载体及其"敬"的呈现形式。重大场合下，礼仪、礼节的繁复，是与祭者致敬神灵尤其是其祖先的手段与外在表达，无礼或失礼，则无以为"敬"。因而孔子儒家、《春秋》经传以至汉唐注家均又强调"礼"的这一"敬"（礼仪）之功用及其必要性。现仅以下引《穀梁传·成公十七年》例证之：

（经）九月，辛丑，用郊。

（传）夏之始可以承春。以秋之末承春之始，盖不可矣。（范宁注：郊，春事也。僖三十一年"夏，四月，四卜郊，不从"，传曰："四月，不时。"今言可者，方明秋末之不可，故以是为犹可也）九月用郊，"用"者，不"宜用"也。宫室不设，不可以祭。衣服不修，不可以祭。车马器械不备，不可以祭。有司一人不备其职，不可以祭。祭者，荐其时也，荐其敬也，荐其美也，非享味也。（杨士勋疏：论用郊而陈宫室者，礼有五经，莫重于祭。祭之盛者，莫大于郊。传意欲见严父然后至其天，家国备然后然享，故具说宫室、祭服、车马、官司之等，明神非徒享味而已，何得九月始用郊乎？徐邈云："宫室谓郊之齐宫，衣服、车马亦谓郊之所用，言一事阙，则不可祭。"何得九月用郊，理不通也）

以上为成公十七年九月辛丑郊祭之事，依传文及杨疏可知，以秋之末来承接春天的郊祭，显然是不合时宜的，经文中的"用"，为不应当之意，杨疏驳何休"九月用郊犹可"之言，祭祀是五礼中非常重要的活动，而祭祀中最为盛大的活动,莫过于郊祭。郊祭是祖先作配祭神,选择恰当的时间,表祭者之虔敬、上天之神圣。这一活动,是以宫室、衣服、车马器械的完备、华美为前提的,即上文所言"家国备然后然享",杨士勋引徐邈之言以为,以上准备之物缺一则不可祭神。其言外之意指,就"礼"与"敬"的关系而言,要通过从礼制要求郊祭仪式需隆重庄严,而彰显祭者的敬畏之心,必须要通过郊祭的诸多程序这一外在表现形式或渠道呈现出来。尽管"敬"为"礼"之初衷与本意,但必要的礼仪形式尤其宫室、祭服、车马、官司等的整洁、齐备,还是要非常讲究的。因为在此传文的传述者及杨士勋、徐邈等看来,无礼仪之威严肃穆,便也无从谈起祭祀者的虔诚之心!

最后不得不说的是,笔者依传统的儒家经传诠释思路,分别从两个层面剖析了汉唐注家所发的上述"敬"之意——"敬"为"礼"之本与"礼"为"敬"之用,很多情况下汉唐注疏是兼而有之、密不可分的。即如上文所引《穀梁传·成公十七年》传文及其注疏,既有言外之意的"敬"为"礼"之本,也可直接地理解为对"礼"为"敬"之用的阐发。

二、汉唐以三层次的"敬"之义阐发《春秋》经传

从形式上看,汉唐注家通过探讨"敬"与"礼"的关系及两者互释,试图从回归原有礼乐文化的大背景下深挖"敬"之深意以从中发挥经义传意;而从内容本质上,诚如本节开头所讲,却是将"敬"还原到其所依托的祭丧大礼、社交礼甚或邦交礼等各自的礼仪场合,不同侧重地分别呈现"敬"之神学教化义及这一经学人伦观念所蕴含的人伦义与邦交义。或者也可粗略地说,本文上一小节是从作为经学观念的"礼"的哲理义上来解释、互文普遍抽象的"敬"之意。此一小节则将探讨一下,汉唐又是如何以此三层次的更为具象性的"敬"之意,或者说,其又是怎样通过发掘各场合"礼"制下的"敬"之意蕴,来阐发《春秋》经传的。

先来看汉唐《春秋》经传注疏中对神灵的敬畏及以其为前提的教化义。从"礼"与"敬"的关系来看,孔颖达曰:"父子相爱,君臣相敬,敬、爱为礼之

本，是与天地并兴。"其既然作为"礼"之本而与天地并兴，"敬"这一观念，显然最初是源于初民在自然崇拜中对天、地、鬼神油然而生的敬畏、虔诚之心。

不过，随着时代的发展，亦逐渐派生为氏族部落以来，各后世子孙丧祭大礼时，在慎终追远中的特有的敬畏而虔诚的心境与情感及其次生的教化。其具体表现，主要就是祖先祭祀礼中的"敬"这一心境与情感及其教化义。关于这一层次的"敬"之义，上文多有引述与分析，下文仅再例证之。例如，《公羊传》对鲁桓公八年的经文："八年，春，正月，己卯，烝。"就以君子之祭，来铺陈在礼祀祖先中这一"敬"的心境与情感（敬畏、虔诚）——敬而不黩，其中何休注则更在此对祖先的特有敬畏且虔诚的基础上，通过一再化引《礼记·祭义》的部分文字，而引申、凸显出"生则敬养，死则敬享"的"孝"之教化义：

> （传）烝者何？冬祭也。春曰祠，夏曰礿，秋曰尝，冬曰烝。常事不书，此何以书？讥。何讥尔？讥亟也。亟则黩，黩则不敬。君子之祭也，敬而不黩。（何休注：君子生则敬养，死则敬享，故将祭，宫室既修，墙屋既缮，百物既备，序其礼乐，具其百官，散斋七日，致斋三日，夫妇斋戒沐浴，盛服，君牵牲，夫人奠酒；君亲献尸，夫人荐豆。卿大夫相君，命妇相夫人，洞洞乎，属属乎如弗胜，如将失之，济济乎致其敬也，愉愉乎尽其忠也，勿勿乎其欲飨之也。文王之祭，事死如事生，孝子之至也……）疏则怠，怠则忘。士不及兹四者，则冬不裘，夏不葛。"

在何休对烝祭的相关解读中可知，君子之祭祖，本就是"生则敬养，死则敬享"的一部分。其祭祀时的"如将失之，济济乎致其敬也，愉愉乎尽其忠也，勿勿乎其欲飨之也"，祭祀前的修宫室、缮墙屋、备百物、序礼乐、具百官，乃至随后的"散斋""致斋"、斋戒、沐浴、盛服准备活动等，都是"礼"之"敬"的虔诚乃至尽心尽意，实是事生之敬养的自然延续，君子在祭祖中深深回味、体会对话着亲人的赡养、报答；更深层次而言，则是一贯君子整个祭祖活动的虔敬的内心表现。而"文王之祭，事死如事生，孝子之至也"，又实为社会其他成员的祭祀提供了范例，上行下效而淳厚民风，"慎终追远，民德归厚矣"。

当然，在这些庄严而隆重的祭祖场合中，"敬"这一观念对祖先敬畏、虔诚的神学义及所附带的教化义，大都主要体现在子孙向神灵进献贡品这一活动，《左传·桓公二年》：

> （经）戊申，纳于大庙。
>
> （传）大羹不致。
>
> （杜注）大羹，肉汁。不致五味。
>
> （孔疏）郊特牲云："大羹不和，贵其质也。"《仪礼·士虞》《特牲》皆设大羹湆，郑玄云："大羹湆，煮肉汁也。不和，贵其质，设之所以敬尸也。"是祭祀之礼有大羹也。大羹者，大古初，食肉者煮之而已，未有五味之齐。祭神设之，所以敬而不忘本也。《记》言"大羹不和"，故知不致者，不致五味。五味，即《洪范》所云酸、苦、辛、咸、甘也。

鬼神享人进献之物，并非食之，而是享之气味。与普通人喜五味之食不同，以未含五味的大羹作为祭祀之物。在杜预、孔颖达看来，其最能呈现祭者的"敬祖"之情，并诱发祭者尚质、不忘其本的道德情感。

《左传·襄公二年》：

> （经）夏，五月，庚寅，夫人姜氏薨。
>
> （传）君子曰："非礼也。礼无所逆，妇，养姑者也。亏姑以成妇，逆莫大焉。《诗》曰：'其惟哲人，告之话言，顺德之行。'季孙于是为不哲矣。且姜氏，君之妣也。《诗》曰：'为酒为醴，烝畀祖妣，以洽百礼，降福孔偕。'"
>
> （杜注）言敬事祖妣，则鬼神降福。季孙葬姜氏不以礼，是不敬祖妣。
>
> （孔疏）丰有之年，多稻多黍，酿之为酒为醴，以进与祖妣，以洽

> 百种之礼。为烝尝之祭，鬼神享之，则下与福祐甚周遍。言今事姊失
> 礼，神将不福祐之也。

据杜预、孔颖达此处的注解，不难看出其大意，以丰年产出的稻黍所酿造的酒、醴礼祀祖先，是祭祀祖先非常重要的礼仪；而季孙葬姜氏不以礼而不敬祖姊，因而神将不福祐。祖先虽与祭祀者血脉相连，但其毕竟已逝化为鬼神，事姊失礼而没有对祖姊最起码的敬畏，他们也不会保佑的。

《左传·僖公二十二年》：

> （经）秋，八月，丁未，及邾人战于升陉。
> （传）邾人以须句故出师，公卑邾，不设备而御之。臧文仲曰：
> "国无小，不可易也；无备，虽众不可恃也。《诗》曰：'战战兢兢，
> 如临深渊，如履薄冰。'又曰：'敬之敬之，天惟显思，命不易哉！'
> （杜注：《周颂》，言有国宜敬戒，天明临下，奉承其命甚难）（孔
> 疏：……言为国君者宜敬之哉，敬之哉！天之道唯明见思，言天之临
> 下，善恶必察，奉承天命不易哉！言其承天命甚为难）先王之明德，
> 犹无不难也，无不惧也，况我小国乎！君其无谓邾小。蜂虿有毒，而
> 况国乎？"弗听。八月丁未，公及邾师战于升陉，我师败绩。邾人获
> 公胄，县诸鱼门。

结合此传文所引及杜注、孔疏来看，为国君者奉承天命之不易。从逻辑上讲，其应是出自为国君者须对上天自始至终的礼敬、警戒与净化自己的身心。"奉承天命"，既要时时祭之以礼，更要祭祀时心存敬畏、明德见诚。其承上天之命，治理人间，而又受上天监察，上天"善恶必察"，是为至高的监察者。慑于上天之威，其在每时每刻尤其是继位大典奉承天命时，敬戒"唯明见思"之上天。为君者为国时只有时时礼"敬"、奉承上天，天命方不改易。

另外，汉唐注疏依据《左传》传文文义，进一步以"敬"之神学教化义来阐发经义，有时"敬"字并未出现在其注疏中。不过，即便如此，虽未明言，

却在字里行间隐现于其注疏行文中。如《左传·庄公二十五年》：

> 日有食之，于是乎用币于社，伐鼓于朝。（杜预注：日食，历之
> 常也。然食于正阳之月，则诸侯用币于社，请救于上。公伐鼓于朝，
> 退而自责，以明阴不宜侵阳，臣不宜掩君，以示大义）

古时，天有异相，日食出现之时，被认为是神灵，尤其是上天，示警人世现有过失或将变乱，而天子、诸侯等多对上天之意志深信不疑，故而日食则诸侯"用币于社"，意图通过礼敬土地上神，以祈求其驱逐灾难，恩泽人间。而这里鲁君"伐鼓于朝"，退而自责其曾否尊王，失却君臣大义而受天谴，表现出了对神灵的极度敬畏与尊信。再如，《左传·昭公十七年》：

> 日过分而未至，三辰有灾（杜预注：……日月相侵，又犯是宿，
> 故三辰皆为灾……）于是乎百官降物，（杜预注：降物，素服）（孔颖
> 达疏：……降物，谓减其物采也。《昏义》曰："日食则天子素服，"
> 知百官降物，亦素服也。古之素服，礼无明文。盖象朝服而用素为之，
> 如今之单衣也。《近世仪》注：日食则击鼓于大社，天子单衣介帻，
> 辟正殿，坐东西堂，百官白服坐本司，大常率官属绕大庙，过时乃罢）

此段疏文尤其是其所引，文意虽稍异于上一段，却小异而大同，阐发愈加详尽：日食来临之时，天子、百官皆素服。在击鼓于大社的同时，天子"辟正殿"，百官坐本司，大常率百官绕庙供役，在这一套救护太阳的仪式中，无不体现了对神灵的敬畏，"敬"之神学意味，非常浓厚。

再来看汉唐《春秋》经传注疏中有"恭敬""尊敬"的"敬"之人伦义乃至邦交义的这两个层面的《春秋》大义阐发。前者上下文均有所涉及，现仅一例证之，《公羊传·桓公四年》：

> （经）夏，天王使宰渠伯纠来聘。

（传）宰渠伯纠者何？天子之大夫也。其称宰渠伯纠何？下大夫也。

（何注）天子下大夫，系官、氏、名且字。系官者，卑不得专官事也。称伯者，上敬老也。上敬老则民益孝，上尊齿则民益弟，是以王者以父事三老，兄事五更，食之于辟雍，天子亲袒而割牲，执酱而馈，执爵而酳，冕而总干，率民之至也。先王之所以治天下者有五：贵有德，为其近于道也；贵臣，为其近于君也；贵老，为其近于父也；敬长，为其近于兄也；慈幼，为其近于子、弟也。礼，君于臣而不名者有五：诸父、兄不名，经曰"王札子"是也，《诗》曰"王谓叔父"是也；上大夫不名，祭伯是也；盛德之士不名，叔胖是也；老臣不名，宰渠伯纠是也。下去二时者，桓公无王而行，天子不能诛，反下聘之，故为贬，见其罪，明不宜。

此经传文言：桓公四年，周桓王派遣大夫宰渠伯纠来聘问，经文中称其为宰渠伯纠，是因为他的禄爵是下大夫。依何休所言，称伯是对老人的敬称，"敬老"为君主教化民众的政治策略之一，"敬长"亦为君主统治政策之一。孔子有云："君使臣以礼。""礼，君于臣而不名者有五"与"王者以父事三老，兄事五更"，皆为君主使臣以"礼"之人伦诸例，其所蕴含的"礼"之"敬"，分别有"敬"的对三老、五更及诸父、兄、上大夫、盛德之士与老臣的"尊敬"之义，极具中国道德伦理的特色。

后者，从《春秋》三传一些传文及其相应汉唐注疏来看，它亦反映了国与国之间以"礼"为行事原则的邦交文化。这一礼仪文化，在春秋时期的邦交之间，主要体现的是诸侯国之间敬、信的相处之道。下文还要讲到交国以"信"，但就其中的"敬"而言，"若敬行其礼，道之以文辞，以靖诸侯，兵可以弭。"此传文中是赵文子与穆叔的对话，以此可见，恭敬地执行礼仪，可靖诸侯，弭兵祸。礼之"恭敬"的重要性不言而喻。而如若有诸侯不能敬行其礼，则要受到其他诸侯的讨伐。如《左传·襄公十八年》：

（经）秋，齐师伐我北鄙。（杜注：不书齐侯，齐侯不入竟）

（传）秋，齐侯伐我北鄙。中行献子将伐齐，梦与厉公讼，弗胜。（杜注：厉公，献子所弑者）公以戈击之，首队于前，跪而戴之，奉之以走，见梗阳之巫皋。他日，见诸道，与之言，同。（杜注：巫亦梦见献子与厉公讼）巫曰："今兹主必死。若有事于东方，则可以逞。"（杜注：巫知献子有死征，故劝使快意伐齐）献子许诺。晋侯伐齐，将济河，献子以朱丝系玉二瑴，而祷曰："齐环怙恃其险，负其众庶，（杜预注：环，齐灵公名。负，依也）弃好背盟，陵虐神主。（杜预注：神主，民也。谓数伐鲁，残民人）曾臣彪将率诸侯以讨焉，（杜注：彪，晋平公名。称臣者，明上有天子，以谦告神。曾臣，犹末臣）"

（经）冬，十月，公会晋侯、宋公、卫侯、郑伯、曹伯、莒子、邾子、滕子、薛伯、杞伯、小邾子同围齐。（杜注：齐数行不义，诸侯同心俱围之）曹伯负刍卒于师。

（传）冬，十月，会于鲁济，寻溴梁之言，同伐齐。（杜注：溴梁，在十六年，盟曰："同讨不庭。"）

在以上经传文中，齐师侵鲁，献子梦与厉公讼，弗胜。巫亦告知中行献子有死的征兆。晋侯伐齐，晋国在对神灵的祷告中，严明齐侯丢弃友好、恭敬的相处之道，背弃盟约，残害人民。同时，在冬十月，鲁襄公与晋侯、宋公等会盟，以齐侯数行不义，无"恭敬之行"为名，共同讨伐齐国。齐侯被伐，皆因其失"礼"之"敬"所致。杜注、孔疏依据上引《左传·襄公十八年》传文的思路，进一步以诸侯相敬义来探明、阐发孔子深意。

《穀梁传·僖公四年》：

（经）齐人执陈袁涛涂。

（范注）袁涛涂，陈大夫。

（传）齐人者，齐侯也。其人之，何也？于是哆然外齐侯也，不正其逾国而执也。

（范注）江熙曰："逾国，谓逾陈而执陈大夫。主人之不敬客，由客之不先敬主人。哆然众有不服之心，故《春秋》因而讥之，所谓以万物为心也。"

（杨疏）"齐人"至"执也"。释曰：《公羊》《左氏》皆以为涛涂误军道，故齐侯执之。此传与注竟无误军道之言，则以涛涂不敬齐命，故执之也。"于是哆然外齐侯"者，谓齐不以礼于陈，陈人有不服之意，哆然疏外齐侯。哆然，宽大之意也。"不正其逾国而执也"。释曰：谓陈之不敬，由齐之无礼，不能自责，反越国而执其臣，故不正其逾国而执也，贬以称人。不正，犹言不与也。正则人与之，不正则人不与，故谓不与为不正也。然"齐人执郑詹"，亦称人以执，传言"与之"，此称人以执，即云贬者，詹，郑之佞人，往至齐国，称人以执，则是众人欲执之，今涛涂不在齐国，又无实罪，齐侯执之，而云"齐人"，故知是贬也。

以上经传文言齐桓公越国拘押陈国大夫袁涛涂之事与《左传》《公羊传》理解的角度不同，《穀梁传》则称其为"齐"人，以示对其贬称，范宁、杨士勋则从"礼"与"敬"的角度来看陈之不"敬"，由齐之无"礼"这一事件，分析齐桓公的行为以及其行为所造成的后果，范宁引江熙之言表示，齐桓公越国界抓陈大夫，于陈国来说是客欺主，是齐首先失去对主人的"尊敬"，引起众怒，故《春秋》讥之，杨士勋认为，造成众怒的原因是齐无礼于陈，故造成陈之不"敬"。

三、结语

总之，本文主要通过对《春秋》经传及其汉唐经学家相应注、疏的详尽剖析，揭示汉唐所关注的"敬"与"礼"的关系，看其以"敬"之意发挥《春秋》大义的诠释特点。就这一点来看，汉唐对"敬"与"礼"的注解，更为接近孔子原始儒学的经学观念，而迥异于孟、荀将"敬"渐次脱离"礼"之束缚而进一步人伦化、理性化的神学祛魅；然后又以"敬畏""恭敬"义，阐发天子对天地、诸侯对其封国内神灵及社稷的敬畏，以及诸侯间的盟誓，深刻挖掘出"敬"之神学教化义；同时，又通过上引汉唐各注、疏，对不同社会成员乃至诸侯间日常生活相互对待之"敬"的阐发，论证了汉唐更注重以"敬"之人伦义与邦交义诠释《春秋》经及其三传，彰显《春秋》大义。

（闫春新，男，山东嘉祥人，历史学博士、哲学博士后，山东师范大学齐鲁文化研究院教授、博士生导师；孔子研究院特聘专家、尼山学者；安徽大学桐城派研究中心兼职研究员；闫齐麟，男，山东曲阜人，曲阜师范大学历史文化学院2023级博士研究生，主要研究方向为明清"论语学"与清史研究）

秦代《春秋》经传之学存续考略

刘　伟

关于秦代的《春秋》经传之学，学者往往语焉不详，在已出版的《春秋》学史著作中也罕有论述。沈玉成、刘宁所撰《春秋左传学史稿》为国内同类著作中较早系统研究者，然其所述始于西汉刘歆，没有提及秦代《春秋》学。^①赵伯雄先生在《春秋学史》中说："秦始皇推行文化专制主义和愚民政策，几乎禁止了一切学术活动……战国以来诸子百家竞相讲学论道的风气不复存在。……假如秦的统治照这样再维持个五六十年，包括儒学在内的先秦文化传统就将大部灭绝。"^②其书阐述《春秋》学史也从先秦直接越过秦代而至两汉。然秦祚虽短，国策虽严，战国时期的学术文化余脉尚存，对这一时期经学的面貌，实有进一步认识的必要。以下试通过对相关史料的整理与解读，对秦代《春秋》经传之学的基本情况进行初步探讨，希望能稍微弥补学界相关研究的不足。

一、秦代经学并未中断

秦始皇统一六国，建立中国历史上第一个大一统的帝国。总的来说，秦帝国在政治、经济、军事、法律、社会、文化等方面所推行的各项制度，都是以战国时期的秦国制度为基础的，并体现出浓厚的法家影响。《史记·秦始皇本纪》

---

① 参见沈玉成、刘宁：《春秋左传学史稿》，江苏古籍出版社，1992年。
② 赵伯雄：《春秋学史》，山东教育出版社，2004年，第91~92页。

所载李斯的一段话，非常清晰地展现出秦朝统一后国家统治政策与治国思想的变化：

> 异时诸侯并争，厚招游学。今天下已定，法令出一，百姓当家则力农工，士则学习法令辟禁。今诸生不师今而学古，以非当世，惑乱黔首。丞相臣斯昧死言：古者天下散乱，莫之能一，是以诸侯并作，语皆道古以害今，饰虚言以乱实，人善其所私学，以非上之所建立。今皇帝并有天下，别黑白而定一尊。私学而相与非法教，人闻令下，则各以其学议之，入则心非，出则巷议，夸主以为名，异取以为高，率群下以造谤。如此弗禁，则主势降乎上，党与成乎下。禁之便。臣请史官非秦记皆烧之。非博士官所职，天下敢有藏诗、书、百家语者，悉诣守、尉杂烧之。有敢偶语诗书者弃市。以古非今者族。吏见知不举者与同罪。令下三十日不烧，黥为城旦。所不去者，医药、卜筮、种树之书。若欲有学法令，以吏为师。

所谓"异时诸侯并争，厚招游学"，指的是战国时期列国并立、战乱频仍、百家争鸣的情况，在秦刚统一之初，对诸子百家的政策并没有马上调整，博士的设置、私学的延续都是明证。而随着以皇帝制度为中心的中央集权各项制度的完善，局面也发生了变化。李斯认为，国家应该改变思想文化领域的政策，"以吏为师"，焚毁"诗、书、百家语"，只保留"医药、卜筮、种树之书"。在这一方针指导之下，包括儒家在内的诸家文献均遭到严重破坏，《春秋》经传当然也未能躲过此劫。但正如郑樵《秦不绝儒学论》所言，"陈胜起山东，二世召博士三十余人问故，皆用《春秋》之义以对，是则秦时未尝不用儒生与经学也。况叔孙通降汉时，自有弟子百余人，齐、鲁之风亦未尝替。"[①]历代有不少学者也曾指出这一点。王子今先生也曾以稷下学为例进行深入讨论，认为以焚书坑儒为标志的极端的文化专制的举措并没有宣布稷下学的终结。因"不中用"导致的

---

①郑樵撰，王树民点校：《通志二十略》，中华书局，1987年，第1803页。

冷落和迫害，并未能摧毁稷下学继承者的文化自信，他们仍顽强坚持自己的学术风格。①田君先生也曾指出，作为秦朝官学代表的博士，职掌官方所藏儒学典籍以及诸子百家语的研习、整理与教授，尤其在秦朝制度建设方面，儒学有着广泛的影响。秦始皇焚书并没有阻断儒家经典流传，在这一传承过程中，秦代儒学还呈现出官学与私学并存的局面。②可以看出，尽管儒家学说及其经典文献在秦朝的命运可能没有李景明先生所描述的那样"美好"，但可以肯定的是，儒家思想对秦朝政权和社会的影响并没有完全消除，儒家经典的传承也没有完全断绝，包括儒家在内的诸子士人也以自己的方式顽强生存下来。因此，在秦代的文化荒漠之中，仍然可以看到一抹抹绿色。对此，当代学人李景明先生认为可以从不同层面来简单认识："从空间范围看，经学活动遍及朝野；从时间跨度看，贯穿秦朝始终；从经学家看，居处不同，学派各异，或专一经，或通六艺；从经典看，六经都有人研习传授；从经学作用看，经学成为统治思想体系构成因素、议政工具，干预了秦政治与现实生活。"③就《春秋》经传来说，战国以来已经非常成熟的传承方式和具有强烈使命感的学人也给后人留下了来日复兴的火种。

概而言之，尽管出现过"焚书坑儒"这样的事件，并推行"以吏为师"等相关举措，秦代的国家政策并没有完全阻断儒家经学。《春秋》经传之学在这一时期的延续，既源自战国以降学术传承的历史惯性，也有赖于儒家后学与孔门后裔的文化自觉，以下试分别论之。

二、秦代诸儒与《春秋》经传之存续

由于秦祚短暂，这一时期的《春秋》经传之学，实际上以能延续不绝为最大成果。秦代熟稔《春秋》经传并能将其保存、运用和传播者，能留下姓名事

---

① 王子今：《秦帝国的文化格局与稷下学的历史命运》，《北京师范大学学报》2016年第4期。

② 田君：《周秦儒学三论》，《孔学堂》2019年第1期。

③ 李景明：《焚书坑儒与秦代经学》，《齐鲁学刊》1989年第4期。

迹的甚少，其中对后世贡献最大者当是张苍。作为荀子晚年的入门弟子，张苍在秦统一天下之后才进入生命中最具活力的阶段。《史记·张丞相列传》云："张丞相苍者，阳武人也。好书律历。秦时为御史，主柱下方书。有罪，亡归。"裴骃《集解》引如淳曰："方，版也，谓书事在版上者也。秦以上置柱下史，苍为御史，主其事。或曰四方文书。"司马贞《索隐》亦谓："周秦皆有柱下史，谓御史也。所掌及侍立恒在殿柱之下，故老子为周柱下史。今苍在秦代亦居斯职。方书者，如淳以为方板，谓小事书之于方也，或曰主四方文书也。姚氏以为下云'明习天下图书计籍，主郡上计'，则'方'为四方文书是也。"而《史记·老子列传》云老子为"周守藏室之史"。由御史、柱下史、守藏室之史的职掌来看，三者确实非常接近，历代学者也赞同柱下史即御史之说，然董平玉认为老子之"守藏室之史"与张苍之"柱下史"职责存在差异，两者当是前后相继的关系，是周秦之间官制衍变的结果，[①]其说也可参考。张苍担任掌管图书文献的御史一职，显然与其学识渊博密切相关，至于是不是有其同门学兄李斯的作用，则难以考证。张苍掌管的图书不在焚烧之列，而本人又长于《春秋》经传，故《左传》《国语》在秦时得以保存当不是问题。

秦时长于《春秋》经传之学的儒生，还有名浮丘伯者。《汉书·楚元王传》载："楚元王交，字游，高祖同父少弟也。好书，多材艺。少时尝与鲁穆生、白生、申公俱受《诗》于浮丘伯。伯者，孙卿门人也。及秦焚书，各别去。"浮丘伯，楚人，曾与李斯一起在荀子门下求学，但二人志趣差别极大，《盐铁论·毁学》篇载桑弘羊之言曰：

> 昔李斯与包丘子俱事荀卿，既而李斯入秦，遂取三公，据万乘之权以制海内，功侔伊、望，名巨泰山；而包丘子不免于瓮牖蒿庐，如潦岁之蛙，口非不众也，然卒死于沟壑而已。

---

①参见董平玉：《百年历史变迁的见证者——张苍研究》，曲阜师范大学2017年硕士学位论文，第17页。

《盐铁论·毁学》篇又载文学之言曰：

> 方李斯之相秦也，始皇任之，人臣无二，然而荀卿谓之不食，睹
> 其罹不测之祸也。包丘子饭麻蓬藜，修道白屋之下，乐其志，安之于
> 广厦刍豢，无赫赫之势，亦无戚戚之忧。

对于上面引文中的"包丘子"，陈立《公羊义疏》卷九云："秦有儒生浮丘伯，见《汉书·楚元王传》。而《盐铁论》作'包丘子'，盖古音通也。按'浮''包'古韵同部，故从'孚'从'包'字，经多相通。"[1]《四库全书考证》卷二十亦云："古浮、包字同。《公羊传》'盟于包来'，《左氏》作'浮来'。浮丘伯见《汉·楚元王传》，而《盐铁论》作'包丘子'，是浮丘公与上所引苞丘先生同为一人也。"[2]则浮丘伯、包丘子、苞丘先生是同一人，历代均无异议。从《盐铁论》所载可知，李斯虽然问学于荀子，但志在仕途，故辞荀子而入秦，一度位极人臣，然未能善终；而浮丘伯则安贫乐道、讲学收徒，继承荀子之学，得以善终，且影响及于汉代。上引《汉书·楚元王传》提到，浮丘伯是《鲁诗》一系的重要传承人，《四库全书总目提要》卷十五，曾概述其师承系统云："盖子夏五传至孙卿，孙卿授毛亨，毛亨授毛苌，是《毛诗》距孙卿再传。申培师浮邱伯，浮邱伯师孙卿，是《鲁诗》距孙卿亦再传。故二家之《序》大同小异，其为孙卿以来递相授受者可知。"由此可见，荀子在《春秋》经传与《诗经》学的传承中都扮演了重要角色。不只此二者，皮锡瑞还指出大小戴《礼》与《易》等经的传承也离不开荀子，"是荀子能传《易》《诗》《礼》《乐》《春秋》，汉初传其学者极盛。"因此其"传经之功甚巨"。[3]荀子是儒家学说与儒家经典传承中最关键的人物之一，特别是放在战国末期、秦亡汉兴的大背景之下来看的话，荀子的地位与贡献尤其显得重要。在一定意义上，甚至可以说，没有荀子，汉

---

①陈立：《公羊义疏》，商务印书馆，1936年，第215页。
②王太岳：《钦定四库全书考证》，书目文献出版社，1991年，第488页。
③皮锡瑞：《经学历史》，中华书局，2008年，第40～41页。

代以后的经学会是什么面貌实在难以想象。基于此，后世学者纠结于其学派归属就显得没有意义了。

在经学史上，浮丘伯除了是《诗经》的重要传承人，对《春秋》经传之学的传承也是贡献卓著。上引皮锡瑞之文已经提到《儒林传》有"瑕丘江公受《穀梁春秋》及《诗》于鲁申公"之说，而申公正是浮丘伯的学生，可见《穀梁传》也是由荀子通过浮丘伯传入汉代的。对此传承关系，阎若璩在《尚书古文疏证》卷四曾提出过怀疑："《疏》称荀卿传鲁人申公，申公传博士江翁。申传江见《儒林传》，申受于荀尚不足信。《楚元王传》：'少时与申公等受《诗》浮丘伯。'伯，荀卿门人。申于《诗》为再传，何独于《春秋》而亲受业乎？且申至武帝初年八十余，计其生当在秦初并天下日，荀卒已久。《疏》凡此等俱讹谬不胜辩，聊发愤一道，以为举隅云尔。"①阎若璩提出的疑问在于，若据孔《疏》的说法，《诗经》的传承是荀子经浮丘伯至申公，而《春秋》经传的传承则是申公"亲受业"于荀子，但荀子去世时申公还未出生，故孔《疏》所称"荀卿传鲁人申公"之说"讹谬不胜辩"。杨士勋《穀梁疏》也说《穀梁传》传自子夏，后穀梁氏传于孙卿，孙卿传申公，申公传江公。孔、杨二《疏》所说荀子传《穀梁传》于申公，中间当遗漏了浮丘伯这一环节。

阎若璩之疑问是针对孔《疏》而发，而若将上引各种资料综合分析，便可知孔、杨二《疏》之失。在《穀梁传》的传承中，荀子肯定也发挥了重要作用，浮丘伯无疑也有贡献。吴涛先生根据汉初陆贾、贾谊等人著作引用《穀梁传》以及《穀梁传》自身引书的情况，推测《穀梁传》出于荀子之门，又根据浮丘伯本人治学风格推测《穀梁传》作者很可能就是浮丘伯。②其说虽难称定论，但肯定了荀子、浮丘伯在《穀梁传》传承中的作用，这是没有问题的。荀子博通诸经，又不拘于一家、一经之学，其门徒如李斯、韩非、张苍、浮丘伯等都体现了这一风格，对秦汉以后经学发展居功甚伟。

---

① 阎若璩撰，黄怀信、吕翊欣校点：《尚书古文疏证》，上海古籍出版社，2010年，第200～201页。

② 参见吴涛：《关于〈春秋穀梁传〉出自荀子之门的几点推测》，《史学月刊》2011年第9期。

三、孔鲋与《春秋》经传之传承

在秦代《春秋》经传传承序列中，孔鲋也是不得不提的人物。关于其本人的生平经历，《史记·孔子世家》说："子慎生鲋，年五十七，为陈王涉博士，死于陈下。"《孔丛子·独治》说："子鱼，名鲋，陈人，或谓之子鲋，或称孔甲。"①孔鲋为孔子八世孙，其父孔慎（顺）曾任魏国相。《史记·儒林列传》又云："及至秦之季世，焚诗书，坑术士，六艺从此缺焉。陈涉之王也，而鲁诸儒持孔氏之礼器往归陈王。于是孔甲为陈涉博士，卒与涉俱死。"秦始皇焚书后，孔鲋"隐居嵩阳，授弟子常百余人。"②陈胜首倡反秦，孔鲋受邀为博士，后死于军中。孔鲋其人的治学经历、言行事迹，主要保存在《孔丛子》一书中。尽管学界对《孔丛子》的真伪与编纂时代尚有争议，但其中所载孔鲋之史料大体可信。《孔丛子·独治》篇载其治学经历，云其"生于战国之世，长于兵戎之间，然独乐先王之道，讲习不倦"。在他看来，"今天下将扰扰焉，终必有所定"。基于此种考虑，"吾修文以助之守，不亦可乎？且吾不才，无军旅之任，徒能保其祖业，优游以卒岁者也。"③

孔鲋之学以家族相传为主，金朝时衍圣公孔元措所撰《孔氏祖庭广记》卷一《世次》说"子鱼好习经史，该通六艺，秦始皇并天下分为三十六郡，召为鲁国文通君，拜为少傅"④。若此说可信，则孔鲋在秦始皇时期已经应召出仕。那么，上引《孔丛子》所说孔鲋"独乐先王之道，讲习不倦"，以"能保其祖业，优游以卒岁"为人生理想，当是在秦始皇焚书之后。但陈胜举兵反秦时，孔鲋没能拒绝陈胜的邀请，在陈余的劝说下出任博士，《孔丛子·独治》载此事云："陈王郊迎而执其手，议世务。子鱼以霸王之业劝之。王悦其言，遂尊以博士，

---

①孔鲋：《孔丛子》，《丛书集成初编》，商务印书馆，1936年，第134页。

②孔鲋隐居嵩阳收徒讲学之事，见于《河南通志·流寓》，可参看清代孙楷著、杨善群校补《秦会要》卷十《学校上》，上海古籍出版社，2004年，第150页。

③孔鲋：《孔丛子》，《丛书集成初编》，第131～132页。

④孔元措：《孔氏祖庭广记》，《丛书集成初编》，第5页。

为太师，咨度焉。"①据《孔丛子》所言，孔鲋担任陈胜博士期间，曾多次与陈胜谈论治国之道，深得陈胜赏识。只是局势变化太快，孔鲋未能幸免于难，殊为憾事。对于他改变治学收徒之志，转而辅佐陈胜以致死于战乱之事，《史记·儒林列传》曾评价说："缙绅先生之徒负孔子礼器往委质为臣者，何也？以秦焚其业，积怨而发愤于陈王也。"其论可谓一语中的。孔鲋对秦朝焚书黜儒政策非常不满，故选择投奔陈胜，希望儒学再兴，也显示出作为孔门传人的责任感。除此之外，对于秦始皇的焚书举措，孔鲋还曾采取藏书的方式保存了部分儒家经典文献，《孔丛子·独治》篇载其事云：

> 陈余谓子鱼曰："秦将灭先王之籍，而子为书籍之主，其危矣。"
> 子鱼曰："吾不为有用之学。知吾者唯友。秦非吾友，吾何危哉？然顾有可惧者，必或求天下之书焚之，书不出则有祸。吾将先藏之以待其求，求至无患矣。"

据《秦始皇本纪》，秦始皇采纳李斯的建议，焚毁民间所藏经史诸子之书，但也有少数知识分子冒险藏匿，孔鲋就是一个例子。孔元措《孔氏祖庭广记》卷一《世次》也说"鲋知秦将灭，藏其《家语》《论语》《尚书》《孝经》等，安于祖堂旧壁中"②。至于有哪些经典藏于壁中，历来说法不一，《汉书·艺文志》提到"《古文尚书》及《礼记》《论语》《孝经》凡数十篇"，可见数量颇多。③这与孔鲋的身份也相符合。

孔鲋藏书除了《尚书》《礼记》《论语》《孝经》，有没有《春秋》经传？《汉书·艺文志》《楚元王传》均未明说，唯许慎《说文解字》卷十五上叙云"鲁

---

①孔鲋：《孔丛子》，《丛书集成初编》，第133～134页。

②孔元措：《孔氏祖庭广记》，《丛书集成初编》，第5页。

③鲁恭王时所发现之鲁壁藏书究竟为何人所藏，学界也有争议。《汉书·艺文志》颜师古注先引《孔子家语》孔腾藏书，又引《汉纪·尹敏传》孔鲋藏书，乃云"二说不同，未知孰是"。今考相关文献，"孔腾藏书说"仅见于成书相对复杂的《家语》，当以《汉纪》《孔丛子》《孔氏祖庭广记》等"孔鲋藏书说"为是，后世《资治通鉴》《文献通考》等也采此说。

恭王坏孔子宅而得《礼记》《尚书》《春秋》《论语》《孝经》"①。笔者以为，孔氏家人世代相传之书，《诗》《书》《礼》《乐》《易》《春秋》皆应在内，孔鲋自幼所学，也当以六艺为主。《孔丛子·论书》篇云："夫不读《诗》《书》《易》《春秋》，则不知圣人之心，又无以别尧舜之禅、汤武之伐也。"②以理推之，其藏书也当涵盖六艺之学。

孔鲋自云其曾读过《春秋》，除上引《论书》篇之言，《孔丛子·公孙龙》篇也有一个很好的例证：

> 平原君曰："至精之说，可得闻乎？"答曰："其说皆取之经传，不敢以意。《春秋》记六鹢退飞。睹之则六，察之则鹢。鹢犹马也，六犹白也。睹之则见其白，察之则知其马。色以名别，内由外显。谓之白马，名实当矣。③

孔鲋所说《春秋》六鹢退飞之事，载僖公十六年《春秋》经："十有六年春王正月戊申朔，陨石于宋五。是月，六鹢退飞，过宋都。"孔鲋引此与公孙龙之白马非马说进行辩论，足见其学养之深。除了《春秋》经文，在《孔丛子》中也能看到运用《左传》《公羊传》的痕迹。如《记义》篇载子贡之言说："昔孙文子以卫侯哭之不哀，知其将为乱，不敢舍其重器而行。尽置诸戚，而善晋大夫二十人，或称其知。"④据《左传》，孙文子即卫卿孙林父，因得罪于卫殇公而以其封地叛晋。《左传·成公十四年》说卫定公死时之事云："孙文子自是不敢舍其重器于卫，尽置诸戚，而甚善晋大夫。"两相比较，可以看出《孔丛子》所述来自《左传》。再如《记问》篇载"西狩获麟"事云：

> 叔孙氏之车子曰鉏商，樵于野而获兽焉。众莫之识，以为不祥，

---

① 许慎：《说文解字》，中华书局，1963年，第315页。
② 孔鲋：《孔丛子》，《丛书集成初编》，第6页。
③ 孔鲋：《孔丛子》，《丛书集成初编》，第82～83页。
④ 孔鲋：《孔丛子》，《丛书集成初编》，第18页。

弃之五父之衢。"冉有告夫子曰："麋身而肉角，岂天之妖乎？"夫子曰："今何在？吾将观焉。"遂往，谓其御高柴曰："若求之言，其必麟乎！"到视之，果信。言偃问曰："飞者宗凤，走者宗麟，为其难至也。敢问今见其谁应之？"子曰："天子布德，将致太平，则麟凤龟龙先为之祥。今周宗将灭，天下无主，孰为来哉？"遂泣曰："予之于人，犹麟之于兽也。麟今出而死，吾道穷矣。"乃歌曰："唐虞世兮麟凤游，今非其时来何求，麟兮麟兮我心忧。"①

"西狩获麟"之事，初见于哀公十四年之《春秋》经。《左传》释此事说："十四年春，西狩于大野，叔孙氏之车子鉏商获麟，以为不祥，以赐虞人。仲尼观之，曰：'麟也。'然后取之。"两相比较可以看出，《左传》述此事较为简略，其中"叔孙氏之车子鉏商获麟"的说法与《记问》中子鉏"商樵于野而获兽焉"一句相似。《记问》接下来的说法则与《公羊传》比较接近："麟者，仁兽也。有王者则至，无王者则不至。有以告者曰：'有麋而角者。'孔子曰：'孰为来哉！孰为来哉！'反袂拭面涕沾袍。……西狩获麟，孔子曰：'吾道穷矣。'"《公羊传》至迟在战国中期便已经出现，早期之传承以师徒之间口耳相传为主要形式，到汉景帝时始"著于竹帛"，赵伯雄先生言之甚详②，此处不赘。《记问》关于麟兽"麋身而肉角"的形象描述，以及孔子见此而哭泣并感叹"吾道穷矣"的描述，都与《公羊传》有明显的引述关系。由此可见，《记问》篇关于"西狩获麟"的言论，当是综合采用了《左传》和《公羊传》的叙述，而以《公羊传》为主阐发己意。

除了利用《左传》《公羊传》，《孔丛子》也曾引用《国语》中的事例，而《国语》本身便与《左传》密切相关，其传承与流布也是早期《春秋》学的组成部分。《孔丛子·记义》云：

---

① 孔鲋：《孔丛子》，《丛书集成初编》，第32页。
② 赵伯雄：《春秋学史》，第36~37页。

公父文伯死，室人有从死者。其母怒而不哭，相室谏之。其母曰："孔子，天下之贤人也，不用于鲁，退而去。是子素宗之，而不能随。今死而内人从死者二人焉。若此于长者薄，于妇人厚也。"既而夫子闻之，曰："季氏之妇尚贤哉！"

公父文伯死后，有两妾欲陪葬，其母坚决反对，并阐述了自己的理由。《国语·鲁语下》述其母之言曰："吾闻之：好内，女死之；好外，士死之。今吾子夭死，吾恶其以好内闻也。二三妇之辱共先者祀，请无瘠色，无洵涕，无搯膺，无忧容，有降服，无加服。从礼而静，是昭吾子也。"孔子听说此事后，对公父文伯之母给予高度评价："公父氏之妇智也夫！欲明其子之令德。"《孔丛子》与《国语》尽管具体言辞有所不同，但有相承关系还是非常明确的。

还要特别指出的是，《孔丛子》书中不仅有引用《国语》的例子，还出现了最早对《国语》史事的评论分析。《孔丛子·答问》篇云：

陈王涉读《国语》，言申生事，顾博士曰："始余信圣贤之道，乃今知其不诚也。先生以为何如？"答曰："王何谓哉？"王曰："晋献惑听谗，而书又载骊姬夜泣公，而以信入其言。人之夫妇夜处幽室之中，莫能知其私焉。虽黔首犹然，况国君乎？予以是知其不信，乃好事者为之辞，将欲成其说以诬愚俗也。故使予并疑于圣人也。"博士曰："不然也。古者，人君外朝则有国史，内朝则有女史。举则左史书之，言则右史书之，以无讳示后世。善以为式，恶以为戒。废而不记，史失其官。故凡若晋侯骊姬床第之私、房中之事，不得掩焉。若夫设教之言，驱群俗，使人入道而不知其所以者也。今此皆书实事，累累若贯珠，可无疑矣。"王曰："先生真圣人之后风也。今幸得闻命，寡人无过焉。"[①]

①孔鲋：《孔丛子》，《丛书集成初编》，第145～146页。

如果《孔丛子》的基本内容确定形成于孔鲋时期，则这段记载是目前所见文献典籍中"《国语》"书名的最早记录。陈胜在战争时期还能读《国语》，也从另一个侧面验证了《国语》为兴衰成败提供借鉴的功能。陈胜所读之申生故事，见《晋语一》。陈胜读《国语》所载晋献公宠幸骊姬而迫使太子申生自杀、改立太子之事，见书中有"优施教骊姬夜半而泣谓公"之语，认为夫妻夜话这样的隐私，外人无从得知，应该是"好事者为之辞，将欲成其说以诬愚俗也"，由此出发，陈胜认为所谓典籍所载"圣人""圣贤之道"不可尽信。孔鲋则从史官职责和史书编纂角度进行了解释，认为"今此皆书实事，累累若贯珠，可无疑矣"，并打消了陈胜的疑虑。可以看出，《孔丛子》这段解说不仅仅运用《国语》所载史事阐述自己的思想主张，还从"优施教骊姬夜半而泣谓公"这一记载出发，探讨了周代的史官设置与职能，以及史书的教化和警戒作用。可以认为，《孔丛子》此论是有据可查的《国语》学史的开端。

结语

简而言之，战国到秦朝时期的经学传授，主要存在两条线索。一条是儒家各派之师承授受，如《七录》《经典释文·叙录》所载《左传》传承系统。另一条则是孔子与历代孔氏之家学传承，由孔子始经子思乃至于孔鲋，对于儒家经典文献的保存以及经学的传承也具有不可忽视的作用。《春秋》经传之学，其源肇于孔子，在战国时期出现了分化，但各派之间并不互相排斥，而是"共同开发"先辈们流传下来的文化遗产，成为包括儒家在内的诸子各家皆可利用的思想资源。秦代的《春秋》经传之学虽然受到文化政策的极大影响，但仍然具有顽强的生命力，张苍、浮丘伯、孔鲋等人均为传承与传播《春秋》经传之学作出了重要贡献，并为汉代的经学复兴奠定了基础。

（刘伟，浙江工商大学人文与传播学院教授）

宋明理学研究

从"万物之生意最可观"到"即事尽天理便是易"

——程颢易学管窥

王贻琛

自孔子承续和发扬周礼乃至周代之前的久远文化大传统，昭示礼乐文化在人之生命存在上的重要意义，并显发"仁"这一生命内在价值，从此礼乐不再是脱离人生命之外的教化和秩序，而是直接根植于人的生命，德亦不再是外在于人而对人的生命质量要求，而是本身就内具于生命之中，以此突破了探求生命价值的根据和标准仅仅外求于天的路向，而转向了内求于生命本身之中，于是礼乐直接与生命内在相接通，仁礼得以合一，孔子的仁学思想体系与仁礼合一文化价值系统由此确立起来，传统儒家哲学得以开创。以内涵于生命之中的"仁"为最高的生命价值依据，决定了儒家思想是从人出发并最终回归于人与人的整个生活世界，是对人的一种终极观照。这种思想基于高度生命价值意识自觉，将人的生命内在与外在相接通，打通整个宇宙。《周易》古经作为一部卜筮之书，在《易传》之诠释阐发下，最终成就起《易》这一群经之所荟萃的大道之源，由此开创了易学这一专门之学。生当宋代的程颢，人称明道先生，在会通相关经典精义的基础上，超越汉代易学，将《易传》所开启的易学与孔子以来的仁学相融合，推出了见解独到的生生视域下的《易》，将易学推进到一个新的境界，并以此促成了第一个典范形态的理学体系的建立，影响后世广泛而深远。

一、解读《易》的新思路与新视域的确立

针对《易》，自《易传》以来，产生过不同的解读思路与视域。接续《易传》，超越汉代易学，明道确立起新的解读思路与视域。

《易》问世之后，就在世人面前引发了一个如何理解这部书的问题。理解的实质，就是把握书中最终整体获得"易"的称谓的学理底蕴。该学理底蕴正是此书之所以为此书之所在，也是该书被命名为"易"的直接原因。于是，理解《易》这部书与理解有着"易"的整体称谓的学理底蕴，成了两个紧密相关且最终二而归一的问题。就此问题，伊川先生程颐以其系统的诠《易》专著《伊川易传》做出了自己的回答；与此形成鲜明对照，明道虽没有专门的诠《易》著作，但从《河南程氏遗书》《河南程氏外书》《河南程氏文集》等相关记载中可见，他也对该问题做出了精彩回答。他的回答，纲领性地集中在如下文字，昭示出了他独到的解读思路与视域："天地设位，而易行乎其中矣。""乾坤毁，则无以见易。""易不可见，则乾坤或几乎息矣。""易是个甚？易又不只是这一部书，是易之道也。不要将易又是一个事，即事尽天理，便是易也。"①

> 如"生生之谓易，天地设位而易行乎其中"，岂可只以今之《易》书为易乎？（《遗书》卷第十二《明道先生语二》，第135页）

> "生生之谓易"，是天之所以为道也。天只是以生为道，继此生理者，即是善也。善便有一个元底意思。"元者善之长"，万物皆有春意，便是"继之者善也"。"成之者性也"，成却待他万物自成其性须

---

① 程颢、程颐：《遗书》卷第二上，《二程集》，中华书局，2004年，第31页。下引该书，仅随文标注书名与页码。黄宗羲《宋元学案》卷第十三《明道学案上》将其列为程颢《语录》（中华书局，1986年，第567页），牟宗三先生《心体与性体》中册《程颢之一本论》亦将其断为程颢语（吉林出版集团有限责任公司，2013年，第38~39页），笔者深表赞同。

得。(《遗书》卷第二上，第29页）[1]

"天地设位，而易行乎其中矣"，"乾坤毁，则无以见易"，"易不可见，则乾坤或几乎息矣"，"生生之谓易"，"继之者善也"，"成之者性也"，并见《系辞上传》。"元者善之长"，见乾卦《文言传》。正如牟宗三先生在评价明道时所言："明道所说直是有高致、无傍依、直抒胸臆、称理而谈，决无学究气，亦无典册气。凡此种学问皆是圣贤豪杰之学，说理发义皆须直下指归到生命上来，实不实并不在有所傍依，传道居业亦不在如学者之治经，随时可以提起，随时可以放下，要之只是直下……对道负责，找一实下手处。"[2]一提到"易"，人们往往首先想到的是经典性地揭示了"易"的学理底蕴的《易》这部书，并把主要的精力集中在该书上。有别于这种致思路向，明道认为，《易》的经典地位当然丝毫不容怀疑，但它之所以成为经典，恰恰是因为其所经典性揭示的以"易"命名的学理底蕴，并非单纯抽象地存在于书中，而是来自现实并精到地豁显了现实。正是因为现实中有着"易"的学理底蕴，并且圣人对此有了深切体认，才创作出了典范揭示这一底蕴而被奉为经典的《易》这部书。换言之，《易》的经典性就在于它典范揭示了现实中的"易"的学理底蕴。这一现实中的"易"的学理底蕴，才是人们应当关注的焦点。由此，在明道看来，对于《易》，人们应当避免单纯关注该书，而宜借助该书而又跳出该书，从其《易》书之"易"、现实之"易"、与我切身相关之"易"三个方面来做出理解。第一方面之"易"开显、含蕴着后两方面之"易"，后两方面之"易"乃第一方面之"易"之所自来，而第三方面之"易"则是"易"的最终归趋。读《易》着眼于这三方面的内容，才算对路。

这里先说《易》书之"易"，由此可以看出他所确立的新的解读视域。

《易》是一部怎样的书？《易》之"易"字的根本内涵究竟是什么？历来众

---

①黄宗羲《宋元学案》卷十三《明道学案上》将其列为明道《语录》（第564页），牟宗三先生《心体与性体》中册《程颢之一本论》亦将其断为明道语（第44~45页），谨从之。

②牟宗三：《程颢之一本论》，《心体与性体》中册，第9页。

说纷纭。

《周礼·春官·大卜》称："大卜掌《三兆》之法，一曰《玉兆》，二曰《瓦兆》，三曰《原兆》。其经兆之体，皆百有二十，其颂皆千有二百。掌《三易》之法，一曰《连山》，二曰《归藏》，三曰《周易》。其经卦皆八，其别皆六十有四。"《周易》古经本来是一部筮书，筮法有九、六之变，引起占筮活动的爻变、卦变，使《易》在卜筮的语境下，初步显示出变易的内涵。

《易传》的《系辞上传》云："《易》与天地准，故能弥纶天地之道。"《系辞下传》又云："《易》之为书也，广大悉备，有天道焉，有人道焉，有地道焉。兼三才而两之，故六。六者非它也，三才之道也。""《易》之为书也不可远，为道也屡迁，变动不居，周流六虚，上下无常，刚柔相易，不可为典要，唯变所适。"《易》这一部书含弘光大，无所不包，开示的核心内容就是天地人三才之道。它在三才之道的架构下，深化、丰富了《易》的变易内涵。

延至汉代，学者开始明确研究《易》之谓"易"的内涵。《易纬·乾凿度》言："易者易也，变易也，不易也。"在此基础上，汉末郑玄依据《易传》解《易》之谓"易"有三义："易之为名也，一言而含三义：简易一也，变易二也，不易三也。"（《易赞》《易论》）所谓简易，当是因《系辞上传》云："乾以易知，坤以简能。易则易知，简则易从。"天地造化万物，圆融天成，显示出简易的品格。孔子云："天何言哉？四时行焉，百物生焉，天何言哉？"（《论语·阳货》）在造化大千世界的过程中，天未说过任何话，不露丝毫形迹，四时得以圆满交替流转，万物得以自然而然生化日新，简易顺当。所谓变易，当依据"刚柔相摩，八卦相荡，鼓之以雷霆，润之以风雨，日月运行，一寒一暑""日新之谓盛德，生生之谓易"（《系辞上传》）以及上所引"《易》之为书也不可远，为道也屡迁，变动不居，周流六虚，上下无常，刚柔相易，不可为典要，唯变所适"而来。阴阳流转，刚柔交替，日月运行，四季递嬗，宇宙间万物时时生化渐新；若没了变易，则一切都失去了生化日新的动态发展过程，万物没有生气，宇宙毫无生意。所谓不易，是相对变易而言，之所以不易又是天地简易、变易所带来的。不易的是位与序："天尊地卑，乾坤定矣。卑高以陈，贵贱位矣。"（《系辞上传》）亦如《乾凿度》云："不易也者，其位也。天在上，地在下；君南面，臣北面；父坐，子伏。此其不易也。"天地化生的万事万物各得其位，并依据着特定的分位与秩序互动，进而推展一切，此分位与秩序具有神圣的价值意义，是不应改变的。例如天位在上，地位在下，这是不变的。君王朝堂之上要背北面南，朝向光明方向，而为人臣者则要背南面北，仰视君王；父亲端坐，而儿子要鞠躬站立：这样的礼数秩序也是不能变的。这就揭示了《易》书之"易"的三重学理底蕴。

《系辞上传》说："一阴一阳之谓道。"《易传》用阴阳的观点来解释《周易》古经中的"--、—"两种符号，于是有了阴阳消息以及阴阳彼此关系格局的显豁象征，指明整个宇宙及其中的万事万物都是由于阴阳的相互作用而进行着生生不息的大化流行和持续变化，展现了一幅宇宙大化流行、生生日新图景。《庄子·天下篇》称"《易》以道阴阳"，可以说是对《易》的精到概括。整体而言，汉代易学抓住了《易传》所揭示的这一阴阳之道，以之为切入点解读《易》，阐发易学的底蕴，以至于汉末易学家虞翻说："六经之始，莫大阴阳，是以伏羲仰天县象，而建八卦，观变动六爻为六十四，以通神明，以类万物。"[1]由阴阳之道所引发的万物生化变易，才是汉易所理解的《易》的核心内涵。郑玄《易》书之"易"的三重学理底蕴说，也是建立在这一理解基础上的。整个汉代经学最终所确立起的，也是这一阴阳之道支撑下的经典诠释视域。正如余敦康先生所言，董仲舒"援引阴阳术数来阐发《春秋公羊传》的微言大义，把儒家的文化价值理想纳入阴阳家的世界图式之中，领导发动了一场波及整个经学的思想变革。《汉书·五行志》指出：'汉兴，承秦灭学之后，景武之世，董仲舒治《公羊春秋》，始推阴阳，为儒者宗。'西汉中期以后，各派经学家以董仲舒为一代宗师，效法他的榜样，纷纷致力于阴阳术数与儒家经义相结合的工作，掀起了一股声势浩大的经学思潮"[2]。应当说，这一阴阳之道的经典诠释视域，正是《易传》"一阴一阳之谓道"思想压倒性影响力的必然结果。伴随着西汉后期

---

[1] 陈寿：《三国志》，中华书局，1985年，第1322页。

[2] 余敦康：《内圣外王的贯通——北宋易学的现代阐释》，学林出版社，1997年，第455页。

《易》升格为群经之首、大道之源，这一视域成为思维定式，并被顺理成章地视为开启于《易》。①

　　《系辞上传》在"一阴一阳之谓道"之后，接着说："继之者善也，成之者性也。"这是在言性命之理。乾卦《文言传》称："乾道变化，各正性命，保合太和，乃利贞。"说的则是天道下贯，赋予万物，天所赋谓之命，万物所受谓之性，万物从天道那里得以正定本然之性命，从而拥有了固守其正的天道、性命厚重根基，也使得大千世界保持最大的和谐状态。正是在此基础上，《说卦传》说："昔者圣人之作《易》也，幽赞于神明而生蓍，参天两地而倚数，观变于阴阳而立卦，发挥于刚柔而生爻，和顺于道德而理于义，穷理尽性以至于命。昔者圣人之作《易》也，将以顺性命之理，是以立天之道，曰阴与阳；立地之道，曰柔与刚；立人之道，曰仁与义。兼三才而两之，故《易》六画而成卦。分阴分阳，迭用柔刚，故《易》六位而成章。"于是，有阴阳而有大化、有大化而有万物之性命，阴阳之道最终落实为万物的性命之理。天地人三才是万物的核心力量，三才之道通贯为一，最终也表现为性命之理。《易传》的这一解读，与《论语》《孟子》《中庸》等先后相呼应，相益互补，首次奠定了儒家性命之理的哲学视域。②作为北宋之后儒学新形态的理学，超越了以阴阳之道为根底的汉唐经学，回向了先秦性命之理视域下的原始儒学："《论》《孟》《中庸》《易传》之相继承与相呼应，而宋、明儒之大宗即如此圈定，认为此是孔门之

---

　　①《易》升格为群经之首、大道之源，如《汉书·艺文志》云："六艺之文：《乐》以和神，仁之表也；《诗》以正言，义之用也；《礼》以明体，明者著见，故无训也；《书》以广听，知之术也；《春秋》以断事，信之符也。五者，盖五常之道，相须而备，而《易》为之原。"《汉书·扬雄传》云："（扬雄）以为经莫大于《易》，故作《太玄》。"

　　②相关论述如：《论语》："子曰：性相近也，习相远也。"（《阳货》）"子曰：天生德于予，桓魋其如予何？"（《述而》）"子贡曰：夫子之文章，可得而闻也；夫子之言性与天道，不可得而闻也。"（《公冶长》）《孟子》："尽其心者，知其性也；知其性，则知天矣。存其心，养其性，所以事天也。夭寿不贰，修身以俟之，所以立命也。"（《尽心上》）《中庸》："天命之谓性，率性之谓道，修道之谓教。""唯天下至诚，为能尽其性。能尽其性，则能尽人之性。能尽人之性，则能尽物之性。能尽物之性，则可以赞天地之化育。可以赞天地之化育，则可以与天地参矣。"

传统，圆满之发展，如其呼应而亦存在地呼应之，视为一整体，直下通而一之，而不认其有隔也……其主要目的是在豁醒先秦儒家之'成德之教'，是要说明吾人之自觉的道德实践所以可能之超越的根据。此超越根据直接地是吾人之性体。"①儒者们瞄准以上经典中的性命之理慧见，以此为切入点，解读会通经典，从而重建起"天道性命通而为一"②的性命之理的哲学视域。该视域的重建，一则令经典获得敞开性命之理语境的全新解读，再则同时也构建起性命之理语境下的理学体系。在此过程中，《易》的解读意义尤显重大："如果说，同佛道二教相抗衡的新儒家学说，始于唐朝的韩愈和李翱，而韩李所表彰的经术为《中庸》和《大学》，北宋道学家又继承了唐代易学的传统，继韩李之后，大力研究《周易》，从而将新儒家的哲学推向一个新的阶段。"③北宋之后的易学，即抓住了《易传》所揭示、并为其他相关经典所内含的这一性命之理，以之为切入点会通诸经而解读《易》，构建自己的思想体系。理学开山周敦颐就断言："大哉《易》也，性命之源乎！"（《通书》）这就有力地呼应并确认了汉代经学《易》为群经之首、大道之源的见解，且转进一步，将《易》推为性命之理意义上的群经之首、大道之源。于是以《易》为首的性命之理经典通义、第一义确立起来。当然这也成了由此所构建起的理学的通义、第一义。在此背景下，"自十五六时，与弟颐闻汝南周敦颐论学，遂厌科举之习，慨然有求道之志。泛滥于诸家，出入于老、释者几十年，返求诸《六经》而后得之。秦、汉以来，未有臻斯理者"（《宋史》）的程颢，受周敦颐启发，与弟程颐、邵雍、张载切磋交流，融会贯通《易》《论》《孟》《中庸》等经典中的性命之理慧见，深造自得，最终牢固确立起了性命之理的宏大哲学视域。这一视域既源于经典，更有着自己真切的体贴，而且随着体贴的未尝间断的深入，该视域得以持续深化拓展。伴随着该视域的深化拓展，包括《易》书之"易"在内的三方面"易"的学理底蕴得以层层敞开。

---

① 牟宗三：《宋、明儒之课题》，《心体与性体》上册，第33~34页。

② 牟宗三：《宋、明儒之分系》，《心体与性体》上册，第39页。

③ 朱伯崑：《宋易的形成和道学的兴起》，《易学哲学史》第二卷，昆仑出版社，2005年，第6页。

针对《易》这部书，明道明确指出："《易》，圣人所以立道。"(《遗书》卷第五，《二程集》，第78页)《易》是一部由圣人创作的用以挺立道的经典。这部经典在传承的过程中出现了偏差，正是孔子纠正了这些偏差，从而牢固确立起它的经典地位："当孔子时，传《易》者支离，故言'五十以学《易》'。言学者谦辞。学《易》可以无大过差。《易》之书惟孔子能正之，使无过差。"(《遗书》卷第六，第94页)《论语·述而》载："子曰：加我数年，五十以学《易》，可以无大过矣。"明道认为，这是孔子对《易》做出重大贡献的文献证据。他说："仲尼言仁，未尝兼义，独于《易》曰：'立人之道曰仁与义。'"(《遗书》卷第四，第74页)可见他认同孔子作《易传》之说。他所认为的《易》中圣人所立之道，实际上就是他会通以《易》为首的经典后所体贴出的天道性命相贯通之道："道之外无物，物之外无道，是天地之间无适而非道也。即父子而父子在所亲，即君臣而君臣在所严，以至为夫妇、为长幼、为朋友，无所为而非道，此道所以不可须臾离也。然则毁人伦，去四大者，其分于道也远矣。"(《遗书》卷第四，第73~74页)此道落实为事物的性命之理与生命的生生，并昭示了生命的价值应然，以此有别于佛门之道："吾道则不然，率性而已。斯理也，圣人于《易》备言之。"(《遗书》卷第四，第74页)这是融会《中庸》"天命之谓性，率性之谓道，修道之为教"后所作的理解，借此理解，《易》被明确推为经典中完备阐发天道性命相贯通的性命之理的宝典，《易传》所揭示的阴阳之道与性命之理得以通贯为一，易学有了新的转进。而作为《易》通论性著述的《系辞传》更是受到他的空前重视："圣人用意深处，全在《系辞》，《诗》《书》乃格言。"(《遗书》卷第二上，第13页)因而他在关于《易》与"易"的相关论述中，往往提及《系辞传》。

圣人于《易》中所立道的内涵，就是明道所理解的《易》之"易"的学理底蕴，具体包括前所言现实之"易"、与我切身相关之"易"两重内涵。明晓了后两重内涵才会对《易》之谓"易"与"易"的厚重底蕴获得通透了悟。

二、现实之"易"

《系辞上传》所言"生生之谓易"是明道理解《易》与"易"的锁钥，他常常提及这一论断。大概因受到邵雍"须信画前元有易"(《遗书》卷第二上，第45页)观点的影响，结合《易传》的相关论述，明道指出，在创作出《易》之前，现实世界就是一个鲜活的"易"的世界，圣人之《易》所指向的就是这个世界。《易》之"易"首先指向的乃是这个世界中的盎然生意。读《易》读出大千世界的生命性与万物生命的生生，领会到生命的生生气象，才算入门。他说：

> "天地之大德曰生"，"天地绸缊，万物化醇"……万物之生意最可观，此"元者善之长也"，斯所谓仁也。(《遗书》卷第十一，第120页)
>
> "天地之大德曰生"(《系辞传下》)"天地绸缊，万物化醇"(《系辞传上》)。

在《易传》看来，天地具有无限好生之德，通过阴阳之气的交感消长，化生了万物大千世界，令大千世界生化日新，展现盎然生意。乾卦的卦辞说"元亨利贞"，就"元"，《易传》的《文言传》做了如下诠释："元者善之长也……君子体仁足以长人。"明道认为"元"所指向的首先就是万物的生意，昭示出生意就是宇宙间最高的善，从而令仁获得了肯定生机生生的宇宙论价值意义。他称：

> 静后，见万物自然皆有春意。(《遗书》卷第六，第84页)
>
> 观天地生物气象(周茂叔看)。(《遗书》卷第六，第83页)
>
> 周茂叔窗前草不除去，问之，云："与自家意思一般。"(《遗书》卷第三，第60页)

天地间的事物，一直充满着生机，展现着生意。花草树木如此，虫鱼鸟兽也是如此，人更是如此。"春意"就是生意。春天万物生机勃发，生意最显；夏秋冬，这种生意就下贯而转化为万物的夏长秋收冬藏，正是在这些转化形式下，万物保持了惊人的生机，从而实现了往复循环、无穷无尽的春生夏长秋收冬藏。于是生意就有了显与隐四种表现形式，而春生之春意则因可涵纳后三种而成为这四种形式中生意的最佳表征。这种生机生意的发生与接续，就是《易传》"生生之谓易"的精髓所在。《系辞上传》说："富有之谓大业，日新之谓盛德，生生之谓易。"天地生化日新，由天地所生化的万物也处在生化日新的过程中，《易》的"易"字的内涵，于是就凸显在生生上，生生成了《易》之"易"的精髓。它告诉人们，《易》之"易"所开示的变易的实质，就是大千世界的这种生生。这一生生，是天地的生生，是花草树木、虫鱼鸟兽与人的生生，实质就是生命的生生。"'生生之谓易，天地设位而易行乎其中'，岂可只以今之《易》书为易乎？""天地只是设位，易行乎其中者神也。"（《遗书》卷第十一，第121页）依明道之见，天地设立其上下之位，生化日新的过程就次第展开，这一生生之神髓就通贯于整个宇宙间。万物的这种生机生意以及流贯其中的生生神髓，是最值得人们玩味体认的，这是人们涵养《易》眼、真切把握现实的"易"世界的最佳切入点。他与其师周濂溪一样，也全身心地体会着这类生生：

> 明道书窗前有茂草覆砌，或劝之芟，曰："不可！欲常见造物生意。"又置盆池畜小鱼数尾，时时观之，或问其故，曰："欲观万物自得意。"①

明道不是在无所事事，不是在无聊地消磨时光，而是在用心体会着发生在大千世界中的生命生生蕴含，借此确立圣人一样的《易》眼，步步深入到这个现实的"易"世界。

他进而指出，以上的生机生意与生生和阴阳的交感变化密不可分。阴阳大

---

① 黄宗羲：《明道学案下》，《宋元学案》卷十四，第578页。

化促成了复杂多样的生命形态与参差不一、或隐或显的生机生意样式:

> 天地阴阳之变,便如二扇磨,升降盈虚刚柔,初未尝停息,阳常盈,阴常亏,故便不齐。譬如磨既行,齿都不齐,既不齐,便生出万变。故物之不齐,物之情也。而庄周强要齐物,然而物终不齐也。尧夫有言:"泥空终是着,齐物到头争。"此其肃如秋,其和如春。如秋,便是"义以方外"也。如春,观万物皆有春意。尧夫有诗云:"拍拍满怀都是春。"又曰:"芙蓉月向怀中照,杨柳风来面上吹。"不止风月,言皆有理。(《遗书》卷第二上,第32~33页)

> 早梅冬至已前发,方一阳未生,然则发生者何也?其荣其枯,此万物一个阴阳升降大节也。然逐枝自有一个荣枯,分限不齐,此各有一乾、坤也。各自有个消长,只是个消息。惟其消息,此所以不穷。至如松柏,亦不是不雕,只是后雕,雕得不觉,怎少得消息?方夏生长时,却有夏枯者,则冬寒之际有发生之物,何足怪也!(《遗书》卷第二上,第39页)

这就紧密契合了《易传》的阴阳论思想,也吸纳了汉代易学与经学的阴阳消息思想的可取之处,并自觉呼应了濂溪《太极图说》"二气交感,化生万物。万物生生,而变化无穷焉"之论。在他看来,有阴阳则有对待,有对待则有张力与依赖,有阴阳的对待消长交感变化才促成了万物的生机与活力,带来了大千世界的对待互动与存在互依:

> 万物莫不有对,一阴一阳,一善一恶,阳长则阴消,善增则恶减。斯理也,推之其远乎?人只要知此耳。(《遗书》卷第十一,第123页)

> 天地万物之理,无独必有对,皆自然而然,非有安排也。每中夜以思,不知手之舞之,足之蹈之也。(《遗书》卷第十一,第121页)

有了对万物生机生意、生命生生的初步体会,在明道看来,体认其背后的所以然，就提上了日程。《易》之"易"进而所指向的，就是这一现实世界中万物生机生意、生命生生背后的深层所以然。这一所以然就是天理。体认出这一所以然，既是读《易》再深入一层的标志，更是《易》眼深化、进一步贴近现实之"易"世界的体现。

朱子曾有一首题为《春日偶作》的诗："闻道西园春色深，急穿芒屩去登临。千葩万蕊争红紫，谁识乾坤造化心？"春深时节，人们往往只看到表面的浓浓春的气象，看到花儿的争奇斗艳，却很少有人用心深入体会这一切背后的所以然。朱子所说的乾坤造化心，就是生命生生的所以然，实际就是天理。这正是他从明道、伊川兄弟那里继承来的观点。理学作为理学，关键是因天理成了它的核心范畴，关键是因天理被视为天地宇宙根基、万物生命根据而开启了性命心性论的全新天人之学。理学的第一个典范形态，是由二程兄弟创立的。一贯谦和的明道，有时也似乎不再考虑谦和，自豪地说出了自我承当的话："吾学虽有所受，天理二字却是自家体贴出来。"（《外书》卷第十二，第424页）可以看出天理在他心中的分量以及在他所构建的学问体系中的位置。在他那里，天理首先是一种生生之理。如前所引，他说：

> "生生之谓易"，是天之所以为道也。天只是以生为道，继此生理者，即是善也。善便有一个元底意思。"元者善之长"，万物皆有春意，便是"继之者善也"。（《遗书》卷第二上，第29页）[1]

作为生生之理，天理是万物生命背后共同的终极根据，是大千世界之一本，正是它引发了生命的生生。花草树木，虫鱼鸟兽以及人，充满勃勃生机，展现益然生意，这是天理在宇宙间所实现的最大善事。将此看作最大的善事，无疑是把天地万物看作了目的，把天地万物视为了具有自身内在价值而值得人们充分看重且敬畏的存在。敬畏宇宙的整体生命性，珍重生命，呵护生生，具有了神

①黄宗羲《宋元学案》卷十三《明道学案上》将其列为明道《语录》（第564页），牟宗三先生《心体与性体》中册《程颢之一本论》亦将其断为明道语（第44~45页），合情合理，谨从之。

圣价值。他以此解释乾卦《文言传》"元者善之长"，生生、生意的目的性，得以豁显出来。作为引发生生、生意的天理，就成为本源意义上的善。人禀受了这个天理，万物也都禀受了这个天理，而且都是完整禀受，所以才会个个皆充满生机生意：

> 所以谓万物一体者，皆有此理，只为从那里来。"生生之谓易"，生则一时生，皆完此理。人则能推，物则气昏，推不得，不可道他物不与有也。（《遗书》卷第二上，第33~34页）[1]

天理是大家共同的根基，"万物皆只是一个天理"（《遗书》卷第二上，第30页），各自的生命都从同一个天理而来，在彼此绽放展现生机生意的同时，又因共同根基的天理而紧密联通为一体。气化造成了大千世界千姿万态的多样性，同禀的天理涵贯彼此，又带来了大千世界内在实质的一体性。多样性而又一体性的世界图景呈现出来。人与物的差异，不在于有无此理，只在于气禀不同而是否能够意识到、推论体悟到此理。

明道进一步指出，天理与道是同一层次上的概念，可以互换。天理有体有用，道也有体有用。天理之体即道之体，指的是作为天地宇宙根基、万物生命根据的天理自身；天理之用即道之用，指的是天理借助气化流行所实现的前述奇妙无穷的万物生机永续、生意不息、生命流转过程。"《易》，圣人所以立道"，圣人于《易》中所立的道，就是这一有体有用之道。理学又被称为道学，就起因于此。而此所言体用，分属形上、形下之域：

> 《系辞》曰："形而上者谓之道，形而下者谓之器。"又曰："立天之道曰阴与阳，立地之道曰柔与刚，立人之道曰仁与义。"又曰："一阴一阳之谓道。"阴阳亦形而下者也，而曰道者，惟此语截得上下

---

[1] 牟宗三先生《心体与性体》中册《程颢之一本论》将其断为明道语（第50~51页），亦从之。

最分明，元来只此是道，要在人默而识之也。(《遗书》卷第十一，第
118页）

"形而上者谓之道，形而下者谓之器"，"一阴一阳之谓道"，皆见《系辞上传》。
"立天之道曰阴与阳"云云，则见《说卦传》。作为根基根据的天理之体、道之
体属于形而上者，由其所引发的前述天理之用、道之用属于形而下者。形而上
者就存在于形而下者之中，与之一体。促成万物生机生意、生命生生的阴阳之
气，也是形而下者，其交感消息化生万物背后的根据就是作为形而上者的天理
之体或道之体。三才之道也是天理之体或道之体显用的结果。因此"若如或者
以清虚一大为天道，则乃以器言而非道也"(《遗书》卷第十一，第118页）。张
载《正蒙》将太虚之气视为天道，这就把形而上者等同为了形而下者，显然不
妥。于是《易》之"易"现实所指向的内涵得到进一步落实：

天地只是设位，易行乎其中者神也。(《遗书》卷第十一，第
121页）

"穷神知化"，化之妙者神也。(《遗书》卷第十一，第121页）

"天地设位而易行其中"，何不言人行其中？盖人亦物也。若言神
行乎其中，则人只于鬼神上求矣。若言理言诚亦可也，而特言易者，
欲使人默识而自得之也。(《遗书》卷第十一，第118页）

就其现实所指向的内涵而言，"易"同样有体有用，"易"之体就是前所引"易
是个甚？易又不只是这一部书，是易之道也"的易道自身，就是此所言形上之
域的天理之体或道之体；"易"之用就是此所言形下之域的天理之用或道之用。
"易"更多的是以其变易生生之用，涵纳显现着天理之体或道之体，属于一种以
用涵体、即用显体范畴。这一范畴更多地透出了其存在论、生存论指向。《易》
所内含的正是这一耐人寻味的鲜明存在论、生存论指向，需要人默识自得。借
助"易"，一幅生动以用涵体、即用显体的生命生机鲜明、生意饱满、生生流转
无止境的壮观大化图景得以敞开。

依明道之见，读出大千世界的整体生命性与万物的生机生意、生命的生生及其所以然天理，人们基本就算读懂了《易》，具备了《易》的视域。由此人们就应由书转向自己置身于其中的世界，借《易》的视域，真正读懂这个世界。读的结果，人们将会发现，这个世界所发生着的，就是活生生的生命的生生，就是天理在显用而引发了这一切，于是猛然醒悟，这个世界就是一部最鲜活的《易》，就是一个生动鲜活、精彩无限的"易"的世界：

> "生生之谓易"，"天地设位，而易行乎其中"，"乾坤毁则无以见易，易不可见，乾坤或几乎息矣"。易毕竟是甚？又指而言曰"圣人以此洗心，退藏于密"，圣人示人之意至此深且明矣，终无人理会。易也，此也，密也，是甚物？人能至此深思，当自得之。（《遗书》卷第十二《明道先生语二》，第136页）

此处明道所有引文，都是《系辞上传》之文。在《易传》那里，天地一上一下确立其位，大化流行的过程就展开于天地之间，万物的生生日新、无穷变化，构成了宇宙背景下的"易"字的基本内涵，于是，宇宙所发生着的难有尽头可言的一切，就是宇宙这部《易》书的生动丰富内容。以天地人三才为核心的万象流转，瞬间更换着该书的内容，让人们体会到什么才是生动现实、多姿多彩、魅力无穷的阴阳、八卦、六十四卦。乾天坤地是与这部《易》书同在的，前者假如毁了，后者也同时消失。在此基础上，明道认为，生命的生生，花草树木、虫鱼鸟兽以及人的生生，万物保持盎然生意、呈现勃勃生机，就构成了形下之域世界背景下的"易"之用的核心内涵，而作为生生之理的天理或道自身，正是这一切的终极原因、根据之所在，此即"易"以用涵体、即用显体之体。于是，人所置身其中的这个世界，内涵生生之天理或道，外呈生命生生勃勃气象，昭示着体用贯通的鲜活《易》书。人就活在这部《易》书之中，而不在其外。在明道看来，没有读出圣人创作出的《易》的内涵之前，人们的生命与《易》隔膜。一旦读出了《易》的内涵，具备了《易》的视域，那么人们不仅不再与圣人之《易》隔膜，而且可以进一步读懂自己身处其中的世界，发现原来自己就生活于世界背景下的鲜活大《易》之中，自己就是现实"易"世界的一个有机环节而与之融为一体！《系辞上传》云："穷神知化，德之盛也。"明道继而说："体天地之化，已剩一体字，只此便是天地之化，不可对此个别有天地。"（《遗书》卷第二上，第18页）人本来就在这个世界的大化之内而为其有机组成部分，因此，在天人有隔意义上体会天地之化，这种体会就成了多余。

三、与我相关之"易"

最后，明道提出，读出《易》的内涵，进而具备《易》的视域读懂这个世界，确立宏大整体的现实"易"世界图景，并非最终目的。读《易》的最高境界，应当是由读转换为行，确立自己宇宙的担当，"即事尽天理"而作自己的《易》。如前所引，他说：

> 易是个甚？易又不只是这一部书，是易之道也。不要将易又是一个事，即事尽天理，便是易也。（《遗书》卷第二上，第31页）[①]

不能把"易"单纯地理解为圣人所创作的那部书，更应该切入体用通贯为一体的生生流转的现实宏大"易"世界，明晓自己就置身于易道无处不在、无时不在、大显其用的这一世界中，并构成了其中的有机环节。瞄准与自己直接相关的这一有机环节，针对自己的人生所为之事，以自己所禀受的形上之域的大千世界之一本为价值根据，推出合乎此本要求的言行举止，世界背景下的鲜活大《易》，就不仅有自己生活于其中，更有自己在自觉承当、推动、拓展、延伸着。这就有了与自己的作为直接相关的"易"的鲜活的新内容，《易》也因此有了新的篇章。这就实现了自己由读《易》者的角色向实际行动层面作《易》者角色的了不起的转换。这当是当初作《易》圣人对读《易》者的最终殷切期望之所在。

---

① 黄宗羲《宋元学案》卷十三《明道学案上》将其列为明道《语录》（第567页），牟宗三先生《心体与性体》中册《程颢之一本论》亦将其断为明道语（第38~39页）。笔者深表赞同。

　　为此，明道主张，人首先应当明确此本下贯而来的人的天赋本然善性，以此牢固确立置身这个现实"易"世界的终极价值根基，从而在这个天人一本归一而不二的世界中，挺立自己生命的主体性。

　　在明道看来，此本为物禀受，成为每一生命性存在所以然的终极本性，天所赋谓之命，人物所受谓之性，于是理、命、性通贯为一，有了事物的性命，"易"彻底透出了其性命之理的内涵："天降是于下，万物流形，各正性命者，是所谓性也。循其性而不失，是所谓道也。此亦通人物而言。循性者，马则为马之性，又不做牛底性；牛则为牛之性，又不为马底性。此所谓率性也。人在天地之间，与万物同流。"（《遗书》卷第二上，第30页）当然只有人才会对此有自觉：

　　　　"忠信所以进德"，"终日乾乾"，君子当终日对越在天也。盖"上
　　　　天之载，无声无臭"，其体则谓之易，其理则谓之道，其用则谓之神，
　　　　其命于人则谓之性。（《遗书》卷第一，第4页）

"终日乾乾"为乾卦九三爻的爻辞，"忠信所以进德"见该爻《文言传》。"对越在天"见《诗经·周颂·清庙》。"上天之载，无声无臭"见《诗经·大雅·文王》并为《中庸》所引。体层面的天理、道、易，下贯而成人的本然善性，这是上天所赋在人之天，是人的超越而又内在的生命价值根据，君子时时处处应该念兹在兹。牟宗三先生说得好："'对越在天'便为内在地对，此即所谓'觌体承当'也。面对既超越而又内在之道德实体而承当下来，以清澈光畅吾人生命，便是内在地对，此是进德修业之更为内在化与深邃化。"[1]这一本然善性即天德，令人成为价值上天然完满自足的生命存在，这是人挺立生命主体性的内在根据：

　　　　道即性也。若道外寻性，性外寻道，便不是。圣贤论天德，盖谓

---

　　[1] 牟宗三：《程颢之一本论》，《心体与性体》中册，第23页。

自家元是天然完全自足之物，若无所污坏，即当直而行之；若小有污坏，即敬以治之，使复如旧。所以能使如旧者，盖为自家本质元是完足之物。（《遗书》卷第一，第1页）

体层面的天理、道、易，令大千世界成为体用通贯、一本不二的生生流转有机整体，令万物内在一体，由其所来的人的本然善性或天德，也令人内在于这个有机整体之中并与其他事物内在一本归一。这就是天人的一本而一体不二，人物的一本而一体不二："故有道有理，天人一也，更不分别。"（《遗书》卷第二上，第20页）这是对以往天人合一说的超越，更可谓对天人合一说的转进与深化。进而明道认为，基于人的本性的人的本心也与天、物本一不二："尝喻以心知天，犹居京师往长安，但知出西门便可到长安。此犹是言作两处。若要诚实，只在京师，便是到长安，更不可别求长安。只心便是天，尽之便知性，知性便知天，当处便认取，更不可外求。"（《遗书》卷第二上，第15页）挺立这一本性与本心，人就在这一与己本一的世界中涵养起与之一体的崇高心灵境界与生命境界，挺立起自己生命的主体性。明道即此而会通深化了孟子"尽心知性知天"的思想。

明道十分重视《易》中所讲的"元"，如前所述，在以它诠释出天理、道、易之体引发万物生生、生机、生意之用，而称"万物之生意最可观，此'元者善之长也'"的前提下，他又继之说"斯所谓仁也"，令仁获得了肯定生机生生的宇宙论价值意义。在此基础上，他由用返体，将对体的诠释与人的本性进一步关联，使仁既有了宇宙论的价值意义又有了人文德性的价值意义，以此为人的生命主体性的挺立提供了更加可靠的保障。这就有了他的"识仁"说：

学者须先识仁。仁者，浑然与物同体。（《遗书》卷第二上，第16页）

若夫至仁，则天地为一身，而天地之间，品物万形为四肢百体。夫人岂有视四肢百体而不爱者哉？圣人，仁之至也，独能体是心而已，曷尝支离多端而求之自外乎？……医书有以手足风顽谓之四体不仁，为其疾痛不以累其心故也。夫手足在我，而疾痛不与知焉，非不仁而何？世之忍心无恩者，其自弃亦若是而已。(《遗书》卷第四，第74页）

这里的核心意思，就是体会到作为生命生生之理的天理、道、易之体，实现了以其为唯一根基的生意盎然、性命畅达的有机一体的"易"世界；而敬畏性命，珍重生命，呵护生生，促成生意的贯通顺遂，则是这个世界对于三才之一的最具生命自觉的人的召唤。

我们认为，孔子仁学思想的精髓，就是发现并肯定了人的生命的内在价值，视人为目的，提倡敬畏珍重呵护善待生命。明道继承并深化了孔子的思想，将仁学由人延伸到所有的生命存在，将人视为目的延伸到将所有生命存在视为目的，仁之善达到了极致。能够达到这一极致的，在他看来，首先就是作为大千世界一本的天理、道、易之体，其次则是拥有此本并自觉承当起此本的人。仁在明道这里，不仅有源于此本的生机生意之意，而且有生机生意神圣美善之意，进而有本然实现着这一生机生意的善德善性与呵护这一生机生意的善德善性之意。人拥有此本而来的本性、天德，由此可称为至善的仁性、仁德。此性此德要求人们涵养心灵与生命的大气和厚重，在人生日用之中，在生活的各个环节中，以与天地万物同体的最高生命境界，珍惜周围的一切，敬畏大千世界的整体生命性，呵护自身和万物，尽自己的最大心力，尽可能令一切生命存在在善的根基下得以畅遂。为此，涵养敬畏的心灵，养成诚敬的人生态度，成为重要一环："'天地设位而易行乎其中'，只是敬也。敬则无间断，体物而不可遗者，诚敬而已矣，不诚则无物也。"(《遗书》卷第十一，第118页）

一本而一体的大化生生，真实无妄地透出宇宙的生命性庄严；与之一体的人，也应当透出生命的诚敬。

作为万物中的佼佼者，作为三才之一，人还是应当有这种担当的。明道说：

唯人气最清，可以辅相裁成，"天地设位，圣人成能"，直行乎天地之中，所以为三才。天地本一物，地亦天也。只是人为天地心，是

心之动，则分了天为上，地为下。兼三才而两之，故六也。(《遗书》

卷第二下，第54页)

　天位乎上，地位乎下，人位乎中。无人则无以见天地。《书》曰:

"惟天地万物父母，惟人万物之灵。"(《遗书》卷第十一，第117页)

"天地设位，圣人成能"，见《系辞下传》。人禀受了上述大千世界之一本，拥有了至善本性，禀受了较之其他生命存在最为清明的气，有着对于这一世界的清醒体认和高度生命自觉，将一个体用通贯为一的"易"世界，划分为了天地人三才架构下的"易"世界。这就要求人承当起三才之道，进而由分走向和，确立对于这一一本归一世界的担当。这是对以下思想的深化:《尚书·周书·泰誓上》云:"惟天地万物父母，惟人万物之灵。"《礼记·礼运》云:"故人者，其天地之德、阴阳之交、鬼神之会、五行之秀气也。"

承担起三才之道，确立对于这一一本归一世界的担当，人就会在做的过程中，对"易"获得真真切切的生命体悟，让"易"由"常知"转换为"真知":

　真知与常知异。常见一田夫，曾被虎伤，有人说虎伤人，众莫不

惊，独田夫色动异于众。若虎能伤人，虽三尺童子莫不知之，然未尝

真知。真知须如田夫乃是。(《遗书》卷第二上，第16页)

中国哲学是一种生命的学问，易学，在明道看来，归根结底，也是一种生命的学问。通过合乎大千世界之一本的言行举止，有了敬畏性命，珍重生命，呵护生生，促成生意贯通顺遂的实际行动，"易"的内涵，才会像田夫经历过被虎所伤一样，被易、身归一境界下的我所透彻理会到。到此地步，"易"也就由"常知"变为了"真知"。

"读书要玩味。"(《遗书》卷第十四《明道先生语四》，第140页)在明道看来，读书固然重要，但更重要的是借以实现对书内书外道理之体认，并最终落实到践行中。

"即事尽天理"这一期许与担当的终极依据与可能，就在于前所言天赋德

性，圣贤的天赋德性与其他所有人的天赋德性并无不同，都是天然完满自足的。因此，人应当充满自信，真切地从人生日用出发来思考问题，解决问题，找到处理问题的途径与方式，让成为人的德性的形而上的天理落实到形下，落实为生命存在的应然方式。他说："洒扫应对便是形而上者，理无大小故也。故君子只在慎独。"（《遗书》卷第十三《明道先生语三》，第139页）那个天理天道就在人生日用之中，并非超离于人生日用之外；就在人所做的一切普通事中，并非只关联着惊天动地之大事。他又说："某写字时甚敬，非是要字好，只此是学。"（《遗书》卷第三，第60页）敬成为其生命存在的基本方式，并令己由之迈向理想的生命境地。明道向世人宣示天理就在人生日用中的同时，更欲彰显的是仁以为己任的承当意识。他所说的"'士不可以不弘毅，任重而道远。'重担子须是硬脊梁汉方担得"（《遗书》卷第三，第61页），彰显的就是一种新时代士人的庄严角色意识与生命主体意识，要士人人时时刻刻皆有一种责任感与使命感，自觉地担负起天下大任。

作为完备禀受了天理的每一个人，本于天理、立足天德做事为人，则其一生的所作所为，可以说就是一部用生命书写出的属于自己的活生生的《易》。人人皆当无愧于天赋德性，无愧于在世的时代，以切实的努力，书写出彰显着自己独特生命精彩的《易》的新的华章，从而继圣人的《易》书之后，为这个生生流转无尽的现实"易"的世界，留下自己的无憾的痕迹。这样，借助行动，理得穷，性得尽，而天所赋之命也得以同时达致，避免了仅以知见待《易》的态度，实现了《易》"穷理尽性以至于命"的最高期许："'穷理尽性以至于命'，三事一时并了，元无次序，不可将穷理作知之事。若实穷得理，即性命亦可了。"（《遗书》卷第二上，第15页）

（王贻琛，山东大学易学与中国古代哲学研究中心助理研究员）

神气与生化：二程神化思想研究

翟奎凤

《易传》神化论对北宋周敦颐、张载、邵雍、程颢的思想建构产生了深刻影响。张岱年指出"《易传》所提出的'神'的观念，到宋代而得到进一步的发展。周敦颐、邵雍、张载、程颢都以'神'作为他们的理论体系的一个重要范畴"①。张先生所说的"宋代"，主要是指北宋时期。陈钟凡在《两宋思想述评》中认为北宋周敦颐、邵雍、张载、程颢都有一种泛神论的思想，并对其有专门论述。所谓泛神论，是与超神论相对而言，他说"历代学者以神为表见宇宙之原因者，约分两派。其以神为万物以外之超越的原因者，谓之'超神论'；以神为万物以内之内在的原因者，谓之'泛神论'"，认为"宋人思想，大抵以神为万物内在之原因，不超越于世界以外，且不必具有人格也"②。牟宗三认为"溯自濂溪之言诚体、神体乃至太极，横渠之言太虚神体，明道之直就'於穆不已'之体言道体性体，而又易体、诚体、神体、心体、理体、仁体、忠体、敬体，通而一之，总之是对于道体性体无不视为'即活动即存有'者"③。唐君毅也于《中国哲学原论·原性篇》中强调"盖宋学之初起，原重于此神之一概念"④。

在一些学者看来，程颢、程颐对神的重视与看法有较大不同，这种差异也

---

①张岱年：《中国古典哲学概念范畴要论》，《张岱年全集》第四卷，河北人民出版社，1996年，第552页。

②陈钟凡：《两宋思想述评》，东方出版社，1996年，第207页。

③牟宗三：《心体与性体》上册，上海古籍出版社，1999年，第69页。

④唐君毅：《中国哲学原论·原性篇》，九州出版社，2016年，第346页。

反映了两人思想气质的不同。如陈钟凡认为"故颢持神气合一之议，超于周、张二家而主一元；颐更会合两家而主理气二元之论焉"①。庞万里也认为"程颢的本体包含有理、易、神、心等多种规定，因此是有能动作用的，其中也包括有认识能力，而程颐的本体是抽象的一般的理，是最普遍性的道德性观念，心不是本体，神、易都被纳入气的范畴"②。庞万里的这些看法大体上是承陈钟凡、牟宗三之说，并作了进一步发挥。这类观点有一定代表性，但对二程思想之差异难免有所夸大。黄勇认为在关于理与神的论述上，"二程的观点基本上是一致的"③。笔者也倾向于认为，程颢、程颐兄弟的思想大同小异，并无根本不同。本文在前贤的基础上，对二程论神及其神化思想作全面深入研究。本文中对《二程集》原文未明确注明程颢、程颐观点的语录，统称"程子曰"。

一、生生与妙用之神

从现存文献来看，程子多次谈到帝、天、神的差别，据《遗书》卷二十二上载程颐曰："以形体言之谓之天，以主宰言之谓之帝，以功用言之谓之鬼神，以妙用言之谓之神，以性情言之谓之乾。"《粹言》卷二又载："以形体谓之天，以主宰谓之帝，以至妙谓之神，以功用谓之神鬼，以情性谓之乾，其实一而已，所自而名之者异也。夫天，专言之则道也。"这两处文献的表述基本一致，只不过个别词句及"鬼神""神"前后顺序有不同。"天""帝""鬼神""神""乾"名号虽然不同，但所指向的都是一个实体的不同侧面和性能表现，即形体（天）、主宰（帝）、功用（鬼神）、妙用（神）、性情（乾）。《粹言》以"至妙"谓神，《遗书》记为"妙用"，比较而言，表述为"妙用"更好。《伊川易传》卷一程颐在解释乾卦卦辞时说："夫天，专言之则道也，天且弗违是也；分而言之，则以形体谓之天，以主宰谓之帝，以功用谓之鬼神，以妙用谓之神，以性情谓之

①陈钟凡：《两宋思想述评》，东方出版社，1996年，第95~96页。

②庞万里：《二程哲学体系》，北京航空航天大学出版社，1992年，第161页。

③黄勇：《二程兄弟的本体神学》，载《哲学门》（总第12辑）第六卷第二册，北京大学出版社，2005年，第170页。

乾。"此对"天、帝、鬼神、神、乾"的叙说顺序与《遗书》一致。结合《粹言》，程颐这里的思想更加明晰，"专言之"大概是"统言之"的意思，与"分言之"对应，这样来说，"帝、鬼神、神、乾"，诚如《粹言》卷二所说"其实一而已"，都可以看作是天、道的不同层面或功能的表现。程颐这里论帝、天、神，并没有说到"气"，唐君毅认为程颐"此中之神之义，通于天之形体，与气自不离，却不只是隶属在气上说"①。值得注意的是，程颐说"夫天，专言之则道也"，以"道"而不是"理"论天，应该说，道也就是理，说"夫天，专言之则理也"也未尝不可。程颢也有类似的说法"天者理也，神者妙万物而为言者也，帝者以主宰事而名"，这与程颐上面的说法可以贯通起来，就此而言，二程的说法没有实质性差别。

《遗书》卷一载："盖'上天之载，无声无臭'，其体则谓之易，其理则谓之道，其用则谓之神，其命于人则谓之性，率性则谓之道，修道则谓之教。"《粹言》卷二也载："上天之载，无声无臭之可闻，其体则谓之易，其理则谓之道，其命在人则谓之性，其用无穷则谓之神，一而已矣。"这两段材料也很相似，对这里的"易、道、神"，朱子发挥很多，将其与"心、性、情"对应，在天为"易、道、神"，在人为"心、性、情"，对此笔者曾有专文讨论②。比较而言，《遗书》卷一的叙述更为严谨，"上天之载，无声无臭"出自《诗经·大雅·文王》，《粹言》说"无声无臭之可闻"，语义上不太通顺，应作"无声臭之可闻"，而且"易、道、神"也应当连续叙述。总体来看，《遗书》的记载要比《粹言》精当，当然，《粹言》中的一些《遗书》所没有的语词表述可以帮助我们深入理解程子思想，如《粹言》卷二反复强调"一而已"，这也表明"易""道""神"是一体的。《遗书》卷一"易、道、神"这段材料一般系为程颢。这样来看，无论是程颢，还是程颐，以神为"用""妙用"为其共同主张。关于"易、道、神"，张载也有类似论说，他说"语其推行，故曰道；语其不测，故曰

---

① 唐君毅：《中国哲学原论·原性篇》，九州出版社，2016年，第348页。
② 翟奎凤：《"心性情"与"易道神"：朱熹对程颢思想的创造性诠释》，《中国哲学史》2021年第2期。

神；语其生生，故曰易。其实一物，指事异名尔"（《正蒙·乾称》），张载也强调"易、道、神"的一体性，但在关于"易、道、神"的具体阐释上与程子有所不同。

《遗书》卷十一载程颢说"'生生之谓易'，生生之用则神也"。联系《遗书》卷一所论"易、道、神"话语来看，"其体则谓之易"，此"体"可谓生生之体，这样，"生生之用则神也"与"其用则谓之神"的思想表述也是一致的。此用即是"妙用"。《易传·说卦传》说"神者妙万物而为言者也"，《易传》中出现"妙"字仅此一见。"妙"字在先秦儒家典籍中少见，多见于道家类典籍，如《老子》首章就说"故常无欲，以观其妙""玄之又玄，众妙之门"（第一章）；《庄子·齐物论》也说"夫子以为孟浪之言，而我以为妙道之行也"。《说卦传》可能受到道家影响，但老庄言"妙"是名词或形容词，而《说卦传》"妙万物"之"妙"显然又与此不同，有动词的意味，神贯通万物为一，此"一"之妙不可言说。《遗书》卷三载程子曰"神是极妙之语"，《粹言》卷一载"莫大于道，莫妙于神。至大至妙，宜若难言也。圣人语之，犹常事尔"，《遗书》卷十五载"圣人之言依本分，至大至妙事，语之若寻常"，这些都是以妙论神，同时对圣人而言，神妙即寻常，有后来明代泰州学派王艮"百姓日用是道"的意思。此"妙"也体现在其阴阳不测的特点上，《易传·系辞上》中说"阴阳不测之谓神"，对这句话程子也多有称赞[①]。以道与神并论，也可见程子对"神"的重视。《易传·系辞上》说"天地设位而易行乎其中矣"，程颢还曾说"天地只是设位，易行乎其中者神也"（《遗书》卷十一），这与"'生生之谓易'，生生之用则神也"的说法也是呼应的，应该说这也凸显了神对生生的主导性。然而，《遗书》卷十一又记载程颢还说："'天地设位而易行其中'，何不言人行其中？盖人亦物也。若言神行乎其中，则人只于鬼神上求矣。若言理言诚亦可也，而特言易者，欲使人默识而自得之也。"这里所说"若言神行乎其中，则人只于鬼神上求矣"似与前面所说"易行乎其中者神也"相矛盾。当然，我们也

---

① 如程颢说："'日新之谓盛德，生生之谓易，阴阳不测之谓神。'要思而得之。"（《二程集》上册《遗书》卷十一）

可以这样理解:"行乎其中者神也"实际上讲的是妙用之神,但这容易被误解为功用之鬼神[①],因此不如用"行乎其中者易也"稳妥。程颢这里说"言理言诚亦可",一定意义上也可以说,理、诚、神皆为形上存在,此形上存在对生生变易有主导性。牟宗三认为"依明道之默识,此易体即诚体、神体,亦即理体。此理体是'即活动即存有'之理,而不是'只存有而不活动'之'但理'""此理即是於穆不已之天命实体之理,故以易体摄理""诚是形容名词。有体可目,'诚'有所属。故即以易体摄诚也。於穆不已之天命实体,其直接意思即是'易体'""若于此真透彻,则说诚体、理体、神体皆可。易、诚、理、神是一,而以易体为本,为天命实体之当体自己。此明道之所以注目《易传》之特言'易行乎其中'也"。[②]应该说,牟先生这里的分析是精到深刻的,此理为生生之理,此诚也即生生不已、於穆不已的天命实体。

《易传》以"妙"论神,但未以"用"论神,以"用"论神可谓程子的发明。结合亚里士多德四因说来讲的话,"理""道"为形式因,"用""神"则有目的因、动力因的意思。对于"生生之用则神也",牟宗三解释说"道之自体是易。易体能起生生之妙用即是神。神用与易体一也。而道之本质的全蕴即神与易也"[③]。实际上,更进一步,可以说神之"发"展现为生生妙用。周敦颐《通书》中也说"发微不可见,充周不可穷之谓神"(《通书·诚幾德第三》)、"寂然不动者,诚也;感而遂通者,神也"(《通书·圣第四》)。邵雍也说"太极不动,性也;发则神"(《观物外篇》)这些与程颢"用神"思想也是贯通的。邵雍还说"'精气为物',形也;'游魂为变',神也",又说"'精气为物',体也;'游魂为变',用也"(《观物外篇》),邵雍这里说的"体"指形体,"用"指神灵。精气构成事物的形体,游魂是事物的神灵,神灵是变化的动力因。邵雍

[①]牟宗三也说:"今言'易行其中',则易体无方之妙用、创生之不测即神也,故易体即神用,而非鬼神之神也。是则言'易体'者正明神之所以为神,而'神'义不滥,此则以易摄神,称体而言,非着迹而言也(鬼神之神亦一物耳,故有迹)。"(《心体与性体》中册,第30页)

[②]牟宗三:《心体与性体》中册,第30~31页。

[③]牟宗三:《心体与性体》中册,第44页。

又曾认为"用也者，心也。体也者，迹也"（《观物内篇》），在邵雍，"用"与"心"才是根本性、灵魂性或形而上的存在，"体"与"迹"反而是形而下的。程子所谓用神，可以结合邵雍这些讲法来理解。

二、神气、阴阳与"所以"之道

气化流行表现为生生，生生的动力因在"神"。在程子看来，神与气的关系可谓不一不异，如果说气有形而下性，那么，显然，神则有形而上超越性。但形而上下又不是截然隔绝的，而是相即相融的。如程颢说："气外无神，神外无气。或者谓清者神，则浊者非神乎？"（《遗书》卷十一）这句话实际上是针对张载的。《粹言》卷二也有类似的话，其背景更加清楚："张子曰：'太虚至清，清则无碍，无碍故神。反清则浊，浊则有碍，碍则形窒矣。'子曰：'神气相极，周而无余，谓气外有神，神外有气，是两之也。清者为神，浊者何独非神乎？'"所引"张子"的话见张载《正蒙·太和篇》，程颢的意思很明确，无论是清气还是浊气中都有"神"的存在，实际上，这与庄子所说道在万物、道在屎溺的思想主张是一致的。就此条语录而言，《粹言》的记载信息量更丰富。"神气相极，周而无余"强调了神与气的不可分离性，有气就有神，有神就有气，遍在一切时、一切处。神、气虽有形而上下之别，但神在气中，气不离神，两者不能截然分开。类似的思想表述，程子还说"道之外无物，物之外无道""性即气，气即性""形而上为道，形而下为器，须著如此说。器亦道，道亦器"，这三则材料多认为是程颢说的，其理由是，如庞万里认为"程颐严格区分形上与形下，本体与现象，体与用，本与末的不同"。其实庞万里此说未必准确，程颐也有类似的思想，如程颐说"事外无心，心外无事"，又说"才尽心即是知性，知性即是知天矣"。

程子对张载以清论神的观点有反复批评，如说"立清虚一大为万物之源，恐未安，须兼清浊虚实乃可言神。道体物不遗，不应有方所"，"神""道"兼清浊虚实，遍在一切。清浊、虚实，乃至大小精粗，皆为形而下的表现，皆是"物"。程子还说"物形便有大小精粗，神则无精粗"，"物形有小大精粗之不同，神则一而已"，这与周敦颐"物则不通，神妙万物"的思想也有相似性，清浊虚实、大小精粗皆为物性表现，神则超越这些，但又遍在于其中。"清浊""精粗""大小"指形而下的"气""物形"，具有超越性、形上性的神遍在于所有气与物形之中，应该说这还主要是从空间性的角度讲"神气相极，周而无余"。

神与气的不相离，除空间上神遍在一切气形中，在时间性上，神与气的不相离也是自始至终的。从宇宙论万物生生的角度如此，就人生论而言也是如此。程子说："神与气未尝相离，不以生存，不以死亡，而佛言有一物不亡而常存，能盗胎夺荫，则无是理也。"（《粹言》卷二）这里"未尝相离，不以生存，不以死亡"是从时间上强调神气始终在一起，活着的时候有神有气，死亡之后也不能说只有神而无气。"佛言有一物不亡而常存，能盗胎夺荫"，这是批评佛家认为有一种有"神"无气的存在状态，这大概是指"中阴身"之神识，"夺荫"之"荫"似当作"阴"①。对此，朱子也有论及，"禅家言偷生夺阴，谓人怀胎，自有个神识在里了，我却撞入里面，去逐了他，我却受他血阴"，与程子一样，朱子也认为这是没道理的。《遗书》卷三也载程子语："神与性元不相离，则其死也，何合之有？如禅家谓别有一物常在，偷胎夺阴之说，则无是理。"这句话与上面《粹言》卷二所载当为同一记录，比较而言，"神与性元不相离"似不如《粹言》"神与气未尝相离"的表述更好，程子多次论及神与气的不相离，但很少论神与性的关系，因此，这里"性"作"气"似更好。"则其死也，何合之有"，李申认为"这里的'死'字，似乎应是'生'字才对"②。

陈钟凡认为程颢"气外无神，神外无气"的思想是"神气一元说""神气合一"说，认为在程颢"神与气两者皆生机之所表见也。故周、邵两家言无极、

①明初姚广孝引述程子这句话时即作"夺阴"。姚广孝有佛教信仰背景，他对程子这句话颇不以为然，"偷胎夺阴，岂是常事？伊川谓禅家说别有一物常在偷胎夺阴，乌有是理哉？昔王正言问黄龙心禅师曰：'人生之三缘和合乃生，有即死即生，夺胎者如何？'师曰：'正言为漕使，到处是正位。正言疑否？'正言曰：'不疑。'师曰：'不必疑也。'正言领其说。禅家之说，如斯而已。如言别有一物常在偷胎夺阴，此是伊川自造此说诬禅学者。伊川良心何在？"（《姚广孝全集·逃虚子道余录》，安徽师范大学出版社，2019年，第417~418页）姚广孝的意思是说，"偷胎夺阴"并不常见，而是罕见的特殊情况。

②李申：《万法归宗：气范畴通论》，华艺出版社，1993年，第225页。

言先天，是超一切气质而求神于虚无缥缈之天。张载于气之上言太虚，复截然画神气为两事，仍不免虚无高远之谈，未若颢生生说之切实精辟也"①，"自宇宙论言之：颢以生生之用，为宇宙之本原。言其变化运用谓之神，言其相状方所谓之气；神由气见，气以神显；神与气无内外之可分，持一元论之说。颐谓'气是形而下者，道是形而上者，形而上者则是理也。'离理气为两事，主二元论"②。陈钟凡认为程颢为神气一元论，而程颐为理气二元论。英国汉学家葛瑞汉由陈钟凡以上论述，得出以下看法："研究新儒学最优秀的现代学者之一陈钟凡甚至认为在明道的体系中，气的对应物不是理而是神。"③其实，陈钟凡没有直接说"气的对应物不是理而是神"，然而，由陈钟凡上面的论述大体上也可以推导出这种结论。

程颢明确以神为变化之动力因，他说"冬寒夏暑，阴阳也；所以运动变化者，神也。神无方，故易无体"（《遗书》卷十一）。《易传·系辞上》说"神无方而易无体"，程颢这里用"故"取代"而"，凸显了神的主体性、主动性。易体现为阴阳变易，其变化之动力在"神"。邵雍也说"神者，易之主"（《观物外篇》），这与程颢的思想也有相似性。与程颢"所以运动变化者，神也"相比较，程颐曾说"'一阴一阳之谓道'，道非阴阳也，所以一阴一阳道也，如一阖一辟谓之变"（《遗书》卷三）。庞万里认为"二程上述说法在形式上虽相似，但有实质上的不同之处，程颢是从运动变化的源泉、动力来讲所以的，程颐是从运动变化的原理、根据来讲所以（然）的。因此程颢上述的所以是神的功能，而程颐上述的所以是理的规则"④。其实，就程颐这句话而言，看不出其所说的道只是"运动变化的原理、根据"，"道"与"神"一样，作为形上存在，也未尝不可以诠释为动力因。对于"一阴一阳之谓道"，程颢也曾解释说"阴阳亦形而下者也，而曰道者，惟此语截得上下最分明，元来只此是道，要在人默而识

---

① 陈钟凡：《两宋思想述评》，第80页。

② 陈钟凡：《两宋思想述评》，第129页。

③ ［英］葛瑞汉著，程德祥等译：《中国的两位哲学家：二程兄弟的新儒学》，大象出版社，2000年，第179页。

④ 庞万里：《二程哲学体系》，第89页。

之也"（《遗书》卷十一），这里程颢以阴阳为形而下、道为形而上。程颐还说
"'一阴一阳之谓道'，此理固深，说则无可说。所以阴阳者道，既曰气，则便是
二。言开阖，已是感，既二则便有感。所以开阖者道，开阖便是阴阳"（《遗书》
卷十五），"道者，一阴一阳也"（《经说》卷一），"离了阴阳更无道，所以阴
阳者是道也。阴阳，气也。气是形而下者，道是形而上者。形而上者则是密也"
（《遗书》卷十五），"离阴阳则无道。阴阳，气也，形而下也。道，太虚也，形
而上也"（《粹言》卷一）。就这些材料而言，二程关于"阴阳""道"的诠释并
无实质性差别，均以阴阳为气、为形而下，以道为形而上的存在，而道在阴阳
气化中，两者又须臾不可分离。"道"相当于"神"，"离了阴阳更无道"，即是
"气外无神，神外无气"的意思，不过"道"更凸显了规律、理则义。诚如朱伯
崑说，程颐"不以神为阴阳变易的动力"[①]，但程颐所说的"道"除理则、根据义
外，也未尝不包含动力因素。如程颐也曾说"道则自然生万物""道则自然生生
不息""生生之理，自然不息"。《遗书》卷二上载"'生生之谓易'，是天之所
以为道也。天只是以生为道，继此生理者，即是善也"，这句话一般认为是程颢
所说，但与程颐的观点也是一致的。因此，尽管程颐没有明确强调神为阴阳气
化的动力因，但这并意味着他反对这种观点，"道"与"神"在程颐那里可以是
一体的，可以包含动力因素。

三、神化、礼乐与鬼神

神化是《易传》的重要思想范畴，张载对此非常重视，有系统深入的阐发，
实际上，程子对神化问题也有较多关注。《易传·系辞下》说"穷神知化，德之
盛也"，程颐解释说"穷极至神之妙，知化育之道，德之至盛也，无加于此矣"，
程颢也说"'穷神知化'，化之妙者神也"。其实，仅以"化之妙"论神，似削
弱了"神"的独立意涵，就此而言，程颢论神化应该说不如张载深刻，朱子就

---

① 朱伯崑：《易学哲学史》第二卷，昆仑出版社，2009年，第572页。

曾认为"'神化'二字，虽程子说得亦不甚分明，惟是横渠推出来"①。尽管如此，程子论神化的一些观点仍然值得关注。《遗书》卷五载程子曰"《易》，圣人所以立道，穷神则无易矣"，这是说，《易》这本书的目的是"立道"，能"穷神"的话，"道"自在于其中，易理自内在于其中，《易》作为"筌、蹄"的工具性意义也就没必要执着了。朱熹与学生对此也有讨论，学生问："'《易》，圣人所以立道，穷神则无易矣。'此是指《易》书？"朱熹说："然。《易》中多是说《易》书，又有一两处说易理。神，如今人所谓精神发挥，乃是变易之不可测处。《易》书乃为易之理写真。"朱熹在《答连嵩卿》中也论及此，认为"此言人能穷神，则易之道在我矣，岂复别有易哉"。这样来说，《周易》的根本宗旨可谓在"穷神知化"，《庄子·天下篇》说"《易》以道阴阳"，这个观点对后世影响很大，实际来看，"神"在《周易》中更为根本，阴阳还是气化的层面。

应该说，神化为天地本体生化论，而"穷神知化"为主体修养境界论。程颐视"穷神知化"为儒家工夫境界的殊胜处，他说"释道所见偏，非不穷深极微也，至穷神知化，则不得与矣"（《遗书》卷二十四）。子贡曾称赞孔子说"夫子之得邦家者，所谓立之斯立，道之斯行，绥之斯来，动之斯和"（《论语·子张》），程颢认为"'绥之斯来，动之斯和'，圣人之神化，上下与天地同流者也"（《遗书》卷十一）。可见，神化境界也就是天地境界。同时，儒家之"穷神知化"不是一种游离社会的天地境界，而是与礼乐之道、开物成务有着内在关联，贯通着人伦教化与社会事务。程颢去世后，程颐在《明道先生行状》中称赞哥哥"明于庶物，察于人伦。知尽性至命，必本于孝弟；穷神知化，由通于礼乐。辨异端似是之非，开百代未明之惑。秦、汉而下，未有臻斯理也"。有学生问"穷神知化，由通于礼乐，何也？"程颐说："此句须自家体认。人往往见礼坏乐崩，便谓礼乐亡，然不知礼乐未尝亡也。如国家一日存时，尚有一日之礼乐，盖由有上下尊卑之分也。除是礼乐亡尽，然后国家始亡。虽盗贼至所为不道者，然亦有礼乐。盖必有总属，必相听顺，乃能为盗，不然则叛乱

---

①牟宗三认为"横渠之'推出来'并不是只推究'神、化'两词之字义分明，乃是能推究出神为体，为形而上；化为用，就气言，为形而下"（《心体与性体》中册，第389页）

无统，不能一日相聚而为盗也。礼乐无处无之，学者要须识得。"（《遗书》卷十八）这段话似乎只是讲了礼乐的重要性，未说到神化与礼乐的关系，可能程颐认为这需要"自家体认"。在程颐，孝悌与性命为一统，形上之道即在洒扫应对之中，没有本末精粗之别，礼乐之道即神化之道。

除"穷神知化"外，程子还较多论及"存神过化"。《孟子·尽心上》中说"夫君子所过者化，所存者神，上下与天地同流，岂曰小补之哉？"对此，程颢说"'所存者神'，在己也；'所过者化'，及物也"（《外书》卷二），程颐也说"'所过者化'，身之所经历处；'所存者神'，存主处便是神"（《遗书》卷十五）。二程所说意思相近，这里"神"是指君子内心境界之高妙莫测，"化"是对周围人心之感化。可见，如果说"穷神知化"偏于一种工夫论、境界论，那么"存神过化"是一种境界论、实践论。作为工夫、境界论，"化""神"关联连用，还有《孟子·尽心下》所说"大而化之之谓圣，圣而不可知之之谓神"，程颐认为"非是圣人上别有一等神人，但圣人有不可知处便是神也。化与变化之化同"（《遗书》卷十八），"谓圣之至妙，人所不能测"（《遗书》卷二）。在《庄子》书中，神人明显高于圣人，程子认为"庄周言神人者，非也。圣而不可知则不可得而名，故以神称之，非谓神人加于圣人一等也"（《粹言》卷二）。这是站在儒家的角度，反对圣人之上另有神人之说，认为圣人境界高深莫测即是神，圣人即神人。

在鬼神观上，程子的思想是高度理性化、哲学化的，这一点也是由发挥《易传》思想而来。《易传》中"鬼神"一词出现六次，《乾·文言传》说"夫'大人'者与天地合其德，与日月合其明，与四时合其序，与鬼神合其吉凶，先天而天弗违，后天而奉天时。天且弗违，而况于人乎？况于鬼神乎"，程颐解释说"大人与天地、日月、四时、鬼神合者，合乎道也。天地者，道也。鬼神者，造化之迹也。圣人先于天而天同之，后于天而能顺天者，合于道而已。合于道则人与鬼神岂能违也"（《周易程氏传》），又说"此直谓形而上者言，以鬼神为天地矣"（《遗书》卷三），"鬼神言其功用，天言其主宰"（《外书》卷八）。《谦·彖传》说"天道亏盈而益谦，地道变盈而流谦，鬼神害盈而福谦，人道恶盈而好谦"，程颐解释说"鬼神谓造化之迹。盈满者祸害之，谦损者福佑之"

（《周易程氏传》）。《丰·象传》说"日中则昃，月盈则食，天地盈虚，与时消息，而况于人乎？况于鬼神乎"，程颐解释说"盈虚谓盛衰，消息谓进退。天地之运，亦随时进退也。鬼神谓造化之迹，于万物盛衰可见其消息也"（《周易程氏传》）。《易传·系辞上》说"精气为物，游魂为变，是故知鬼神之情状"，程颐解释说"聚为精气，散为游魂。聚则为物，散则为变。观聚散则鬼神之情状著矣。万物之始终，不越聚散而已。鬼神者，造化之功也"（《粹言》卷二）。《易传·系辞上》还说"天数二十有五，地数三十，凡天地之数，五十有五，此所以成变化而行鬼神也"，程颐解释说"有理则有气，有气则有数。行鬼神者，数也。数，气之用也""变化言功，鬼神言用"（《经说》卷一）。因此，程颐总结说"《易》说鬼神，便是造化也"（《遗书》卷二十二）。从上面程颐对《易传》的解释来看，程颐多以"造化之迹"来释"鬼神"，但有时也说鬼神是"造化之功"，又说"鬼神言用"。那么，"造化之功"与"造化之迹"是否一个意思呢，其与"用"又是什么关系？程颐还说"阴阳之交相摩轧，八方之气相推荡，雷霆以动之，风雨以润之，日月运行，寒暑相推，而成造化之功"（《经说》卷一），由此来看，"造化之功"可以说即是阴阳气化、宇宙大化的生生涌现。程颐还说"二五合而成阴阳之功，万物变化，鬼神之用也"（《经说》卷一）。《易传·系辞上》说"显道神德行，是故可与酬酢，可与佑神矣"，程颐解释说"显明于道而见其功用之神，故可与应对万变，可赞祐于神道矣"（《经说》卷一）。《礼记·乐记》说"明则有礼乐，幽则有鬼神"，程子解释说："鬼神只是一个造化。'天尊地卑，乾坤定矣，鼓之以雷霆，润之以风雨'，是也。"（《遗书》卷十八）综合这些说法来看，程颐的鬼神观，简单来说，"鬼神"即"造化"，展开来说，鬼神是造化之功、造化之迹。这里"迹"不宜简单理解为迹象、现象，应该理解为在时空中展开的一种过程。"功"与"迹"是统一的，但又略有差别，"功"体现了先在性、主动性，"迹"有后在性。比较而言，似用"造化之功"更契合程子本意。联系第一节程颐所说"以功用谓之鬼神"，可以说，万物变化为鬼神之功用、功能展开的表现。有人问"既有祭，则莫须有神否"，程颐说："只气便是神也。"（《遗书》卷二十二）这里论"神"实际上即是鬼神，"气便是神"，那么，这样来说，气化也就是造化。张载曾说"鬼神者，二气之良能"，这与程子的鬼神观实际上很接近①。

余论

二程论神主要从天道层面来说，可谓是一种"天道之神"。此天道之神亦即是诚，程颢说"《中庸》言诚便是神"，牟宗三认为此"诚体之神，不可以气言也"。程子还说"诚神不可语"，"不可语"表示本体的一种真实而又不测的状态，是无法通过语言和逻辑思维来把握，只能用心灵去体会。在程子，天道之神与人心之神也是合一的，程子说"人之知思，因神以发"（《遗书》卷六），"人之智思，因神以发，智短思敝，神不会也。会神必有道"（《粹言》卷一）。这里的"神"应该说就体现了天道之神、本体神明与人心之神的合一，就是说人的意识活动还不单是物质性的精气能量，非常重要的一点是还要有本体神明、天道之神的参与会通。程颢也多称道《系辞上》所说"惟神也，故不疾而速，不行而至"，认为"神无速，亦无至，须如此言者，不如是不足以形容故也"（《遗书》卷十一），这是就天道之神而言。程子又说"得这个天理，是谓大人。以其道变通无穷，故谓之圣。不疾而速，不行而至，须默而识之处，故谓之神"（《遗书》卷二），这又关联着主体心神来论。程颐甚至认为"圣人之神，与天为一，安得有二？至于不勉而中，不思而得，莫不在此。此心即与天地无异"，这里很明确说主体心神，与天、天地是一体的，也可以说，主体心神与本体神明（天）是合一的，当然，这是就"圣人"而言，普通人的心神尚未达到这种境界。

黄勇认为，二程所说的"理是一个非物化（de-reified）的概念""是通过

---

① 当然，在朱熹看来，在鬼神观上，程子"造化之迹"不如张载"二气良能"的说法，"程子之说固好，但在浑沦在这里。张子之说分明，便见有个阴阳在。"（《朱子全书》第十六册《朱子语类》卷六十三，第2086页。）朱子多言程子"鬼神者造化之迹"，对程子"鬼神者造化之功"几乎没有提及。就"造化之功"而言，与张载"二气良能"的说法应该说还是很接近的。

《易经》中的'生'来说明的生命创造活动"①，在这个意义上，"二程在把理与天、道、性、心、易等等同起来时，也把理与神相等同"②，"在二程那里，神就是道、就是理、就是天"③，"二程所谈论的神不是形而下的气的造化，而与理这种形而上的生命创造活动无异"④。这样，"二程的理学似乎也就可以说是一种神学"⑤，这可以看作"是对传统儒家价值之本体神学的说明"⑥，而"在二程那里作为儒家价值之本体神学基础的'生'本身就是'善之长'，这样一来，牟宗三所区分的道德的形上学与道德底形上学，在二程的本体神学中一体化了"⑦。在黄勇看来，二程这种本体神学，凸显了"天地万物之奥妙不可知的生命创造活动"，这一点"可以借用当代美国著名基督教神学家考夫曼的'奇迹般的创造性'serendipitous creativity概念来说明"⑧。

程颢对"神"高度重视，相对来说，程颐就没那么重视，唐君毅谓"神之概念，在伊川遂远不如心之思虑与理或性等之重要"⑨，张岱年也说"程颐与张载、程颢不同，不以神为他的学说的重要范畴"⑩。这些看法总体上是正确的。程颐曾说："仲尼于《论语》中未尝说神字，只于《易》中，不得已言数处而已。"（《遗书》卷十五）学生游定夫问"阴阳不测之谓神"，程颐说："贤是疑了问？是拣难底问？"（《外书》卷十二）在程颐看来，"神"是非常高深的问题，他不主张学生过早探究神化问题。但庞万里认为"程颐较少谈神的概念"⑪，

---

① 黄勇：《二程兄弟的本体神学》，第149页。
② 黄勇：《二程兄弟的本体神学》，第170页。
③ 黄勇：《二程兄弟的本体神学》，第172页。
④ 黄勇：《二程兄弟的本体神学》，第171页。
⑤ 黄勇：《二程兄弟的本体神学》，第170页。
⑥ 黄勇：《二程兄弟的本体神学》，第176页。
⑦ 黄勇：《二程兄弟的本体神学》，第177页脚注10。
⑧ 黄勇：《二程兄弟的本体神学》，第173页。
⑨ 唐君毅：《中国哲学原论·原性篇》，九州出版社，2016年，第348页。
⑩ 张岱年：《中国古典哲学概念范畴要论》，《张岱年全集》第四卷，第554页。
⑪ 庞万里：《二程哲学体系》，第64页。

牟宗三甚至说"伊川并无一字言及神体"[①]，这些观点恐怕也失之简单。从以上论述来看，程颐谈论神的问题也是比较多的，只不过相对来说没程颢那么重视。其实，关于"阴阳不测之谓神"的问题，程颐也是有解说的，他说："天下之有，不离乎阴阳。惟神也，莫知其乡，不测其为刚柔动静也。"（《经说》卷一）这表明神超越万有，不可以阴阳、刚柔、动静来限定描述，蒙培元由此认为"程颐和程颢一样，都以神为形而上的本体范畴"[②]。在解释《易传·系辞》"神无方而易无体"时，程颐也说"至神之妙，无有方所，而易之准道，无有形体"（《经说》卷一）。这样来看，程颐所说的神也可以理解为一种形上本体。庞万里认为程颐"虽把易道（易之理）作为本体，但并未把神也作为本体。程颐严格区分体与用，只有理才是体，其余均是用。与程颢的即体即用的具体的本体不同。在程颐看来，神是用，易是气化，恒常的易之道才是体"[③]。这个说法看来应该说是有待商榷的。

（翟奎凤：南京大学哲学系教授，博士生导师）

---

①牟宗三：《心体与性体》中册，第214页。
②蒙培元：《理学范畴系统》，《蒙培元全集》第三卷，四川人民出版社，2021年，第86页。
③庞万里：《二程哲学体系》，第64页。

朱子《大学》诠释历程考①

孟祥兴

朱熹关于《大学》的诠释，贯穿于其问学、思考、讲学的一生，经历了诵读、阐发、改订文本与诠释等逐渐深入的过程。在此，我们将根据语类、文集、年谱等相关资料对朱熹诠释《大学》的历程作出细致考索，以呈现其《大学》诠释的开端、精入与定见。

一、诵读

朱熹幼时即在其父朱松的教育下，开始读诵四书，其自述曰："某自卯读四书，甚辛苦"。②黄榦在朱熹行状中亦有言曰："自韦斋先生得中原文献之传，闻河洛之学，推明圣贤遗意，日诵《大学》《中庸》，以用力于致知诚意之地，先生早岁已知其说，而心好之。"③朱熹在其父朱松获得二程学文献后，听闻河洛二程之学，以阐明圣贤之意，每日读诵《大学》《中庸》等书，致力于致知诚意的为学功夫。

绍兴十三年（1143），朱熹十四岁，其父朱松卒，"疾革时手书以家事托刘子羽，命朱熹禀学于武夷三先生：籍溪胡宪、白水刘勉之、屏山刘子翚，往父

---

① ［基金项目］国家社会科学基金青年项目：《大学》诠释研究（项目编号：20CZX020）。

② 黎靖德编，王星贤点校：《朱子语类》第七册，中华书局，2015年，第2611页。

③ 朱杰人等主编：《朱子全书》第二十七册，上海古籍出版社、安徽教育出版社，2010年，第559页。

事之"①。在从学于武夷三先生时，朱熹读书刻苦异常，"某是自十六七时，下工夫读书。彼时四旁皆无津涯，只自恁地硬著力去做。至今日虽不足道，但当时也是吃了多少辛苦，读了书。"②在这一阶段《大学》亦是其日日诵读之书，"盖自十五六时知读是书，而不晓格物之义，往来于心，余三十年"③。但对于其中的关键义理，如格物等，则还未形成深刻的理解。值得注意的是，在从学武夷三先生期间，朱熹兴趣广泛，"某旧时亦要无所不学，禅、道、文章、楚辞、诗、兵法，事事要学，出入时无数文字，事事有两册"④。对于禅、道、文章、诗等学问表现出浓厚的兴趣，与此同时，朱熹还与道谦、宗元等禅师相交往，请教禅宗学问。朱熹对禅宗、道家道教的兴趣在后来从学李延平之后逐渐发生改变，归本于以二程洛学为核心的儒学，并在此基础上进一步展开了对于《大学》的学习与思考乃至诠释，同时亦以此为基准对佛老之学作出批判。

二、阐发

朱熹在同安主簿任上尝作策问，其中有言：

> 大学之序，将欲明明德于天下，必先于正心诚意，而求其所以正心诚意者，则曰致知格物而已。然自秦汉以来，此学绝讲，虽躬行君子时或有之，而无曰致知格物云者。不识其心果已正，意果已诚未耶？若以为未也，则行之而笃，化之而从矣。以为已正且诚耶？则不由致知格物以致之，而何以致其然也？愿二三子言其所以而并以致知

---

① 束景南：《朱熹年谱长编》卷上，华东师范大学出版社，2001年，第72~73页。
② 黎靖德编，王星贤点校：《朱子语类》第七册，第2612页。
③ 朱熹：《答江德功》，《晦庵先生朱文公文集》卷第四十四，《朱子全书》第二十二册，第2037页。
④ 黎靖德编，王星贤点校：《朱子语类》第七册，第2620页。

格物之所宜用力者，为仆一二陈之。①

按以上策问，钱穆在《朱子新学案》中考证认为作于朱子赴同安任次年，亦即绍兴二十四年（1154）②，在此朱熹着重强调了《大学》的为学次第，认为致知格物是为学功夫的开端与基础，正心诚意乃至明明德于天下皆是建立在致知格物为学功夫之上的，进而认为秦汉以来大学之道成为绝学，当下为学之根本在于致知格物，"这正是伊洛学问的重要论点"③。可见，在二十余岁时，朱熹对于大学之道以及格物致知已有较为深入的思考，这与他早年苦读四书以及师从武夷三先生有关。

绍兴二十三年（1153），朱熹初见李侗，向李侗论说其学禅之所得，而李侗为其力辨儒佛之别，其后专心于圣贤之书④，"此后年岁间，朱子乃觉禅学之非，而立志归本伊洛"⑤。至隆兴元年（1163）李侗卒，十年间朱熹常以书信或面见问学于李侗⑥，在此期间逐渐摆脱禅学对他的影响，而用力于圣贤之学，尤其是二程以来的理学传统。朱熹将他与李侗之间的往来书札编订为《延平答问》，其中未见关于《大学》的讨论，但考虑到朱熹曾于绍兴二十八年、绍兴三十年、绍兴三十二年三次拜见李侗，且每次皆受教数月，"这些面对面的讨论肯定不是《延平答问》往来书札所能包容"⑦。

---

①朱熹：《策问》，《晦庵先生朱文公文集》卷第七十四，《朱子全书》第二十四册，2010年，第3572页。

②钱穆：《朱子新学案》第三册，九州出版社，2011年，第646页。

③陈来：《朱子哲学研究》，生活·读书·新知三联书店，2010年，第316页。

④"后赴同安任，时年二十四五矣，始见李先生。与他说，李先生只说不是。某却倒疑李先生理会此未得，再三质问。李先生为人简重，却是不甚会说，只教看圣贤言语，某遂将那禅来权倚阁起。意中道，禅亦自在，且将圣人书来读。读来读去，一日复一日，觉得圣贤言语渐渐有味。却回头看释氏之说，渐渐破绽，罅漏百出。""某少时未有知，亦曾学禅，只李先生极言其不是。后来考究，却是这边味长。"（黎靖德编：《朱子语类》第七册，第2620页）

⑤陈来：《朱子哲学研究》，第11页。

⑥关于朱熹与李延平之间思想学术的交往，详见陈来：《朱子哲学研究》，第53~84页。

⑦陈来：《朱子哲学研究》，第310页。

绍兴三十二年（1162）夏，孝宗皇帝即位，诏求直言，朱熹于秋八月应诏上封事，其中着重阐述了为政之道在于《大学》中的格物致知与正心诚意①，反对佛老之学，并认为二程"实得孔孟以来不传之学，皆以为此篇乃孔氏遗书，学者所当先务"②。而朱熹在这篇文章中明确说"凡此所陈，特其所闻于师友之梗概端绪而已"③，其所指师友必然包含李侗。次年，隆兴元年（1163）冬朱熹奉召入对垂拱殿，其第一札论曰：

> 臣闻大学之道，"自天子以至于庶人，壹是皆以修身为本"。而家之所以齐，国之所以治，天下之所以平，莫不由是出焉。然身不可以徒修也，深探其本，则在乎格物以致其知而已。夫格物者，穷理之谓也。盖有是物必有是理，然理无形而难知，物有迹而易睹，故因是物以求之，使是理了然心目之间而无毫发之差，则应乎事者自无毫发之谬。是以意诚心正而身修，至于家之齐、国之治、天下之平，亦举而措之耳。此所谓"大学之道"。④

朱熹以上所论集中阐述了"大学之道"，将修身作为齐家、治国、平天下之根本，而修身的功夫次第在于格物致知与诚意正心，其中格物是为学功夫的开端与根本，并继承程颐的思想，以"穷理"阐释了格物的内涵，特别强调了格物是因物求理。

---

① "是以古者圣帝明王之学，必将格物致知以极夫事物之变，使事物之过乎前者，义理所存，纤维毕照，了然乎心目之间，不容毫发之隐，则自然意诚心正，而所以应天下之务者，若数一二、辨黑白矣。"（朱熹：《壬午应诏封事》，《晦庵先生朱文公文集》卷第十一，《朱子全书》第二十册，第572页）

②朱熹：《壬午奉事》，《晦庵先生朱文公文集》卷第十一，《朱子全书》第二十册，第572页。

③朱熹：《壬午奉事》，《晦庵先生朱文公文集》卷第十一，《朱子全书》第二十册，第573页。

④朱熹：《癸未垂拱奏札一》，《晦庵先生朱文公文集》卷第十三，《朱子全书》第二十册，第631页。

隆兴二年（1164），朱熹在《答江元适（二）》①《答柯国材（二）》②等书信中皆表现出他与李侗之间有过关于格物致知的讨论，且受李侗影响很大，然而此时朱熹"对于《大学》更多是作为一种政治哲学来接受的"③。

值得注意的是，在朱熹对格物致知的阐释和倡导的过程中，伴随着以格物之学对佛老以及夹杂佛老之学的道学思想作出了批判。隆兴二年（1164）朱熹在《答汪尚书（三）》④中言：

"大抵近世言道学者，失于太高，读书讲义，率常以径易超绝、不历阶梯为快，而于其间曲折精微正好玩索处，例皆忽略厌弃，以为卑近琐屑，不足留情。以故虽或多闻博识之士，其于天下义理，亦不能无所未尽。理既未尽，而胸中不能无疑，乃不复反求诸近，顾惑于异端之说，益推而置诸冥漠不可测知之域，兀然终日，味无义之语，以俟其廓然而一悟。殊不知物必格而后明，伦必察而后尽。格物只是穷理，物格即是理明，此乃大学功夫之始，潜玩积累，各有浅深，非有顿悟险绝处也。"⑤

在此，朱熹对当时以佛老之学尤其是禅宗思想来解释儒家学说的方法与路径作出批判，认为他们失之于太高，读书讲论以简易直接、不历阶次为主，而不能于曲折精微之地用功夫，考索其中的义理。正是因为不能考索其中细微精深之义理，好高骛远，从而迷惑于禅宗异端之说，终日求廓然一悟。继而，朱熹强

---

① "熹之所闻，以为天下之物无一物不具夫理，是以圣门之学，下学之序，始于格物以致其知。"（《晦庵先生朱文公文集》卷第三十八，《朱子全书》第二十一册，第1702页）

② "熹自延平逝世，学问无分寸之进……于致知格物之地，全无所发明。"（《晦庵先生朱文公文集》卷第三十九，《朱子全书》第二十二册，第1730页）

③ 陈来：《朱子哲学研究》，第311页。

④ 关于此书信的系年考，详见陈来：《朱子书信编年考证》，生活·读书·新知三联书店，2007年，第30页。

⑤ 朱熹：《答汪尚书》，《晦庵先生朱文公文集》卷第三十，《朱子全书》第二十一册，第1297~1298页。

调格物功夫的重要，认为唯有通过格物穷理，才能真正地获得对于理的彻悟，此是《大学》功夫的开端与根本。从这里我们看出，朱熹对于《大学》格物的重视与诠释，与他对儒学中夹杂佛老之学的批判有一定关系，亦可以说朱熹以格物功夫展开对于佛老高妙之学的批判，认为他们失之于太高，没有细致精微地下功夫。

此外，在这封信里朱熹特别提到吕本中的《大学解》，认为他以禅学思想解释《大学》，不符合儒学下学上达的基本精神，为此朱熹专门作《吕氏大学解辨》来批判吕本中的《大学解》[①]。陈来在《朱子哲学研究》中对朱熹批判吕本中《大学解》的主要内容从三个方面作了详细的分析：其一，强调积累之功；其二，强调切己之实；其三，反对去文字而专体究。[②]而这三点皆是以格物穷理作为儒家功夫的基本与开端而对夹杂释氏之学的《大学解》展开的批判。

从绍兴二十四年（1154）至乾道二年（1166），朱熹关于《大学》的阐发，主要集中于格物穷理，兼论大学之道的为学次第，以格物穷理作为为学功夫的开端与基本，并以此展开对异端之学的批判。

三、改订文本与诠释过程

乾道三年（1167），朱熹在《答林师鲁》[③]中说道："《大学集传》虽原于先贤之旧，然去取之间，决于私臆。比复思省，未当理者尚多。暇日观之，必有以见其浅陋之失。"[④]据此可知，朱熹曾将先贤关于《大学》的解释，汇集、编订为

---

①陈来根据乾道年间《答汪尚书（三）》、何叔京于丙戌年作《杂学辨》的跋语以及朱子答何叔京第四书等，认为朱熹《吕氏大学解辨》约在乙酉、丙戌年间完成。详见陈来：《朱子哲学研究》，第317页。束景南则根据《答汪尚书（三）》认为《吕氏大学解辨》作于乾道年间。详见束景南：《朱熹年谱长编》卷上，第328页。

②陈来：《朱子哲学研究》，第317~318页。

③按照陈来考定此书信当为乾道三年（1167），参见陈来：《朱子书信编年考证》，第47页。

④朱熹：《答林师鲁》，《晦庵先生朱文公别集》卷第五，《朱子全书》第二十五册，2010年，第4935页。

《大学集传》，这应该是朱熹最早的有关《大学》的著述。关于《大学集传》，朱熹在后来完成《大学章句》与《大学或问》后亦有提及，淳熙十二年（1185）在《答林井伯（二）》①中有言："伊川先生多令学者先看《大学》，此诚学者入德门户。某向有《集解》两册，纳呈福公。其间多是集诸先生说，不若且看此书。"②其中所谓《集解》，按照其内容是"集诸先生说"，可知应与《集传》为同一本书。

乾道八年（1172），《大学章句》草成③。淳熙元年（1174）朱熹在《答吕伯恭》三十三中说："《大学》《中庸》墨刻各二本……辛留之。"④此处所指《大学》应为经过朱熹改订文本后之《大学》文本⑤。同年，《答吕伯恭》三十六中说："《大学章句》并往，亦有《详说》，后便寄也。'此谓知之至也'一句为五章阙文之余简无疑，更告详之，系于经文之下却无说也。"⑥朱熹在此提出"此谓知本，此谓知之至也"应移为第五章，这与后来的定本是一致的，"表明他对《大学》的分章已基本确定"⑦。淳熙二年（1175）《答张敬夫》（十二月）中说："《中庸》《大学》章句，缘此略修一过，再录上呈，然觉其间更有合删处。"⑧由上可见，朱熹在改订《大学》文本中多次与吕祖谦、张栻等人书信往来讨论。

---

①按照陈来考定此书信当为淳熙十二年（1185），参见陈来：《朱子书信编年考证》，第245页。

②朱熹：《答林井伯》，《晦庵先生朱文公别集》卷第四，《朱子全书》第二十五册，第4911页。

③束景南根据《答林择之书（十三）》中有言："与向来《大学章句》相似。"并考证书信作于乾道九年，而推断《大学章句》草成于乾道八年。参见束景南：《朱熹年谱长编》卷上，第480~481页。

④朱熹：《答吕伯恭》，《晦庵先生朱文公文集》卷第三十三，《朱子全书》第二十一册，第1452页。

⑤束景南：《朱熹年谱长编》卷上，第481页。

⑥朱熹：《答吕伯恭》，《晦庵先生朱文公文集》卷第三十三，《朱子全书》第二十一册，第1454页。

⑦陈来：《朱子哲学研究》，第320页。

⑧朱熹：《答张敬夫》，《晦庵先生朱文公文集》卷第三十一，《朱子全书》第二十一册，第1349页。

朱熹改订《大学》文本的主要内容，见于《记大学后》其内容如下：

> 右《大学》一篇，经二百有五字，传十章。今见于戴氏《礼》书，而简编散脱，传文颇失其次。子程子盖尝正之，熹不自揆，窃因其说，复定此本。盖传之一章释明明德，二章释新民，三章释止于至善，（以上并从程本，而增诗云"瞻彼淇澳"以下）四章释本末，五章释致知，（并今定。）六章释诚意，（从程本）七章释正心修身，八章释修身齐家，九章释齐家治国平天下，（并从旧本）序次有伦，义理通贯，似得其真，谨第录如上。其先贤所正衍文误字，皆存其本文而圈其上；旁注所改，又与今所疑者并见于释音云。①

这篇文章未注明年月，陈来根据《文集》排列顺序，初步考证认为当在淳熙二年（1175）前后②，束景南则将此文系于淳熙元年（1174）③。虽有时间上的些许差异，但皆认为朱熹于淳熙初就已经确定《大学》改本，其经传分章结构与后来淳熙十六年（1189）刊定的《大学章句》相同。在这篇短文中，朱熹详细说明了《大学》文本的结构，首次明确提出经传之分，经为205字，传分为十章，分别是对经之主要内容的解释，并将其衍文、误字、注音等皆附注其中。值得注意的是，文章中缺了第十章，陈来因此认为第九章以下"遗'十章释治国'五字"④。其中第五章释致知，自注云"并今定"，陈来认为"当指自补格致传阙文，说明补传之作于淳熙初年草定《大学章句》时亦基本完成"⑤。

由上述可见，朱熹与吕祖谦、张栻等人之间书信往来讨论主要集中于《大学》文本结构问题，而与此同时他亦与江德功往来书信阐述其关于格物致知的

---

①朱熹：《记大学后》，《晦庵先生朱文公文集》卷第八十一，《朱子全书》第二十四册，第3829~3830页。

②陈来：《朱子哲学研究》，第320页。

③束景南：《朱熹年谱长编》卷上，第510~511页。

④陈来：《朱子哲学研究》，第320页。

⑤陈来：《朱子哲学研究》，第320页。

思想。其言曰：

> 格物之说，程子论之详矣。而其所谓"格，至也，格物而至于物则
> 物理尽"者，意句俱道，不可移易。熹之谬说，实本其意，然亦非苟同
> 之也。……夫"天生蒸民，有物有则"，物者形也，则者理也，形者所谓
> 形而下者也，理者所谓形而上者也。人之生也固不能无是物矣，而不明
> 其物之理，则无以顺性命之正而处事物之当，故必即是物以求之。知求
> 其理矣，而不至夫物之极，则物之理有未穷，而吾之知亦未尽，故必至
> 其极而后已，此所谓"格物而至于物，则物理尽"者也。物理皆尽，则
> 吾之知识廓然贯通，无有蔽碍，而意无不诚、心无不正矣。此《大学》
> 本经之意，而程子之说然也。①

以上所论是朱熹关于格物思想的具体诠释。朱熹在承继程颐格物穷理的思想上，
作出进一步深入的阐发，在他看来天地化生万物，而万物有其内在的理则。他
严格区分了物与理，认为物是形而下者，而万物之理是形而上者，但理与物又
是相即不离的，形而上之理必然体现在具体的事物中。据此，朱熹认为格物之
关键在于："明其物理""即是物以求之""必至其极而后已"②。"明其物理"的
价值与意义在于"顺性命之正而处事物之当"，也就是个体道德生命的提升与转
化。如何理解物理与道德生命之关系，朱熹认为理蕴含于具体的事物之中，人
只有获得对于理的认识与体悟，才能在日常生活中合乎事物之理，这也就是最
高意义上的善。而"明其物理"的方法与途径在于"即是物以求之"与"必至
其极而后已"，也即是通过即物以穷究其理，穷尽物理，则吾人关于天理的认识
则廓然贯通，没有障蔽，由是而意诚、心正。

朱熹还通过对江德功格物致知思想的批评，严格区分了致知与穷理，认为

---

①朱熹：《答江德功》，《晦庵先生朱文公文集》卷第四十四，《朱子全书》第二十二册，
第2037~2038页。

②陈来：《朱子哲学研究》，第321页。

"知者，吾心之知。理者，事物之理。以此知彼，自有主宾之辨，不当以此字训彼字也"①。致知所言是指人生固有的德性知识，而穷理之理则特指事物之理，致知与穷理是不同的，不能没有区分地混同起来。此外，他还对以"接物"释"格物"的思想提出反驳，认为无论是在训诂上还是在义理上这种观点都是不能成立的，"格物"之真正意涵在于穷究事物之理而至其极。

淳熙四年（1177），朱熹撰著成《大学或问》《大学章句序》②。淳熙九年（1182），朱熹首次将《大学章句》《中庸章句》《论语集注》《孟子集注》编定在一起，并刊刻于婺州③，从此在经学史上与五经相对的四书开始出现，且在后世逐渐超越五经的地位，成为元明清三代科举考试的书目。淳熙十二年（1185），詹帅未经朱熹同意，刻印四书，是为德庆本。淳熙十三年（1186）朱熹在《答詹帅书》中言："然愚意本为所著未成次第，每经翻阅，必有修改，是于中心实未有自得处，不可流传以误后学。……但两年以来，节次改定又已不少，其间极有大义所系、不可不改者，亦有一两文字，若无利害，而不改终觉有病者。"④可见，朱熹在这两年间对于四书文本及注释多有修订，细致到具体文字的使用上。关于《大学》其中亦有言及："《中庸》《大学》旧本已领，二书所改尤多，幸于未刻，不敢复以新本拜呈……《大学》格物章中，改定用功程度甚明，删去辩论冗说极多。旧本真是见得未真。"⑤朱熹对于《大学》格物章尤其重视，不停地加以修改，删去其中辩论繁杂之语，以达简明扼要。是年，詹帅在桂林与赵汝愚在成都分别印刻经由朱熹修订后的《四书集注》⑥。

---

①朱熹：《答江德功》，《晦庵先生朱文公文集》卷第四十四，《朱子全书》第二十二册，第2038页。

②束景南根据相关书信文集等考证《大学或问》《大学章句序》初步作于淳熙四年。参见束景南：《朱熹年谱长编》卷上，第586~587页。

③束景南：《朱熹年谱长编》卷上，第731~732页。

④朱熹：《答詹帅书》，《晦庵先生朱文公文集》卷第二十七，《朱子全书》第二十一册，第1203页。

⑤朱熹：《答詹帅书》，《晦庵先生朱文公文集》卷第二十七，《朱子全书》第二十一册，第1205页。

⑥束景南：《朱熹年谱长编》卷下，第846~848页。

淳熙十五年（1188），朱熹在《答应仁仲》书中说道："《大学》《中庸》屡改，终未能到得无可改处，《大学》近方稍似少病。"①淳熙十六年（1189）二月四日，朱熹在淳熙四年《大学章句序》的基础上经过反复修改，最终正式确定《大学章句序》。同年，朱熹关于《大学章句》《大学或问》亦有所修订，"《大学章句》《或问》比复略修，大旨不殊，但稍加精约耳"②。与此同时，他还通过书信与人讨论读《大学》之方法以及"致知""诚意"等，如在《答吴伯丰》时说道："所论看《大学》曲折则未然，若看《大学》，则当且专看《大学》，如都不知有它书相似。逐字逐句，一一推穷，逐章反覆，通看本章血脉；全篇反覆，通看一篇次第；终而复始，莫论遍数，令其通贯浃洽，颠倒烂熟，无可得看，方可别看一书。"③《答陈才卿》书中有云："所喻'诚意'之说，只旧来所见为是，昨来章句却是思索过当，反失本旨，今已改之矣。"④在与宋深之的书信中，多次讨论《大学》格物之意，如："《大学》是圣门最初用功处，格物又是《大学》最初用功处。"⑤"格物致知是《大学》第一义，修己治人之道无不从此而出，终身要得受用，岂是细事？"⑥强调格物致知是《大学》的基本与开端功夫，是修己治人的根本。

---

① 朱熹：《答应仁仲》，《晦庵先生朱文公文集》卷第五十四，《朱子全书》第二十三册，第2548页。

② 朱熹：《答陈才卿》，《晦庵先生朱文公文集》卷第五十九，《朱子全书》第二十三册，第2851页。陈来考定认为此书信作于淳熙十六年（1189），参见陈来：《朱子书信编年考证》，第308页。

③ 朱熹：《答吴伯丰》，《晦庵先生朱文公文集》卷第五十二，《朱子全书》第二十二册，第2421页。陈来考定认为此书信作于淳熙十六年（1189），参见陈来：《朱子书信编年考证》，第300页。

④ 朱熹：《答陈才卿》，《晦庵先生朱文公文集》卷第五十九，《朱子全书》第二十三册，2010年，第2850页。

⑤ 朱熹：《答宋深之》，《晦庵先生朱文公文集》卷第五十八，《朱子全书》第二十三册，第2772页。陈来考定认为此书信作于淳熙十六年（1189），参见陈来：《朱子书信编年考证》，第305页。

⑥ 朱熹：《答宋深之》，《晦庵先生朱文公文集》卷第五十八，《朱子全书》第二十三册，第2773页。

淳熙十六年（1189）后，朱熹又反复修订、多次刊刻《大学》。绍熙元年（1190）十二月十日，朱熹于临漳刊行四书，其中言及四书之次第，认为"故河南程夫子之教人，必先使之用力乎《大学》《论语》《中庸》《孟子》之书，然后及乎六经，盖其难易、远近、大小之序固如此而不可乱也"①。同年，与汪长孺、吴伯丰②、杨子直③等人书信往来讨论《大学》，涉及四书文本之刊定以及格物致知、诚意、正心、定静等问题，如在《答汪长孺》中说道："《大学》定静，乃学者所得之次第，本文意分明。"④

绍熙二年（1191），朱熹在《答吴伯丰》书中说道："到此只修得《大学》稍胜旧本，他书皆未暇整顿。"⑤《答黄直卿》中有言："《大学》向所写者自谓已是定本，近因与诸人讲论，觉得'絜矩'一章尚有未细密处。文字元来直是难看。彼才得一说，终身不移者，若非上智，即是下愚也。此番出来，更历锻炼，尽觉有长进处。向来未免有疑处，今皆不疑矣。"⑥可见，此时朱熹仍在修改《大学》，且认为对于《大学》文本没有疑惑之处了。同年，朱熹在《答李尧卿》书

①朱熹：《书临漳所刊四子后》，《晦庵先生朱文公文集》卷第八十二，《朱子全书》第二十四册，第3895页。

②朱熹：《答吴伯丰》，《晦庵先生朱文公文集》卷第五十二，《朱子全书》第二十二册，第2429页。

③朱熹：《答杨子直》，《晦庵先生朱文公文集》卷第四十五，《朱子全书》第二十二册，第2073~2074页。陈来考定认为此书信作于绍熙元年（1190），参见陈来：《朱子书信编年考证》，第315页。

④朱熹：《答汪长孺》，《晦庵先生朱文公文集》卷第五十二，《朱子全书》第二十二册，第2464页。陈来考定认为此书信作于绍熙元年（1190），参见陈来：《朱子书信编年考证》，第317页。

⑤朱熹：《答吴伯丰》，《晦庵先生朱文公文集》卷第五十二，《朱子全书》第二十二册，第2432页。

⑥朱熹：《答黄直卿》，《晦庵先生朱文公续集》卷第一，《朱子全书》第二十五册，第4648页。陈来考定认为此书信作于绍熙二年（1191），参见陈来：《朱子书信编年考证》，第348页。

中讨论《大学》改字处①，以及格物致知；在《答陈安卿》书中讨论《大学或问》注释字词之准确性以及相关问题。

绍熙三年（1192）五月，朱熹再次修订《四书集注》，并由曾集刻版于南康②。绍熙五年（1194），朱熹受诏进讲《大学》③；同年，朱熹在《答蔡季通》书中说道："《大学》改处，他日面呈。"④；"《大学》亦尽有整顿处，乱道误人，可惧可惧！"⑤可见，朱熹此时对于《大学章句》仍有不满意之处，并着力进行修改。庆元元年（1195），在与李晦叔的答问书信中讨论《大学或问》中关于人禀受阴阳五行之气质清浊问题⑥；《答孙敬甫》中有言："《大学》向来改处无甚紧要，今谩往一本。近看觉得亦多未亲切处，乃知义理亡穷，未易以浅见窥测也。"⑦这表明朱熹对于《大学》的理解与体会是逐年加深的。庆元二年（1196），朱熹仍在删定《大学》，如在《答孙敬甫》中提及："《大学》亦有删定数处，

---

① "前书所喻《大学》改字处，已报方簿矣。郑氏字不必去，亦无害也。'尽'字固可兼得'切'意，恐'切'字却是尽于内之意。若只作'尽'字，须兼看得此意乃佳耳。"《答李尧卿》，《晦庵先生朱文公文集》卷第五十七，《朱子全书》第二十三册，第2705页。陈来考定认为此书信作于绍熙二年（1191），参见陈来：《朱子书信编年考证》，第343页。

② 束景南：《朱熹年谱长编》卷下，第1064~1066页。

③ 束景南：《朱熹年谱长编》卷下，第1157~1160页。

④ 朱熹：《答蔡季通》，《晦庵先生朱文公续集》卷第二，《朱子全书》第二十五册，第4674页。陈来考定认为此书信作于绍熙五年（1194），参见陈来：《朱子书信编年考证》，第381页。

⑤ 朱熹：《答蔡季通》，《晦庵先生朱文公续集》卷第二，《朱子全书》第二十五册，第4697页。

⑥ 朱熹：《答李晦叔》，《晦庵先生朱文公文集》卷第六十二，《朱子全书》第二十三册，第3013~3014页。陈来考定认为此书信作于绍熙二年（1191），参见陈来：《朱子书信编年考证》，第402页。

⑦ 朱熹：《答孙敬甫》，《晦庵先生朱文公文集》卷第六十三，《朱子全书》第二十三册，第3063页。陈来考定认为此书信作于庆元元年（1195），参见陈来：《朱子书信编年考证》，第403页。

未暇录去。"①同年与孙敬甫书信往来讨论《大学》格物致知思想②。庆元三年（1197），与黄直卿、赵恭父书信往来讨论《大学》③。庆元四年（1198），与黄商伯讨论格物致知思想④；在《答刘季章》中言及："《大学》定本修换未毕，俟得之即寄去。"⑤可见，此时亦在修改《大学》。他还说道："《大学》近修改一两处，旦夕须就板改定，断手即奉寄也。"⑥至此，依然在修订《大学》，同时亦刻版于建阳，这是最后的定本。庆元六年（1200）二月，朱熹修订《大学》章句，"《大学》又修得一番，简易平实，次第可以绝笔"⑦，三月九日逝世。

综观朱熹对于《大学》的诠释历程，可见他于幼时即诵读《大学》，后来经过研读二程等洛学弟子的著作，开始着力思考《大学》经典的内涵与意义；二十余岁时从师于李侗，书信往来，并讨论格物致知的思想意涵；乾道三年，将前贤关于《大学》的解释，结集成书，开始致力于《大学》文本的整体理解

---

①朱熹：《答孙敬甫》，《晦庵先生朱文公文集》卷第六十三，《朱子全书》第二十三册，第3065页。

②"所示《大学》数条，皆极精切。……《大学》所言格物致知，只是说得个题目。若欲从事于其实，须更博考经史，参稽事变，使吾胸中廓然无毫发之疑，方到知止有定地位。……"（《答孙敬甫》，《晦庵先生朱文公文集》卷第六十三，《朱子全书》第二十三册，第3065页）

③朱熹：《答黄直卿》，《晦庵先生朱文公文集》卷第四十六，《朱子全书》第二十二册，第2157~2158页。陈来考定认为此书信作于庆元三年（1197），参见陈来：《朱子书信编年考证》，第434页；《答赵恭父》，《晦庵先生朱文公文集》卷第五十九，《朱子全书》第二十三册，第2860~2862页。陈来考定认为此书信作于庆元三年（1197），参见陈来：《朱子书信编年考证》，第444页。

④朱熹：《答黄商伯》，《晦庵先生朱文公文集》卷第四十六，《朱子全书》第二十二册，第2128~2129页。陈来考定认为此书信作于庆元四年（1198），参见陈来：《朱子书信编年考证》，第468页。

⑤朱熹：《答刘季章》，《晦庵先生朱文公文集》卷第五十三，《朱子全书》第二十二册，第2500页。陈来考定认为此书信作于庆元四年（1198），参见陈来：《朱子书信编年考证》，第470页。

⑥朱熹：《答刘季章》，《晦庵先生朱文公文集》卷第五十三，《朱子全书》第二十二册，第2494页。

⑦束景南：《朱熹年谱长编》卷下，第1410页。

与诠释；乾道八年，《大学章句》草成；淳熙初年确定《大学》文本结构；淳熙四年（1177），撰著成《大学或问》《大学章句序》；淳熙九年（1182），朱熹首次将《大学章句》《中庸章句》《论语集注》《孟子集注》编定在一起为《四书集注》，刊刻于婺州；淳熙十六年（1189）二月四日，最终正式确定《大学章句序》；自淳熙十六年后，如其所言："《大学》则一面看，一面疑，未甚惬意，所以改削不已。"①一直反复思考、修订《大学》，直至临终前几日仍在修改"诚意"章。观乎朱熹《大学》诠释历程，诚如其所言："某于《大学》用工甚多。温公作通鉴，言：'臣平生精力，尽在此书。'某于《大学》亦然。"②于《大学》的文本改订与义理诠释，用尽毕生精力，字斟句酌，剖析疑义，阐发大义。

（孟祥兴，曲阜师范大学政治与公共管理学院副教授）

---

① 黎靖德编，王星贤点校：《朱子语类》第二册，第437页。
② 黎靖德编，王星贤点校：《朱子语类》第一册，第258页。

自然与人文的贯通

——朱熹易学视野下的礼学思想[①]

杨 静

"重礼"为儒家一直以来固有的传统，"礼"为儒家思想重要的表现形式和价值的承载。皮锡瑞在《三礼通论》中言："六经之文，皆有礼在其中，六经之义，亦以礼为重。"[②]钱穆曰："大抵古代学术，只有一个礼。"[③]圣人制礼，主要体现为"三礼"：《仪礼》《礼记》《周礼》。"礼"随着历史文化长河的流淌，经历了由"礼仪""礼制"到"礼学"的过程，礼制重在凸显礼之形式，而礼学则兼含了礼之形式、内涵和价值意义等义理思想，使礼制有了义理思想的理论支撑。

朱熹作为宋代理学之集大成者，尤重礼，其礼学研究成果巨大，礼学贯穿了他生命的始终。朱熹礼学体系的构建以"三礼"为依据，关于"礼"的著作主要有《家礼》[④]《仪礼经传通解》等。除此之外，他的礼学思想还散布在《朱子

---

① 本文为国家社会科学基金重大项目"中国礼学大百科全书"（22&ZD226）、山东师范大学人文社会科学校级科研项目"朱熹《仪礼经传通解》的情礼关系研究"（2023YTR020）的阶段性研究成果。

② 皮锡瑞：《经学通论》卷三，中华书局，1954年，第81页。

③ 钱穆：《国史大纲》上册，商务印书馆，1996年，第94页。

④ 元代武林应氏作《家礼辨》，清人王懋竑力证其伪，以至引起争辩不断。而明代学者丘濬、清末郭嵩焘，当代学者如钱穆、上山春平、陈来、束景南、高明等先生皆否定王氏之论，认为《家礼》为朱熹所作。本文认同《家礼》不是伪作这一观点。

语类》《文集》等文本中。目前学界主要是基于朱熹理学思想来探讨朱熹礼学，普遍观点认为，朱熹礼学思想是建立在理学基础上的，是"以理释礼"，为天理与人文的统一。[①]而目前关于这些观点只是基于朱熹的礼之概念去论述天理与礼的关系，并没有真正深入朱熹思想的逻辑本身去论证。深入文本亦会发现，朱熹在易学思想系统的阐释中也涉及了礼学思想，而学界目前对此鲜有关注。笔者认为，在易与理的融释下，朱熹在易学系统中通过太极阴阳义理的逻辑架构，从天道到人道有机贯通了自然与人文，进而将礼分为两个层面：自然之礼与人文之礼，在此思想系统中统一了礼的自然存在与人文价值维度，彰显了礼的易学特点，更加深刻揭示了礼的根本精神。这对朱熹之礼的特征和价值的进一步认识和探索意义重大。

中国的礼文化彰显着浓厚的人文精神，不仅重视人与人、人与社会的关系，也关注人与自然的关系。这是中国礼文化独特而更有价值意义的一面。"自然"与"人文"作为一对概念较早见于《周易》，其内涵在《周易》中有明确的体现。《周易·彖传》曰："刚柔交错，天文也；文明以止，人文也。观乎天文，以察时变；观乎人文，以化成天下。"天地之间有阴阳交错，此为天文。人文以天文为依据，人道据此而形成人类社会的种种秩序规则，以人文大化天下。"天文"对应"自然"，在此我们取自然界及其自然界的运行规律、法则之义；此处的"人文"即与人道相通，是相对于"自然"而言，即人类社会的运行规律、法则。"自然"是客观存在的维度；而"人文"主要体现了价值维度。朱熹之礼的义理思想在易学系统中彰显了自然存在与人文价值的两个维度，这两个维度从礼的本质、礼的实现及境界皆是贯通为一，此思想特点的呈现主要是基于朱熹的易学与理学融释的学术背景。

---

①殷慧著作《礼理双彰：朱熹礼学思想探微》（中华书局，2019年），以历史为视角揭示了三礼学之间的关系和理学特点。王云云的博士论文《朱熹礼学思想渊源研究》（西北大学，2013年），从历史学角度挖掘了朱熹礼学的社会历史根源和学术思想渊源，肯定了朱熹礼学的礼、理之间的密切关系。

一、易学与理学的融释

众所周知，《易》乃圣人所做，其中博大的思想内涵含摄了本天道立人道的思想，与礼本然相通。如《周易·序卦传》所云："有天地，然后有万物；有万物，然后有男女；有男女，然后有夫妇；有夫妇，然后有父子；有父子，然后有君臣；有君臣，然后有上下；有上下，然后礼义有所错。"人道中的男女之别、父子之亲、君臣之义、夫妇之道皆与"礼"相关。《易》从天地万物到人伦规范一以贯之，为礼学提供了思想理论依据。《周易》被有的学者称为"兼有裨于典章制度之学"①，即礼学。源于儒家之礼与《易》所固有的甚深思想渊源，自郑玄起则开启了以礼解《易》的注经方法②。林忠军指出："以《礼》解《易》，使《易》《礼》互证，无论是对于宏观礼的内涵的解释，还是以独特形式对于具体的礼的内容的阐述，皆是对礼学的补充。"③此论确然。

《易》为宋明理学之重要思想源泉，宋代儒家学者大多都是"以《易》立论"，《易》对宋明礼学义理思想的构建影响颇深。儒家对人伦秩序的强调是有别佛老的关键，易学对于儒家思想在三教纷争实现自身价值的挺立与彰显起着关键作用，其重人道的价值思想取向为宋代儒家礼乐文化的复兴提供了思想助力。从北宋的周敦颐、张载到二程皆为人伦秩序寻找更为完善的形而上之理论支撑，以此确立礼学的义理内涵和理论依据，而其思想来源多为易学，这深得朱熹的继承。

朱熹一生致力于《易》之研究，为易学义理学派和象数学派的集大成者。其易学思考中体现了独特的礼学思想，这种思想特点的彰显有着深刻的学术背景，即易学与理学的融释。

太极阴阳的义理架构是朱熹易学与理学的理论基石，张克宾指出："太极阴

---

① 刘师培：《经学教科书》，上海古籍出版社，2006年，第250页。
② 林忠军：《周易象数学史》，上海古籍出版社，2022年，第393页。
③ 林忠军：《易学源流与现代阐释》，上海古籍出版社，2012年，第281页。

阳义理架构贯通天道性命，既是朱熹易学的最高观念，也是朱熹理学的最高观念，其易学与理学在此完全融为一体。"[1]概而言之：

其一，朱熹以"太极"作为沟通易学与理学的桥梁，把太极阴阳之妙归结为理与气的关系问题。"太极"一词本是易学中的一个基本概念，语出《周易·系辞传》："易有太极，是生两仪，两仪生四象，四象生八卦，八卦定吉凶，吉凶生大业。"于宋代，易学之象学派一般亦以"气"来解释"太极"，数学派易学家则融合心、理、气的"数"来解释"太极"。与前人以气、数释太极不同，朱熹认为"太极"非气，非物化，无形状，无方所，不仅是宇宙万物的本源，更是宇宙万物的本体。在易学系统中，朱熹认为"太极"为象数变化的根本，为阴阳化生万物所以然之理，由此确立了以"太极"为本体的宇宙生成论："有太极，则一动一静而两仪分；有阴阳，则一变一合而五行具。"[2]太极动而生阴阳，阴阳五行交错化生万物。而在朱熹的理学系统中，其以"理"为本体，他用"天理"来解释"太极"，统摄了易学本体论，其言："太极只是一个理字。"[3]又用"气"来解释"阴阳"："阴阳迭运者，气也。"[4]

据此，"太极"即为"理"，为宇宙运行的根本规律；"阴阳"即为二气，是无形无相之太极的承载者。由此，朱熹通过以太极对易学与理学的沟通，使宇宙之间呈现了以太极为本的阴阳二气的流行变易，整个宇宙就是一个有机流转的生生世界。

其二，朱熹以太极贯通天道性命，在理气理路中他诠释了天道的"元亨利贞"与人道的"仁义礼智"四德，并将两者比附，使自然和人文之维圆融地贯通起来。

"元亨利贞"为乾卦的卦辞。乾坤二卦在易学中非常重要，是太极之演变，为六十四卦演变之基础。太极通过阴阳二气之流行变易，于宇宙之间体现为以

---

① 张克宾：《朱熹易学思想研究》，人民出版社，2015年，第304页。

② 朱熹：《太极图说解》，《朱子全书》第十三册，上海古籍出版社、安徽教育出版社，2002年，第73页。

③ 黎靖德编，王星贤点校：《朱子语类》卷一，中华书局，1986年，第2页。

④ 朱熹：《周易本义》，中华书局，2017年，第228页。

"元"为本的"元亨利贞"的有序流转。太极动而生阴阳，元亨为阳，属于创生性，利贞为阴，具有凝聚性力量，朱熹言："太极、阴阳、五行，只将元亨利贞看甚好。太极是元亨利贞都在上面；阴阳是利贞是阴，元亨是阳。"[①]

"元亨利贞"被视为"四德"始于《易传》。在《易传》的《彖传》和《文言传》中，其他卦的卦辞如旧，唯有乾坤二卦的卦辞"元亨利贞"被赋予四德的含义，鉴于乾坤二卦的重要性，宋代诸学者对元亨利贞的内涵的解读颇为丰富，深化了乾坤二卦之意蕴，成为理学思想体系建构的重要理论来源。程颐云："元者万物之始，亨者万物之长，利者万物之遂，贞者万物之成。惟乾坤有此四德，在他卦则随事而变。故元专为善大，利主于正固，亨贞之体，各称其事。四德之义，广矣大矣。"《周易程氏传》朱熹继承其思想理路，并接续《伊川易传》之思想予以发展，赋予元亨利贞理学之意蕴："元亨利贞，理也；有这四段，气也。有这四段，理便在其中，两个不曾相离。若是说时，则有那未涉于气底四德，要就气上看也得。"[②]"元亨利贞"四者为理，而其变化流转则是气之使然。在理学视域下，朱熹将四德赋予了理学色彩，展现了四德以理气为根据的生生不息的宇宙大图景。

于人道，太极以"继善成性"的方式落实到人性，在理气理路下使人性秉承天命之性和气质之性，天命之性体现为以"仁"为本的四德，即"仁义礼智"，为众人成圣的内在所依；气质之性体现为人之感官欲望。

朱熹承续并发展了前贤的思想，将天道的"元亨利贞"与人道的"仁义礼智"比附，在理学逻辑理路下，这种比附又与以往有明显的不同，他通过理气思想理路使人道与天道、自然与人文有机圆融地贯通起来。

朱熹继承并发展了张载与二程着力以"生"来论"仁"的思想，他以仁释乾元，赋予仁，赋予四德"生"之理，认为"仁"乃天地生物之心。其言："仁者天地生物之心，而人之所得以为心者也……仁是个生底物事。既是生底物，

---

①黎靖德编，王星贤点校：《朱子语类》卷九十四，第2378页。
②黎靖德编，王星贤点校：《朱子语类》卷六十八，第1689页。

便具生之理。"① "天地以此心普及万物，人得之遂为人之心，物得之遂为物之心，草木禽兽接着遂为草木禽兽之心，只是一个天地之心尔。"② "仁" 本为理学价值系统的核心概念，朱熹赋予 "仁" 以太极 "生生" 之德，使 "仁" 突破了应然的价值维度，贯通了自然存在之维，使天道与人道呈现了一个存在与价值统一的充满生意、生机的世界。

据此，落实礼学层面，基于此思想背景，朱熹易学思想所体现的礼学思想比以往呈现明显的独特性。在此思想系统中，作为人伦秩序的 "礼"，贯通了人道与天道，突破了人生应然价值范畴，具备了实然的自然存在属性，上升为宇宙论，礼之自然的存在与人文的价值之维得到有机的贯通。下面具而分析之。

二、礼与太极阴阳的义理架构

太极阴阳的义理架构是朱熹构建礼学的重要思想来源与理论支撑，为礼奠定了融通天道性命的坚实的宇宙论与心性论依据。

朱熹将礼之概念定义为："天理之节文，人事之仪则。"③此概念涵盖礼两方面内涵特征：其一，礼本于理；其二，礼通体而贯用，即贯通天道人事。礼的这一内涵实则是于太极阴阳之义的思想架构下彰显的。

朱熹认为，儒家之重礼是与佛老思想最本质的区别："世间却有能克己而不能复礼者，佛老是也。"④他认为佛老思想并无实理，故无复礼的功夫："彼见得心空而无理，此（指儒家）见得心虽空而万理咸备也。"⑤虽此论并不完全切中佛老之理，但依朱熹之见，儒家之 "理" 是实有道德价值内容的，有别于佛老之 "理"，此价值内容决定了礼存在的意义。礼价值内容实在性的规定需上溯天道本体之域，即 "太极"，太极阴阳思想夯实了礼之本体规定的理论基础。

---

①黎靖德编，王星贤点校：《朱子语类》卷二十一，第498页。

②黎靖德编，王星贤点校：《朱子语类》卷一，第5页。

③朱熹：《四书章句集注》，中华书局，1983年，第51页。

④黎靖德编，王星贤点校：《朱子语类》卷四十一，第1048页。

⑤黎靖德编，王星贤点校：《朱子语类》卷一百二十六，第3015~3016页。

朱熹通过对《太极图说》的独特解读和领悟，对周子的思想进行了解读与拓展，化解了太极落入虚无之理的弊端：

> 阴阳一太极，精粗本末无彼此也；太极本无极，上天之载无声无臭也。五行之生，各一其性，气殊实异，各一其（按，指"无极""太极"），无假借也。

太极本无极。无极，即无形无相，强调形而上的特性；而言太极是说实有此理，强调实在性。朱熹以"无极而太极"之思想解决了二程存留的本源和本体统一的问题，进而有力地诠释了礼上溯之天道之生成，下贯人道之落实，避免了礼落入浮而无根、散而无神的僵化固着的学说模式。具而言之：

其一，朱熹秉承圣人之意，通过太极阴阳的义理架构从上而下构建了礼，为礼奠定了宇宙论基础，确立了礼的宇宙本体依据。他将天道与人道之间贯穿了一条礼秩观，认为自然界本然有一个天地自然之礼，这是天理于自然界运行的规则，从而使由天理分殊而来的人伦逐渐明确、规范、等级化。这种思想是对先秦礼学思想的继承与发扬。

先秦儒家认为，太极、阴阳、四时之演化的过程中形成一个自然之礼，如《周易·系辞传》中云："天尊地卑，乾坤定矣。卑高以陈，贵贱位矣。"《礼记·乐记》中云："乐者，天地之和也；礼者，天地之序也。和，故百物皆化；序，故群物皆别。乐由天作，礼以地制。"《礼记·礼运》中云："天高地下，万物散殊，而礼制行矣。""是故夫礼，必本于大一，分而为天地，转而为阴阳，变而为四时，列而为鬼神。"

概而言之，礼本于天地，本于"大一"。"大一"即太极，为宇宙万物的终极依据。"大一"为未分之气，分而为天地，为阴阳，成四时，列为鬼神。天地二形既分，天气运转为阳，地气运转为阴，制礼者贵左象阳，贵右法阴，阳时行赏，阴时行罚。阴阳消长形成四时，阳长为春夏，阴长为秋冬，制礼者法之，则有吉凶之礼。四时变化而生万物，皆鬼神之功，制礼者，陈列鬼神以为教。故圣人作礼法天而下以教民。如此，由于太极、阴阳、四时的演化，天地之间便形成一个自然之礼，圣人依据此自然之礼而制成人伦之礼。朱熹在继承先秦时期的此礼学思想的同时，又融合理学思想，通过太极阴阳的义理的架构和理气思想理路来诠释天地本有的自然之礼，赋予礼之天理生机。

依朱熹之见，太极阴阳的化生流转使宇宙间多彩多样的万事万物确立了秩序性。太极以"月映万川"的形式映射于宇宙每一事物中，太极主导地位的确立为宇宙万物的价值立法，因此，万物都有其价值取向，此为"理一"；而由于气禀之异，万物又存在着"分殊"，朱熹言：

> 天地之间，理一而已。然乾道成男，坤道成女，二气交感，化生万物。则其大小之分，亲疏之等，至于十百千万而不能齐也。……而人物之生，血脉之属，各亲其亲，各子其子，则其分亦安得而不殊哉![1]

万物虽皆因含摄太极而一贯，但因"气禀"存在"分殊"，于是万物有差等、亲疏、异同，便形成了太极之理所构建的自然秩序。对于自然秩序的内涵朱熹解释道：

> 因其生而第之以其所当处者，谓之叙；因其叙而与之以其所当得者，谓之秩。
>
> 天叙便是自然底次序，君便教他居君之位，臣便教他居臣之位，父便教他居父之位，子便教他居子之位。秩，便是那天叙里面物事，如天子祭天地，诸侯祭山川，大夫祭五祀，士庶人祭其先，天子八，诸侯六，大夫四，皆是有这个叙，便是他这个自然之秩。[2]

"叙"为以太极为主宰的自然次序，即万物本身的差异性，而"秩"则为由此差

---

① 朱熹：《西铭解》，《朱子全书》第十三册，第145~146页。
② 黎靖德编，王星贤点校：《朱子语类》卷七十八，第2019页。

异性而遵循的秩序，这个自然秩序即是天地自然之礼。据此，天地自然之礼是太极、天理的展现，此礼本然先天而存在，绝非人为刻意所设。就如张载所言：

> 天地之礼，自然而有，何假于人？天之生物，便有尊卑、大小之象，人顺之而已。[①]

天地自然之礼是人文伦常之礼的本体依据，朱熹说：

> 天叙天秩，人所共由，礼之本也。[②]

天地自然之礼本身包含着秩序性，是三纲五常之源，君君臣臣、父父子子、夫妇……其所以然皆是太极，映射于人伦便为"三纲五常"，便有了君臣之礼、父子之礼、夫妇之礼……自然之礼使以此为根据的人文伦常之礼兼具了实然性和必然性，如此人文伦常之礼本身便包含着先天的等级差别，与天地自然之礼相契、相通、相感。

概而言之，"礼"根植于太极阴阳之理的思想架构所形成的自然秩序，其价值内容之赋予为"理"，即"太极"，此为礼之体；其形式外化为人伦之文规制度，此为礼之用。礼之用与礼之体互显互彰，"礼"通体而贯用，由天道立人道，朱熹言：

> 宇宙之间，一理而已，天得之而为天，地得之而为地，而凡生于天地之间者，又各得之以为性，其张之为三纲，其纪之为五常，盖皆此理之流行，无所适而不在。[③]

---

①张载：《经学理窟·礼乐》，中华书局，1978年，第264页。
②朱熹：《四书章句集注》，第59页。
③朱熹：《晦庵先生朱文公文集》，《朱子全书》第二十三册，第3376页。

诚如李泽厚所言，朱熹"将伦理提高为本体，以重建人的哲学"。[①]朱熹通过太极阴阳的义理架构确立了礼的本体依据，揭示了礼的秩序性的合法性，以此将礼落实到人伦。

其二，朱熹通过太极阴阳义理与"仁"关系的阐发，揭示了礼由天道落实人心的所以然，确立了礼的内在心性依据，揭示了礼之内在道德价值的自然属性。依朱熹之意，"礼"之体的内在心性价值依据为"仁"，"礼"于人心的合法性的确立源于太极阴阳义理对"仁"的落实。"继善成性"为人性之"仁"的落实揭示了其所以然。

朱熹在解释《太极图书》中引入了"继善成性"之说。孟子性善说与"继善成性"的思想是宋明理学论性与善的理论来源。朱熹认为："孟子亦只是大概说性善，至于性之所以善处，也少得说，须是如说'一阴一阳之谓道，继之者善也，成之者性也'处，方是说性与天道耳。"[②]在易学与理学融释下，朱熹通过"继善成性"揭示了性之所以为善的缘由。

"继善成性"语出《周易·系辞传》："一阴一阳之谓道，继之者善也，成之者性也。"

《周易本义》注："一阴一阳之谓道，继之者善也，成之者性也"云："道具于阴而行乎阳。继，言其发也；善，谓化育之功，阳之事也；成，言其具也；性，谓物之所受，言物生而有性，而各具是道也，阴之事也。"朱熹认为"继善成性"揭示了"太极"如何落实到人物为性的过程，道为阴阳发动循环之理。继，即是天道之发动；善为道体之初的界定，即道体未成形质时的称谓；成，为道体凝聚而形成万物；"性，是就人物上说"万物各个秉承天理为性。"继之者善"是太极、天理之发动，阴阳五行之气化之初；"成之者性"是阴阳五行气化流行化生万物，万物秉承天理而为性。

"仁"是天地生物之心，以"仁"为本的"仁义礼智"四德通过"继善成性"的方式落实到人性，成为人心之德，礼为四德之一，亦是天地生物之心的体现：

---

① 李泽厚：《中国古代思想史论》，天津社会科学院出版社，2003年，第208页。

② 黎靖德编，王星贤点校：《朱子语类》卷二十八，第726页。

> 此心何心也？在天地则块然生物之心，在人则温然爱人利物之心，包四德而贯四端者也。①

据此，一方面，朱熹以"仁"为内在道德价值依据，为礼奠定了心性论基础，使礼于人道之自觉、全然地实现成为可能；另一方面，朱熹通过对太极阴阳义理与仁的关系的阐发，将"仁"升格到宇宙论的高度，由此说明了礼之内在道德价值的自然性。

通过对《太极图说》的解读，朱熹在易学与理学融释下，以太极阴阳义理之理论为礼奠定了宇宙论、心性论之依据，通过对自然之礼与人文之礼的阐发以及对仁之内涵的延展，使礼超越了单纯的伦理道德的范畴，具备了自然属性，以此揭示了礼于本体层面的自然存在和人文价值之维本然贯通的思想特点，为礼作为融贯天人之际的价值承担作了丰富的推阐。

三、礼为乾元生生之显发

太极确立了"礼"之外在、内在的合法性，但在朱熹易学思想系统里，礼并不仅是一套天道衍生的拘制、僵硬的道德律令，而是体现宇宙生生大化流行的太极动态的有序显化。具而言之：

其一，朱熹通过对乾卦解读，在对"元亨利贞"与"仁义礼智"比附中揭示了"礼"的生发因缘特点。

朱熹认为"元亨利贞"含摄了天道人道的规律：

> 元亨利贞是一个道理之大纲目。②

> 吉甫问性与天道。曰："譬如一条长连底物事，其流行者是天道，

---

① 朱熹：《晦庵先生朱文公集》，《朱子全书》第二十三册，第3280页。
② 黎靖德编，王星贤点校：《朱子语类》卷一百一十五，第2776页。

人得之者为性。乾之'元亨利贞'，天道也，人得之，则为仁义礼智之性。"[1]

继而，朱熹将天道四德与人道四德进行比附。《周易·文言传》曰："元者善之长也，亨者嘉之会也，利者义之和也，贞者事之干也。"朱熹《周易本义》注曰：

> 元者，生物之始，天地之德莫先于此，故于时为春，于人则为仁，而众善之长也。亨者，生物之通，物至于此莫不嘉美，故于时为夏，于人则为礼，而众美之会也。利者，生物之遂，物各得宜，不相妨害，故于时为秋，于人则为义，而得其分之和。贞者，生物之成，实理备具，随在各足，故于时为冬，于人则为智，而为众事之干。干，木之身而枝叶所依以立者。

朱熹认为"元亨利贞"所揭示是天道运行的规律，在自然层面展现为春夏秋冬四季的分明流转、万物的生长收藏；在人道则展现为人性之"仁义礼智"四德的生发。在天道四德与人道四德的比附中，朱熹把"礼"与"亨"相对应。"亨"为生物之通，于四时呈现为夏季，于人道则呈现为"礼"。由此可知，人伦之礼与自然界本然相通。

朱熹通过对天道四德与人道四德的比附的阐发，揭示了礼生发的内在机制和特点。依朱熹之意，"乾元"具有生意，是太极之开创性的体现，由"乾元"而推演出宇宙生生的大化的有机生命系统。其言：

> 元是初发生出来，生后方会通，通后方始向成。利者物之遂，方是六七分，到贞处方是十分成，此偏言也。然发生中已具后许多道理，此专言也。[2]

---

①黎靖德编，王星贤点校：《朱子语类》卷二十八，第725页。
②黎靖德编，王星贤点校：《朱子语类》卷六十八，第1690页。

偏言之，"乾元"为四德之一，在理气的作用下四德循环流转，不可缺少，而与礼相对应的亨为四德之次，推动"乾元"亨生而会通，使万物繁茂，呈现一派生机；专言之，万物因"乾元"而资生，"乾元"统贯四德，统贯了"亨"，"亨"含摄了"乾元"之德，因"乾元"而流转，为生物之通。而对应人道之四德，乾元配仁，亨对应礼，礼与仁的关系犹如亨与乾元的关系，即仁、礼皆为四德之一，礼仅次于仁，"仁其统体，而礼其节文耳"[1]"仁礼一体"。其言：

> 仁实贯通乎四者之中。盖偏言则一事，专言则包四者。故仁者，仁之本体；礼者，仁之节文；义者，仁之断制；智者，仁之分别。[2]
>
> 才仁，便生出礼。[3]

偏言之，"仁"是四德之一，专言之，"仁"又是四德之本根，统贯四德。因此，"礼"包含在"仁"之中，由"仁"而生出，"仁"为"礼"的内在本体依据，是"礼"之"性理"；而礼为"仁之节文"，将"仁"具而显化为人伦道德规范。

基于天道四德与人道四德的比附，朱熹对于人道四德的排序有自己的思想特色：

> 问："《孟子》说仁义礼智，义在第二；《太极图》以义配利，则在第三。"曰："礼是阳，故曰亨。仁义礼智，犹言东西南北；元亨利贞，犹言东南西北。一个是对说，一个是从一边说起。"[4]

传统四德的排序为"仁义礼智"，而朱熹对四德的排序为"仁礼义智"，因为"礼"对应"亨"，其更以手足为喻："性如人身，仁是左手，礼是右手，义是左

---

①朱熹：《晦庵先生朱文公集》，《朱子全书》第二十三册，第1857页。
②朱熹：《晦庵先生朱文公集》，《朱子全书》第二十三册，第2780页。
③黎靖德编，王星贤点校：《朱子语类》卷六，第115页。
④黎靖德编，王星贤点校：《朱子语类》卷六，第108页。

脚，智是右脚。"① "人言手足，亦须先手而后足，言左右，亦须先左而后右。"②
朱熹把礼排在仁之后，使礼仅次于仁，以此强调了礼的独特地位和重要性。

朱熹通过对"元亨利贞"与"仁义礼智"比附的思想阐发，不仅揭示了
"礼"之生发因缘，突出了礼的独特性、重要性，使礼的实现具有了内在的自觉
性与感通性，在理学视域下，这种比附的阐发更使礼超越了价值属性，使礼在
人道的实现具有宇宙论的意味。

其二，朱熹通过对乾元之意的阐发揭示了礼具备生生之德的价值意蕴。

依朱熹之意，乾元具有生生之德，"仁"因以"乾元"相配，为一元之气，
具有"生"之理，赋有生物之德，为天地生物之心。仁包四德，"四德"皆是一
个"生意"，皆是一元之气不同阶段的体现：

> 郑问："仁是生底意，义礼智则如何？"曰："天只是一元之气。
> 春生时，全见是生；到夏长时，也只是这底；到秋来成遂，也只是这
> 底；到冬天藏敛，也只是这底。仁义礼智割做四段，一个便是一个；
> 浑沦看，只是一个。"③

> 其弟子问："仁包四者，只就生意上看否？"曰："统是一个生
> 意。"④

朱熹认为无论是自然界春夏秋冬的自然之理，还是人道的"仁义礼智"之理皆
为"一元之气"。"礼"为四德之次，与"亨"相对应，承载乾元"生物之德"，
赋有恻隐爱人之生意、生机，如同四季，如同草木一样赋有天地自然之生意：

> 人，指人身而言。具此生理，自然便有恻怛慈爱之意，深体味之

---

① 黎靖德编，王星贤点校：《朱子语类》卷六，第110页。
② 黎靖德编，王星贤点校：《朱子语类》卷六，第110页。
③ 黎靖德编，王星贤点校：《朱子语类》卷六，第107页。
④ 黎靖德编，王星贤点校：《朱子语类》卷九十五，第2416页。

可见。宜者，分别事理，各有所宜也。礼，则节文斯二者而已。①

据此可言之，外化的礼文并非毫无生机固着的制度规文，而是以节文的形式承载宇宙之生意、生机。

在朱熹的理学中理气是不相离的，"元亨利贞"的流转是气之使然，"仁义礼智"亦是如此。故而朱熹认为，礼不仅具有"恻隐慈爱"之"生意"之理，更具有此理之"生气"，以此为推动仁意流行的动力。

> 问："仁是天地之生气，义礼智又于其中分别。然其初只是生气，故为全体。"曰："然。"问："肃杀之气，亦只是生气。"曰："不是二物，只是敛些。春夏秋冬，亦只是一气。"②

与"亨"相配的"礼"是"宣著发挥"之气于人道之体现，具有发现会通的作用："生底意思是仁，杀底意思是义，发见会通是礼，深藏不测是智。"③据此，"礼"之价值在于发见会通仁理，推动仁意流行，推动天道乾元生意亨通，以此彰显宇宙、人生畅通繁盛的生命自然需求。

朱熹在易与理的融释下，通过对天道与人道之四德的阐发、比附，更加明确了自然与人文相通、相融的属性，进一步把宇宙论与道德论的范畴有机连接贯通了起来，以此把礼之人文价值之维与自然存在之维和谐地统一到以太极为本体、本源的宇宙生化之中。

四、礼当"美其所会"

礼以太极流行而形成的自然秩序为依据，根植于人心，赋有乾元之生意、生气，礼之践行由此得以展开，对心发生作用，对仁体进行开显，使礼之内外

---

①朱熹：《四书章句集注》，第29页。
②③黎靖德编，王星贤点校：《朱子语类》卷六，第107页。

感应接通，此即是天地之心与人之心的感应接通，为礼之践行的最高境界。这不仅是一种至高的道德境界，更是超越伦理领域达至天人和谐统一的审美境界。康德认为，自然界的秩序和道德领域的秩序有其同一性，这就是审美意识，审美意识能体悟到自然界的必然性和道德自由之间的超感性的统一。[①]朱熹在易与理的融释下，对"亨"进行阐释，来阐明礼之践行的这种最高境界和价值归宿。

《周易·文言传》曰："元者，善之长也；亨者，嘉之会也；利者，义之和也；贞者，事之干也。君子体仁，足以长人；嘉会，足以合礼；利物，足以和义；贞固，足以干事。君子行此四德者，故曰：乾，元亨利贞。"

于此，朱熹对"亨"的解释为：

> 亨者，生物之通，物至于此莫不嘉美，故于时为夏，于人则为礼，而众美之会也。（《周易本义》）
>
> 问："亨者嘉之会？曰：春天万物发生，未大故齐，到夏，一时发生都齐旺，许多好物皆萃聚在这里，便是嘉之会。"曰："在人言之，则如何？曰：动容周旋皆中礼，便是嘉之会。嘉会足以合礼，须是嘉其会始得。"[②]

"亨"者为嘉之会，即"众美相聚"。朱熹认为于自然界，嘉之会好比夏之长。春天万物齐发，以"元"为物生之始点，是"善之长"，而到了夏季，万物已经茂盛，则呈现生命繁荣、畅达的气象，此称为"嘉之会"。映射于人伦处，"嘉之会"就是礼的践行的最高境界，体现为"合礼"，即"嘉会足以合礼"，对此他进一步解释道：

---

① ［英］鲍桑葵著，李步楼译：《美学史》，商务印书馆，2019年，第367~369页。
② 黎靖德编，王星贤点校：《朱子语类》卷六十八，第1703~1704页。

> 会是礼发见处，意思却在未发见之前。①

> 观之，嘉字是实，会字是虚。嘉会足以合礼，则嘉字却轻，会字却重。②

又言：

> 嘉会者，万物皆发见在里许，处得事事是，故谓之嘉会。一事不是，便不谓之嘉会。③

> 嘉会足以合礼者，言须是美其所会也。欲其所会之美，当美其所会。盖其厚薄、亲疏、尊卑、小大、相接之体，各有节文，无不中节，即所会皆美。所以能合于礼也。④

> 人之修为，便处处皆要好，不特是只要一处好而已。须是动容周还皆中乎礼，可也。故曰嘉会，嘉其所会也。⑤

> 谓如在人，若一言一行之美，亦不足以为会，直是事事皆尽美，方可以为会。都无私意，方可以合礼。⑥

总体来看，朱熹对"嘉会足以合礼"的解释是在理学视域中进行的，主要包含两方面：

其一，基于逻辑层面，朱熹主张理先于气的思想。朱熹认为理逻辑在礼之先，嘉会之处亦是天理成就之处。嘉会之理在礼"未发见之前"，礼未实现时，宇宙间就本然、先验地存在自然界的必然性，且这种必然性根植于人心，即人心道德秩序之礼与自然秩序本然贯通。此正如程颢所言："天人本无二，不必言合。"（《河南程氏遗书》）故而朱熹对"嘉会"的解释其实是再次揭示了"天理"与"礼"的关系，即不仅礼本于理，而且理逻辑先于礼，自然界与人心潜存着一种先验的纯粹完美的至善，展现出来就是自然界与人道的处处尽美，即"嘉之会"。虽然由于气禀，人心产生私欲而阻隔人心之"仁"不能畅通流行，

---

①②③ 黎靖德编，王星贤点校：《朱子语类》卷六十八，第1706页。

④ 黎靖德编，王星贤点校：《朱子语类》卷六十八，第1709页。

⑤⑥ 黎靖德编，王星贤点校：《朱子语类》卷六十八，第1704页。

致使"情"有偏，违背了天地、人道本然的秩序，人现实状态中并不是展现为全然"合礼"的"嘉之会"，但自然界与人心先验具备了一种向善的可能，并不是后天有意强加。故通过礼之节文来疏通人情，导"情"之偏归正复仁体，便自和天理，自会呈现事事皆美。故而"嘉会"之理在"合礼"之前就本然存在，"合礼"只是发现天理，发现内心本然之理。

其二，礼实现"嘉会之美"，是从内去除私意而于外实现言行皆中节，实现事事皆"合礼"的道德自由境界。

具言之，"合礼"是由心之和而始，礼于心性处推动"仁意"畅通显达，去除私意，达至"心和"，彰显心之"仁"，然后自然于一言一行，动容周旋皆中，时时事事处处皆合礼仪，仪表言行皆臻于盛美。

去私意而全然实现礼并不是对道德律令的一种被动服从，是心之本性使然，是自在自为自主无待外物、不待安排地回归天理的"自然而和"。于此朱熹言：

> 克去己私以复于礼，自然都是这意思。这不是待人旋安排，自是合下都有这个浑全流行物事。[1]

由此，礼之自然必然性本然根植于心，人之道德本心的必然性中本然蕴含着道德实践的自由，本具道德实践的自觉性。

故此，"合礼"的标准并不是刻意量化的，量化并不能保证事事皆美。"合礼"是以有心无"私意"为标准。礼之实现若有一处不是尽美，便是私意未除，天理未全然彰显，便未"合礼"，不为"嘉会"。因此"合礼"不是旨在合外在的一系列的概念中、形式的道德观念、礼仪规范，而是以外在的礼为手段开显内在本然的礼，使人心之理朗现，开显心之本然的道德自由，达至心之和，实现道德自由境界，于此自然于外就能实现人民生活的自身之道，导向人伦之序之和，实现社会、国家、天下之和，天理便"自和"，如此便会"嘉其所会"，事事合礼，事事皆美。

---

① 黎靖德编，王星贤点校：《朱子语类》卷六，第111页。

人道因礼而发现天道，宇宙之太极与人道之太极如此畅然贯通，人之本然生命通过践行礼得到真正成就和顺遂，回归天人合一且充满一片生意、生机的事事和谐、纯美的道德自由境界。正如朱熹言：

> 学者克己复礼上做工夫，到私欲尽后，便粹然是天地生物之心。[①]
>
> 此意思才无私意间隔，便自见得人与己一，物与己一，公道自流行。[②]

在理学视域下，朱熹以"嘉会足以合礼"的思想阐明了礼之实现的最高境界。他固然强调天理的至高性，强调礼本于太极阴阳之理所构成的自然秩序以及礼本身就含摄了等级秩序性，但礼本质所蕴示的正是由这种秩序性所彰显的宇宙和人生本然贯通无碍且赋有生意、生机的实相，此即为宇宙之至美，人道之至美。朱熹所揭示的由太极而贯彻到人伦之序所彰显的真善美，是其对宇宙人生之秩序一片和谐境遇的独特领会，是对以礼超越伦理之善而贯通天道、人道，贯通自然和人文的审美境界的深刻体悟，这种审美境界体现了自然界必然性与道德自由合一的超道德意识的根本价值取向。正如张世英所言："把道德上'应该'的根据建立在审美意识即超越主客关系所达到的'高级的天人合一'之上，建立在高级基础上的对原始的万物一体的回复之上。只有加强人们审美意识的修养，才有可能提高道德水平。"[③]朱熹礼学在此角度所彰显的思想特点和价值取向对礼学的发展和振兴有着深远的意义和启发。

---

①黎靖德编，王星贤点校：《朱子语类》卷二十，第467页。
②黎靖德编，王星贤点校：《朱子语类》卷六，第111页。
③张世英：《哲学导论》，北京大学出版社，2008年，第223页。

结语

在易学系统中，在易学与理学融释下，朱熹对礼的阐释明确了礼形而上的价值维度，礼不再仅仅囿限于道德哲学概念，更被朱熹拔高到宇宙论的高度，获得了宇宙论的终极支持。朱熹揭示了礼的终极价值意义在于疏导和成就生命，使人伦之道超越人道之小我，与自然相通，参与宇宙万物大化流行，实现人与天地自然万物共生共荣的和谐的审美境界。于此，朱熹礼学思想打通了天道与人道、自然存在与人文道德价值层面的隔阂，绘制了以礼为推动，以太极为主宰的，天道人道臻于至美的一片生机盎然的宇宙大图景，体现了礼的易之生生大化精神。这种循环连接不仅彰显了在天理的观照下对生命的终极关切和对现实人生的深刻期许，更体现了礼对天道大本大源的服膺的自觉性和本能性，以此肯定了"礼"为实现人道之太极的价值所在。

故从此角度判察，朱熹礼学的根本精神并没有偏离儒家天人合一的基本方向和价值归属，其在三教鼎立的格局下，彰显出儒家自身的价值特点。而清代一些学者对朱熹礼、理之思想多有非议，最为代表的莫属于戴震，他认为朱熹之"存天理，灭人欲"为"以理吃人"。究其原因，有两方面，其一，为社会因素。朱熹之礼在践行、推广时对礼过于推崇，基于当时社会政治状况"不以理易礼"的思想被过分被夸大、执着，他的理学思想后来被统治阶层在意识领域有意地拔高独尊，导致朱熹之学渐渐走向僵化，使礼之形而上的解读与形而下的推行出现脱节；其二，源于学理之本身。朱熹以"太极"为本源的同时，亦认为"太极"为本体，由此确立了"三纲五常"先天的绝对性，其言："三纲五常，终变不得，君臣依旧是君臣，父子依旧是父子"[1]。"君尊于上，臣恭于下，尊卑大小，截然不可犯，似若不和之甚，然能使之各得其宜，则其和也孰大于是。"[2]以此肯定了先天的天秩天序，赋予礼本身的严格等级化特征，使礼烙印了

---

①黎靖德编，王星贤点校：《朱子语类》卷二十四，第598页。
②黎靖德编，王星贤点校：《朱子语类》卷六十八，第1708页。

"三纲五常"之不可动摇的权威性的特质，这就使"礼"潜存了走向僵化、偏执、固化的弊因，随着时代的变迁，人情亦变，朱熹之礼这一特征逐渐暴露出来，在无常的时空下越来越显得不合时宜，进而走向桎梏人情的极端，引发了情礼危机，由此导致明清诸多学者对朱熹之礼一系列的反思、指斥。

总之，通过此角度对朱熹礼学进行考察，进一步揭示了朱熹礼学的根本特征和价值意义，其对当时和后世的积极影响不容置否，而其弥留的理论矛盾亦值得我们深深反思和进一步探研。

（杨静，哲学博士，山东师范大学齐鲁文化研究院讲师，研究方向为中国哲学）

《驳吕留良四书讲义》所见雍正朝理学观

李文昌

雍正年间，爆发了震惊朝野的"曾静—吕留良案"，这一事件深刻影响着雍正朝的政治和学术走向。与一般文字狱不同的是，该案发生后，雍正帝不仅亲撰《大义觉迷录》，倡导"华夷一家"，昭示清朝政权的正统性，以期消弭夷夏之防；而且命儒臣编纂《驳吕留良四书讲义》，颁发学宫，以为天下士子之警戒。由于《驳吕留良四书讲义》长期以来被视为附会政治之作，关注较少。[①]而正由于该书与政治的密切关系，它所体现的正是当时的官方意识形态。通过对《驳吕留良四书讲义》攻驳方式和攻驳内容的深入剖析，我们或可对雍正朝的理学政策有更直观的认识。

一、《驳吕留良四书讲义》撰作始末

雍正六年（1728），曾静因信奉吕留良"夷夏之防"等学说，策动川陕总督岳钟琪反叛，清朝历史上最为严酷的文字狱"曾静—吕留良案"拉开序幕。受该案牵连，雍正十年（1732），吕留良被"戮尸枭示"，门人及子孙皆未能幸免。吕留良的儿子吕葆中同遭开棺戮尸，吕毅中被判斩立决；其孙辈俱发遣宁古塔给披甲人为奴。吕留良的学生严鸿逵被枭尸示众，其子孙也被发往宁古塔给披

---

①相关研究参见朱新屋《从善书批判看吕留良〈四书讲义〉——兼及清代"文字狱"的思想史意义》，《福建论坛》（人文社会科学版）2017年第10期；王胜军《为"心学"正名：〈驳吕留良四书讲义〉卮言》，《嘉兴学院学报》2020年第2卷第2期。

甲人为奴。沈在宽因传习吕留良、严鸿逵之说，被判斩立决，嫡属照议治罪。私淑门人黄补庵虽死，其嫡属照议治罪。车鼎丰、车鼎贲、孙用克、周敬舆等人，或因刊刻逆书，或因往来契厚，或因私藏禁书，俱处斩监候。门徒房明畴、金子尚俱着金妻流放三千里，陈祖陶等十一人被杖责。乾隆继位之后，又将曾静、张熙凌迟处死，违背了其父"将来子孙不得追究诛戮"之谕旨。①此案历时长、牵连广，对政局和学界影响甚大。

在探讨《驳吕留良四书讲义》的学术取向之前，我们有必要先对吕留良《四书讲义》及其在当时的影响略作考察。吕留良（1629—1683），一名光纶，字用晦，又字庄生，号晚村，浙江崇德（今桐乡）人。顺治十年诸生，后隐居不出。清廷"以博学鸿词荐则诡云必死，以山林隐逸荐则剃发为僧"②。出家后名耐可，字不昧，号何求老人。他生平以评选时文、倡导朱熹学说著称于世，是清初浙西学术的代表人物。"曾静投书案"爆发时，吕留良已去世四十余年，仍遭开棺戮尸。此案轰动一时，雍正帝曾亲撰《大义觉迷录》，批判其言论，足见吕留良思想对当时的封建统治者具有相当的影响力。

《四书讲义》全名《吕晚村先生四书讲义》，是吕留良评点时文的选本，在其死后三年由其门人按《四书章句集注》的顺序编辑成书。所谓时文，即八股文、四书文，是科举时代的应试文章。明清科举考试以八股文的形式考试学子，且以"四书"中的句子命题。因此，八股时文的评选，对于士子正确理解"四书"的内涵有着特殊意义，是供科举士子应试的重要参考书，明清之际曾风行一时。吕留良两度从事时文评选，其评选结集的时文本子，多达二十余种③，并

---

①上海书店出版社编：《清代文字狱档》（增订本），上海书店出版社，2011年，第591~593页。

②上海书店出版社编：《清代文字狱档》（增订本），第556页。

③吕留良时文评选的著作主要有《天盖楼偶评》《天盖楼制艺合刻》《十二科小题观略》《十二科程墨观略》《唐荆川先生传稿》《归震川先生全稿》《陈大樽先生全稿》《钱吉士先生全稿》《黄陶庵先生全稿》《黄葵阳先生全稿》《江西五家稿》《质亡集》等。后来，吕留良的弟子将这些时文选本之中的吕氏评语摘出，并以朱子集注加以重新组合。重要的版本有以下三种：周在延编《天盖楼四书语录》，陈钺编《吕晚村先生四书讲义》，车鼎丰编《吕子评语正编》。上述三书，流传最广的就是陈钺编选的《四书讲义》。

成为与艾南英、陈子龙等齐名的"时文选家"。

吕留良编选时文的目的，主要在于反对时文之弊，移正风俗人心。他说："除却俗学、异学，即是大学之道。俗学者，今之讲章、时文也；异学者，今之阳儒阴释以讲学者是也。"①在《答叶静远书》中又说："病在小时上学，即为村师所误。授以鄙悖之讲章，则以为章句、传注之说不过如此；导以猥陋之时文，则以为发挥理解与文字法度之妙不过如此。凡所为先儒之精义与古人之实学，初未有知，亦未尝下火煅水磨之功。"②正是由于时文、讲章有如此积弊，吕留良才自己动手，开始了评选时文的工作。吕留良进而指出，是人心风俗之坏，导致时文之弊，他说："今日文字之坏，不在文字也，其坏在人心风俗。"③又说："人心之必须正，杨墨之必当距，此是生民天理上事，非儒者自为其教兴废，自欲成就事功也。"④所以，吕留良之评选时文，正在于"以时文反时文"，通过自己评选的时文来影响士人，从而达到端正人心、维挽世道的目的。⑤

《四书讲义》虽然是为科举士子应试编选的参考书，但吕留良的真正目的是从评点八股文入手，发明朱子之学，以明道救世。他说："道之不明也久矣！今欲使斯道复明，舍目前几个识字秀才，无可与言者；而舍四子书之外，亦无可讲之学。故晚年点勘八股文字，精详反复，穷极根柢，每发前人之所未及，乐不为疲也。"⑥可见，吕留良编选时文即在于立身行己，发挥朱子学的真精神，他说："近来多讲朱子之学，于立身行己，未必得朱子之真。其忧有甚焉者，开堂说法，未开口时，先已不是，又何论其讲义、语录哉！故今日学人，当于立身行己上，定个根脚，与师友实下为己工夫。"⑦

---

① 吕留良：《吕晚村先生四书讲义》，中华书局，2015年，第2页。

② 吕留良：《吕晚村先生文集》，中华书局，2015年，第29页。

③ 吕留良：《吕晚村先生文集》，第163页。

④ 吕留良：《吕晚村先生四书讲义》，第601页。

⑤ 张天杰：《吕留良时文评选中的遗民心态与朱子学思想——以〈四书讲义〉为中心》，《苏州大学学报》（哲学社会科学版）2017年第4期。

⑥ 吕留良：《吕晚村先生文集》，第871页。

⑦ 吕留良：《吕晚村先生四书讲义》，第602页。

　　吕留良是清初尊朱辟王的先行者，他评选的时文在当时颇为盛行，他对程朱理学的认识，深刻影响着同时及其后的学者。《四书讲义》的读者，主要是科举士子和文人，要知道这其中很多人将来都是要走上官场，进而影响于社会各阶层的。雍正帝在发布的上谕中直言，吕留良以批评时艺，托名讲学，"海内士子，尊崇其著述，非一日矣"。①这也从侧面反映出吕氏之说的影响。以下仅就在朝、在野两个方面略窥之。

　　在朝，清廷从祀孔庙第一人陆陇其，对吕留良的思想推崇备至，其《松阳讲义》等著作中的很多重要观点大都来自吕留良。就吕留良对陆陇其在学术上的影响，钱穆认为："晚村尝与陆稼书交游，论学甚洽。其后稼书议论，颇有蹈袭晚村。"②陆陇其在给吕留良写的祭文中直言受其影响："某不敏，四十以前，亦尝反复于程、朱之书，粗知其梗概。继而纵观诸家之语录，糠秕杂陈，玟珷并列，反生淆惑。壬子癸丑，始遇先生，从容指示，我志始坚，不可复变。"③故而有学者指出，陆陇其在学术上转向尊朱辟王，在很大程度上是受到吕留良的影响，其辟王学几乎都是以吕留良为标准的。④王弘撰在《山志》中说："近时崇正学，尊先儒，有功于世道人心者也。"⑤戴名世也指出："近日吕氏之书盛行于天下，不减艾氏。其为学者分别邪正，讲求指归，由俗儒之讲章，而推而溯之，至于程、朱之所论著；由制艺而上之，至于古文之波澜意度；虽不能一一尽与古人比合，而摧陷廓清，实有与艾氏相为颉颃者。……吾读吕氏之书，而叹其维挽风气，力砥狂澜，其功有不可没也。……而二十余年以来，家诵程、朱之书，人知伪体之辨，实自吕氏倡之。"⑥戴名世将当时"家诵程、朱之书"的局

　　①朱轼等：《雍正九年十二月十六日上谕》，《驳吕留良四书讲义》卷首，清雍正九年内府刻本。

　　②钱穆：《中国近三百年学术史》，九州出版社，2011年，第78页。

　　③吴光西等撰，褚家伟、张文玲点校：《陆陇其年谱》，中华书局，1993年，第95页。

　　④张天杰、肖永明：《从张履祥、吕留良到陆陇其——清初"尊朱辟王"思潮中一条主线》，《中国哲学史》2010年第2期。

　　⑤王弘撰：《山志·二集》，中华书局，1999年，第267页。

　　⑥戴名世：《戴名世集》卷四《九科大题文序》，中华书局，2019年，第123页。

面，归功于吕留良。凡此，足见吕留良思想在当时的影响。

在野，吕留良也确实达到以评点八股时文影响士子的预期效果。秀才曾静"投书案"，即受吕留良所选时文之影响。曾静应试靖州时，得读吕留良所评点的时文，其中有论"夷夏之防"等语。他派门人衡阳张熙专程去浙江吕家访求书籍。时留良早死，其子毅中将其父遗书全交张熙。曾静见留良书中多反清复明之意，愈加倾信。因与留良弟子严鸿逵及鸿逵弟子沈在宽等往来投契，每赋诗相赠答。正是受吕留良"夷夏之防"等学说的影响，曾静才有了反叛之意。从张熙等人的供认亦可见一斑："浙省有吕留良者，恃彼小才，欺世盗名，假评选以驰声，借刊刻而射利。适值昭代右文之隆会，得以风行宇内，一时传习举业者，悉为其所惑，遂多奉为八股之金科，讲章之宗匠。"①吕氏著作在乾隆朝大多遭到禁毁，直到晚清，随着清廷权威的下降，吕氏思想再度活跃起来。如状元实业家张謇在《吕晚村墨迹跋》中还说："謇年三十许时，读晚村批评之制艺，义本朱子，绳尺极严，不少假贷，缘此于制举业稍睹正轨。"②留良之书虽然屡屡遭禁，但不断传承，其影响贯穿整个清代。

正是由于吕留良的时文评选在当时具有如此大的影响，朱轼等人才选取《四书讲义》作为攻驳对象，以此来批判吕留良"大逆不道"的行为。

从清廷加强思想控制的角度而言，吕留良著作中多有"悖逆"之言，其著作理应焚毁。但雍正帝不想落"因人罪书"的话柄，又想通过批驳吕氏之书宣扬正统，颁谕学宫，以达到教化天下士子的目的。因此，在翰林院编修顾成天的提议下，雍正帝命朱轼、吴襄总阅，方苞、吴龙应、顾成天、曹一士查阅，对吕留良讲义、语录等书，逐条摘驳，纂辑成书，是为《驳吕留良四书讲义》。

该书代表了当时的官方意识形态。参与攻驳的儒臣中，吴襄时任内阁学士兼礼部侍郎；方苞为"桐城三祖"之一，学问精深；顾成天、吴龙应、曹一士皆为翰林院编修，顾成天还是乾隆皇帝的老师，他们本身都具有相当的学识。而作为总阅官的朱轼，前因浙江巡抚任上失察吕留良"逆书"正遭弹劾，部议

---

① 雍正编纂，张万钧、薛予生编译：《大义觉迷录》，中国城市出版社,1999年，第334页。
② 吕留良：《吕晚村墨迹跋》,《吕晚村先生文集》，第921页。

革职，雍正帝特旨留任，赐居海淀以便奏对。此番参与攻驳吕氏著作，系戴罪立功，因此绝非挂名，而是实际的撰作者。曹一士曾致书朱轼，商讨《驳吕留良四书讲义》一书未尽之处，他说："比者《驳吕》一书，相公进御之后，犹复虚怀下询，务求至当，以觉悟来者，此诚大贤君子与人为善之至意。一士备员查纂，得仰窥高深之万一，其间凡有所疑，不敢自隐，欲求正于大君子之门，而稍进其所学也。乃蒙相公不弃愚陋，反复开导，伏读三四，昭若发矇，自非穷理知言之君子，孰能折衷众说，正大高明若此乎？岂惟一士之幸，实天下读《四书》者之大幸也。惟是辞句之间，尚有未能尽喻者，自颜质钝识拘，将借此求教于大贤，则平日误执之见，庶几一开，故仍不讳而条系其说，以尘台听。"①这正反映了著者之间反复讨论《驳吕留良四书讲义》的情形。

二、《驳吕留良四书讲义》的攻驳方式及内容

考吕留良治学，以尊朱黜王而为世所共知，其所撰《四书讲义》自然以发挥朱学为目的。时清廷以程朱理学为官方哲学，吕留良之书与官学实不相悖。那么，朱轼等人会选取何种角度批判吕留良及其《四书讲义》呢？这其中又体现了雍正朝怎样的理学观呢？

《驳吕留良四书讲义》攻驳的重点在吕留良所论的"夷夏之防"上。吕留良编选时文，推尊朱子，明道救世，其落脚点在"夷夏之防"。在《四书讲义》中，吕留良多次从君臣之义入手，阐明"夷夏之防"。他说："'天子'二字，原从'作之君师'说来，指有此位之道而言，非凡有其位者之天子也。凡有位之天子，不能有其事者多矣，权未尝不在，无其道也。……竖儒不明大义，见'天子'二字，便震于权位，反谓孔子欲正人僭窃，岂有身为僭窃以正人之理？其迂戾不通如是，岂足与论《春秋》圣人之义哉！"②言下之意，并非身在天子

---

①曹一士：《四焉斋全集》，《清代诗文集汇编》第241册，上海古籍出版社，2010年，第102页。

②吕留良：《吕晚村先生四书讲义》，第598页。

之位，就能行天子之事，暗指的正是清廷的统治。在他看来，儒者不能慑于权位，就忘却节义，《春秋》中的"圣人之义"更有大于君臣之义者，此即"夷夏之防"。

对"微管仲，吾其披发左衽"章的解释，最能体现吕留良的"夷夏之防"。他说："此章孔门论出处、事功、节义之道，甚精甚大。子贡以君臣之义言，已到至处，无可置辨，夫子谓义更有大于此者，此《春秋》之旨，圣贤皆以天道辨断，不是夫子宽恕论人，曲为出脱也。……君臣之义，域中第一事，人伦之至大，此节一失，虽有勋业作为，无足以赎其罪者。若谓能救时成功，即可不论君臣之节，则是计功谋利，可不必正谊明道，开此方便法门，乱臣贼子，接迹于后世，谁不以救时成功为言者，将万世君臣之祸，自圣人此章始矣。看'微管仲'句，一部《春秋》大义，尤有大于君臣之伦，为域中第一事者，故管仲可以不死耳，原是论节义之大小，不是重功名也。"[1]在吕留良看来，比君臣之义更重要的是什么呢？正是夷夏之防。"披发左衽"即指异族人侵为中原之主，管仲之功正在于避免"披发左衽"的发生。所以，在吕留良眼中，华夷之分是大于君臣之义的。

钱穆对此曾有过一针见血的评论，他说："（吕留良）于论'微管仲'一节独表其意曰'《春秋》大义，尤有大于君臣之伦'者。此即夷夏也。"他进而指出："夷夏之防，定于节义，而摇于功名。人惟功名之是见，则夷夏之防终隳。人惟节义之是守，而夷夏之防可立。晚村所以深斥永嘉而敬推朱子者，其意在是。晚村所以深斥姚江，而敬推朱子者，其意亦在是也。"[2]钱穆将吕氏尊朱辟王归结到"夷夏之防"上，可谓得吕氏学术之真。

朱轼等人还批判了吕留良的义利之论。清廷为维护封建统治，自然要倡导君臣大义，而吕留良却称"君臣之义可去""尤有大于君臣之伦"者，这显然与正统思想相左。因此，吕留良有关"君臣之义"的论述成为朱轼等人攻驳的重点。例如，吕留良认为"君臣以义合，合则为君臣，不合则可去，与朋友之

---

①吕留良：《吕晚村先生四书讲义》，第323页。

②钱穆：《中国近三百年学术史》，第88~89页。

伦同道，非父子兄弟比也。……嬴秦无道，创为尊君卑臣之礼，上下相隔悬绝，并进退亦制于君而无所逃，而千古君臣之义为之一变，但以权法相制，而君子行义之道几亡矣。"他认为君臣之伦与朋友之伦等同，不及父子兄弟之伦，认为"君臣之义可去"。朱轼等人则驳之曰："《乐记》曰：天尊地卑，君臣定矣。而留良以嬴秦创为尊卑之礼，而千古君臣之义一变，是欲并天高地下之位而废之矣。留良之罪，可胜诛乎！"①

吕留良对君臣之义的论断，显然是以夷夏观念为基础的，他所言大于"君臣之义"者，正是"夷夏之防"。朱轼等人的驳论，则认为君臣之伦应居五伦之首，批判吕留良不明君臣大义。雍正帝在颁发的谕旨中，也直指吕留良是"无父无君"的"乱臣贼子"，其言曰："吕留良动以理学自居，谓己继周、程、朱、张之道统，夫周、程、朱、张，世之大儒，岂有以无父无君为其道，以乱臣贼子为其学者乎？此其狎侮圣儒之教、败坏士人之心，真名教中之罪魁也。"②

具体而言，《驳吕留良四书讲义》凡摘驳吕氏讲义438条，其中《大学》44条，《中庸》79条，《论语》184条，《孟子》131条。每条先摘录吕留良论《四书讲义》语，而后引经据典，穷源竟流，详细辩驳，以证吕氏之非。朱轼等人对吕留良《四书讲义》的批判，主要从以下几个方面展开：

一是错会朱子之意，引据讹舛。因吕留良以"尊朱辟王"为世所知，因此其论说主要以阐发朱熹集注为能事。而朱轼等人的攻驳，首先便直指其说与程朱悖谬。其言曰："（吕留良）议论妄诞支离，搜厥根原，粗疏鄙倍，总由逆贼以毫无底蕴之学，肆其毫无忌惮之言。剿袭程朱，实与程朱缪戾；援引经传，每与经传舛讹。"③在《大学》"此谓治国在齐其家"章，吕留良认为："家之齐，其效在父子兄弟；而齐之难，却在夫妇兄弟，而夫妇尤难，故齐家之本，始于夫妇。"朱轼等人驳曰："《中庸》'妻子好合'二节，先言妻子兄弟而后及于父母，特以明卑迩高远之意，非划定一家之中非先妻子而次兄弟而后父母也……

---

① 朱轼等：《驳吕留良四书讲义》之《孟子》下论，第10~12页。
② 上海书店出版社编：《清代文字狱档》（增订本），第558页。
③ 朱轼等：《驳吕留良四书讲义》卷首《奏折》，第2页。

乌有孝于父母，必以夫妇为先之理？"从而指出吕留良"动称遵朱，其实全无体会"。[①]在《中庸》"仲尼曰君子中庸"章中，称吕留良特加一个"时"字为"庸"字注脚，"遵注而不体会注意，同于悖朱，留良之论，大率如是"[②]。在《中庸》"子曰武王周公"章，称吕留良"全未体会注意"[③]，再则认为吕留良引经失实。如对"俭德"的解释，吕留良云："缙绅富室不知俭德为避，转相效慕。"驳曰："《易》'君子以俭德避难'，削去难字，加一为字，割裂经文，使人不解。且《易经》本义，非言用度奢俭，留良引此以显奢侈之非，失其实矣。"[④]

在《驳吕留良四书讲义》中，"悖朱""悖注""不体会注意""引据讹舛"等言论比比皆是，这是朱轼等人攻驳吕留良的重要方式。当时朱子学依然是官方哲学，朱轼等人的攻驳，也就只能从吕留良与朱子学相悖入手。吕留良是清初尊朱辟王阵营中的重要人物，对朱子学多有发挥，朱轼等人的攻驳难免有失公允。钱穆即指出："晚村良不愧为清初讲朱学一大师，于晦庵门墙无玷其光荣。"[⑤]吕留良的理学见解，确乎有超越程朱理学者，所以本就不与程朱之学尽合。《续修四库全书总目提要》评价说："留良之意，以为欲明孔孟之道，必求诸朱子之书，故书中悉就朱注发挥，然体会有得，多有比朱注更精更切者，时亦自出己意，不能尽合朱子。亦或过于回护朱子，不能尽衷于是。要之，自成为吕氏之书，非一般遵朱不敢失尺寸者可以同语也。"

二是剿袭他人之论，以为己说。例如，朱轼等人认为吕留良对《中庸》"子曰舜其大知也"章的两段阐述："舜能不自用而取诸人，所以为大知，然其所以能如此者，舜固自有其知之本也，而又择之审如此，此其所以大耳，非全无己知，而恃人以为知也。看注中'然非在我之权度精切不差，何以与此'二语自明。""其不自用而取诸人处，多有圣人本分在，不是单靠众人也。其好问好察隐扬执用，不是大智，如何能有此精切不差之权度？但有圣人权度之精，而

---

① 朱轼等：《驳吕留良四书讲义》之《大学》，第32页。

② 朱轼等：《驳吕留良四书讲义》之《中庸》，第16页。

③ 朱轼等：《驳吕留良四书讲义》之《中庸》，第44~45页。

④ 朱轼等：《驳吕留良四书讲义》之《论语》下论，第2页。

⑤ 钱穆：《中国近三百年学术史》，第88页。

又必不自用而取诸人如此，此其智之所以尤大也。"①全系抄袭朱子之语。再如，《中庸》"子路问强"章，朱轼等人指出，吕留良的解释"'和'与'中立'，与'国有道、无道'例看，不重，重在'不流''不倚'，下半橛乃是君子之强处"，全是抄袭朱子语录而来，以为己说。②又如，《中庸》"子曰素隐行怪"章，吕氏曰"告子遗说，至宋而忽猖；子静一宗，至明而大炽。告子子静，当时幸有孟朱辟之力、辨之明，然且后世有述如此。若良知立教，至今曾未有孟朱者出，虽《困知记》《读书札记》《象山学辨》《闲辟录》《学蔀通辨》诸书，未尝不指斥其非，然皆如蜀漠之讨贼，其号非不正，而力不足以胜之，其流毒惑乱，正未知所届耳。愿天下有识有志之士，共肩大担，明白此事！"吕氏此论，颇具新义。朱轼等人则认为，吕留良"辟陆王之学，皆矫窃陈清澜、罗整庵语"。③显然是没有根据，强为辩驳而已。

在《驳吕留良四书讲义》中，吕留良成了抄袭他人言论、以为己说的"惯犯"，除了孔子、颜子、孟子、朱子等圣贤，其剿袭的对象还有宋代胡铨，元代吴澄、许谦、史伯璿，明代陈建、罗钦顺等人。

三是凭空捏造时解，强为辩驳。如《中庸》"《诗》曰衣锦尚䌹"章"知远之近，知风之自，知微之显"句，吕留良云："'风'字就一身而言，犹风度、风流、风采之风也。时解错认风俗、风化之风，则与'远近'句复架矣。"而朱轼等人驳之曰："朱子云身之得失，由其心之邪正，风就一身而言，此人人所共知者，从未有作风化、风俗之解。留良每悬空捏造无有之说，指为时解，以俟驳辩，不知者遂以为其能辟异说，此其欺世盗名之秘诀也。"④

清人撰书，引出所谓的"时解"，往往只是借以阐明自己的观点，并不一定真有其说。这种写作方式本无可厚非，但此时却成了吕留良凭空捏造不实之论、欺世盗名的话柄。这种驳论，不免给人欲加之罪的感觉。

四是说解自相矛盾，支离谬妄。如《大学》"所谓平天下在治其国"章"德

---

① 朱轼等：《驳吕留良四书讲义》之《中庸》，第17页。
② 朱轼等：《驳吕留良四书讲义》之《中庸》，第20页。
③ 朱轼等：《驳吕留良四书讲义》之《中庸》，第21页。
④ 朱轼等：《驳吕留良四书讲义》之《中庸》，第72页。

者本也，财者末也"一句，吕留良曰："有云德为治天下之根本，非德为财本也；财为治平之末务，非财为德末也。余以为不然。'平天下'章论财用自此始，直至传末皆言此事，故'先慎乎德'一句，'德'字便专就财用而言。看此节注云'本上文而言'，则德之本正对财，财之末正对德，故下节紧接外本内末，非可以泛论治平也。从通章泛论，不说道理不是，实非本节之旨矣。本则理一，末乃万殊，只是一个'明德'。对'新民'言则民为末，在'听讼'言则讼为末，就'财用'言则财为末，须粘末看，又须离末看，如此'本'字，须紧从财上较出，方见亲切。然不得离看，意则似专为财而慎德，语病不小矣。"朱轼等人驳曰："德者，人与土之本，不独财用之本也；财者，不独为德之末，较之人土，尚为末也。……（留良）既云本须粘末看，又云又须离末看；前既云先慎乎德一句，'德'字便专就财用而言，后又云恐似专为财用而慎德。……一言之间，而游移矛盾至于此。"①再如，《论语》"子曰君子义以为质"章，朱轼指出吕留良的解释，"通章以义为主，信以成之，成此义也。谓成之之字内兼礼孙则可，谓非至此而后成则不可。留良既云三之字俱指义以为质，又云成字粘定信上说，谓义到此方成者为非，其自相矛盾乃至于此。且成字既粘定信上说矣，则此之字，更作何着落耶？"②《孟子》"孟子曰仁人心也"章，称吕留良对"求放心"的解释"求放心不过学问之一端"，与前说"学问总以求放心"之说，自相矛盾。③

翻开《驳吕留良四书讲义》，全篇充斥着"矛盾""自相矛盾""前后矛盾""游移矛盾""支离矛盾""自相刺谬""反复迁变"等语，朱轼等人正是通过这种方式说明，吕留良其人反复不定，其说不能自圆，其论殊不可信。

对吕留良的论述和朱轼等人的驳论稍作梳理，我们会发现，吕留良的论说精义迭出，尤其是其政论，多有他家所不及。正如钱穆所言，吕留良"发挥朱子义理，诚有极俊伟为他家所未及者，尤在其政论"④。而朱轼等人的批驳，多有

---

① 朱轼等：《驳吕留良四书讲义》之《大学》，第36页。
② 朱轼等：《驳吕留良四书讲义》之《论语》下论，第34页。
③ 朱轼等：《驳吕留良四书讲义》之《孟子》下论，第12页。
④ 钱穆：《中国近三百年学术史》，第82页。

附会牵强之处。容肇祖即认为："《驳吕留良四书讲义》一书，即全为应制而作，他的内容，当然是要不得的……他们所摘驳，自然是断章取义，敷衍成书，毫无价值的了。"①当然，《驳吕留良四书讲义》并非毫无价值，如果换个角度来看，这正是特定时代和特定政治环境的产物，体现了官方对政治和学术的态度，有助于我们更好地理解当时的政治变迁和学术转型。

三、从《驳吕留良四书讲义》看雍正朝理学观

朱轼等人站在官方的立场批判吕留良，其中正可体现出当时官方的理学观念。从朱轼等人的攻驳方式和攻驳内容看，雍正朝沿袭了康熙朝的理学策略，仍以朱子学为理学正宗和官方哲学，但又有所不同。这主要体现在以下几个方面：

第一，对佛、道二教的态度有所转变。"辟二氏"是吕留良《四书讲义》的重要内容，他认为："世教衰，人心坏，只是一个没是非，其害最大。看得孔、孟、老、佛、程、朱、陆、王都一般并存，全不干我事，善善恶恶之心，至此斩绝，正为他不尚德，无君子之志也。才欲为君子，知尚德，定须讨个分明。"②这说明吕留良反对将孔、孟、老、佛、程、朱、陆、王一体看待，且为移正世道人心，必须将儒释道各家学术分辨清楚。朱轼等人却多从吕留良批判二氏之处入手，认为吕留良所辟，或无依据，或失其真，每谓"留良于黄老宗旨并未窥见"③，"留良以辟二氏为名，而于二氏之所以为二氏，究未尝有定见也"④，"以禅悦、良知之说比之战国之功利，拟议不于其伦"⑤。在批判吕留良的同时，朱轼等人还指出："释氏之理，有'非有非无，不在中间不在内外'之说。若圣经之言，理归其分，事循其则，一事一物，各有归著。不可以游移惝恍之解，杂于

①容肇祖：《吕留良及其思想》，崇文书店，1974年，第85页。

②吕留良：《四书讲义》卷17《论语十四》，第391~392页。

③朱轼等：《驳吕留良四书讲义》之《论语》上论，第12页。

④朱轼等：《驳吕留良四书讲义》之《孟子》上论，第42页。

⑤朱轼等：《驳吕留良四书讲义》之《孟子》上论，第1页。

其间也。"① 又谓："持斋放生，虽非儒者之道，然圣人之于物，取之有时，用之有节。子钓而不网，弋不射宿，何尝不存爱惜之心？持斋放生，亦有何大罪？果其人爱亲敬长，斯为善人矣。"② 持斋放生正是佛教的基本理念，从上述论述中我们不难发现，朱轼等人对二氏的态度已经悄然发生变化。

由此可见，与康熙朝对二氏学说激烈的批判有所不同，雍正帝及其御用文人对二氏学说的态度已有所缓和，这与雍正本人改变对三教的态度有很大关系。雍正曾多次强调"三教并重"，他说："三教之道，原不过劝人为善。夫释、道之设，其论虽无益于吏治，其理也无害于民生。至于勉善警恶，亦有补于世教，何必互相排压，为无容量之举。……朕向来三教并重，视为一体。每见读书士子多有作践释、道者，务理学者尤甚。朕意何必中国欲将此三去二归一欤？"③ 他还将是否排抵释道之学作为真假理学之依据，其言曰："理学有真有伪，假理学排抵释、道之教，自命理学，以为欺世盗名之计。而佛、仙之教，以修身见性，劝善去恶，舍贪除欲，忍辱和光为本。若果能融会贯通，实为理学之助。彼世之不知仙、佛设教之意，而复不知理学之本原，但强以辟佛、老为理学者，皆未见颜色之论也。尔士子当潜心正学，实心理会，实力施行。"④ 对"三教并重"的提倡，是雍正朝与康熙朝理学政策的一大不同。朱轼等人自然深知雍正帝的用意，所以才对释、道二教的态度有所转变。

第二，以阐扬忠孝节义为重点。吕留良的思想中，对清廷影响最大的，莫过于"夷夏之防"。他通过阐发君臣之义，暗含华夷之辨。针对吕留良"一部《春秋》大义，尤有大于君臣之伦"等说法，朱轼等人攻驳道："域中之义，莫大于君臣。孔子所以嘉管仲之功，而不责以匹夫之小谅者，正为君臣之大义

---

① 朱轼等：《吕晚村先生驳吕留良四书讲义》之《中庸》，第14页。

② 朱轼等：《驳吕留良四书讲义》之《孟子》下论，第36页。

③ 中国第一历史档案馆编：《雍正朝汉文朱批奏折汇编》第1册，江苏古籍出版社，1998年，第525~526页。

④ 中国第一历史档案馆编：《雍正朝汉文谕旨汇编》，广西师范大学出版社，1999年，第184页。

也。"①吕留良认为:"五伦,惟父子、兄弟从仁来,故不论是非;若君臣、朋友二伦,却从义生,义则专论是非。是而义合,则为君臣朋友;非而义离,则引退义绝,则可为寇仇。"朱轼等人驳曰:"君,天也。""事君犹事父……忠孝无二理,臣子无两心。"朱轼等人积极倡导君臣大义,在很大程度上是为了迎合雍正帝,宣扬正统。这与雍正朝所面临的特殊政治环境不无关系。

雍正帝从继位直至去世,其帝位的合法性一直备受质疑。今天的史学界仍然众说纷纭。究之,雍正拿不出确凿的证据证明自己继位名正言顺,而且其相关论述又漏洞百出,自相矛盾。②因此,雍正朝的理学以阐扬君臣大义为重心。雍正帝依靠宋明理学家所宣扬的君臣大义,从意识形态领域维护自己的专制权威。他继位之后,即提出"君亲,大义也,而君为尤重"的主张③,曾经多次在不同的场合批评胤禩等人不明君臣大义。他还晓谕诸王宗室:"朕望尔等克笃忠诚,尽心效力。凡知君臣大义者,众共敬之;其有怨望构乱、不知君臣大义者,众共非之。如此则善人知感,愈加为善;恶人知耻,思改其恶矣。"④在处理查嗣庭案时,他说:"普天率土,皆受朝廷恩泽,咸当知君臣之大义,一心感戴。若稍萌异志,即为逆天。逆天之人,岂能逃于诛戮?报应昭彰,纤毫不爽,诸臣勉之戒之。"⑤又说:"天下有无君之人而尚可谓之人乎?人而怀无君之心而尚不谓之禽兽乎?"⑥在雍正帝眼中,君臣大义是唯一的公义,凡父子之情、兄弟之情、师生之情、朋友之情均为私,当公义与私情发生矛盾时,臣民应毫不犹豫地首重公义,精忠为国。

忠诚节义也是《驳吕留良四书讲义》探讨的重要内容。其中有言:"诚,实理也,具此实理者,心也。言心可以包理,空言其理包不得心,且不见责重人身之意,故注云诚以心言本也。存此理于心为诚,体此理于身为道。道者,理

①朱轼等:《驳吕留良四书讲义》之《论语》下论,第24~25页。
②高翔:《康雍乾三帝统治思想研究》,中国人民大学出版社,1995年,第110页。
③中国第一历史档案馆编:《雍正朝起居注册》,中华书局,1993年,第5页。
④《清世宗实录》卷23,中华书局,1985年,第372页。
⑤《清世宗实录》卷48,第731~732页。
⑥《清世宗实录》卷86,第151页。

之著于事为也，故曰道以理言用也。如忠者，臣道也；孝者，子道也。实心尽忠尽孝，而无一毫虚假欠缺，诚也；不诚，则不成其为臣为子，而忠孝之道不行矣。物形而下者也，道形而上者也，诚则实此道以成此物者也。即物即道，即道即诚，君子诚之之功，即所以道其道而物其物也。"进而批评留良论诚道有五谬，朱轼等人之意，大抵皆在阐发尽忠尽孝，为诚道之旨。①朱轼认为为臣者当守本分："为之臣者，祗承天子之命，以事国君。故《春秋》传称为王之守臣，此侯国君臣之分，所以凛然而不可假易也。"②这正与雍正帝所宣扬的忠诚之道相符合。雍正帝曾谓："理者，事之宜也。天地间万事各具自然之万宜，非人可更加之，以理者一贯之，道性善之论，非至诚不能达也。诚者，诚一无伪之谓，凡有二者皆属虚伪。诚之为道，且即君君臣臣父父子子而言，曰忠曰孝，亦万事本具万宜之名色耳。岂君臣父子之外别有忠孝乎？广而推之，万事万理可一体照而自明矣。"又云："忠诚之道不一，居家有居家之忠诚，出仕有出仕之忠诚，其理虽一而差别之宜千头万绪，要在随时施设。……臣子之忠诚，则在'致身'二字而已，不能此二字，不可以言忠诚。"他将臣子之忠诚提到了很高的位置，也促使臣子在理学认识中多次阐发忠诚之道。

第三，"四书"地位下降，"五经"地位有所抬升。对吕留良的持续批判，还催动了雍正朝对八股文的改革。雍正十年七月，在吕留良案尚未了结之时，雍正帝开始大力纠正八股文风，特颁谕旨云："制科以四书文取士，所以觇士子实学，且和其声以鸣国家之盛也。语云'言为心声'，文章之道与政治通，所关巨矣。……况四书文号为经义，原以阐明圣贤之义蕴，而体裁格律，先正具在，典型可稽。虽风尚日新，华实并茂，而理、法、辞、气，指归则一。近科以来，文风亦觉丕变，但士子逞其才气辞华，不免有冗长浮靡之习。是以特颁此旨晓谕考官，所拔之文，务令雅正清真，理法兼备。虽尺幅不拘一律，而支蔓浮夸之言，所当摒去。"③在此谕旨中，雍正帝明确指出整顿当时浮靡的八股文风，务

---

① 朱轼等：《驳吕留良四书讲义》之《中庸》，第58~63页。

② 朱轼等：《驳吕留良四书讲义》之《孟子》下论，第11页。

③ 《清世宗实录》卷121，第602页。

令"雅正清真，理法兼备"。言下之意，四书文不得随意阐发，要符合朝廷的法度。

其实早在雍正元年，御史田嘉穀即奏称："各省学政科考生员，旧例用四书题文二篇。请增用经题文一篇，以崇经学。如遇三冬日短，减去四书文一篇。"①雍正帝慨然允之。雍正四年曾谕礼部："士子读书制行之道，首在明经。其以五经取中副榜者，必有志经学之士。著将今年各省五经取中副榜之人，俱准作举人，一体会试。"②至乾隆初年，改革继续深化，颁布《钦定四书文》，从意识形态高度规定了四书之义，不准随意阐发。雍、乾两朝围绕吕留良案采取的一系列举措，使得八股文改革从讲究理法兼备走向注重经史根底，在思想文化领域逐渐形成倡导崇尚经术的风尚。③

雍正一朝历时虽短，却是有清一代政治和学术的转型时期。政治合法性的危机、雍正帝个人对三教的体认，都使得此一时期的理学具有不同于前后各朝的新特点，这是我们研究清代社会、政治、思想等需要特别注意的地方。

（李文昌，山东师范大学齐鲁文化研究院副教授，研究方向为清代学术史、三礼学史）

---

① 《清世宗实录》卷14，第246页。

② 《清世宗实录》卷49，第744页。

③ 施婧娴：《清代雍、乾时期"吕留良案"新探——以吕留良时文评选为考察中心》，《理论界》2013年第11期。

近现代儒学研究

马一浮《论语》诠释特色及其理论意蕴探微①

刘　伟

汤一介称马一浮为"经学家"，其依据是马一浮建构了以"六艺之学"为基础的理论体系②，主张以"六艺"统摄会通其他一切学术，即"六艺论"。对此，学界讨论颇多。有学者从文化意义之视角认为，马一浮先生是迄今最重视"六艺之学"的现代学者，也是将中华文化的最高典范"六艺"楷定为国学的现代学者。③有学者从思想层面指出，"六艺论儒学"不同于以"四书"为中心的宋明心性论儒学，而是承载了马一浮自己的文化理想的体系性建构，成为其致敬传统、属意未来的一个主要思想载体。④还有学者从《诗》学角度指出，马一浮为中国哲学建构中《诗》学之"理"的复位和《诗》学"功能"的回归，展示出一条极好的路径。⑤"六艺之学"必然涵盖《论语》，"马一浮国学论的另一贡献

---

①基金项目：本文系儒家文明省部共建协同创新中心——曲阜师范大学儒学研究创新团队项目"儒家心性论研究"（项目编号：2021RXTD003）的阶段性研究成果。

②参见马一浮：《马一浮全集》第一册上"序"，浙江古籍出版社，2013年，第1~2页。

③刘梦溪：《马一浮的文化典范意义》，载吴光主编：《马一浮思想新探》，上海古籍出版社，2010年，第15页。

④朱晓鹏：《论马一浮对六艺论儒学的重建》，《杭州师范大学学报》（社会科学版）2021年第5期。

⑤李虎群：《〈诗〉学在中国哲学建构中的回归与复位——以马一浮为中心的讨论》，《哲学研究》2022年第6期。

是发现《论语》里面有'六艺';《论语》可以直接通六艺"①。但相对"六艺论"的探讨，以《论语》为基础系统探究马一浮思想，学界关注甚少。这也正是本文尝试解决的主要问题。从宏观上而言，马一浮对《论语》的诠释集中于《论语大义》和《论语首末二章义》，从中可以窥知"六艺"统领《论语》的特色非常明显。不仅如此，马一浮还援佛入儒，运用佛学来诠释儒家思想，致力于儒释融通。追根溯源，无论是"六艺论"，还是会通儒释，其理论根基依然是儒家的心性之学，根植于孟子的性善论。

一、独具创见：以"六艺"统摄《论语》

"六艺论"是马一浮最为重要的思想，也是其学术观的集中体现。他在《楷定国学名义》中说："今先楷定国学名义。举此一名，该摄诸学，唯六艺足以当之。六艺者，即是《诗》《书》《礼》《乐》《易》《春秋》也。此是孔子之教，吾国二千余年来普遍承认一切学术之原皆出于此，其余都是六艺之支流。故六艺可以该摄诸学，诸学不能该摄六艺。"②换言之，"六艺"统摄"诸子"和"四部"。③所谓"统摄""该摄"，是指在价值、范围、纲领上的全面统领和概括。④由此，《论语》亦"该摄"于"六艺"，"六艺之旨，散在《论语》而总在《孝经》"⑤。具体来看，"六艺统摄《论语》"主要体现在主旨、结构和义理三个层面。

（一）主旨上：为人之道是"六艺"与《论语》共同的指向

对"六艺"的主旨，马一浮引《礼记·经解》和《庄子·天下》篇作了详细论述：

---

① 刘梦溪：《论国学的内涵及其施教——马一浮国学论的立教义旨》，《文史哲》2017年第2期。

② 马一浮：《马一浮全集》第一册上，第8页。

③ 马一浮：《马一浮全集》第一册上，第13页。

④ 于文博：《马一浮六艺论的内涵与意义》，《中国哲学史》2017年第3期。

⑤ 马一浮：《马一浮全集》第一册上，第13页。

《经解》引孔子曰："入其国，其教可知也。其为人也，温柔敦厚，《诗》教也；疏通知远，《书》教也；广博易良，《乐》教也；洁静精微，《易》教也；恭俭庄敬，《礼》教也；属辞比事，《春秋》教也。"《庄子·天下篇》曰："《诗》以道志，《书》以道事，《礼》以道行，《乐》以道和，《易》以道阴阳，《春秋》以道名分。"自来说六艺，大旨莫简于此。有六艺之教，斯有六艺之人。故孔子之言是以人说，庄子之言是以道说。《论语》曰："人能弘道，非道弘人。"道即六艺之道，人即六艺之人。①

马一浮把"六艺"归结为人道，即成人之道，说明"六艺"的根本主旨在于教化人。这与《论语》的宗旨完全契合。《论语》所论乃为人处世之道，如程子所云："学者须将《论语》中诸弟子问处便作自己问，圣人答处便作今日耳闻，自然有得。虽孔、孟复生，不过以此教人。"②"今人不会读书。如读《论语》，未读时是此等人，读了后又只是此等人，便是不曾读。"③在程颐看来，孔子与弟子所论并非高深莫测的玄学，而是人伦日用的常理。《论语》乃教人之学，读《论语》便是学做人，读懂《论语》才会觉"今是而昨非"，通过不断修正提升自己，不再是未读时的"此等人"。由此，《诗》《书》《礼》《乐》《易》《春秋》与《论语》都是围绕如何教人、如何化人而展开，根本宗旨相同。"今当略举《论语》大义，无往而非六艺之要，若夫举一反三，是在善学。如闻《诗》而知《礼》，闻《礼》而知《乐》，是谓告往知来，闻一知二。"④

（二）结构上："六艺"统领《论语大义》整篇布局

《论语大义》共由10部分组成：《诗教》《书教》《礼乐教上》《礼乐教中》《礼乐教下》《易教上》《易教下》《春秋教上》《春秋教中》《春秋教下》。这显

---

① 马一浮：《马一浮全集》第一册上，第9页。

② 朱熹：《四书章句集注》，中华书局，2011年，第47页。

③ 朱熹：《四书章句集注》，第46页。

④ 马一浮：《马一浮全集》第一册上，第134页。

然是按照《诗》《书》《礼》《乐》《易》《春秋》之逻辑顺序来编排的，每一篇都是以"六艺"中的每一部著作加上"教"字命名。根据内容，篇幅有所不同。《礼乐教》与《春秋教》都分为上、中、下三部分，《诗教》《书教》各一部分。从具体内容来看，都是以《诗》《书》《礼》《乐》《易》《春秋》所彰显的理念统领《论语》相关篇章。按照《论语》现行本[①]，《论语大义》涵盖《论语》20篇，具体论及98章，约占492章的五分之一。除了《春秋教上》没有直接论及《论语》相关篇章，其他九篇都有提及。其中，《诗教》提到10章、《书教》和《春秋教下》各提到25章、《礼乐教上》提到3章、《礼乐教中》和《礼乐教下》各提到8章、《易教上》提到5章、《易教下》论及3章、《春秋教中》提到11章。具体如下：

（1）《诗教》：论及《里仁》《述而》《颜渊》，共10章。其中，《里仁》篇"夫子之道，忠恕而已矣"等4章，《述而》篇"仁远乎哉？我欲仁，斯仁至矣"等2章，《颜渊》篇"樊迟问仁"等4章。

（2）《书教》：论及《为政》《公冶长》《泰伯》《颜渊》《子路》《宪问》《卫灵公》《季氏》《尧曰》，共25章。其中，《为政》篇"为政以德，譬如北辰，居其所而众星共之"等4章，《颜渊》篇"政者，正也。子帅以正，孰敢不正"等6章，《子路》篇"苟正其身矣，于从政乎何有？不能正其身，如正人何"等7章，《宪问》篇"君子哉若人！尚德哉若人"等2章，《尧曰》篇"朕躬有罪，无以万方；万方有罪，罪在朕躬"等2章，以及《公冶长》篇"吾未见刚者"、《泰伯》篇"唯天为大，唯尧则之"、《卫灵公》篇"无为而治者其舜也与"和《季氏》篇"有国有家者，不患寡而患不均，不患贫而患不安"等4章。

（3）《礼乐教上》：论及《学而》《八佾》《里仁》，共3章，即《学而》篇"君子务本，本立而道生。孝弟也者，其为仁之本与"，《八佾》篇"人而不仁，如礼何？人而不仁，如乐何"，以及《里仁》篇"夫子之道，忠恕而已矣"。

（4）《礼乐教中》：论及《学而》《为政》《八佾》《公冶长》，共8章。其中，

---

① 本文所引《论语》，以杨伯峻译注的《论语译注》（中华书局2006年版）为据。

《为政》篇"无违""色难"等4章,《学而》篇"慎终追远,民德归厚矣"等2章,以及《八佾》篇"或问禘之说"、《公冶长》篇"老者安之,朋友信之,少者怀之"等2章。

(5)《礼乐教下》:论及《八佾》《述而》《乡党》《颜渊》《宪问》《阳货》《子张》,共8章。其中,《八佾》篇"祭如在,祭神如神在"等2章,以及《述而》篇"求仁而得仁,又何怨"、《乡党》篇"孔子于乡党,恂恂如也,似不能言者"、《颜渊》篇"在邦无怨,在家无怨"、《宪问》篇"不怨天,不尤人"、《阳货》篇"三年之丧"和《子张》篇"夫子之得邦家者,所谓立之斯立,道之斯行,绥之斯来,动之斯和"等6章。

(6)《易教上》:论及《为政》《里仁》《述而》,共5章。其中,《里仁》篇的"朝闻道,夕死可矣"等2章,《述而》篇的"加我数年,五十以学《易》,可以无大过矣"等2章,以及《为政》篇"五十而知天命"。

(7)《易教下》:论及《公冶长》《子罕》《阳货》,共3章。即《公冶长》篇"夫子之文章,可得而闻也;夫子之言性与天道,不可得而闻也"、《子罕》篇"逝者如斯夫!不舍昼夜"和《阳货》篇"天何言哉?四时行焉,百物生焉,天何言哉"。

(8)《春秋教中》:论及《八佾》《雍也》《述而》《子罕》《颜渊》《子路》《宪问》《卫灵公》,共11章。其中,《雍也》篇"人之生也直,罔之生也幸而免"等2章,《子罕》篇"君子居之,何陋之有"等2章,《子路》篇"必也正名乎"等2章,以及《八佾》篇"夷狄之有君,不如诸夏之亡也"、《述而》篇"仁远乎哉?我欲仁,斯仁至矣"、《颜渊》篇"君君,臣臣,父父,子子"、《宪问》篇"晋文公谲而不正,齐桓公正而不谲"和《卫灵公》篇"吾之于人也,谁毁谁誉?如有所誉者,其有所试矣"等5章。

(9)《春秋教下》:论及《为政》《八佾》《里仁》《雍也》《述而》《子罕》《先进》《颜渊》《子路》《宪问》《卫灵公》《季氏》《微子》,共25章。其中,《八佾》篇"礼,与其奢也,宁俭;丧,与其易也,宁戚"等7章,《颜渊》篇"听讼,吾犹人也。必也使无讼乎"等4章,《为政》篇"为政以德,譬如北辰,居其所而众星共之"等2章,《子罕》篇"可与共学,未可与适道;可与适道,未可与立；可与立，未可与权"等2章，《子路》篇的"斗筲之人，何足算也"等2章，以及《里仁》篇的"君子之于天下也，无適也，无莫也，义之与比"、《雍也》篇"质胜文则野，文胜质则史。文质彬彬，然后君子"、《述而》篇"用之则行，舍之则藏，惟我与尔有是夫"、《先进》篇"先进于礼乐，野人也；后进于礼乐，君子也。如用之，则吾从先进"、《宪问》篇"微管仲，吾其被发左衽矣。岂若匹夫匹妇之为谅也，自经于沟渎而莫之知也"、《卫灵公》篇"俎豆之事，则尝闻之矣；军旅之事，未之学也"、《季氏》篇"天下有道，则礼乐征伐自天子出；天下无道，则礼乐征伐自诸侯出"和《微子》篇"虞仲、夷逸隐居放言，身中清，废中权"等8章。

（三）义理上：以"六艺"释《论语》

马一浮在《论语首末二章义》中说："《论语》记孔子及诸弟子之言，随举一章，皆可以见六艺之旨。然有总义，有别义，别义易见，总义难知。果能身通六艺，则于别中见总，总中见别，交参互入，无不贯通。"①在他看来，"六艺"是"总义"，《论语》是"别义"，前者统领后者，两者互参，方能悟到儒家真意。

首先，从宏观上明确"六艺"与《论语》的核心主旨密切相关。在《论语大义》开篇，马一浮便开宗明义，明确阐述了《论语》与"六艺"的关联性。他说：

> 《论语》有三大问目：一问仁，一问政，一问孝。凡答问仁者，皆《诗》教义也；答问政者，皆《书》教义也；答问孝者，皆《礼》《乐》义也。故曰："子所雅言，《诗》《书》、执礼，皆雅言也。""兴于《诗》，立于《礼》，成于乐。"言执礼不及乐者，礼主于行，重在执守，行而乐之即乐，以礼统乐也。言与《诗》不及《书》者，《书》以道事，即指政事，《诗》通于政，以《诗》统《书》也。《易》为礼乐之原，言礼乐，则《易》在其中，故曰"明则有礼乐，幽则有鬼神

①马一浮：《马一浮全集》第一册上，第23页。

也"。《春秋》为《诗》《书》之用,言《诗》《书》,则《春秋》在其中,故曰"《诗》亡然后《春秋》作"也。[①]

"仁"是孔子思想的核心,"孝"是儒家伦理之根基,"政"乃是实现"治国平天下"的主要途径。这三者既是孔子与弟子谈论的焦点,也是《论语》所彰显的主要思想。马一浮认为,"仁"乃《诗》教义、"政"乃《书》教义、"孝"乃《礼乐》教义,而《春秋》乃是《诗》《书》的具体应用,"今谓《春秋》大义当求之《论语》。《论语》无一章显说《春秋》,而圣人作《春秋》之旨全在其中"[②],这就从宏观上把《论语》的核心思想与"六艺"的主旨在义理层面直接勾连,从而为后文的具体论证奠定了理论基础。

其次,在具体内容上,以"六艺"释《论语》,两者互参互证,相得益彰。按照"六艺"统摄《论语》的基本理路,针对《论语》里的经典章句,马一浮非常娴熟地运用《诗》《书》《礼》《乐》《易》《春秋》中的相关章节进行比附解读,并穿插《论语》其他篇的具体章句来佐证,使"六艺"与《论语》互参互证,有机融合。比如,在对《论语》首篇第一章"学而时习之"的诠释时,他先是对"说(悦)""乐""时习"的含义进行了解释,认为"说(悦)""乐"是"自心的受用","说(悦)"是自受用,"乐"是他受用,自他一体;"时习"是功夫。由此引申出此意是《礼》《乐》教义之彰显:"故悦意深微而乐意宽广,此即兼有《礼》《乐》二教义也。"[③]由"人不知而不愠",引出《宪问》篇"不怨天,不尤人""知我者其天乎"来佐证此句"地位尽高",然后引用"遁世无闷,不见是而无闷"(《乾·文言》)、"遁世不见知而不悔"(《中庸》),来说明"皆与此同意",由此推出"此是《易》教义也"。随之,引用《乾》《坤》《易乾凿度》《系传》《礼运》中有关"君子"的论述以及郑玄的注解来论证"《易》教之君子"。

最后,对此章作了总结,认为学者读此章,要做到"三须"(学是学个什

---

①马一浮:《马一浮全集》第一册上,第134~135页。

②马一浮:《马一浮全集》第一册上,第160页。

③马一浮:《马一浮全集》第一册上,第24页。

么、如何方是时习功夫、自心有无悦怿之意），最终要"认明君子是何等人格，自己立志要做君子，不要做小人"①。

另外，在对《为政》篇首章"为政以德"的阐释时，马一浮说："今观《论语》记孔子论政之言，以德为主，则于本迹之说可以无疑也。尧、舜、禹、汤、文、武、周公、孔子之心，一也。有以得其用心，则施于有政，迹虽不同，不害其本一也。后世言政事者，每规规于制度文为之末，舍本而言迹，非孔子《书》教之旨矣。"②据此，马一浮认为"为政以德"一章"是《书》教要义。德是政之本，政是德之迹"③。还有，在阐释"必也正名"（《子路》）时，马一浮认为"约而言之，《春秋》之大用在于夷夏、进退、文质、损益、刑德、贵贱、经权、予夺，而其要则正名而已矣。'必也正名'一语，实《春秋》之要义"④。从上可以看出，在对《论语》具体章句解释时，马一浮都贯彻了以"六艺"释《论语》的基本理念，并结合《论语》中的相关章句相互印证，以此证明《论语》是"六艺"教义之彰显。

二、儒释会通：以佛学解《论语》

马一浮学贯中西，尤其在儒释道会通方面造诣深厚。贺麟评价道："马先生兼有中国正统儒者所应具备之诗教、礼教、理学三种学养，可谓为代表传统中国文化的仅存的硕果。"⑤在谈到治学经历时，马一浮说："余初治考据，继专攻西学，用力既久，然后知其弊，又转治佛典，最后归于六经。"⑥"转治佛典""归

---

① 马一浮：《马一浮全集》第一册上，第24~25页。

② 马一浮：《马一浮全集》第一册上，第138~139页。

③ 马一浮：《马一浮全集》第一册上，第139页。

④ 马一浮：《马一浮全集》第一册上，第165页。

⑤ 宋志明编：《儒家思想的新开展：贺麟新儒学论著辑要》，中国广播电视出版社，1995年，第181页。

⑥ 马一浮：《马一浮全集》第三册，第1191页。

于六经"，即"以佛解儒，运用佛学思想资源来深入阐发儒家六艺要旨"[①]，在《论语大义》中得到集中体现。

（一）宏观理论层面：儒释殊途同归

在《易教下》篇论"易"教时，马一浮说：

> 《乾凿度》云："易者，其德也；变易者，其气也；不易者，其位也。""位"字若改作"理"字，其义尤显。自佛氏言之，则曰：变易者，其相也；不易者，其性也。故《易》教实摄佛氏圆顿教义。三易之义，亦即体、相、用三大：不易是体大，变易是相大，简易是用大也。[②]

马一浮把儒家哲学中的"气""位"与佛学中的"相""性"相类比，认为"《易》教实摄佛氏圆顿教义"，"不易""变易""简易"与"体大""相大""用大"实质相同。又如在对"天下同归而殊途，一致而百虑"（《易经·系辞传》）阐释时，马一浮说："'一致而百虑'，非匹不行也；'殊途而同归'，非主不止也。又法从缘起为出，一入一切也；法界一性为至，一切入一也。此义当求之《华严》而实具于《论语》。"[③]以"华严宗"的"法界缘起"来解释《易经》，并认为儒佛"殊途同归"，只有外在形式差异，没有本质区别。由此，这就从理论层面打通了儒释两家经典的界限，为二者相互参照论证奠定了基础。

（二）具体概念层面：儒释比附互证

在《论语大义》里，马一浮借用"空假中"（三谛）、"始终"等佛家概念对《论语》中的思想进行比照阐释。比如，对"加我数年，五十以学《易》，可以无大过矣"（《述而》）一章，他认为"加我数年，五十以学《易》"是功夫，

---

① 许宁：《马一浮对〈论语〉的现代诠释》，《浙江社会科学》2017年第10期。
② 马一浮：《马一浮全集》第一册上，第158~159页。
③ 马一浮：《马一浮全集》第一册上，第176页。

"无大过"是效验，这"亦犹禅家所谓识法者惧也"。①又如，对"朝闻道，夕死可矣"（《里仁》），他说："佛氏言分段生死，只是'精气为物'；言轮回，只是'游魂为变'；言变易生死，虽较微细，犹在生死边，未至涅槃。须知'夕可'直是涅槃义。见不生灭，见无生死，而后于生死乃能忍可。所言'可'者，犹佛氏言无生法忍也。"②这便使"夕死可矣"具有"涅槃"之义，而且与"无生法忍"相同。同时，他还认为"朝夕"如同佛家的"刹那"："《楞伽》云：'一切法不生，我说刹那义，当生则有灭，不为愚者说。'言'朝夕'者，犹刹那义也。"③再如，在对"逝者如斯夫"（《子罕》）解释时，他认为"逝者如斯夫"是法、喻并举。"逝"言一切法不住也，"斯"指川流相。一切有为诸法，生灭行相，逝而无住，故非常；大化无为，流而不息，不舍昼夜，故非断。法尔双离断常，乃显真常不易之实理。④引用"非常""非断"来诠释"逝者如斯夫"，儒释互参互证、相得益彰，比常规的以儒解儒更具有哲理韵味和理论色彩。

（三）以"四悉檀"诠释"仁""孝""为政"

"仁""孝""为政"无疑是《论语》的主题，也是孔子与弟子谈论的核心问题。"四悉檀"是天台宗的重要概念。马一浮认为两者具有融通之处，便以"四悉檀"来诠释"仁""孝""为政"。在解释"仁"之内涵时，他说："学者第一事便要识仁，故孔门问'仁'者最多。孔子一一随机而答，咸具四种悉檀，此是《诗》教妙义。"⑤何谓"四悉檀"？他随之进行了解释："四悉檀者出天台教义，悉言遍，檀言施。华、梵兼举也。一世界悉檀，世界为隔别分限之义，人之根器各有所限，随宜分别，次第为说，名世界悉檀。二为人悉檀，即谓因材施教，专为此一类机说，令其得入，名为人悉檀。三对治悉檀，谓应病与药，对治其人病痛而说。四第一义悉檀，即称理而说也。"⑥以此为基，他便对

①马一浮：《马一浮全集》第一册上，第154~155页。
②马一浮：《马一浮全集》第一册上，第156页。
③马一浮：《马一浮全集》第一册上，第156页。
④马一浮：《马一浮全集》第一册上，第158页。
⑤马一浮：《马一浮全集》第一册上，第136~137页。
⑥马一浮：《马一浮全集》第一册上，第137页。

《论语》中有关"仁"的章句与"四悉檀"作了对比。他认为樊迟问仁，子曰"爱人"，问知，子曰"知人"（《颜渊》）是"世界悉檀"；"己欲立而立人，己欲达而达人，能近取譬，可谓仁之方也"（《雍也》）是"为人悉檀"；答司马牛曰"仁者，其言也讱"（《颜渊》）、答樊迟曰"仁者先难而后获"（《雍也》）是"对治悉檀"；答颜渊曰"一日克己复礼，天下归仁焉"（《颜渊》）是"第一义悉檀"。①不仅"四悉檀"与"仁"相通，而且"论政亦具四悉檀"②。他认为"既庶矣，富之；既富矣，教之"（《子路》）、"足食足兵，民信之矣"（《颜渊》）、"谨权量，审法度，修废官""兴灭国，继绝世、举遗民""所重：民、食、丧、祭"（《尧曰》）、"不患寡而患不均，不患贫而患不安"（《季氏》）等是"世界悉檀"；"近者悦，远者来""无欲速，无见小利""先有司，赦小过，举贤才"（《子路》）等是"为人悉檀"；一言"兴邦""丧邦"（《子路》）、"君君、臣臣、父父、子子"（《颜渊》）是"对治悉檀"；"居之无倦，行之以忠"（《颜渊》）、"先之劳之"（《子路》）、"自古皆有死，民无信不立"（《颜渊》）、"修己以敬"（《宪问》）等是"第一义悉檀"。③另外，在《礼乐教中》篇，针对孔子对孝的不同回答，他依然用"四悉檀"来作注解。他把"无违"（《为政》）比作"世界悉檀"，"父母唯其疾之忧"（《为政》）比作"为人悉檀"，"色难"比作"对治悉檀"，"'知其说者之于天下也，其如示诸斯乎！'指其掌"（《八佾》）比作"第一义悉檀"。④需要注意的是，在运用"四悉檀"作比儒家思想时，马一浮对"四悉檀"并非等同视之，而是把"世界悉檀""为人悉檀""对治悉檀"最终都归结为"第一义悉檀"。比如，在《书教》篇，他说："以《论语》准之，莫非《书》教义。又一一悉檀，皆归第一义悉檀，学者当知。"⑤

简言之，马一浮以释解儒，力求实现儒释会通、两者互参，进而达到"一致而百虑""殊途而同归"之目的。"'以佛证儒'是他的学术思想上的最大特

---

①马一浮：《马一浮全集》第一册上，第137页。
②马一浮：《马一浮全集》第一册上，第140页。
③马一浮：《马一浮全集》第一册上，第140页。
④马一浮：《马一浮全集》第一册上，第146页。
⑤马一浮：《马一浮全集》第一册上，第140页。

371

点"①，不仅本儒家经典以立言，而且又融入了佛教之思想，凸显了中国传统学术之一贯性与包容性。②需要指出的是，马一浮并非将儒佛同等视之，而是有所侧重，认为儒家思想要高于佛家。比如，他在解释"子在川上曰"（《子罕》）时，虽然运用了佛家"不生不灭"等思想来注解，但他最后说："'川上'一语，可抵大乘经论数部。圣人言语简妙亲切如此，善悟者言下便荐，岂在多邪？"③他认为圣人之言"简妙亲切"，远高于佛家长篇大论。所以，有学者明确指出："马氏学有宗主，宗主在儒。"④

三、人性自有：心性论之彰显

牟宗三、张君劢等人在《为中国文化敬告世界人士宣言》中指出："心性之学，正为中国学术思想之核心，亦是中国思想中之所以有天人合德之说之真正理由所在。"⑤无论是"六艺"统摄《论语》，还是以佛释儒，其理论基础依然是儒家的心性论。"心性论是现代新儒学比较主流的思想立场，马一浮的学问也是典型的心性论立场。"⑥从根本上来看，马一浮的心性论是以"性德"为核心建构起来的、本体与功夫同一的性善论。

（一）"德性"是本体，道、理、行、事是其外显

在马一浮的心性论体系中，性、德、天、命、道、理等概念处于同等地位，具有同等价值。"马一浮以本体言心。在他看来，此心即性、亦即天、亦即命、亦即理、亦即性德或德性。这是一系列等值等价的范畴，是中心范畴和最高范

①王凤贤、滕复：《现代新儒学的典范——评马一浮的学术地位与学术思想》，载毕养赛主编：《中国当代理学大师马一浮》，上海人民出版社，1992年，第39页。

②张刚：《六艺之旨，散在〈论语〉——马一浮〈论语大义〉概述》，《乐山师范学院学报》2014年第1期。

③马一浮：《马一浮全集》第一册上，第159页。

④郭齐勇：《现当代新儒学思潮研究》，人民出版社，2017年，第103页。

⑤张君劢：《新儒家思想史》，中国人民大学出版社，2006年，第567页。

⑥郭齐勇：《现当代新儒学思潮研究》，第104页。

畴。"①但如果深加揣摩，这些概念从逻辑上来看仍然有先后主次之分。在《释至德要道》中，马一浮说：

> 德即是性，故曰性德，亦曰德性。道即是性，故曰性道，亦曰天性，亦曰天道，亦曰天命。德、行对文，则德主内而行主外。道、德对文，则德为隐而道为显。性、道对文，则性为体而道为用。性外无理，道外无事。离性而言理，则理为幻妄；离事而求道，则道为虚无。故六艺之教，总为德教。六艺之道，总为性道。②

这段话除了明确德、性、道、天、命等概念具有同等地位和价值，还有以下几层含义：其一，指明德、行、性、道之区别。"德"与"行"是内外之别，"德"与"道"是隐显之别，"性"与"道"是体用之别。"内""隐""体"决定"外""显""用"，"德""性"显然重于"行""道"，即"德""性"是根本，决定"行""道"。其二，指明"性"与"理"具有同一性。性外无理，理在性中；不能离性而言理，否则理便是"幻妄"，不是真理。这就为"理"的存在找到了根源，即与"性"一体，同为天赋，只能遵循，不能改变。其三，指明"道"与"事"具有同一性。"事"乃人做，是"行"之具体呈现。"事"本身就含有"道"，"道"是"事"之所以成的内在依据，即成"事"之"道"。要在具体的"事"中探寻"道"，不能离"事"求"道"，否则，所求之"道"便会沦为"虚无"。这就指出了求"道"路径，即在社会实践中求"道"。其四，指出了"六艺"的主旨。研习《诗》《书》《礼》《乐》《易》《春秋》的目的在于阐明人之所自有的"德性"，按照"道"去做"事"。简言之，"德性"是本体，理、道、事都是"德性"之外显，"理"与"性"、"道"与"事"在根本上具有同一性，不能割裂。

---

① 郭齐勇：《现当代新儒学思潮研究》，第104页。
② 马一浮：《马一浮全集》第一册上，第186页。

（二）"德性"本具足，"六艺"为"德性"之外化

马一浮认为，"德性"为人所自有，非圣人强加，"六艺"则是"德性"之外化、心性之自然流露。"学者须知六艺本是吾人性分内所具的事，不是圣人旋安排出来。吾人性量本来广大，性德本来具足，故六艺之道即是此性德中自然流出的，性外无道也。"①以《论语》为代表的儒家经典所彰显的"五常"（仁、义、礼、知、信）、"六德"（知、仁、圣、义、中、和）以及"至诚""至善"，无不都是"心本具有"。这就把儒家核心理念统摄于"六艺"，而"六艺"则统摄于"一心"。"教相多门，各有分齐，语其宗极，唯是一心。"②具体来说，可以从三个方面来理解：其一，"六经"乃心性之流露。"有六经之迹，有六经之本。六经之本是心性，六经之迹是文字，然六经文字亦全是心性的流露，不是臆造出来。"③针对程子所说"性中曷尝有孝弟来"，马一浮批驳道："盖谓孝弟是名相，性分上只是纯然天理，故找不出孝弟之名来，非谓本无孝弟也。人性憧憧往来之时，正是私心习气流转，天理已不存在。若不幸遭父母丧，哀痛已极，则私心顿销。此时心中只知有父母，不知有我，方是天理发露，方见得天理，到此时安有孝弟之名耶？"④儒家语境中的"性"不仅包含"自然之气性"，而且一定包含"道德之觉性"，孟子的性善则是"存在的呈现"⑤，故此，性本身具有孝悌。程颐之所以否定，在马一浮看来主要是因为受到情之所蒙蔽。"性是理之存，情是气之发"⑥，受私心习气蒙蔽，孝悌便不能发现，一旦"私心顿销"，孝悌自然显现。由此，可知孝悌是性所固有，也是德性之外显。其二，性不能传授，必须返回本心体究。"性是自具，非可传授，可传授的是教边事。"⑦"学者

---

① 马一浮：《马一浮全集》第一册上，第15页。
② 马一浮：《马一浮全集》第一册下，第424页。
③ 马一浮：《马一浮全集》第一册下，第744页。
④ 马一浮：《马一浮全集》第一册下，第760~761页。
⑤ 林安梧：《关于先秦儒学"人性论"的一些讨论——以孟子和荀子为核心的展开》，《齐鲁学刊》2022年第1期。
⑥ 马一浮：《马一浮全集》第一册下，第16页。
⑦ 马一浮：《马一浮全集》第一册下，第747页。

为学须向内体究，不可只贵口耳授受。"①明确指出个体自身的体悟比外在传授重要。这与孔子的"我欲仁，斯仁至矣"（《述而》）、孟子的"行有不得，皆反求诸己"（《离娄上》）一脉相承，强调主体性意识。其三，指出性习不二。"习可变易，性是不易，从变易中见不易，性、习不二也。"②性是先天，习是后天，性乃决定习，而习彰显性，性从习中所见，即习中见性。性与习本质为一，不可割裂。"古人之书固不可不读，须是自己实去修证，然后有入处。否则即读尽圣贤书亦是枉然。"③

（三）"德性"：根植于"性善论"

"中国传统的心性之学，则以性善论为主流。"④从根源来看，马一浮的"德性论"依然根植于孟子的"性善论"。他在论"横渠四句"时说：

> 《易·大传》曰："《复》，其见天地之心乎。"《剥》《彼》是反对卦。……伊川《易传》以为动而后见天地之心。天地之心于何见之？于人心一念之善见之。故《礼运》曰："人者，天地之心也。"《程氏遗书》云："一日之运，即一岁之运；一人之心，即天地之心。"盖人心之善端，即是天地之正理。善端即复，则刚浸而长，可止于至善，以立人极，便与天地合德。故"仁民爱物"，便是"为天地立心"。天地以生物为心，人心以恻隐为本。孟子言四端，首举恻隐，若无恻隐，便是麻木不仁，漫无感觉，以下羞恶、辞让、是非，俱无从发出来。故"天地之大德曰生"，人心之全德曰仁。⑤

天地之心便是人之善心。对天地而言，"善"是天地之正理，"天地之大德曰生"

---

①马一浮：《马一浮全集》第一册下，第747页。

②马一浮：《马一浮全集》第一册下，第761页。

③马一浮：《马一浮全集》第一册下，第731页。

④张君劢：《新儒家思想史》，第567页。

⑤马一浮：《马一浮全集》第一册上，第4~5页。

（《系辞传》），"生物"是天地之"善"的彰显。对人来说，"善"是人之本性，即"恻隐"之心，亦即"仁心"。这扩充提升了孟子的"四端说"，把"恻隐"等同于"天地之正理"，为"仁"找到了最终的根源。即人之性善来自天地，等同于天理。这是从超验层面而言，至于经验世界为何有不善，马一浮承袭了宋儒"气质之性"的说法。"义理之性无有不善，气质之性有善有恶，善者为义理之显现，不善者为义理之障蔽。然义理之性虽有隐现，并无增减。"①"善"是义理之性，"不善"则是气质之性，受到后天之蒙蔽。"性是纯理，无有不善，气则有善有不善。"②由此，既然人之本性是善，所以"德性"的彰显要向内求，反求诸己，而不是向外用力。"今人所谓探求真理，全是向外寻求，如此求真得不到，即有所得，亦不真实。中土圣贤所谓性，即今世所谓真理。此乃人人本具，最为切近简易，反身而求，当下即是。今之人驰心务外，正是舍本追末、舍近求远，可谓枉费工夫。"③由此，"德性"既是本体，也是功夫，只有主体性得到充分的彰显，才能从根本上实现德性、天道、人事的合一。显然，这并没有跳出孟子"尽心—知性—知天"的逻辑理路。

四、结语

针对孔子之"仁"，朱熹解为"私欲尽去而心德之全"④，"尊德性"是"仁"的核心要旨；李泽厚则指出，社会性的交往要求和相互责任是"仁"的主体内容。⑤显然，"仁"之最终落脚点依然是现实世界，目标是实现"外王""大同"之理想。这就从根本上塑造了儒学"人伦日用"之特性。从这个角度而言，无论以"六艺"统摄《论语》，还是以佛学解《论语》，马一浮诠释《论语》的根

---

① 马一浮：《马一浮全集》第一册下，第726页。
② 马一浮：《马一浮全集》第一册下，第732页。
③ 马一浮：《马一浮全集》第一册下，第740页。
④ 朱熹：《四书章句集注》第91页。
⑤ 李泽厚：《新版中国古代思想史论》，天津社会科学院出版社，2008年，第25页。

本指向都是阐发儒学的"人文化成之道"①，弘扬其"与道体合一的达道之学"②。

（刘伟，男，山东滕州人，哲学博士、儒学博士后，曲阜师范大学政治与公共管理学院哲学系教授、博士生导师，主要从事论语学、心性哲学、宗教生态学和传统文化"两创"研究）

---

①颜炳罡：《人伦日用即道：颜炳罡说儒》，孔学堂书局，2014年，第9页。

②刘梦溪：《马一浮的文化典范意义》，载吴光主编：《马一浮思想新探》，第13~14页。

"六艺之教"：马一浮《论语》诠释的教化维度

裴东升

  《论语》作为记载孔子及其门人的嘉言懿行录，为历代儒者所推崇并注疏不绝，现代新儒家早期代表人物之一的马一浮也非常重视《论语》。①马一浮对《论语》的诠释主要集中于抗战时期主持复性书院时为诸生讲授的《论语大义》（收入《复性书院讲录》），以及此前应邀为浙江大学开设国学讲座时所讲的《论语首末二章义》（收入《泰和宜山会语》），内容涵盖了通行本《论语》二十篇，共论及九十八章之多。②另有《论语集解索隐》《论语异义》均为未竟之作，前者仅完成了"'子曰志于道'章"，后者也只有九条，其中第一、八、九三条为引大小戴《礼记》、《韩诗外传》对《论语》进行注释，其余六条均是以佛学印证《论语》义理。③从体例来看，《论语集解索隐》《论语异义》更接近于传统的

---

  ①在距浙江大学讲学逾二十年之久的1957年，马一浮得知，以治《文心雕龙》久已成名的学生吴林伯尚在精研《论语》，对吴大加赞许，称其"得读书之次矣"，过些日子还不忘问他读《论语》后有何长进。参见吴林伯：《马先生学行述闻并赞》，载毕养赛主编：《中国当代理学大师马一浮》，上海人民出版社，1992年，第52页。

  ②刘伟：《马一浮〈论语〉诠释特色及其理论意蕴探微》，《山东社会科学》2022年第12期。

  ③马一浮著，虞万里点校：《马一浮集》（第一册），浙江古籍出版社，1996年，第855~858页。

"注疏体"①，《论语大义》《论语首末二章义》则类似于充分运用"跨文本诠释"和"融贯性诠释"这两种诠释策略②的"诸子体"，故而最能体现马一浮《论语》诠释的独特性。对于前人注疏，马一浮强调"先儒所讲明，实已详备"③，学者尽可循书自学。然而"义理无穷"，他的使命在于将先儒引而未发、易为学者所忽略的主要之处举出一个"统类"来，这就是"六艺之道"。④因此，"六艺"是马一浮经典诠释的总纲。

近二十年来，学界对马一浮的研究越来越多，其《论语》诠释也为学者所注意。一是注意到马一浮发现《论语》里面有"六艺"⑤，认为"六艺"统摄《论语》是马一浮《论语》诠释的鲜明特色，在主旨、结构和义理等层面做到了有机融合⑥，从诠释方法上将之归纳为"以经摄子"。⑦二是注意到其诠释前提和理论基础为以性德为核心、以"见性"为指归的心性论。三是注意到他以佛解儒、儒佛会通的释读风格。⑧但从《论语》诠释的角度看，无论是以佛解儒的诠释风格，还是高扬心性的释读取向，在经典诠释史上均不鲜见。相较而言，据"六艺"判《论语》之"大义"为"六教"才是最可留意、深究之处。

---

①经典诠释中的"注疏体"必须依傍经文文本作解，其面向依然是"文本和历史的客观性"；"诸子体"则是在不背离经典的前提下阐发自己的学术思想，其面向是"当下和现实的主观性"。参见刘笑敢：《诠释与定向——中国哲学研究方法之探究》，商务印书馆，2009年，第209页；李畅然：《清代〈孟子〉学史大纲》，北京大学出版社，2011年，第7~11页。

②刘笑敢：《诠释与定向——中国哲学研究方法之探究》，第208~226页。

③马一浮著，虞万里点校：《马一浮集》第一册，1996年，第3页。

④马一浮著，虞万里点校：《马一浮集》第一册，第25页。

⑤刘梦溪：《论国学的内涵及其施教——马一浮国学论的立教义旨》，《文史哲》2017年第2期。

⑥刘伟：《马一浮〈论语〉诠释特色及其理论意蕴探微》，《山东社会科学》2022年第12期。

⑦许宁：《马一浮对〈论语〉的现代诠释》，《浙江社会科学》2017年第10期。

⑧韩焕忠：《马一浮对〈论语〉的佛学解读》，《苏州大学学报》（哲学社会科学版）2011年第1期。张涅对以上三点均已注意，见张涅：《马一浮对于〈论语〉意义的阐释》，载吴光主编：《马一浮思想新探》，上海古籍出版社，2010年，第383~391页。刘斌较早将一、三总结为马一浮《论语》诠释的特点，见刘斌：《民国〈论语〉学研究》，山东大学2008年博士学位论文，第108~131页。

一、作为"性—道—教"教化结构的"六艺"与《论语》

《论语》记载着孔子及其弟子的言行，是研究孔子思想学说最为可靠的文献。自司马迁系统地提出"孔子删定六经说"，孔子与"六经"的关系问题遂成古今学者聚讼之处，但孔子曾系统学习过包括"六经"在内的古代文献，并以之作为教材进行教学，应无疑问。①而《论语》与"六经"的关系也由此进入了学者讨论的视野之内。《汉书·艺文志》将《论语》列入"六艺略"与"六经"并行，而不入"诸子略"之"儒家"，说明《论语》与"六经"关系紧密。东汉赵岐明确地说："《论语》者，五经之馆鎋、六艺之喉衿也。"②北宋二程认为："《论语》《孟子》既治，则六经可不治而明矣。"③这都是认可《论语》与"六经"之间的联系。由此可见，马一浮强调"六艺之旨，散在《论语》而总在《孝经》"④，"欲明其微言大义，当先求之《论语》"⑤，在学理上渊源有自。但如何能够通过研读《论语》而通晓"六经"呢？这在知识层面上是无法想象的。即便在义理层面上，文本之间意义可以相通，要实现跨文本的融贯也会困难重重。而马一浮的独到之处在于，他对"六艺"的理解，使其呈现为"性—道—

---

①沈文倬曾于1963年趋谒蒋庄问学于马一浮，提出"诗""书""礼""乐"在周初本是官师政教所用的"四术"，其中"诗""书"用文字记载但并未成书，而"礼""乐"则主要通过实践演习来授受，无必要成书，马一浮听后连称"信然"。见沈文倬：《蒋庄问学记》，载毕养赛主编：《中国当代理学大师马一浮》，第63~65页。参见沈文倬：《菿闇文存》（下），商务印书馆，2006年，第789~793页。近年吴天明、黎汉基对此续有讨论，结论与沈文倬相似。见吴天明：《"孔子成六经说"考辩》，《学术界》2022年第10期；黎汉基：《"孔子出而有经之名"驳议——皮锡瑞《经学历史》的论证问题》，《文史哲》2021年第5期。

②焦循：《孟子正义》，中华书局，2006年，第9页。

③程颢、程颐：《二程集》，中华书局，1981年，第322页。

④马一浮著，虞万里点校：《马一浮集》第一册，第15页。

⑤马一浮著，虞万里点校：《马一浮集》第一册，第137页。尽管马一浮认为六经文本是"孔氏遗书，七十子后学所传"，承载着"六艺之道"，但传世文本中，六经只有《易》《诗》《春秋》是完书，其余或亡或缺，或为依托，或为传为记，均不得名"经"。"《论语》出孔门弟子所记"，是"宗经论"。见上书第15页。

教"的教化结构。

这里的"教化"并非中国传统史籍中所习见的指向"他力教"的政教风化，而是哲学意义上指向主体自身的"自力教"。李景林用"普遍化""转变""保持"这三个关键词从哲学层面对"教化"这一概念的内涵重新进行了厘定。所谓"普遍化"是吸收黑格尔对"教化"的讲法，即个体通过异化而使自身成为普遍化的具有本质的精神存在；所谓"转变"是指理查·罗蒂所强调的"教化"之于引发人的精神生活变化和转变的意义；所谓"保持"则是伽达默尔所揭示的在教化的结果中，人的精神尤其是感性的内容都得以"保存"而未丧失。这种引发人的自我和精神生活的变化、转移并始终保持本真的"教化"义，实际上呈现为《中庸》"天命之谓性，率性之谓道，修道之谓教"所揭示的"性—道—教"教化结构，这与孔孟以来的儒家精神正相契合。教化的实现，首先是个体经功夫显现本体，进而由本体推动人的存在发生转化，并在这种已转化的实存上呈现自身。其次是这种转化之后的本有实存自然敞开外显，对他者形成垂范感通，达致移风易俗的社会功能。因此，儒家的教化并不遵循以本体对应现象或以实体对应属性的认知进路，而是个体实存一系列自我转化历程的展开和实现。[①]

我们来看马一浮对"六艺"大旨的揭示。他先从《礼记·经解》《庄子·天下》中各拈出一段文字来说明：

> 今举《礼记·经解》及《庄子·天下篇》说六艺大旨，明其统类如下：《经解》引孔子曰："入其国，其教可知也。其为人也，温柔敦厚，《诗》教也；疏通知远，《书》教也；广博易良，《乐》教也；洁静精微，《易》教也；恭俭庄敬，《礼》教也；属辞比事，《春秋》教也。"《庄子·天下篇》曰："《诗》以道志，《书》以道事，《礼》以道行，《乐》以道和，《易》以道阴阳，《春秋》以道名分。"自来说六艺，大旨莫简于此。有六艺之教，斯有六艺之人。故孔子之言，是

[①] 李景林：《教化视域中的儒学》，中国社会科学出版社，2013年，第6~7页。

以人说，庄子之言，是以道说。《论语》曰："人能弘道，非道弘人。"
道即六艺之道，人即六艺之人。[①]

"六艺"即"六经"，但马一浮训"艺"为"树艺"，是"以教言谓之艺"；训
"经"为"常"，是"以道言之谓之经"。[②]由此将"六艺""六经"的内涵从
"礼、乐、射、御、书、数"六种技艺以及《诗》《书》《礼》《乐》《易》《春
秋》六类经书文本中超拔出来，置于"道"和"教"两个维度之中。[③]可见马
一浮说"六艺大旨"的着眼点是"六艺之道""六艺之教"，落脚点则在于养成
"六艺之人"："六艺之道"是"六艺之教"的"体"，"六艺之教"是"六艺之
道"的"用"，"六艺之人"则是"六艺之道"的落实和"六艺之教"的完成。
温柔敦厚、疏通知远、广博易良、洁静精微、恭俭庄敬、属辞比事正是人经由
教化之后所呈现出的各个面相的"存在的真实"。

进而，马一浮再向上一提，揭示"六艺之道""六艺之教"的本源在于"天
命之性"。他说：

> 学者须知，六艺本是吾人性分内所具的事，不是圣人旋安排出
> 来。吾人性量本来广大，性德本来具足，故六艺之道即是此性德中自
> 然流出的，性外无道也。从来说性德者，举一全该则曰仁，开而为二
> 则为仁知、为仁义，开而为三则为知、仁、勇，开而为四则为仁、义、
> 礼、知，开而为五则加信而为五常，开而为六则并知、仁、圣、义、
> 中、和而为六德。就其真实无妄言之，则曰"至诚"；就其理之至极
> 言之，则曰"至善"。

> 心统性情。性是理之存，情是气之发。存谓无乎不在，发谓见之
> 流行。理行乎气中，有是气则有是理。因为气禀不能无所偏，故有刚

---

①马一浮著，虞万里点校：《马一浮集》第一册，第11页。
②马一浮著，虞万里点校：《马一浮集》第一册，第12页。
③马一浮虽说"六艺即是六经"，但在实际使用中，多用"六艺"而少言"六经"。主
要原因在于"六经"容易将人注意力导向六种经典文本，使其"载道"的价值取向被强调。

柔善恶，先儒谓之气质之性。圣人之教，使人自易其恶，自至其中，便是变化气质，复其本然之善。此本然之善，名为天命之性，纯乎理者也。

此理自然流出诸德，故亦名为天德。见诸行事，则为王道。六艺者，即此天德王道之所表显。故一切道术皆统摄于六艺，而六艺实统摄于一心，即是一心之全体大用也。[1]

所谓"性外无道"，"六艺之道"乃是人心本具之"性德"的自然流出。相较于宋明儒习用"性理"，马一浮更喜用"性德"表达相同的意思。"性德"一词出自《中庸》"成己，仁也；成物，知也。性之德也，合外内之道也，故时措之宜也"。即"性"蕴含仁、知二德，仁、知作为性德能够在成就自我的同时成就万物，其功能效验至广至大，在这个意义上，"性德"更能揭示出心性本体"运乎无始""周乎无方"[2]、涵容渊微的特性。同时借助"德"有"得之于己"之义来强调此性本为人所具足。在这里，马一浮受华严宗"一真法界""六相圆融"等思想的启发，将"性德"作为存在真实的本源，认为性中含有仁、义、礼、智、圣、中、和等德相，因这些德相各自体现出性德的某个侧面，故称为"别相"，而为"仁"这一"总相"所统摄。[3]。

最后，在"六艺统于一心"的脉络下，马一浮揭示了"六艺"与性德的关联：

《易》本隐以之显，即是从体起用。《春秋》推见至隐，即是摄用归体。故《易》是全体，《春秋》是大用。……以一德言之，皆归于仁；以二德言之，《诗》《乐》为阳是仁，《书》《礼》为阴是知，亦是义；以三德言之，则《易》是圣人之大仁，《诗》《书》《礼》《乐》

---

[1]马一浮著，虞万里点校：《马一浮集》第一册，第18~20页。
[2]马一浮著，虞万里点校：《马一浮集》第一册，第27页。
[3]刘乐恒：《马一浮六艺论新诠》，上海古籍出版社，2015年，第13~15页。

并是圣人之大智，而《春秋》则是圣人之大勇；以四德言之，《诗》《书》《礼》《乐》即是仁、义、礼、智；（原注：此以《书》配义，以《乐》配智也。）以五德言之，《易》明天道，《春秋》明人事，皆信也，皆实理也；以六德言之，《诗》主仁，《书》主知，《乐》主圣，《礼》主义，《易》明大本是中，《春秋》明达道是和。①

在"性德（总相）—诸德（别相）—六艺"这一"模型"中，六艺得以与六德相配，六艺全面承载和体现了性德，展示了人性的本然之善和复性之教。②至此，马一浮完成了"六艺"作为"性—道—教"教化结构的呈现："性"构成了人的普遍化的本质存在依据，"道"是本质存在的显现与流行，"教"则是因性德流行引发人的精神转化，完成"变化气质"。以博约关系说，则"'天命之谓性'是约，'率性之谓道'是博，'修道之谓教'是由博以至于约"③；从体用关系上说，"就性道言，则性为体，道为用；就道教言，则道为体，教为用。以道为用，则教是用中之用；以道为体，则性是体中之体"④。因此马一浮说："六艺之教，总为德教。六艺之道，总为性道。……六艺之要归，即自心之大用，不离当处，人人可证，人人能行，证之于心为德，行出来便是道，天下自然化之则谓之教。"⑤"圣人之教"就是人人领会性德，打开被习气、物欲所遮蔽的本然真实的存在而见性、复性，从而使人心性自然流出六艺之道并践行六艺大用。

马一浮认为，"六艺"不仅是一切学术之源，而且"全部人类之心灵，其所表现者不能离乎六艺也；全部人类之生活，其所演变者不能外乎六艺也"⑥。因此《论语》中任意举出一章，都可以见"六艺"之旨，《论语》与"六经"只是"一理"，只是"一贯"。以《论语》首章为例，马一浮认为，首章三句分别

①马一浮著，虞万里点校：《马一浮集》第一册，第20页。
②于文博：《马一浮六艺论的内涵与意义》，《中国哲学史》2017年第3期。
③马一浮：《马一浮全集》第四册，浙江古籍出版社，2013年，第100页。
④马一浮：《马一浮全集》第一册，浙江古籍出版社，2013年，第595~596页。
⑤马一浮著，虞万里点校：《马一浮集》第一册，第221页。
⑥马一浮著，虞万里点校：《马一浮集》第一册，第22页。

为"礼乐"教义、"易"教义：礼以敬为本，"时习"的动力在于"敬学"，故有"礼"教义。"学而时习"，自心悦怿。"悦是自受用，乐是他受用。""时习是功夫，朋来是效验。""自他一体，善与人同。""以善及人而信从者众，欢忻交通，更无不达之情"是"和"，是"乐"教义。在这个意义上，首章头两句兼有"礼乐"教义。"人不知而不愠"则表明学至于不求人知、"不求为人所是"的地步，已经成就了君子之德，"君子之道是仁"，仁者浑然与物同体，自然无一毫己私。换句话说，人能到"不知而不愠"的地步，必然是己私尽去，浑然与物同体，"《易》是圣人最后之教，六艺之原，非深通天人之故者不能与《易》道相应"，《易·大象》中凡"明法天用《易》之道，皆以君子表之"，因此说《论语》此处言君子为"易"教之君子，为"易"教义。

再看《论语》末章，后两句"知礼""知言"分别为"礼"教义和"诗"教义，其义甚为明显。《易》明性命之理，"性、命一理也，自天所赋言之，则谓之命；自人所受言之，则谓之性。不是性之上更有一个命，亦不是性命之外别有一个理"。所以"不知命，无以为君子"是"易"教义。因此，在"六艺之教"的观照之下，"首章是始教，意主于善诱，此章是终教，要归于成德。……以君子始，以君子终，总摄归于《易》教也"。①

二、"六艺之教"与《论语》"大义"

马一浮说《论语》分为两个步骤。第一步先总说"大义"。经学史上的"微言大义"一词一度专属于《春秋》，而无关乎《论语》。汉儒认定《春秋》是孔子所作，而《论语》不过出于孔子弟子所记，故"汉人引《论语》多称传"②。因此孔子的"微言大义"尽藏于《春秋》。马一浮则认为，"微言大义"原本通指"六艺"，并不专指《春秋》。所谓"微言"，即"微隐之言"，所谓"大义"，指"圆融周遍之义"，而"圣人之言"固无分微、显，也不分小、大，只是在于

①马一浮著，虞万里点校：《马一浮集》第一册，第28~33页。
②皮锡瑞：《经学历史》，中华书局，2008年，第39页。

学者是否能领会以及能领会多少。学而不能领会，则全是"微言"；七十子均为大贤，故所传为"大义"。对于《论语》而言，一部《论语》无非都是"六艺"大旨。如果认识不到这点，"大义"就成了隐而不见的"微言"；一旦学者识得《论语》不过是"六艺之教"，"微言"立刻显现为"大义"。马一浮将《论语》归纳为"三大问目：问仁，问政，问孝。凡答问仁者，皆《诗》教义也；答问政者，皆《书》教义也；答问孝者，皆《礼》《乐》义也。"又"《易》为《礼》《乐》之原，言《礼》《乐》，则《易》在其中。……《春秋》为《诗》《书》之用，言《诗》《书》，则《春秋》在其中"。又以"诗""书""礼""乐"四教配"仁""智""义""圣"四德，再以四德与"南""北""西""东"四方、"夏""冬""秋""春"四时相配，"四教统于《易》《春秋》""《易》配中，《春秋》配和，四德皆统于中和"，"四时为天道，四方为地道，四德为人道，人生于天地之中，法天象地，兼天地之道者也"，从而成就"大人"。①第二步则就三大问目分说六教。

（一）答问"仁"：《论语》之"诗"教义

"仁"是孔子以来儒学的核心概念，马一浮曾对"仁"的内涵的几种代表性解释进行评判：

> 有曰相人偶为仁，有曰博爱之谓仁，有曰仁者心之德、爱之理，又有曰仁者浑然天理而无一毫人欲之私，然皆与孔门问答不同，以皆是诠表之词，而非用力之方也。观《论语》问答，皆言求仁切近工夫，当下便可持循者。后儒释仁，则重在讲说，学者闻之，遂以为如是讲解，能事已毕。这全失问仁宗旨。②

马一浮在这里分别举郑玄、韩愈、朱熹等人的释仁之说，并非否定前贤，另立新解，而是强调对"仁"的诠释绝不能满足于名言层面上的辩说，首要而急切

①马一浮著，虞万里点校：《马一浮集》第一册，第159~160页。
②马一浮著，虞万里点校：《马一浮集》第三册，第1168页。

的是讲求当下便可持循力行的功夫，使得自性本具的仁心发露、天理流行。马一浮认为"学者之事，莫要于识仁求仁，好仁恶不仁"①，因此《论语》中孔子对弟子问仁的回答，都是求仁的切己功夫，并将之"楷定"②为"诗教"。他明确提出"诗教主仁""诗教本仁""诗主于仁"等命题，在"六德"配"六艺"时以"诗"配"仁"，③将"诗"学与"仁"学贯通起来。他说：

> 仁是心之全德（原注：易言之，亦曰德之总相）。即此实理之显现于发动处者。此理若隐，便同于木石。如人患痿痹，医家谓之不仁，人至不识痛痒，毫无感觉，直如死人。故圣人始教，以《诗》为先。《诗》以感为体，令人感发兴起，必假言说，故一切言语之足以感人者皆诗也。此心之所以能感者便是仁，故《诗》教主仁。④

在马一浮看来，"诗"以语言为载体，其根本特性在于"感"，以"自感为体，感人为用"⑤，即诗可以感发人心。"仁"则是自心本具之理发动时的显现，不发则不仁，而"诗"恰恰可以用其感发的特性作为此理发动的"动力"缘起。"仁"是能感，"诗"是所感。人心如无私欲障蔽，"直是活泼泼地，拨着便转，触着便行"⑥，一感即通，天理发动，"诗教从此流出，仁心从此显现"，即吾人可应"诗"之感而兴起或者说是被其唤起，体认到自性本具之"仁"。因此"六艺

---

①马一浮著，虞万里点校：《马一浮集》第一册，第6页。

②每一种学术都需要先给出所涉及的概念范畴的定义，马一浮借用佛教术语称之为"楷定"，区别于"确定"和"假定"，"言确定则似不可移易，不许他人更立异义，近于自专。""今言楷定，则仁智各见，不妨各人自立范围，疑则一任别参，不能强人以必信也。""假定者，疑而未定之词，自己尚信不及，姑作如是见解云尔。楷定则是实见得如此，在自己所立范畴内更无疑义也。"（马一浮著，虞万里点校：《马一浮集》第一册，第10页）

③马一浮著，虞万里点校：《马一浮集》第一册，第20页。

④马一浮著，虞万里点校：《马一浮集》第一册，第161页。

⑤马一浮著，虞万里点校：《马一浮集》第三册，第180页。

⑥马一浮著，虞万里点校：《马一浮集》第一册，第161页。

之教，莫先于诗。于此感发兴起，乃可识仁。故曰'兴于诗'。"①马一浮认为，《论语》中孔子对"仁"的答问，均旨在使人当下即能感发，这正是诗教。需要特别指出的是，由于马一浮往往以"心之能感者"为仁，不免让人以为他对"仁"的理解继承了宋儒"以知觉言仁"的主张。实际上马一浮是"以诗识仁"，而不是通过直觉内省"以觉识仁"，这就保证了马一浮的"体仁"功夫不会落入空寂。②

此外，诗教还有言说方式的问题。《论语》中孔子答问"仁"时往往因人而异，马一浮用天台宗的"四悉檀"予以说明。他说：

> 学者第一事便要识仁，故孔门问"仁"者最多。孔子一一随机而答，咸具四种悉檀，此是《诗》教妙义。（原注：四悉檀者出天台教义，悉言遍，檀言施。华、梵兼举也。一世界悉檀，世界为隔别分限之义，人之根器各有所限，随宜分别，次第为说，名世界悉檀。二为人悉檀，即谓因材施教，专为此一类机说，令其得入，名为人悉檀。三对治悉檀，谓应病与药，对治其人病痛而说。四第一义悉檀，即称理而说也。）③

"四悉檀"是佛教一种建立在真俗不二的基础上的解经方法，随受众天资悟性高下而对经典作不同的阐释。"世界悉檀"是随顺众生的欲乐说世间法，重在随众生乐欲；"为人悉檀"是随根机说种种出世法，重在生诸善；"对治悉檀"是针对众生烦恼应病与药的说法，重在断诸恶；"第一义悉檀"阐明诸法实相妙论，重在悟理契入。马一浮将孔子以"爱人知人"答樊迟仁知之问判为"世界悉檀"；答子贡"己欲立而立人，己欲达而达人，能近取譬，可谓仁之方也已"是"为人悉檀"；答司马牛曰"仁者，其言也讱"，答樊迟曰"仁者先难而后

---

① 马一浮著，虞万里点校：《马一浮集》第一册，第268页。
② 李虎群，林开强：《以诗说仁：马一浮释"仁"的独特路径》，《西南民族大学学报》（人文社会科学版）2022年第9期。
③ 马一浮著，虞万里点校：《马一浮集》第一册，第914~915页。

获"，并是"对治悉檀"；答颜渊曰"一日克己复礼，天下归仁焉"，是"第一义悉檀"。同时"前三不离后一，圣人元无二语，彻上彻下，彻始彻终，只是一贯，皆是第一义也。颜渊直下承当，便请问其目，孔子拈出'视听言动'一于礼，说仁之亲切，无过于此，颜渊一力担荷，此是孔门问仁第一等公案，于此透脱，斯可以尽性矣。"①

（二）答问"政"：《论语》之"书"教义

《尚书》是上古时代的历史文献汇编，原只称《书》。②但在马一浮看来，《书》显然不仅仅是一般的古史史料。从内容上看，《尚书》的记载均有关政事，其中则蕴含着尧、舜、禹、汤、文、武、周公治天下之道。马一浮借用天台宗"本""迹"这一对教义名词来说明"书"教之旨。"'本'谓本体、本原，'迹'指行迹、事相。'本'的外在活动曰'迹'；'迹'的内在依据曰'本'，故二者不能相离。"③"书"教大义是从本垂迹，由迹显本：政是其迹，心是其本。马一浮盛赞蔡沈的《书集传序》将家国治乱系于心德存亡的说法，认为"自来说《尚书》大义，未有精于此者。"④"书"教之旨正在于使人由政事之迹以见圣人之用心所在，不过是本着大公无私之心行其当然、尽其本分。

马一浮认为，《书》中的"帝""王"原本都是表德之称，后人以"帝""王"为封建时代的名号是因为不知本义。由此，他批评柳宗元的《封建论》不过是以私意窥测圣人，近似于社会学，正是对"书"教的领悟不够，以致"失之诬"。而帝国主义以侵略兼并号称帝国，不过是夷狄之道，比之"霸"道尚且不如。皇帝一名，更是被秦始皇用坏的。⑤《尚书》中皆是叹德之辞，如"钦明文思安安""允恭克让""浚哲文明"等，"书"教之旨无疑是以德为本的。此外，因一切政典都属于"礼"，故而"立于礼"也是"书"教。圣人行其当然

① 马一浮著，虞万里点校：《马一浮集》第一册，第162页。
② 蒋伯潜：《十三经概论》，中华书局，1983年，第95~97页。
③ 任继愈主编：《佛教大辞典》，江苏古籍出版社，2002年，第1478页。
④ 马一浮著，虞万里点校：《马一浮集》第一册，第164页。
⑤ 马一浮著，虞万里点校：《马一浮集》第一册，第167页。

之则、尽其本分之事，即是"行其典礼"，典礼即是常事。《尧典》《舜典》的"典"指的就是常事。圣人所惶恐的只是担忧行事有不当理之处、有未尽到本分之处，并无丝毫居德求功的私意。学而至于圣人，也只是要"谨于礼"。

归根结底，德是政之本，政是德之迹。论"本"唯言"德""礼"，如"道之以政，齐之以刑，民免而无耻；道之以德，齐之以礼，有耻且格"，"大哉，尧之为君也！巍巍乎！唯天为大，唯尧则之"，"无为而治者，其舜也与"；论"迹"则修德责己，尽心尽力做好自己该做的，如答哀公问"何为则民服"、答季康子问"使民敬忠以劝，如之何"。政者，正也，自然应迹。体悟领会达顺之道，不杂一毫私智，奉"三无私"以劳天下，然后方能应迹。若自私用智，居德求功，则其虽有为而不能为应迹，虽有明觉而不能谓有德。后世言政事，拘拘于典章制度，在马一浮看来，这都是舍本言迹，背离了孔子"书"教之旨。"六经总为德教。而《尚书》道政事，皆原本于德。尧、舜、禹、汤、文、武所以同人心而出治道者，修德尽性而已矣，离德教则政事无所施，故曰'为政以德'。"①

（三）答问"孝"：《论语》之"礼""乐"教义

马一浮在说明《论语》中孔子如何因孝悌而开显"礼""乐"教义这一问题上着墨甚多，这与他对"孝"的理解和重视有关。在"六艺统摄一切学术"论域所重构的经典体系中，《孝经》是另一部马一浮特为重视的经典。他说"六艺之旨，散在《论语》而总在《孝经》"②，"吾人性德本自具足，本无纤毫过患，唯在当人自肯体认。与其广陈名相，不若直抉根原，故博说则有六艺，约说则有《孝经》"③。马一浮认为"孝弟者，即礼乐之原也"④。这个"原"既可以作为礼乐教化义理的源头讲，也可以作为礼乐教化得以实现的行动起点讲。他通过

---

① 马一浮著，虞万里点校：《马一浮集》第一册，第167页。
② 马一浮著，虞万里点校：《马一浮集》第一册，第15页。
③ 马一浮著，虞万里点校：《马一浮集》第一册，第211~212页。
④ 马一浮著，虞万里点校：《马一浮集》第一册，第177页。

对程颢"尽性至命，必本于孝悌；穷神知化，由通于礼乐"①的阐释具体展开这一命题。

从义理之源上说，"礼""乐"教义是由一心之性德的发用流行而生出，这一过程得以成立最重要的理据即在于"性命一本""万物一体"。马一浮认同伊川对"尽性至命"的解释：

> 就天所赋而言，则谓之命；就人所受而言，则谓之性：其实皆一理也。物与无妄谓之赋，各一其性谓之受。原注：万物一太极，一切即一也。物物一太极，一即一切也。……此理人所同具，初无欠缺。尽是尽此理而不遗，至是至此理而不过。尽以周匝无余为义，至以密合无间为义。……天地万物本是一体，即本此一理，本此一性，本此一命。②

所谓"性""命"是人禀受天赋的天理，只是一本；万物各受得天理之一而生，本是一体。正因"性命一本""万物一体"，性德发动方得以通达无碍、周遍无余。但这种通达周遍、"不遗""不过"的"尽性至命"状态是效验，"尽""至"本身还是一个功夫持循的过程，即"天地万物一体"并非现成的全体呈现，而是经由"推扩"次第生成进而达于极致。这个次第的开端就是"赤子之心"，他说：

> 唯赤子之心，其爱敬发于天然，视其父母兄弟犹一体，无有能所之分、施报之责，此其情为未瞑。以父母之性为性，以父母之命为命，而己无与焉。此谓全身奉父，无一毫私客于其间，序之至，和之至也。人能保是心，极于《孝经》之五致，是之谓致良知。尽

---

①程颢、程颐：《二程集》，第638页。

②马一浮著，虞万里点校：《马一浮集》第一册，第171页。

性至命之道在是矣。乐自顺此生，礼自体此作。①

此心之仁是性之总德、德之总相。孩提之童不以己身为私②，视父母兄弟为一体，其赤子之心所发露出的一念之仁必先达于父母兄弟，于是性德之仁的自然显发与展示也必然当先表现为爱亲（别相之"仁"）敬长（别相之"义"），也就是"孝"或"孝悌"。在本然的意义上，性德之仁一经触发，流行通达，无方无体，孝悌所本的爱敬之心顺着"自然之序"③充扩推致，至于周匝无余、密合无间，"使天下无一物不得其所，然后乃尽此心之量，是以天地万物为一身"，从而兴发出本原之礼乐。

从教化的实现而言，行孝悌是起点。孝子由明一体之义，知"孝子之身，即父母之身"，则知"居处不庄，非孝也；事君不忠，非孝也；莅官不敬，非孝也；朋友不信，非孝也；战阵无勇，非孝也。五者不遂，灾及于亲，敢不敬乎？"（《礼记·祭义》）如此则父母无忧，是"乐"教之至；君子跬步不忘其亲，谨于礼之至。养父母用敬，则"生，事之以礼；死，葬之以礼，祭之以礼"。此为"礼"教义。爱父母，则必有和气，有愉色，有婉容，乐教义。万物本乎天，人本乎祖。"由报本反始推之，极于天地；由仁民爱物推之，极于禽兽草木，使各得其理，各遂其生。故伐一木、杀一兽不以其时，非孝也。斧斤以时入山林，网罟以时入川泽。仁政之行，必推致其极，然后可以充此心之量，尽礼乐之用也。"④此外，《论语》中凡言"不争"均是"礼"教义；言"无怨"皆"乐"教义。

---

① 马一浮著，虞万里点校：《马一浮集》第一册，第171页。

② 孟子、马一浮用"孩提之童"的"赤子之心"来说本心发动而为天然之爱敬孝悌，并不仅仅是一种经验层面上的事实描述，更大程度上是基于"赤子之心"无人我之私与本心物我无间之纯然状态的契合，以经验层面上常见的一种事实进行譬喻。因为在纯粹的经验层面上，孩童之心并不必然地表现为赤子之心。

③ 礼者，天地之序。马一浮引《易·序卦》"有夫妇然后有父子，有父子然后有君臣，有君臣然后有上下，有上下然后礼有所错"，将人伦关系的生成次第认定为自然之序。参见马一浮著，虞万里点校：《马一浮集》第一册，第169页。

④ 马一浮著，虞万里点校：《马一浮集》第一册，第178页。

（四）《论语》之"易"教义

马一浮的"易"教主要以"三易"为核心方法论来展开。所谓"易有三义：一变易，二不易，三简易"是马一浮拈取的汉儒之说。[①]就《易》文本而言，卦爻画是"象"，卦爻辞及"十翼"是"言"，"言""象"所表达的是"意"。"圣人立象以尽意"，"系辞焉以尽其言"（《易·系辞上》）。马一浮指出，卦爻画固然是象，卦爻辞及"十翼"之言也是象，"《易》之名书，本取变易为义。圣人观于此变易之象，而知其为不易之理，又有以得其简易之用。"[②]"言""象"是变易之相，"意"是不易之理，"寻言以观象""寻象以观意"是简易之用。因此在功夫层面，马一浮认为言、象不可忽略，更不可抛却，直接求"意"容易滑入"未得其意而遽言忘象，未得其辞而遽云忘言"的空谈境地，从而强调"观象"是学《易》法门，以义理为主，不废象数。就生活世界而言，"气是变易，理是不易。全气是理，全理是气，即是简易"。由气化流行所显现的多样性的现象界是变易，其所以然之理是不易，理气不离不杂是简易。因对"三易"的领会程度不同而对世界形成"断见"（事物一经变化，就断绝不存）、"常见"（一切事物只在形态之间转换而不会消失，如佛教的轮回生死说）、"正见"三种认知："只明变易，易堕断见；只明不易，易堕常见。须知变易元是不易，不易即在变易，双离断常二见，名为正见，此即简易也。"就意义世界而言，"观象即是观心"，"情为变易，性为不易，心统性情，则简易也。"就教化的结构而言，"天命之谓性"是不易，"修道之谓教"是变易，"率性之谓道"是简易。[③]

在"易"教的视野之下，于《论语》可见"圣人日用处全体是《易》"。如"子在川上"章正是孔子示人以"三易"之义："此即于迁流中见不迁，于变易中见不易也。'逝者如斯夫'，是法喻并举。'逝'言一切法不住也。'斯'

①孔颖达《周易正义》"论'易'之名"引郑玄《易赞》及《易论》："易一名而含三义：易简，一也；变易，二也；不易，三也。"见王弼注，孔颖达疏：《周易正义》，北京大学出版社，1999年，第5页。

②马一浮著，虞万里点校：《马一浮集》第一册，第187页。

③于文博：《从〈易〉之三易到心之三易——论马一浮易学思想及其对朱陆之学的取舍》，《周易研究》2018年第3期。

指川流相。一切有为诸法，生灭行相，逝而无住，故非常。大化无为，流而不息，不舍昼夜，故非断。法尔双离断常，乃显真常不易之实理。"①川流不住，即意谓大化流行，活泼自如，此为变易义；不舍昼夜，即意谓此流行亘古绵延，未曾止息，此为不易义；既逝而无住，又流而不息，非常非断，正是简易义。"朝闻夕死"章为"易"教大义。马一浮将"道"训为"穷理尽性以至于命"（《易·说卦》），闻道之人生能全其理，死得尽其道，生顺而没宁，以死生为一，得死生之正，正合《易》教"原始反终"之旨。"《易》言寂感，寂谓真常绝待，故非断；感谓缘起无碍，故非常。喻如镜体不动而能现诸相，诸相无常而镜体自若。"②《论语》"予欲无言"章所显示的性体本寂而神用不穷，即《易》"寂感"之教。至于孔子言学《易》"无大过"以及"从心所欲不逾矩"正是"易"教"随时变易以从道""惧以终始，其要无咎"所显现的效验。

（五）《论语》之"春秋"教义

在马一浮的"六艺"体系内，"易"与"春秋"是隐显关系："易"教的展开是"以天道下济人事"，是"隐性"的"春秋"；"春秋"教的展开是"以人事反之天道"，是"显性"的"易"。同时隐显不二，天人一理，"易"与"春秋"即是全体大用。"易"有"三易"，"春秋"也有"三易"，即"托变易之事，显不易之理，而成简易之用也"。③

所谓"变易之事"，就《春秋》文本而言，即自隐公元年至哀公十四年凡二百四十二年之事，推而言之可以指一切人事。对于《春秋》大义的抉发，马一浮认为，说《春秋》闳深博大者莫如孟子，孟子之后要数董仲舒、司马迁持论精到。孟子在回答"公都子问好辩"时，叙述了孔子作《春秋》之意在于继承尧、舜、禹、汤、文、武、周公之志，因此《春秋》大义就是诸圣之道。马一浮说：

---

①马一浮著，虞万里点校：《马一浮集》第一册，第187页。

②马一浮著，虞万里点校：《马一浮集》第一册，第436页。

③马一浮著，虞万里点校：《马一浮集》第一册，第196页。

孟子引孔子曰："道二，仁与不仁而已矣。"仁是君子之道，不仁是小人之道。凡圣之辨，义利之辨，夷夏之辨，治乱之辨，王霸之辨，人禽之辨，皆于是乎分途。①

天下之道只在"仁"与"不仁"之间，非此即彼，那么《春秋》大义自然就是仁道，其所显"不易之理"即是"仁"。同时，仁是《春秋》所显之人道，而《春秋》之教在于"以人事反之天道"，故《春秋》之教还有"顺天而行"之义。"天即理也"，《春秋》之道又是作为德性根源之天理的开显，《论语》叹尧之德即是此义。

至于《春秋》教托人事以显"仁"理的"简易之用"，则集中体现于"正名"观念在变化繁复的具体环境中的应用，这种应用表现为一种价值判断，其依据即是一心之"仁"理。②马一浮说：

约而言之，《春秋》之大用在于夷夏、进退、文质、损益、刑德、贵贱、经权、予夺，而其要则正名而已矣。"必也正名"一语，实《春秋》之要义。"君君、臣臣、父父、子子"，即庄生所谓道名分也。《经解》曰，"属辞比事，《春秋》教也"，"《春秋》之失乱"，"其为人也"，"属辞比事而不乱，则深于《春秋》者也"。董生曰："《春秋》慎辞，谨于名伦等物者也。"孟子曰："舜明于庶物，察于人伦。"是知深察名号为名伦，因事立义为等物，名伦即属辞，等物即比事也。名伦等物，得其理则治，失其理则乱。故曰"《春秋》长于治人""《春秋》之失乱""拨乱世反之正，莫近于《春秋》"也。人事浃，王道备，在得正而已矣。《易》曰："知进退存亡而不失其正者，其唯圣人乎。"心正则天地万物莫不各得其正。伦物者，此心之伦物也。……名伦等物为正名之事。正名也者，正其心也，心正则致太

①马一浮著，虞万里点校：《马一浮集》第一册，第191页。
②参见徐复观：《两汉思想史》（第二卷），华东师范大学出版社，2001年，第227页。

平矣。[1]

《春秋》之道在于确立"名分"的秩序:"属辞"即是察名号以使名实相符,"比事"就是"因事立义"以使各守其分、各尽其职。秩序得以实现的关键则在于"得理",此处的"理"即是一心之"仁",一切事物都在此心的观照之下,因此"正名"即是"正心"。用之于"夷夏进退",则以有无礼义之实而非种族国土来辨明诸夏与夷狄之名,以有德无德来判断君与不君。用之于"文质损益"问题,则准之以礼义,以质为文之本,或"损文以就质",或"损质以就文",旨在"质文两备"而达于"文质彬彬"。用之于"刑德贵贱",则任德不任刑;用之于"经权予夺",则一于礼,一于仁,皆《春秋》之所予;守经而不达于变,用权而不达于常,皆《春秋》之所夺。

总而言之,马一浮"正心以正名"的简易之用包含两方面内容:一方面是正心以克尽己私,得"根本智",德性根源自然开显,从体起用,即"自内出者"。他引董仲舒之说,"自内出者,无匹不行",因此"文不能离质,权不能离经";另一方面是由之而来的能够观照万物实相的智的显现,即分别一切差别相的"后得智",使万物同一于正,一于礼,一于义,会相归性,即"自外至者,无主不止",因此"夷必变于夏,刑必终于德"。[2]由上可见,"《论语》无一章显说《春秋》,而圣人作《春秋》之旨全在其中。"[3]

综上我们可以看出,在"六艺"的观照下,《论语》文本得以与"六经"相融通。更为重要的是,承载着孔子之教的《论语》得以挣脱纯粹由字词篇章搭建而成的"故纸"形态的束缚,在"性—道—教"这一充盈圆满的立体教化结构中呈现出沛然生机与活力,使学者免于在"由字以通其词,由词以通其道"[4]的苦苦求索中迷失的危险,当下便可持续用力以见性尽性,变化气质。

---

①马一浮著,虞万里点校:《马一浮集》第一册,第196页。
②马一浮著,虞万里点校:《马一浮集》第一册,第209页。
③马一浮著,虞万里点校:《马一浮集》第一册,第190页。
④戴震:《与是仲明论学书》,《戴震集》,上海古籍出版社,2009年,第183页。

三、回归教化：马一浮《论语》诠释与儒学的现代展开

就《论语》诠释而言，马一浮的《论语大义》总体上不出宋明诸儒义理化诠释这一进路，但其异于宋明诸儒的独特之处，则是在将"六经"与意义世界相贯通的前提下，不再将《论语》所透显出的义理直接触及终极的"性与天道"，而是首先体现为六艺之道，使得"性与天道"——六艺——《论语》之间形成圆融的互动互摄关系。尽管马一浮一再强调"六经"文本仅仅是"六艺之迹"之一，但采取这种方式谈心性义理，客观上还是将通向圣人之道或圣人之心的"媒介"重新归于"六经"。一方面，马一浮将《论语》融摄于"六艺之教"，在义理上继承了儒学"教化"这一核心观念，使"六经"在儒学现代化这一学术视野中依然可以"在场"。更为关键的是，"六艺"的圆融通贯使得儒学在面对"中西之争"时能够以其鲜明而独特的属性与西学展开全面对话。另一方面，在"六经皆先王之政典"而非孔子之教的论调已经渐成主流的形势下，马一浮重新绾合"六经"和《论语》在本源意义上的联系，为"六经"实为孔子之教提供了极为有力的佐证。

就儒学的现代展开而言，经典诠释是极其重要的一环——诠释之，才能发展之。在古今中西激荡余波犹在的时空背景之下，面对传统社会结构的崩溃、传统价值体系的解体以及西方异质文化的冲击这一现实，儒学经典的诠释既需要遵循自身相对独立的"内在理路"，也需要回应现代性的挑战。贺麟先生曾指出："儒学是合诗教、礼教、理学三者为一体的学养，也即艺术、宗教、哲学三者的谐和体。因此新儒家思想的开展，大约将循艺术化、宗教化、哲学化的途径迈进。"[1]事实上，现代新儒学的发展仅以"援西入儒"的哲学化诠释成就最为显著。如熊十力吸收西方生命哲学，又结合佛学、儒学，形成其新唯识论哲学体系；梁漱溟糅合柏格森生命哲学、佛学唯识宗以及明儒泰州学派而成其文化哲学体系；冯友兰结合新实在论建构了新理学哲学体系；贺麟吸纳新黑格尔主义创立了新心学；

---

① 贺麟：《文化与人生》，上海人民出版社，2011年，第16页。

唐君毅建构了"心通九境论";牟宗三以"两层存有论"构建了一个庞大的"道德的形上学"体系,等等。但儒学哲学化在很好地回应文化挑战的同时,也带来了"异化"的危险——脱离对世俗生活的关照而趋于语词化、概念化。儒学自孔子始便始终保持着与生活世界的积极互动,重视个体对于保持生活世界有序和谐的主体作用,因而传统的儒学形态带有极强的通贯性,所谓"下学而上达",即是强调形下与形上相通、意义世界与生活世界相通、古今相通、天人相通,与社会生活的紧密相通使得儒学既是一个哲理的系统,又兼具社会价值基础和教化的功能。而采用西方哲学的范式来把握儒学,极易拔除其"通"性,使之脱离人伦日常这一精神生命的土壤而被抽象化、概念化,从而造成所谓的"意义的流失""观念的固结"和"精神神韵的枯竭",进而失去其教化功能。马一浮的"六艺论"则既显示出了极强的解释力,又基于儒学教化本位,以"性习"之判强调哲学与传统义理之学的区别,自觉避开哲学进路,以人文化成为旨归,使得儒学在面对"古今之变"时得以保持了其一以贯之的教化属性。

(裴东升,山东大学儒学高等研究院博士研究生,山东青年政治学院学报编辑部编辑)